Biblioteca de Derecho Constitucional

Domingo García Belaunde
(Director)

Carlos Antonio Agurto Gonzáles
Sonia Lidia Quequejana Mamani
(Coordinadores Generales)

JAMES BRYCE
Profesor de la Universidad de Oxford

EL GOBIERNO DE LOS ESTADOS EN LA REPÚBLICA NORTEAMERICANA

Edición al cuidado de
Carlos Antonio Agurto Gonzáles
Sonia Lidia Quequejana Mamani
Benigno Choque Cuenca

Ediciones Olejnik

Título: El gobierno de los Estados
en la República norteamericana

© James Bryce

© Ediciones Olejnik
Huérfanos 611, Santiago - Chile
E-mail: contacto@edicionesolejnik.com
Web site: http://www.edicionesolejnik.com

Primera edición en Ediciones Olejnik: 2022

ISBN: 978-956-407-216-6

Diseño de Carátula: Ena Zuñiga
Diagramación: Luis A. Sierra Cárdenas

Impreso en Argentina 2022 Printed in Argentina

ÍNDICE

ESTUDIO INTRODUCTORIO
Héctor Domínguez Benito
Universidad Autónoma de Madrid

SEGUNDA PARTE
EL GOBIERNO DE LOS ESTADOS

ESTUDIO INTRODUCTORIO[1]

HÉCTOR DOMÍNGUEZ BENITO
Universidad Autónoma de Madrid

1. ORGANISMOS PARTICULARES E INEXPLORADOS: EL ESTUDIO DE ESTADOS UNIDOS EN LA BÚSQUEDA DE UN FEDERALISMO «PRÁCTICO»

A propósito de la generación de James Bryce se ha señalado que, entre la Guerra de Secesión estadounidense y la II Guerra Mundial, su teoría federal normativa presenta un sesgo formalista, legalista y conservador[2]. Basta un somero vistazo al primer volumen de *The American Commonwealth* para, cuanto menos, poner en duda tal observación (demasiado influenciada, más que probablemente, por la crítica de Harold Laski en su artículo sobre la «obsolescencia del federalismo»)[3]. Al menos por lo que respecta al caso de Bryce, la construcción federal del país norteamericano se encuentra a su juicio entre esas «grandes enseñanzas que los Estados Unidos proveen acerca de las leyes de la biología política», factor muy ligado a una comprensión de lo político pretendidamente evolucionista y autónoma respecto de las lógicas del derecho, presupuesto que se identifica de forma clara en la máxima bryceana que presume que «las leyes han sido hechas para ser las sirvientes de la política, y no se les debe permitir que la dominen» (p. 17).

Del mismo modo que Bryce entiende que el derecho tiene que estar supeditado a la política, en *The American Commonwealth* la profundidad filosófica, jurídica o histórica tiene que estar al servicio del análisis del funcionamiento de la «maquinaria política»: pensemos que en una época «de grandes imperios, ya sea autocráticos o democráticos»[4], uno de los propósitos fundamentales de este libro fue la presentación del sistema federal estadounidense al público británico en un momento en el que la idea de federalizar el imperio para dar salida a problemas de índole nacionalista cobraba una gran importancia entre las filas liberales[5], y precisamente esta apuesta

---

1 Trabajo realizado en el marco del proyecto del Ministerio de Economía y Competitividad con referencia DER2014-56291-C3-1-P.

2 Ver Karmis, D. y Norman, W.: *Theories of Federalism.* Nueva York: Palgrave Macmillan, 2005, p. 191.

3 Laski, H.: *The Obsolescence of Federalism.* The New Republic 98,1939, pp. 367—. Leyendo las primeras páginas de *El Gobierno de los estados* y cotejándolo posteriormente con los argumentos que pretende caricaturizar Laski en su artículo, bien pareciera que este último tenía en mente *The American Commonwealth* en su crítica a la visión tardovictoriana del federalismo.

4 Adams, G.B.: *The British Empire and a League of Peace, together with an Analysis of Federal Government, its Function and its Method.* Nueva York: G. P. Putnam's Sons, 1919, p. 51.

5 Al respecto, ver el estudio introductorio al primer volumen de esta edición de *La República Norteamericana.* Bryce mismo tomó parte activa de este debate como *Chair* de la Imperial Federation League en Oxford en 1886, año en el que aquel ya se encontraba en pleno proceso de redacción

por la vertiente fáctica de la política va en consonancia con el punto de inflexión que supuso el Primer Congreso Colonial de 1887, que cerró una etapa caracterizada por un imperialismo «ideal» para inaugurar la era el imperialismo «práctico»[6].

Esto suponía, en consecuencia, un rechazo a determinados debates que podían resultar un tanto fútiles de cara a articular un sistema federal que fuese capaz de integrar la variedad extraordinaria de instituciones gubernamentales que presentaba el imperio británico[7]. Por citar el ejemplo más claro para ilustrar esta perspectiva, pensemos en una de las categorías más problemáticas del estudio de los estados federales: la misma noción de «soberanía». Bryce critica el protagonismo de las disputas conceptuales alrededor de una cuestión que, en último término, debería ser tenida como meramente experimental[8], partiendo de la premisa de que desde el fin de la Guerra de Secesión no hay un conflicto entre el gobierno federal y los estados en estos términos de «soberanía»[9]. Para Bryce, esto se debe a que la Consti-

---

de este libro. Un año antes, la organización había editado una pequeña recopilación de intervenciones de personajes notables acerca del asunto, en el que Bryce destacaba, en una intervención en el Liberal Club del 10 de febrero de 1885, otros factores más allá de los problemas de encaje de Irlanda u otros territorios del Imperio: (obvias) razones comerciales, la posibilidad de sobrellevar el exceso de población en Inglaterra, la garantía de defensa frente a hipotéticos ataques militares de otras grandes potencias o la «influencia moderadora» que constituiría la conexión imperial respecto de las luchas políticas internas. *Ver Expressions of Opinipn on Imperial Federation, by Public Men at Home and in the Colonies.* Londres: Imperial Federation League, 1885, pp. 5-6. En todo caso Bryce enmarca la experiencia británica dentro de una «oleada» europea: «[Los] hombres de Estado europeos consideran, desde hace algunos años, el federalismo y la autonomía local como el medio más conveniente para dejar una entera libertad al sentimiento de nacionalidad que puede existir en una parte de un imperio, o bien para permitir a tal o cual parte de éste, que difiere de las otras regiones, tener las instituciones locales y las leyes especiales que necesita. He aquí la razón, o mejor, las dos razones, que han guiado a los estadistas tratándose de Finlandia y de sus relaciones con Rusia, de Hungría en sus relaciones con Austria, de Islandia en sus relaciones con Dinamarca, de Bulgaria en sus relaciones con Turquía, de Irlanda en sus relaciones con la Gran Bretaña» (pp. 9-10).

6 Burt, A.L.: *Imperial Architects.* Toronto: H. Milford, 1913.

7 Aunque el pensamiento político colonial de la época operaba sobre un conjunto de alternativas bastante simple: el imperio se dividía en dos porciones: la griega y la romana, siendo «la griega» las comunidades con autogobierno conectadas activamente con la administración británica, mientras que «la romana» eran meramente ocupaciones de uso, «autocracias in situ». Ver Mc Intyre, W. D.: *The Commonwealth of Nations: Origins and Impact, 1869-1971.* Minneapolis: Minnesota University Press, 1977, p. 24.

8 Denis Baranger ha abordado el carácter «extremadamente ambiguo» de la idea de soberanía parlamentaria en la tradición británica en general y en la generación de Dicey en particular. Ver Baranger, D.: *Écrire la Constitution non-écrite: une introduction au droit politique britannique.* París, Presses Universitaires de France, 2008, pp. 137-191. En castellano, Joaquín Varela Suanzes-Carpegna ha rastreado la evolución de la idea de soberanía en la doctrina británica resaltando la complementariedad entre la construcción de la soberanía del parlamento de Dicey y el constitucionalismo «flexible» bryceano. En Varela Suanzes-Carpegna, J.: *La soberanía en la doctrina británica.* Fundamentos: Cuadernos monográficos de teoría del estado, derecho público e historia constitucional, vol. 1,1998, pp. 87-166.

9 Esta visión, un tanto simplista, ha sido examinada recientemente por el historiador del derecho Alejandro Agüero, quien la atribuye al carácter pragmático de Bryce a la vez que evidencia las dificultades conceptuales que aún hoy día existen a la hora de tratar las desavenencias alrededor de términos como «soberanía de los estados» *(State sovereignty)* o «derechos de los estados» *(State rights).* Agüero señala que Bryce recurre a este argumento porque es escéptico ante una salida conceptual, algo que podemos relacionar también con su visión de la Constitución como reconocimiento de proposiciones contradictorias. Ver Agüero, A.: «Autonomía por soberanía provincial. Historia de un desplazamiento conceptual en el federalismo argentino (1860-1930)», *Quaderni Fiorentini,* XLIII, 2014, pp. 362-363.

tución estadounidense asumía como verdaderas proposiciones contradictorias, de tal modo que en el debate alrededor de su alcance la opinión se perdía en un laberinto: «A los que afirmaban que había trece Estados, y por consiguiente trece Gobiernos, se les respondía, con razón, que no había más que un Gobierno, por no haber más que un solo pueblo. A los que decían que no había más que un Gobierno, se les respondía, también con razón, que eran trece los Gobiernos» (p. 16), siendo que «[...] olvidaron que una Constitución puede no decir dónde se encuentra la supremacía legal. Tal le sucedía a la Constitución de los EE.UU.: era difícil decir dónde la colocaba, y hubiera sido mejor abandonar las cuestiones teóricas y reconocer de una manera general el hecho de que las reclamaciones legales de los Estados habían llegado a ser incompatibles con las reclamaciones históricas y legales de la nación [...]» (pp. 17-18).

Podemos identificar, por lo tanto, un punto de partida metodológico claro, que se une a los dos ejes básicos con los que el jurista británico justifica la pertinencia del estudio de los estados: por un lado su excepcionalidad, en tanto que fenómenos políticos «únicos»; por otro, la falta de atención que hasta el momento habían suscitado sus ordenamientos legales.

Así, Bryce no duda en comenzar su alusión a los estados de la república norteamericana presentándolos como «organismos particulares», quizá solamente comparables a las repúblicas suizas (p. 4), hecho que sería fuertemente censurado muy poco tiempo después por el jurista torontoniano Augustus Lefroy, quien lamentaba la falta de atención que tanto Bryce como su colega Albert Venn Dicey habían prestado al ejemplo de las Provincias canadienses, que en sí mismas constituían un objeto «de interés en el experimento que se está llevando a cabo de conjugar el Gobierno Ministerial [británico] con un sistema federal»[10]. Puede que el origen británico de ambos fuera un elemento importante en la personalización que Lefroy hacía en su crítica, pero lo cierto es que en términos generales Bryce se limitaba a reproducir la presunción -muy extendida- de que Estados Unidos era «un experimento republicano único y excepcional para resolver conflictos entre los gobiernos (los estados y la federación) y entre las instituciones políticas (la presidencia y el congreso) recurriendo a la ley y a las cortes de justicia»[11].

Por otro lado, y más allá del debate sobre la validez o no de la caracterización de Estados Unidos como un fenómeno inconmensurable, también se señaló como principal valor de esta obra en el momento de su publicación el hecho de ser la

10 Ver Lefroy, A.H.F.: *The British venus the American System of National Government.* Toronto: Williamson & Co. Publishers, 1891, pp. 8-9. Respecto de la omisión del caso canadiense, Dimitrios Karmis ha abordado en un sugerente capítulo los sesgos nacionalistas del federalismo decimonónico poniendo el foco en Alexis de Tocqueville y su incapacidad para, aun habiendo visitado Canadá y habiendo teorizado ampliamente sobre la naturaleza del federalismo estadounidense, imaginar una federación como marco para un «encuentro multinacional». Karmis, D.: «Togetherness in multinational federal democracies: Tocqueville, Proudhon and the theoretical gap in the modern federal tradition» en Burguess, M. y Gagnon, A.G. (eds.): *Federal Democracies.* Nueva York: Routledge, 2010, pp. 46-63.

11 Ver Scarfi, J.P.: *El imperio de la ley: James Brown Scotty la construcción de un orden jurídico interamericano.* Buenos Aires: Fondo de Cultura Económica, 2014, p. 58. Remitiéndose a un ya clásico estudio sobre el excepcionalismo estadounidense de Thomas Franck y Jerome Lehrman, Scarfi plantea que las dos principales orientaciones respecto del derecho internacional en Estados Unidos a principios del s. XX («mesiánicos» y «chauvinistas») parten de la misma premisa, el carácter particular de la república.

primera en que las constituciones de los treinta y ocho estados fueron sometidas a un análisis comparativo[12], lo que ha dado pie entre otras cosas a señalar que Bryce «ocupa un lugar en el panteón de los grandes contribuyentes al entendimiento de la idea federal que es respetuosamente reconocido pero poco explorado»[13]. El hecho de que autores como John Stuart Mill, Henry Sumner Maine o Edward Augustus Freeman no se hubiesen detenido con anterioridad a analizar las particularidades del sistema federal estadounidense, aun habiendo escrito ampliamente sobre el país norteamericano, se explica por dos razones fundamentales: en primer lugar la dificultad que tenían los viajeros para percibir en la práctica la propia estructura administrativa, no en vano Bryce certifica que el europeo que recorra Estados Unidos de costa a costa «no emplea más que una moneda y un correo; no se le detiene en ninguna aduana; no ve funcionarios uniformados, y hace el mismo caso de las diferencias de jurisdicciones, que el que hace de los condados que atraviesa el viajero que desde Londres va a Liverpool» (pp. 1-2). En segundo lugar la empresa entraña obvias dificultades para los investigadores del otro lado del Atlántico, puesto que solamente disponen de las propias constituciones y no pueden tener acceso directo a otro tipo de fuentes. Bryce no solo se vale de constituciones sino también de legislación, comentarios legislativos y revistas jurídicas, pero esto es algo que ya había llevado a cabo con anterioridad Eduard Hermann von Holst[14]. Lo verdaderamente novedoso es que, aprovechando el potencial de su red de contactos estadounidense y sus viajes, dio un especial protagonismo a su correspondencia, así como a testimonios y observaciones de primera mano, consiguiendo una mayor profusión de la que había alcanzado Tocqueville[15]. El mismo Bryce anunciaba sus intenciones al señalar que «hay ciertas cosas que estos documentos tan completos no nos dicen. Por ejemplo, no se podrá encontrar el procedimiento seguido por los legisladores, ni el papel importante que juega el sistema de comités en la legislatura. Tampoco se sabrá decir de qué clase de hombres se componen estas Asambleas ni determinar el carácter de ellas. Nadie nos podrá decir que todo el mecanismo se

---

12 Así lo pone de manifiesto, por ejemplo, H.G. Nicholas en «*Reevaluations, III*» ,*Bulletin of the British Association for American Studies,* n. 7,1958, p. 5. Del mismo modo, Hugh Tulloch señalaba que «uno de los logros más innovadores de Bryce fue analizar cuidadosamente el importante papel de las constituciones estatales, que había sido ignorado por Tocqueville y por buena parte de los americanos». Ver Tulloch, H.: *James Bryce's American Commonwealth: The Anglo-American Background.* Suffolk Royal Historical Society - The Boydell Press, 1988, p. 45. En su libro de viajes por Estados Unidos escrito casi tres décadas antes que *The American Commonwealth,* Anthony Trollope, sin embargo, había despachado el tema limitándose a esbozar la Constitución de Nueva York y afirmando que «hay una gran semejanza entre estas varias constituciones; y cualquier estudiante de lo político que haya estudiado concienzudamente una de ellas, no tardará en dominar las otras». Ver Trollope, A.: *North America,* vol. I. Londres: Chapman & Hall, 1862, p. 327.

13 Burguess, M.: «Variations on a theme: James Bryce, federalism and democracy from the Holy Roman Empire and the American Commonwealth to the British Empire en Burguess y Gagnon: *op. cit.,* p. 86. En términos equivalentes a los de Burguess, por cierto, se expresaba Robert G. Mc Closkey, ya en 1968, en la entrada sobre Bryce que escribió para la *International Encyclopedia of the Social Sciences:* «ahora es obedientemente citado, pero rara vez leído o tenido en cuenta».

14 Ver al respecto los ocho volúmenes de von Holst, E.H.: *The Constitutional and Political History of the United States.* Chicago: Callaghan and Company, 1876-1892. En todo caso el enfoque de ambos no es comparable: Bryce no pretende construir un tratado histórico a la manera de von Holst, sino que hace un esfuerzo por huir de esa perspectiva.

15 Hammack, D.C.: «Elite Perceptions of Power in the Cities of the United States, 1880-1900: The Evidence of James Bryce, Mosei Ostrogorski and their American Informants», *Journal of Urban History,* vol. 4, n. 4, 1978, p. 366.

pone en movimiento por medio de partidos organizados que son muy activos y muy movedizos» (pp. 49-50).

Si realmente la visión bryceana del federalismo nos pone por primera vez tras la pista de aspectos hasta entonces intangibles, ¿por qué su perspectiva sobre el federalismo es reconocida pero está «poco explorada»? A modo de hipótesis cabe mencionar algunas posibles explicaciones, como que su método planteaba ciertas limitaciones para trascender el espacio temporal en el que estaba encuadrado, aspecto sobre el cual incidieron algunos de los críticos de *The American Commonwealth*[16]. Pero más interesante aún es la excesiva dependencia del marco cultural del *national character,* que viene a apuntalar precisamente la visión de Estados Unidos como un fenómeno particular, pero que además abre la puerta a la posible importación del modelo por parte del Imperio británico al reconocer ambos contextos como miembros de una misma «tradición cultural»[17].

Con todo, es importante recalcar que no debe limitarse el propósito de Bryce al abordar este objeto de estudio a un determinado debate *ad intra* británico. Estamos hablando de unas décadas en las que, como decía Woodrow Wilson, «la relación entre los Estados y el Gobierno federal es el tema cardinal»[18]. Y precisamente entrando de lleno en este tema es como Bryce pretende tener impacto en esa efervescencia de estudios políticos y constitucionales que se vive en Estados Unidos desde el fin de la guerra de Secesión[19]. Comienza a cuestionarse desde dentro si hay cierta autocomplacencia en lo relativo al estudio del derecho, y más concretamente hasta qué punto es válida la excepcionalidad -y/o la pretendida superioridad- respecto de los sistemas europeos, y es en este contexto cuando no puede ser más

---

16 El propio Laski se remitía a su «insaciable apetito por recopilar los hechos y su grotesca incapacidad para ponderarlos». Ver Tulloch: *op. cit.,* p. 190. Por otra parte, aunque en el estudio introductorio del primer volumen de *La República Norteamericana* se demuestra la continuidad -aun siendo involuntaria- de planteamientos historicistas en la obra de Bryce, conviene mencionar que desde el principio algunos de sus comentaristas -como Lord Acton o Woodrow Wilson, sin ir más lejos- censuraron el carácter «extrañamente ahistórico» del libro. Ver la introducción de Gary L. Me Dowell a la edición de *The American Commonwealth* en Liberty Fund (Indianápolis, 1995), p. xxvii.

17 Michael Burguess resume la visión bryceana de la experiencia federal estadounidense como «anclada en las asunciones medio y tardo victorianas sobre *The English abroad»* [...] una concepción orgánica de las instituciones y prácticas como elementos que habían evolucionado lentamente, produciendo una continuidad histórica de las costumbres, hábitos y tradiciones inglesas». Estados Unidos era el objeto de estudio perfecto para complementar ese punto de partida historicista con Darwin: el federalismo estadounidense sería el último estadio del tradicionalismo inglés, pasado ya por «las leyes biológicas de la transmisión y la adaptación, del ajuste y la supervivencia». Burguess conecta esos dos elementos con los dos maestros de Bryce, Edward Augustus Freeman y Goldwin Smith, ambos muy importantes para la promoción de una historiografía particularmente comprometida con la creencia en la continuidad histórica de una raza que, durante esta cronología, cristaliza en la idea de la «unidad anglosajona». Ver Burguess y Gagnon: *op. cit.,* p. 112.

18 Bernard Schwartz destacaba especialmente esta cita en *El federalismo norteamericano actual.* Madrid: Civitas, 1984 (traducción al castellano de Juan Manuel Ruigómez), p. 71.

19 Efervescencia magníficamente retratada por Paul W. Kahn en *Legitimacy and History: Self-Government in American Constitutional Theory,* New Haven: Yale University Press, 1992, en particular pp. 97 y ss. Kahn muestra cómo en la teoría constitucional estadounidense «el período desde la Guerra Civil hasta el cambio de siglo estuvo marcado por una transición de modelos conceptuales: de un modelo estático de 'mantenimiento orgánico' se abrió el camino a un modelo de 'crecimiento'», transformación que implicaba cambios en determinadas actitudes (p. ej.: la idea de progreso desplazaba a la idea de los orígenes; la ciencia desplazaba al mito, etc.).

apropiada una reflexión sobre las diferencias y semejanzas entre los modelos estadounidense y británico. Con *The American Commonwealth* se produce entonces una suerte de viaje de ida y vuelta: dar cuenta al lector británico de las posibilidades que ofrece la articulación federal estadounidense, por un lado; aportar en el emergente debate norteamericano una visión «desde fuera» y pretendidamente aséptica, por otro. Ninguna de estas circunstancias supone, a decir verdad, que Bryce presente un discurso ecuánime: su perspectiva en torno a cuestiones como el desarrollo histórico del federalismo estadounidense o la naturaleza de la revisión judicial constituyen un buen ejemplo de ello.

2. ¿Una visión partidista? El federalismo estadounidense y su desarrollo histórico

2.1. Un análisis sistemático de las instituciones estatales

Casi como si hubiera utilizado el mismo índice para el primer volumen que para el segundo, Bryce aborda de una forma muy paralela el gobierno de los estados con respecto de cómo había llevado a cabo el mismo cometido con el federal. Y siendo este último gobierno una construcción formada a partir del «molde» que suponían las instituciones de los estados[20], consecuentemente su perspectiva sobre el legislativo de los mismos no difiere demasiado de la mostrada en el primer volumen, siguiendo indirectamente la crítica wilsoniana al «gobierno congresional», y un análisis del bicameralismo fundamentado de nuevo en la necesidad de un Senado que ejerciera de contrapeso a cámaras o asambleas con «tendencia innata a obrar con precipitación y a convertirse en tiránicas o a corromperse» (p. 86), por un lado, así como en la crítica a la norma que impide a los candidatos presentarse por otro distrito al de su residencia, por otro.

En la misma línea crítica con el excesivo poder otorgado al legislativo incide en su repaso por las funciones del gobernador, pues estima que «sus leyes minuciosas [...] dejan muy poco a la discreción ejecutiva» (p. 107). Bryce refleja la pérdida de impacto social y funcional del ejecutivo de los estados de un tiempo a esta parte, de tal forma que el valor de la figura del gobernador había pasado a calcularse en función del número de vetos que fuese capaz de llevar a cabo frente al legislativo. También deposita una importante responsabilidad sobre las malas prácticas que pudiesen tener lugar en el legislativo y en el ejecutivo en las bases sociológicas que conforman las instituciones estatales: «el lugar más bajo pertenece a los estados que han recibido un número muy grande de inmigrantes europeos, y los cuales han caído en manos por completo de gentes de partido sin escrúpulos» (p. 158). En este apartado es de capital importancia el retrato que hace Theodore Roosevelt, buen amigo de Bryce desde mucho antes de ser Presidente y con una larga trayectoria como miembro del legislativo estatal por aquella época, quien se refería en estos términos a los inmigrantes: «los peores legisladores proceden de las grandes ciudades. Ordinariamente son extranjeros, de poca o ninguna educación, con ideas morales muy vagas, cuya ignorancia es tan profunda, que sería cómica de no producir a veces efectos graves en nuestras leyes» (p. 160). No debe extrañar esta perspectiva: una de las más habituales manifestaciones de la búsqueda de un *national character* americano consistía en el recurso a encontrar las diferencias entre los ambientes rural y urbano, siendo la inmigración uno de los puntos fundamentales de esa taxonomía.

[20] «La Constitución federal, pues, ha sido a la vez hijo y padre» (p. 145).

Al dar cuenta de la administración de justicia aborda aspectos particularmente interesantes, como el debate sobre la conveniencia o no de que los estados codifiquen su propio derecho por separado, o ciertas consideraciones sobre la influencia de la opinión pública y la prensa en un contexto en el que buena parte de los magistrados se eligen a través del filtro democrático y ya no gozan de carácter vitalicio. Es interesante observar cómo Bryce se refiere también a los primeros «escándalos judiciales», fenómeno muy conectado con los problemas del gobierno local, del que nos ocuparemos más adelante. Su conclusión, en todo caso, es que hay que mantener los nombramientos judiciales lo más lejos posible del legislativo: «Algunos Estados, que habían confiado el nombramiento de los jueces a la legislatura, como Connecticut, o al pueblo, como Misisipi, han hecho nuevas Constituciones o enmiendas que lo confían al Gobernador, con el consentimiento de la legislatura o de una sola Cámara [...] en este punto, al menos, la marea de la democracia, creciente durante varios años, parece, si no retroceder, al menos, haber llegado al máximo» (p. 123).

2.2. La omisión del antifederalismo

Pero independientemente de los métodos de nombramiento empleados, Bryce ya venía avisando desde el primer volumen: considera que la autoridad que se le confiere a los tribunales de justicia «no es un poder político o discrecional; es una consecuencia natural de la existencia de una ley fundamental superior a todas las leyes que pueda hacer la legislatura, o a todos los derechos que quisiera arrogarse un Presidente» (p. 45)[21]. Esta perspectiva no debe extrañar, tratándose de un momento concreto en el que aún se mantenía un federalismo «dual», pero en el que la actividad de revisión judicial se estaba multiplicando. Así, entre 1789 y 1860 solamente dos *acts* del Congreso y sesenta *enactments* de los estados fueron declarados nulos por el Tribunal Supremo, mientras que en el período que comprendía 1874 y 1898 se vetaron doce leyes del Congreso y 125 leyes estatales[22]. Al no entrar a valorar los debates que generaban aspectos como este (la revisión judicial y su potencial conflicto con los derechos de los estados no se cuestiona porque, entre otras razones, se entiende «natural» dentro de la tradición del *common law),* esta perspectiva un tanto aproblemática despertó algunas críticas. En la colección de ensayos que conmemoraban el cincuenta aniversario de *The American Commonwealth,* Charles Grove Haines hizo una que habría disgustado particularmente al jurista británico de haber llegado a conocerla. Haines recurría a una célebre cita de Frederic Harrison -»la verdadera ciencia política se mantiene tranquilamente alejada de las disputas partidistas»- para concluir que el tratamiento bryceano al federalismo estadounidense no podía ser considerado de ninguna manera como verdadera ciencia política, en tanto que solamente defendía y explicaba el fenómeno en relación con «uno de los lados del mayor conflicto partidista de la historia de Estados Unidos», de tal forma que además podría encuadrarse en el sesgo que Henry Steele Commager

21 De tal manera, y aquí se remite a una sentencia que no explícita, «al ejercer esta alta autoridad, los jueces no pretenden tener una supremacía judicial: ellos no son más que los administradores de la voluntad pública. Si una ley de la legislatura se ha declarado nula, no es que los jueces tengan un derecho de fiscalización sobre el Poder legislativo, sino porque la Constitución prohíbe hacer una ley semejante, y porque la voluntad del pueblo, expresada en la Constitución, es superior a la voluntad de sus representantes, la cual se expresa por medio de leyes» (p. 45).

22 Walker, D.B.: *Toward a Functioning Federalism.* Cambridge MA: Winthrop Publishers, 1981, pp. 54-55.

caricaturizaba en la época. Según Commager, todo historiador federalista reproducía «la tesis del triunfo del orden y la justicia sobre las fuerzas de la anarquía y el caos a través del instrumento de las decisiones de Marshall sobre las grandes cuestiones de la relación de los estados con el gobierno central»[23].

Haines entendía esta visión acrítica como consecuencia del período de bonanza que atravesaba Estados Unidos: habiendo sobrevivido a casi un siglo de existencia y superado con solvencia un relativamente reciente período de guerra, las perspectivas del país norteamericano eran casi inmejorables, aspecto que favorecía la reproducción de una narrativa «oficial». En todo caso, podemos encontrar un desarrollo algo más curioso de ese relato en comparación con el de Bryce en el segundo volumen de otra de las obras monumentales de la política comparada del momento, escrita por John William Burguess tan sólo un año después de la publicación de *The American Commonwealth.* En ella Burguess presenta a los jueces -o más bien, a lo que denomina una «aristocracia togada» *(«the aristocracy of the robe»)*- como depositarios de la opinión pública, y más concretamente de la conciencia del pueblo americano de que la ley debe apoyarse en la justicia y en la razón, de que la Constitución es la formulación definitiva de esos principios fundamentales que son la justicia y la razón, y de que el poder judicial es un intérprete mejor de estos principios fundamentales que el legislativo. «Esta conciencia», señala Burguess, «ha sido despertada y desarrollada por el hecho de que la educación política del pueblo americano ha sido dirigida por juristas en lugar de serlo por guerreros o por sacerdotes»[24]. Aunque el prócer de la ciencia política en Columbia se mostraba entusiasmado con este hecho, considerándolo como el secreto tanto de la peculiaridad como de la excelencia de Estados Unidos, sin embargo advertía un problema en el horizonte: la incipiente «industrialización» del derecho, que por un lado alejaba a los juristas de la historia, y por otro a la jurisprudencia de la ética, elementos fundamentales para poder seguir manteniendo esa «conciencia» en el pueblo americano.

A juicio de Bryce, no obstante, deberían atenderse elementos distintos: para empezar, aun habiéndose reducido después de la guerra las diferencias entre los «tres tipos de estados» (el viejo estado colonial, el estado esclavista y el estado nuevo u «Occidental»), aún seguía habiendo dos velocidades en relación con la cultura constitucional, reconocibles fundamentalmente en la tendencia cambiar o no las propias constituciones[25]. Esto tiene que ver con que dentro de la misma

---

[23] Haines, C.G.: «James Bryce and American Constitutional Federalism» en Brooks, R.C.: *Bryce's American Commonwealth: Fiftieth Anniversary.* Nueva York: Macmillan, 1939, p. 8.

[24] Burgues, J.W.: *Political Science and Comparative Constitutional Law,* Volume II: *Government.* Nueva York: Baker and Taylor, 1890, pp. 364-365.

[25] Así, mientras que Massachusetts conservaba su Constitución de 1780, que de hecho mantiene en la actualidad, «enmendada en distintas épocas pero sin perder sus líneas primitivas», Bryce destaca casos como los de Luisiana o Georgia, lugares donde se habían llegado a declarar seis constituciones (pp. 57-58). Esta distinción es interesante, en primer lugar porque *El Gobierno de los estados* se configura como un nuevo escenario en el que aplicar la célebre distinción bryceana entre constituciones flexibles y constituciones rígidas. Esta construcción procede de un ensayo escrito en 1884 y publicado en 1901, en el primer volumen de su compilación *Studies in History and Jurisprudence* (Londres: Oxford University Press, pp. 145-254). Desde 1952 hay varias ediciones en castellano, todas ellas promovidas por el Centro de Estudios Políticos y Constitucionales o antecesores (ver pie de página 7 del estudio introductorio al primer volumen). La última data de 2015 y mantiene el estudio que Pablo Lucas Verdú escribió en 1988, añadiendo además un prólogo de Pablo Lucas Murillo de la Cueva. En su aplicación al caso estadounidense, los estados bien asentados mantienen su constitución intacta «pues está en su favor la fuerza de la costum-

nación, Bryce reconoce algunos pueblos «antiguos, civilizados, bien educados y que poseen una historia», y otros más tendentes al cambio porque «no tienen un pasado que venerar, y su población está más indisciplinada y es muy flotante». Este punto de ruptura se solaparía con otra característica: «la rapidez con que se producen los cambios económicos y sociales en los diferentes puntos del país» (pp. 57-58).

No encontramos por tanto en Bryce, y esto marca una distancia con el análisis coetáneo de Burguess, una *legal conciousness* homogénea en la población de Estados Unidos. Esta división de opiniones no debería sorprendernos si nos remontamos a la premisa fundamental citada al comienzo de este texto: para Bryce -al menos para el Bryce de *The American Commonwealth;* en tanto que su participación ulterior en el debate entre intelectuales para la formación de la Sociedad de Naciones nos muestra lógicas distintas- el derecho es un mero instrumento de la política, y no viceversa, como parece llega a insinuar Burguess. Sin embargo, si aceptamos estas premisas, cabe preguntarse a qué se debe el punto de vista un tanto acrítico con el que Bryce reconoce a los jueces el ejercicio de la voluntad pública. Ahí es donde a la tradición del *common law* se añade, casi por arte de magia, ese fenómeno de la «biología política» o, si lo queremos, «la excepcionalidad» de Estados Unidos: la emergencia de cuestiones sobre la inconstitucionalidad de las leyes conlleva sus inconvenientes, pero estos, para Bryce, son «sin duda menos graves en América de lo que lo serían en Europa, pues los abogados y los jueces están de tal modo acostumbrados a ocuparse con estas cuestiones de conflicto constitucional o de leyes que traspasan los poderes de la legislatura, que las tratan con maravillosa destreza» (p. 65).

A todo esto hay que añadir que, de alguna forma, la propia premisa metodológica típicamente bryceana de rehuir todo tipo de debates apriorísticos le exime de dar cuenta del antifederalismo[26]. No obstante, si nos alejamos del plano ideal de las pretensiones metodológicas podemos encontrar una razón más esclarecedora para dar cuenta de la visión parcial de Bryce: la influencia del juez Thomas McIntyre Cooley en *The American Commonwealth.* Reinhold lo reconoce como «el principal referente» *(«the guiding light»)* del marco legal del libro[27], mientras que

---

bre, y además porque todo pueblo inteligente sabe apreciar la estabilidad de sus instituciones [...]» (pp. 57-58), mientras que otros que han experimentado cambios súbitos en la base industrial de la sociedad (aumento de la población y/o riqueza; abolición de la esclavitud...) necesitan remozar sus constituciones para adaptarse a las nuevas circunstancias (acerca de este particular, es muy interesante observar la comparativa que aparece en las páginas 54 y 55 en relación con la extensión de las constituciones de distintos estados en su primera y última versión). El segundo aspecto remarcable de esta clasificación de las constituciones de los estados en dos tipos es que precisamente esta distinción pretende desmontar uno de los mitos sobre la democracia que los autores más reacios al gobierno popular habían extendido en el ambiente intelectual británico: la democracia como punto de no retorno, o dicho de otra forma, la incompatibilidad de la democracia con una orientación política conservadora. Su objetivo es demostrar «la frivolidad de las generalizaciones que se formulan cuando se discuten las formas de gobierno, como si todas las sociedades que tienen la misma forma de gobierno se condujesen de la misma manera. Todos los Estados de la Unión son democracias, y casi del mismo tipo. Sin embargo, algunas cambian con frecuencia de Constitución mientras que otras apenas sí lo hacen» (p. 57).

26 Aunque realmente, como se plantea en el estudio introductorio del primer volumen, esto es discutible, en teoría «Bryce escudriñó el origen del estado federal no desde una teoría federal apriorística, sino desde la necesidad práctica de la política estadounidense». En estos términos lo planteaba la titánica revisión a la teoría federal de Sobei Mogi, *The Problem of Federalism: A Study in the History of Political Theory,* Volume I. Londres: George Allen, 1931, p. 165.

27 Así como von Holst lo sería de la parte «histórica» y Theodore Roosevelt de la parte «práctica». Ver Reinhold en Brooks, *op. cit.,* p. 26.

Haines revisa al detalle su cooperación con Bryce, así como su incidencia desde el punto de vista material. Bryce manejaba y citaba habitualmente tanto su *Constitutional Limitations* como sus *Principles of Constitutional Law*[28], y también se remitía de forma recurrente a observaciones personales que le había transmitido de forma verbal. Además de esto, Bryce envió a Cooley distintos borradores del manuscrito antes de la publicación para que emitiera sugerencias y críticas[29]. Cooley fue, y esto demuestra muchas cosas, un destacado exponente del método de interpretación constitucional que, trazando una línea, uniría argumentalmente a Hamilton, Marshall y Webster (esto es: una perspectiva marcadamente anti-jeffersoniana).

Para nuestro propósito es especialmente útil remarcar de entre todas las consideraciones de Haines que, más que cualquier otra autoridad, en el derecho constitucional Cooley «promovió el establecimiento de restricciones sobre la acción legislativa, en favor de la protección de derechos de la propiedad, mediante el proceso de construcción judicial», o «dio apoyo y aprobación al desarrollo doctrinal del *laissez-faire* económico y político, aspecto gradualmente aceptado como uno de los postulados fundamentales de la interpretación constitucional»[30]. Esto último conecta muy bien con la lectura de Sobei Mogi de la teoría federal bryceana: para Mogi, Bryce entiende el federalismo estadounidense como la combinación «entre el método del *laissez-aller* en política y la teoría del *laissez-faire* en economía», lo que le hacía remitirse a caracteres (un tanto difusos, cabe decir) como «la razón y la experiencia» a la hora de determinar las funciones reales de cada institución[31]. Y es que la prevención de colisión o fricción entre instituciones tiene que articularse a partir de determinados aparatos *(devices)*, entre los que se encuentra la restricción de las funciones operativas del gobierno federal al mínimo, cubriendo solamente lo absolutamente necesario para el bienestar nacional. Este razonamiento solamente puede entenderse a partir de una lógica que constituye lo que el propio Mogi denomina «el axioma del autogobierno»[32]: el hecho de que «cuanto mayor poder se otorgue a las unidades que componen la nación, ya sean grandes o pequeñas, y menor se concentre en la nación en su conjunto y en su autoridad central, más lejos irán las libertades, y mayor será la energía de los individuos que componen el pueblo»[33]. Una premisa como esta obliga a Bryce, casi indefectiblemente, a dar cuenta también del gobierno local[34].

---

28 Cooley, T.M.: *A Treatise on the Constitutional Limitation which Rest upon the Legislative Power of the States of the American Union.* Boston: Little, Brown & Co., 1871; Cooley, T.: *The General Principles of Constitutional Law in the United of America.* Boston: Little, Brown & Co., 1880.

29 Haines en Brooks, *op. cit.*, pp. 8-9.

30 Haines, *ibidem.*

31 Mogi, *op. cit.*, pp. 172-173.

32 Mogi, *op. cit.*, p. 174.

33 Ver p. 440 del primer volumen.

34 Vaya por delante que en lo relativo al gobierno local ese axioma que Bryce extrae como conclusión -y a la vez como premisa- no se limita a los sistemas federales, sino que también puede operar en «países unificados» *(«unified countries»)*: «la inspección de los asuntos de una ciudad, o bien de un pequeño condado, donde todos saben lo que pasa, es completamente distinta de la intervención o inspección de los asuntos de una República que cuenta con varios millones de habitantes. El Gobierno local autónomo puede existir en un país unificado como Inglaterra y faltar en un país federal como Alemania. En la misma América, mientras algunos Estados, como los de Nueva Inglaterra, poseían un sistema completo de gobierno local, otros, como Virginia, el viejo campeón de la soberanía de los Estados, lo tenían sólo de una manera imperfecta», *ibidem.*

3. Las comunidades locales subordinadas

3.1. Heterogeneidad institucional local como reflejo de la heterogeneidad estatal

El motivo para abordar el gobierno local justamente en la parte correspondiente a los estados reside en que en el sistema norteamericano «se trata de una materia regulada por los estados y los Territorios, cada uno de los cuales establece las autoridades locales, rurales y urbanas que desea el pueblo» (p. 216). Esto trae consigo una inevitable heterogeneidad institucional, de tal forma que se puede distinguir entre tres tipos de gobiernos locales: los *townships,* los condados y, a modo de cajón de sastre, los «sistemas mixtos», que tomando una gran variedad de formas combinan caracteres de los otros dos tipos.

Los *towns* o *townships* constituían la estructura básica de los primeros colonos de Nueva Inglaterra, caracterizados por el ejercicio de un protestantismo puritano y por sus tendencias republicanas. En estas corporaciones, por lo tanto, se entremezclaban los rasgos religiosos con los civiles y políticos. Bryce destaca el hecho de que estas comunidades «eran repúblicas en miniatura» (p. 217), lo que corroboraría el planteamiento de George Burton Adams ya en 1919 de que «en su método operativo, el gobierno federal es una extensión del principio de autogobierno local practicado familiarmente durante siglos en todas las comunidades anglosajonas»[35].

Los colonos del sur, por su parte, eran aventureros anglicanos que no tenían experiencias previas de *self-government* y se establecieron en sociedades rurales y semifeudales: los condados (siguiendo el modelo de los *counties* ingleses), que comprendían una amplia extensión de territorio.

Los estados centrales y occidentales colonizados después que Nueva Inglaterra irían desarrollando, por su parte, sistemas que incluían condados pero también *townships* como subdivisiones de aquellos. Como sucede habitualmente en *The American Commonwealth,* en el repaso que da Bryce a los caracteres de cada uno de estos tipos de demarcación local es bastante recurrente la remisión a continuidades respecto de las instituciones locales de Gran Bretaña[36], no dejando

---

[35] De tal forma que «este principio consiguió trascender la esfera del gobierno local, llegando hasta la esfera comúnmente considerada como exclusiva del gobierno general del país». Adams, *op. cit.*, pp. 63-64. Por cierto, a través del estudio de este arquetipo Bryce construyó otra de esas líneas arguméntales trufadas de analogías de las que, en principio, pretendía huir en *The American Commonwealth:* «Si esos *towns* debían mucho a las condiciones en que se movieron los pequeños colonos, condiciones que les obligaban a desenvolver un patriotismo cívico semejante al de las repúblicas de la antigua Grecia y de Italia, conviene anotar que también debieron algo a las tradiciones teutónicas de las comunidades locales semi-independientes, poseedoras de propiedad común, y que se gobernaban a sí mismas por una asamblea primaria de todos los habitantes libres, las cuales los ingleses las habían traído consigo de orillas de Elba y del Weser, y que se habían perpetuado en la práctica en el gobierno de varias partes de Inglaterra, hasta los días de los reyes Estuardos» (pp. 218-219).

[36] «Condado y *township* son, como todas las demás instituciones en América, instituciones inglesas que han experimentado un cambio al pasar los mares. El condado del sur es un condado inglés sin *towns;* el *township* del Norte es una parroquia inglesa del siglo XVII, cuando la parroquia inglesa era una organización, tanto civil como eclesiástica, que poseía terrenos comunes y a menudo tenía a misma extensión que un *town.* La Asamblea del *town* es la *vestry* inglesa; los *selectmen* son los guardianes de la iglesia o los encargados de la fábrica de la parroquia, a quienes las condiciones de la vida colonial dieron una esfera de acción más grande que la que tenían en Inglaterra en el siglo XVII y la que tienen hoy» (pp. 246-247).

de sorprender, en cualquier caso, el grado de detalle en el que llega a entrar el jurista norirlandés[37].

3.2. Las ciudades como caldo de cultivo de corrupción partidista

Mención aparte merecen las ciudades, corporaciones municipales que por su número y/o densidad de población primero obtenían una carta especial y, progresivamente, iban siendo reconocidas por medio de leyes generales de los estados. La descripción del funcionamiento de las ciudades es muy importante para *The American Commonwealth* porque supone la plasmación en la práctica de las consideraciones generales sobre los partidos políticos que ocupan el tercer volumen. Es por eso que Bryce insiste en que constituye una dificultad para abordar este objeto el hecho de que el gobierno municipal de los Estados Unidos «esté íntimamente ligado con el sistema de los partidos, hasta tal punto, que no es fácil comprenderlo o juzgarlo sin comprender ese sistema» (p. 260). En cualquier caso, su punto de partida es claro: «en el gobierno de las ciudades es donde los Estados Unidos han fracasado principalmente [...] los defectos de los gobiernos de los Estados son insignificantes cuando se les compara con la corrupción, el despilfarro, la mala gestión que puede echarse en cara a la administración de la mayoría de las grandes ciudades» (p. 281).

Durante buena parte del siglo xix, la descomunal expansión física, industrial y poblacional de los núcleos urbanos provocaba que la maquinaria del gobierno local fuera -y *fuera visto como*- algo «difícil de manejar». Una nueva figura surge del vacío que deja la combinación entre la necesidad de un gobierno local y un número cada vez menor de voluntarios para ejercer el mismo: los *bosses*. Un *boss* era el político local profesional decimonónico estadounidense, alguien que había tenido éxito en la construcción de una red de votantes de confianza[38]. Los *bosses* solían caracterizarse por sus habilidades ejecutivas, de tal forma que encontraban maneras de ejercer la autoridad en sus comunidades, generalmente fragmentadas y desorganizadas desde el punto de vista jurídico[39]. Alrededor de este tipo de administraciones, «cuando las compañías privadas prosperan y se entienden, se aprovechan de su riqueza para influir en las autoridades municipales» (p. 296), generándose lo que se conoce como *rings*, «amplios sistemas de sobornos en los contratos de las ciudades»[40]. Era bastante común que los *bosses* tuvieran oponentes políticos, los *reformers*, que consiguieron grandes éxitos políticos durante el cambio de siglo, remitiéndose en muchas ocasiones a la perspectiva que Bryce había dado en este libro[41].

El caso paradigmático de connivencia entre *bosses y rings* tuvo lugar en Nueva York, en lo que se conoce como el Tweed Ring. Entre 1866 y el enjuiciamiento de los responsables en 1873 se organizó una trama de comisiones orquestada por el

---

37 Especialmente curiosa es la anécdota en la que, relatando los tipos de funcionariado que podían encontrarse en los *townships*, señala que el eminente Ralph Waldo Emerson aceptó el cargo de *hogreeve*, el funcionario subalterno encargado de tasar los daños causados por los cerdos, «porque consideraba que todo ciudadano debe desempeñar las funciones que su *Town* le confíe» (p. 224).

38 Glaab, C.N. y Brown, A.T.: *A History of Urban America*. Nueva York: Macmillan, 1967, pp. 201 y ss.

39 Glaab y Brown, *op. cit.*, p. 202.

40 Dilworth, R.: *Cities in American Political History*. Los Ángeles: SAGE, 2011, p. 217.

41 De tal forma que Mosei Ostrogorski hablaba en 1902 de un «estallido» de organizaciones para la reforma municipal, tema que se había convertido en «*fashionable*». Glaab y Brown, *op. cit.*, p. 211. Para una interesante contraposición entre la visión de Bryce y la de Ostrogorski respecto del gobierno local y los *rings*, ver Hammack, *op. cit.*, pp. 383 y ss.

Presidente del Departamento de Obras Públicas, William Tweed, y el propio alcalde de Nueva York, Abraham Oakey Hall, además de otros altos cargos de la ciudad. En plena *Reconstruction Era,* la creación de infraestructuras como un nuevo palacio de justicia era aprovechada por los contratistas, que cobraban de más a gobierno municipal y repartían buena parte de esos sobrecostes entre los propios miembros de *ring*[42]. Después de una incisiva campaña promovida por el New York Times Tweed fue juzgado, mientras que Hall salió indemne de varias acusaciones, lo que le permitió, entre otras cosas, litigar con el propio Bryce en un farragoso proceso a cuenta de su aparición en *The American Commonwealth.*

La cuestión de los *rings* y los *bosses* será desarrollada, en cualquier caso, con más detenimiento en el tercer volumen; sin embargo es preceptiva una introducción en este sentido para entender algunas de las referencias que se hacen al respecto en *El Gobierno de los estados*[43], y fundamentalmente para que el lector sea capaz de familiarizarse con el compromiso de Bryce con la causa de los *reformen,* que puede corroborarse además revisando las últimas líneas de su contribución a este volumen: «el espíritu de partido puede todavía dominar y pervertir la política municipal, pero se advierte más claramente el mal que hace, y el número de ciudadanos que lo combaten aumenta de día en día. En el aumento de ese número y en el desenvolvimiento de un sentimiento más fuerte de los deberes cívicos, más aún que en un cambio del mecanismo, es donde se encontrará -así debe esperarse— la reforma del gobierno de las ciudades (p. 298)[44].

4. A modo de conclusión

Volviendo a la crítica generacional que se enunciaba al principio, podemos concluir con que la perspectiva de Bryce sobre el federalismo no es ni mucho menos formalista, legalista, ni conservadora -independientemente de que, en lo que respecta al conservadurismo, intente hacer ver a los críticos de la democracia la compatibilidad del federalismo estadounidense con dicha tendencia. Es una visión, eso sí, hasta cierto punto complaciente con la perspectiva tradicional del federalismo,

---

42 Dilworth, *op. cit.,* p. 217.

43 No solamente a los propios conceptos de *rings* y *bosses,* sino también es importante para entender las referencias a los «escándalos judiciales» y a Albert Cardozo entre las páginas 120 y 122. Para él, de alguna forma, el origen de estos casos puede encontrarse en la misma heterogeneidad de los estados. En la parte de la administración de justicia, señala: [las] antiguas repúblicas son las que han conservado los métodos menos democráticos en la elección de sus magistrados; en cambio, las nuevas democracias del Oeste con los más populosos estados del Este, Nueva York y Pensilvania, fuertemente democratizados por sus grandes ciudades, han entregado esta grave y delicada función a las rudas manos de las masas, es decir, a los políticos de profesión» (p. 117).

44 La contribución de Seth Low en el último capítulo es prácticamente testimonial, y se debe a razones poco científicas: en aquellos momentos Estados Unidos tenía sus propias normas de *copyright,* entre las que figuraba que solamente estarían directamente protegidos en el territorio nacional las obras de autores estadounidenses. Como para Macmillan era más económico imprimir la obra en Estados Unidos, la posibilidad de incluir un coautor autóctono se planteaba como una opción razonable para ver así garantizada la protección intelectual. Low, ex alcalde de Brooklyn y una de las principales autoridades estadounidenses del momento en materia local, trató de aplacar en la medida de lo posible en su capítulo las duras críticas que Bryce vertía sobre las autoridades locales, resaltando las grandes dificultades históricas a las que se habían tenido que enfrentar los gobiernos municipales, censurando la tendencia de las legislaturas estatales a intervenir en los mismos, y -no por casualidad-reivindicando la reputación y el talento de los alcaldes que había tenido Nueva York.

que omite voluntariamente el hecho de que esta noción había sido un auténtico campo de batalla teórico en lo concerniente a la soberanía de los estados y su alcance. Pero no es menos cierto que Bryce no rehúye la complejidad de su objeto de estudio.

En una valiosa revisión de los principios del sistema federal, John C. Yoo hablaba un par de décadas atrás de las fricciones entre los gobiernos federal y estatal, y por consiguiente de la necesidad de recurrir a la *judicial review,* como una «ineficiencia deliberada» (*«deliberate ineficiency»)* por parte de los padres de la Constitución[45]. Considera Yoo que esa ineficiencia es necesaria para proteger las libertades individuales. Seguramente Bryce estaría de acuerdo con este postulado, muy en línea con ese axioma de la separación de poderes respecto de un gobierno que lo controle todo, y además porque reconocía que la propia complicación de esta forma de gobierno era un elemento fundamental a la hora de promoverla cohesión de la opinión pública. Esto le separaba de otros autores coetáneos como Mosei Ostrogorski, que sobre este particular hizo célebre la expresión «en todas partes los resortes del gobierno están debilitados o torcidos»[46].

En términos generales, Bryce ya señalaba que un marco de gobierno complejo como el estadounidense estimulaba a sus ciudadanos a «observar, pensar y expresarse ellos mismos sobre las cuestiones públicas»[47]. Y dentro de esta «complejidad», definitivamente el sistema federal tiene un papel protagónico. A fin de cuentas, como enuncia él mismo al principio, «el que quiera comprender los cambios que se han producido en la democracia americana, encontrará muchos más elementos de instrucción en el estudio de los gobiernos de los Estados que en el de la Constitución federal» (p. 2). Esa es, quizá, la mayor enseñanza que nos puede legar *The American Commonwealth* respecto del federalismo estadounidense: un desbordante retrato de esos engranajes en un momento clave, que adjunta además el estudio de caso perfecto para comprender en la práctica su novedoso acercamiento teórico a los partidos políticos, los fenómenos locales de corrupción, aspecto en el que este libro fue bandera para los reformadores del sistema municipal.

---

45 En un artículo no por casualidad titulado «The Judicial Safeguards of Federalism», en *Southern California Law Review,* 70,1996, pp. 1311-1405.

46 «De un lado de la balanza al otro, las autoridades constituidas son desiguales en su deber; se prueban incapaces de asegurar la protección del interés general, o incluso sitúan el poder que les ha sido encomendado por la comunidad a disposición de intereses privados». Ostrogorski, M.: *Democracy and the Organisation of Political Parties,* vol. II. Londres: Macmillan, 1902, p.: 550. Una completa crítica a esta visión puede encontrarse en Harrison, R.: «The 'Weakened Spring of Government' Revisited: The Growth of Federal Power in the Late Nineteenth Century» en Jeffreys-Jones, R. y Collins, B.: *The Growth of Federal Power in American History.* Edimburgo: Scottish Academic Press, 1983, pp. 62-75.

47 Bryce, J.: *Modern Democracies,* vol. II. Nueva York Macmillan, 1921, p. 112. Walter Thompson la empleó en su revisión a la centralización federal. Ver Thompson, W: *Federal Centralization: A Study and Criticism of the Expanding Scope of Congressional Legislation,* Nueva York: Harcourt, Brace and Company, 1923, p. 322. La clave de la perspectiva de Bryce en este sentido reside en que aunque él piensa que el país es en origen heterogéneo: grande, con una distribución de la riqueza desigual, etc., sin embargo instrumentos como una educación libre y obligatoria, infraestructuras para el transporte y facilidades para la comunicación y por tanto para la transmisión de periódicos y revistas, hacen posible -y comparativamente fácil- el desarrollo de una opinión pública a escala nacional. Esto no es baladí en referencia a la diferencia de perspectivas que reconocíamos entre Bryce y J.W. Burguess: Bryce niega la existencia de una *legal consciousness,* pero sin embargo sí reconoce el proceso de creación de una conciencia «política» (o «nacional») que subsecuentemente pueda desembocar en esa conciencia legal.

En definitiva, obsoleto en algunos aspectos[48], premonitorio en otros[49], cuanto menos *El Gobierno de los estados* nos permite acercarnos a los términos sobre los que pivotaba la cultura política anglosajona en el ocaso del s. XIX de una forma nítida y prolija, incluyendo algunos aspectos de la historia de Estados Unidos que, hasta el momento, no han sido muy analizados desde nuestra perspectiva.

5. Referencias bibliográficas de interés

A continuación se refieren algunas de las obras que pueden ser de utilidad para acercarse a la obra del autor o profundizar en el estudio de *The American Commonwealth* a partir de fuentes secundarias.

5.1. Selección de escritos de James Bryce

The Holy Roman Empire. Londres: Macmillan, 1864.

The Predictions of Hamilton and De Tocqueville. Baltimore: Johns Hopkins University Studies in Historical and Political Science, Fifth Series, IX (Sep., 1887).

The American Commonwealth. Londres: Macmillan, 1888 (Ver epígrafe 1 para una relación de traducciones al castellano).

Political Organisations in the United States and England. The North American Review, Enero 1983, pp. 105-118.

Impressions of South Africa. Londres: Macmillan, 1897.

Studies in History and Jurisprudence. Nueva York: Oxford University Press American Branch, 1905.

Studies in Contemporary Biography. Londres: Macmillan, 1903.

South America: Observations and Impressions. Londres: Macmillan, 1912. Hay disponible traducción al castellano por Guillermo Rivero *(La América del Sud.* Nueva York: Macmillan, 1914).

University and Historical Addresses. Nueva York: Macmillan, 1917.

Essays and Addresses in War Time. Londres: Macmillan, 1918.

Modern Democracies. Londres: Macmillan, 1921.

Memories of a Traveller (postumo) Londres: Macmillan, 1922.

---

[48] Realmente *The American Commonwealth* en general y su perspectiva sobre el federalismo en particular nos proveen de un buen caso a partir del cual relativizar la propia idea de obsolescencia: cuando Yoo nos habla en 1996 del federalismo americano como exponente de una «ineficiencia deliberada», resulta curioso ver como en 1931 Mogi declaraba obsoleto el análisis de Bryce con el argumento de que «al haber alcanzado Estados Unidos su más alto estadio de desarrollo [...] desde los puntos de vista político y administrativo es bastante absurdo que cualquier mecanismo político no pueda operar más eficientemente sobre el área existente». Mogi, S.: *The Problem of Federalism: A Study in the History of Political Theory,* Volume II. Londres: George Alen, 1931, p. 1071.

[49] «El federalismo, como Bryce predijo, previno de la emergencia de un gobierno central que absorbiera otros poderes y amenazara las libertades del pueblo». Haines, *op. cit.,* p. 22.

5.2. Selección de literatura secundaria sobre James Bryce y/o *The American Commonwealth*

Azcárate, G.d.: *La República Norte-americana según el profesor Brice.* Madrid: Biblioteca Económica Filosófica, 1891.

Bernard, B.C.: *James Bryce and St. Louis: A Bibliographic Introduction to the Writings of James Bryce.* St. Louis: Washington University School of Law, 1988.

Bernard, B.C.: *James Bryce: The American Commonwealth.* St. Louis: St. Louis Law Printing Co., 1988.

Collini, S.; Winch, D.; Burrow, J.: *That Noble Science of Politics. A Study in Nineteenth-Century Intellectual History.* Cambridge: Cambridge University Press, 1983. Disponible traducción al castellano por Evangelina Niño *(La política, ciencia noble: Un estudio de la historia intelectual del siglo xix.* México D.F: Fondo de Cultura Económica, 1987).

Fisher, H.A.L.: *James Bryce.* Londres: Macmillan, 1929.

Ions, E.: *James Bryce and American Democracy, 1870-1922.* Londres: Macmillan, 1968.

Keller, M.: «James Bryce and America», *The Wilson Quarterly,* vol. 12, n. 4, 1988, pp. 86-95.

Prochaska, F: *Eminent Victorians on American Democracy: The View From Albion.* Oxford: Oxford University Press, 2012.

Robbins, K.: «The Career of James Bryce», *Journal of Contemporary History,* vol. 7, n. 3/4,1972, pp. 37-52.

Seaman, J.T.: *A Citizen of the World: The Life of James Bryce.* Londres: Tauris Academic Studies, 2006.

Sylvest, C: *James Bryce and the Two Faces of Nationalismen* Hall, I; Hill, L. (eds.): *British International Thinkers from Hobbes to Namier.* Nueva York: Palgrave Macmillan, 2009.

Symonds, R.: *Oxford and Empire: The Last Lost cause*? Londres: Macmillan, 1986.

Tulloch, H.: *James Bryce's American Commonwealth: The Anglo-American Background.* Suffolk: Royal Historical Society - The Boydell Press, 1988.

5.3. Selección de literatura secundaria sobre James Bryce y la historia del federalismo estadounidense y/o el gobierno local

Adams, G.B.: *The British Empire and a League of Peace, together with an Analysis of Federal Government, its Function and its Method.* Nueva York: G. P. Putnam's Sons, 1919.

Brooks, R.C. (ed.): *Bryce's American Commonwealth: Fiftieth Anniversary.* Nueva York: Macmillan, 1939.

Burguess, J.W.: *Political Science and Comparative Constitutional Law, Volume II: Government.* Nueva York: Baker and Taylor, 1890.

Burguess, M. y Gagnon, A.G. (eds.): *Federal Democracies.* Nueva York: Routledge, 2010. Disponible traducción al catalán por Margarida Trias *(Democracies federals.* Barcelona: Institutd'Estudis Autonomics de la Generalitat de Catalunya, 2013).

Dilworth, R. (ed.): *Cities in American Political History*. Los Ángeles: SAGE, 2011.

Glaab, C.N. y Brown, *A.T.-.A History of Urban America*. Nueva York: Macmillan, 1967.

Hammack, D.C.: «Elite Perceptions of Power in the Cities of the United States, 1880-1900: The Evidence of James Bryce, Mosei Ostrogorski and their American Informants», *Journal of Urban History*, vol. 4, n. 4, 1978, pp. 363-396.

Jeffreys-Jones, R. y Collins, B.: *The Growth of Federal Power in American History*. Edimburgo: Scottish Academic Press, 1983.

Karmis, D. y Norman, W.: *Theories of Federalism*. Nueva York: Palgrave Macmillan, 2005.

Lefroy, A.H.F.: *The British versus the American System of National Government*. Toronto: Williamson & Co. Publishers, 1891.

Mogi, S.: *The Problem of Federalism: A Study in the History of Political Theory, Volumes I-II*. Londres: George Allen, 1931.

Nota sobre la traducción

La presente reedición de *The American Commonwealth* en seis volúmenes se encuentra inserta en la colección Biblioteca de *La España Moderna*, cuyo propósito es difundir el material publicado por la editorial homónima un siglo atrás, y como tal se ha procurado respetar al máximo las traducciones originales de Adolfo Álvarez-Buylla y Adolfo González-Posada, en los dos primeros volúmenes, y de Francisco Lombardía en los cuatro posteriores.

Con todo, la pertinente publicación de esta obra en nuestros días constituye una excelente ocasión para corregir algunos errores menores de traducción que, de otro modo, podrían suponer motivo de confusión para el lector respecto de las ideas que se transmiten en el original en inglés. Se ha mantenido, en cualquier caso, vocabulario actualmente en desuso o cuya traducción podría llevarse a cabo de otra forma de producirse ex novo, como «agiotaje»; «patronato»; «parada» o «sistema de los despojos», con el objetivo de no alterar nociones clave desde un punto de vista histórico-conceptual.

Héctor Domínguez Benito

SEGUNDA PARTE

EL GOBIERNO DE LOS ESTADOS

I. Naturaleza del Estado americano

Después de estudiado «El Gobierno Nacional»[1], podemos pasar al examen del de los diversos Estados que han formado la Unión. Esta es la parte del sistema político americano que menos ha llamado la atención de los escritores nacionales y extranjeros. Viendo en el Presidente, en el Gobierno y en el Congreso, un gobierno que se parecía muy superficialmente al de su propio país, y notando que la autoridad federal únicamente era activa en las relaciones internacionales, los europeos han olvidado y prácticamente ignorado los gobiernos de los Estados, respecto de los cuales, su experiencia nada les ofrecía con que compararlos, y cuyo funcionamiento apenas si está explicado por las noticias publicadas al otro lado del Océano. El viajero europeo que atraviesa en seis días el Continente americano, desde Nueva York, por Filadelfia y Chicago, a San Francisco, no advierte que pasa en su viaje, de más de 3.000 millas, por el territorio de once repúblicas autónomas. No emplea más que una moneda y un correo; no se le detiene en ninguna aduana; no ve funcionarios uniformados, y hace el mismo caso de las diferencias de jurisdicciones, que el que hace de las de los condados que atraviesa el viajero que desde Londres va a Liverpool por la línea del Noroeste. Por eso nuestros escritores ingleses, mejor informados de la ciencia política, al exponer extensamente las relaciones de los Estados americanos con la autoridad central, no han podido aprovecharse de la suma de enseñanzas contenida en el estudio de sus gobiernos mismos. Mill, en su *Representative governement,* apenas hace alusión a ellos; M. Freeman, en sus eruditos ensayos; Sir H. Maine, en su ingenioso trabajo sobre el gobierno popular, dejan a un lado fenómenos que hubieran ilustrado admirablemente algunos de sus razonamientos.

De otro lado, los publicistas americanos han estado demasiado embebidos en el estudio del sistema federal para ocuparse con el Gobierno de los Estados. Este les parece la cosa más sencilla y la más clara del mundo, mientras que aquel que ha sido durante un siglo el objeto de las luchas de sus partidos políticos, excita el más vivo interés y se considera como una especie de misterio respecto del cual pueden gastar todos los recursos de su sutileza metafísica y su conocimiento de las leyes.

Así, mientras los dogmas de la soberanía y de los derechos del Estado, que la gran lucha contra la esclavitud ha convertido en cuestiones de carácter práctico, han

---

[1] Puede verse la obra *La República Norteamericana* (dos tomos publicados por *La España Moderna,* Madrid), en la cual estudia el ilustre Bryce el Gobierno Nacional de los Estados Unidos.

sido discutidos con un celo y una agudeza extraordinarios por tres generaciones, no se ha hecho gran caso del carácter, del poder y del funcionamiento de los Estados como cuerpos separados y autónomos. Sin embargo, están llenos de interés, y el que quisiera comprender los cambios que se han producido en la democracia americana, encontrará machos más elementos de instrucción en el estudio de los gobiernos de los Estados que en el de la Constitución federal. Los materiales para este estudio son, por desgracia, al menos para un europeo, inaccesibles o poco manejables. Se componen de Constituciones, de estatutos, resúmenes de los debates y actas de las convenciones constitucionales y de las asambleas legislativas, informes de los funcionarios y comisiones, y, por último, del traslado continuo y del cuadro de la opinión pública corriente que suministran las colecciones de los periódicos. De estas fuentes, una sola, las Constituciones, está prácticamente al alcance del que escribe de este lado del Atlántico. Para servirse de las otras, hay que visitar cada Estado y consagrarse al estudio de estas fuentes originales, corrigiéndolas, cuando es posible, con ayuda de los recuerdos de la generación presente. Se podría esperar que en la mayoría de los Estados, al menos en los más antiguos, se encontrasen hombres para escribir historias políticas de los Estados, y no solamente historias de antigüedades y genealogías, historias donde hubiesen descrito la marcha política de sus respectivas repúblicas, y discutido las cuestiones que han dado motivo a las luchas políticas. Pero este trabajo no se ha hecho más que para un número bastante reducido de casos, de modo que el europeo investigador encuentra raramente la ayuda que esperaba encontrar por parte de los que anteriormente trabajaran en este campo[2].

Llamo a esto un campo; pero más bien es un bosque primitivo, donde la vegetación es vigorosa, donde apenas hay un sendero abierto. La nueva escuela histórica que se está formando en las principales Universidades americanas, y que ya ha producido excelentes obras sobre la historia primitiva de los Estados del Este, emprenderá, sin duda, esta labor[3]; en el ínterin, las dificultades que indico nos deben servir de excusa, por tratar esta parte de nuestro trabajo con una brevedad desproporcionada con su importancia e interés. Vale más tratar de poner de relieve algunos trazos principales, poco conocidos en Europa, que querer escribir una historia detallada de una extensión excesiva.

El Estado americano es un organismo particular, diferente de cualquier otro de Europa o del antiguo mundo. El único paralelo se encuentra en los cantones de Suiza, de la Suiza actual, pues hasta 1815, o, mejor quizá, hasta 1848, Suiza era, más bien que una Nación o un Estado, una liga de Repúblicas vecinas. Pero Europa ignora con tanta persistencia la historia de Suiza, de ese museo visible y muy instructivo de las cosas políticas, sin duda porque es un pequeño país que visitan las gentes para admirar sus lagos y trepar por sus montañas; así es, que confundiríamos al lector en vez de ilustrarlo, si tratáramos de explicar los fenómenos de América por los de Suiza.

---

2 Después de escritas estas líneas, se han comenzado a escribir historias de este género con el título de *Repúblicas americanas* —*American Common-Weaths*. —De los volúmenes publicados, algunos son de gran valor; pero no nos llevan hasta los tiempos presentes, que son los más instructivos para quien estudia las instituciones políticas.

3 Después de escritos estos renglones (1887), se han publicado monografías y preciosos trabajos sobre las Constituciones y la historia política de los Estados, y se han creado periódicos y revistas que se ocupan de esto.

Vamos, pues, a trazar un bosquejo de los Estados americanos como cuerpos distintos, olvidando por un momento que son además partes de una Federación.

En la Unión americana hay cuarenta y cinco Estados que varían en extensión, desde Tejas, que tiene una superficie de 265.780 millas cuadradas, hasta Rhode-Island, cuya superficie es de 1.250; y en población, como Nueva York, que tiene 5.997.853 habitantes, hasta Nevada, que sólo cuenta 45.761. De modo que el Estado más grande es más extenso que Francia o Alemania; y el más poblado tiene más habitantes que Suiza, Portugal o Dinamarca; mientras que el más pequeño es menor que el condado de Warwick o Córcega, y el menos poblado tiene menos habitantes que la parroquia Wandsworth en los suburbios de Londres (46.717), o que la ciudad Warrington en el Lancashire (51.742). Si no se atiende solamente a las diferencias de extensión, y sí a la densidad de población, (de cuatro por milla cuadrada en Nevada, de seis en Wyoming, de 276 en Rhode-Island y de 268 en Massachusetts); al color (en la Carolina del Sur hay 692.503 negros y 458.454 blancos; en el Mississippi, 747.720 negros y 539.703 blancos); al origen (en la Carolina del Norte hay menos de 1/350 de habitantes nacidos en el extranjero, en la California hay más de *Vi,* a las ocupaciones del pueblo, a la riqueza adquirida a la proporción de personas instruidas sobre el resto de la población, -es evidente que resultan inmensas diferencias entro la política y la conducta del gobierno de un Estado con otro.

Hay que tener presente también que las antiguas colonias tuvieron orígenes históricos diferentes. Virginia y Carolina del Norte no se parecían a Massachusetts ni a Connecticut; Nueva York, Pensilvania y Maryland no se parecían ni a uno ni a otro de estos Estados. En estos últimos años la inmigración ha llenado ciertos Estados de irlandeses, otros de alemanes, otros de escandinavos, mientras que ha dejado intactos la mayor parte de los Estados del Sur.

Sin embargo, la forma de gobierno, en sus líneas esenciales y hasta cierto punto en su mismo funcionamiento, es la misma en las cuarenta y cinco repúblicas; y las diferencias, por más instructivas que sean, se refieren a puntos secundarios.

Los Estados se dividen naturalmente en cinco grupos:

Los de Nueva Inglaterra son: Massachusetts, Connecticut, Rhode-Island, Nuevo-Hampshire, Vermont, Maine.

Los del centro son: Nueva-York, Nueva Jersey, Pensilvania, Delaware[4], Maryland, Ohio, Indiana[5].

Los Estados del Sur, o antiguos Estados esclavistas, son: Virginia occidental (separada de Virginia durante la guerra), Carolina del Norte, Carolina del Sur, Georgia, Alabama, Florida, Kentucky, Tennessee, Mississippi, Luisiana, Arkansas, Missouri y Texas.

Los del Noroeste son: Michigan, Illinois, Wisconsin, Minnesota, Yowa, Nebraska, Kansas, Colorado, N. Dakota, S. Dakota, Wyoming, Montana e Idaho.

Los del Pacífico son: California, Nevada, Utah, Oregón, Washington.

---

4 Delaware y Maryland eran Estados esclavistas, pero no hicieron secesión, y deben clasificarse más bien con los Estados del Centro que con el grupo del Sur, como Virginia, Missouri y hasta quizás Tennessee y Kentucky.

5 Ohio e Indiana vienen a ser Estados del Centro, pero se es clasifica casi siempre aún entre los Estados del Oeste.

Cada uno de estos grupos tiene algo de particular respecto al carácter de sus habitantes, que se refleja, aunque más débilmente que antes, en el carácter propio de su gobierno y de su política.

Nueva Inglaterra es el antiguo foco del Puritanismo, cuyas huellas aún no se han borrado, si bien van desapareciendo bajo la influencia de la inmigración de irlandeses y canadienses franceses. Los Estados del Sur conservaron mucho tiempo la señal de la esclavitud, no solamente por la presencia de una multitud de negros, sino a causa de la degradación de blancos miserables, y de ciertas particularidades, tan dignas de reproche como de alabanza, de la clase directora. El Noroeste es la tierra de la confianza en el porvenir y, por consiguiente, de los ensayos atrevidos en materia de legislación; sus habitantes rústicos poseen la honradez y rectitud de espíritu de la gente del campo. Los Estados del Pacífico del Oeste, o mejor, California y Nevada, porque Oregón y Washington pertenecen por su carácter al Mississippi superior o al grupo del Noroeste, unen a la energía ardiente de los occidentales una imprudencia especulativa propia de las poblaciones mineras, donde se han formado y desaparecido grandes fortunas, donde se han amontonado y confundido de repente elementos venidos de todas las partes del mundo, así como un huracán de las montañas Rocosas llena el fondo de un valle con la arena y las piedras arrancadas de las alturas que le rodean.

La variedad de disposiciones constitucionales y políticas es debida, tanto a la diferencia de población y de las condiciones exteriores, como a la gran independencia legal que goza cada Estado bajo la Constitución federal.

Ningún Estado puede, como tal República, tener relaciones políticas con otro Estado, o ejercer sobre éste influencia alguna. Los Estados no pueden mantener entre si relaciones diplomáticas, ni celebrar tratados, ni ejercer presión unos sobre otros. Y aunque el Gobierno de la Unión pueda obrar sobre un Estado, lo hace rara vez y en un sentido muy limitado, y sin atentar a la vida política interior de la República.

Pasemos ahora al estudio de las circunstancias que favorecen la uniformidad entre los Estados, lo cual va en aumento a medida que el tiempo pasa.

Cualquiera que mire un mapa de los Estados Unidos, le llamará la atención el hecho de que la mayor parte de las fronteras de los Estados son líneas rectas. Estas líneas tienen el mismo sentido que los planos geométricos de las ciudades como San Petersburgo o Washington, donde las calles forman ángulos semejantes unos con otros. Los Estados no son productos naturales; sus fronteras no son generalmente fronteras naturales fijadas por cordilleras, ni fronteras históricas debidas a una serie de acontecimientos, sino límites puramente artificiales, determinados por una autoridad que corta el territorio nacional en fajas de una extensión conveniente, como una sociedad de inmuebles corta lotes de terreno en el ensanche de las ciudades. De los Estados que se han constituido después de los trece primeros, solamente California tiene fronteras naturales, debido a la cadena de montañas de Sierra Nevada al Este y el Océano Pacífico al Oeste. Ninguno de estos últimos Estados puede considerarse como un organismo político desenvuelto naturalmente. Son árboles plantados por el cultivador: no se han sembrado a sí mismos con ayuda del viento que esparce la semilla. Esta carencia de líneas físicas en la demarcación ha tendido y debe tender a impedir el desarrollo de las diferencias locales. Parece que la misma Naturaleza ha favorecido la cuenca del Mississippi, del mismo modo que ha formado las no interrumpidas llanuras de la Rusia para que sea la morada de un solo pueblo.

Cada Estado hace su propia Constitución, es decir, que el pueblo se pone de acuerdo para elegir la forma de gobierno que más le conviene, sin intervención alguna de los otros Estados de la Unión. Esta forma no está sujeta más que a una condición, y es la de que sea republicana[6]. Pero en cada Estado, los hombres que hacen la Constitución han venido hace poco de cualquier otro Estado, donde han vivido bajo una Constitución que ellos han contribuido a establecer, y que es, a su juicio, el modelo natural y casi indispensable para su nuevo Estado. Faltos de espíritu inventivo, los ciudadanos de los nuevos Estados, naturalmente, han copiado las Constituciones de los Estados antiguos, sobre todo, cuando éstas tienen semejanza con la Constitución federal. Por eso las líneas generales y hasta los términos mismos de las antiguas Constituciones reaparecen en las de los Estados recién formados.

El precedente de Virginia influyó grandemente sobre Tennessee, Alabama, Mississippi y Florida, cuando estos últimos Estados quisieron hacer o enmendar su Constitución durante la primera parte del siglo pasado.

No hay país donde la población se mueva tanto como en América. En algunos Estados más modernos, solamente un cuarto o un quinto de sus habitantes han nacido en los Estados Unidos. Muchos de los habitantes de las ciudades y un gran número de colonos han sido ciudadanos de otro Estado, y es posible que muy pronto vayan a establecerse más lejos del lado del Oeste. Los Estados del Oeste parecen una cadena de lagos, entre los cuales corre un río que confunde las aguas de los primeros con las de los últimos. En este constante vaivén de las poblaciones, casi no pueden desenvolverse las particularidades locales, y si había algunas cuando el distrito se encontraba separado, éstas van desapareciendo a medida que el país se puebla. Cada Estado toma a sus vecinos y les da algo, y así la asimilación se produce sin cesar en la nación entera.

La influencia de las vías férreas, de los periódicos, del telégrafo, es aún más importante. Una ciudad griega como Samos o Mitylena, situada en una isla, pudo conservar rasgos distintivos a pesar de las relaciones con Atenas y del poderío de esta última. Un cantón suizo como Urí o Appenzell, escondido detrás de sus murallas de montañas, permanece aún hoy día muy distinto de sus vecinos de los valles, a pesar del poderío adquirido por el gobierno central de la nación suiza. Pero un Estado americano atravesado por grandes líneas férreas, y que depende de los mercados de las ciudades del Océano Atlántico y de Europa para la venta de sus granos, de sus ganados, de su jamón, de sus minerales, se encuentra ligado por mil poderosos vínculos a los otros Estados, y está tan interesado en su prosperidad o sus reveses, como en lo que sucede en el interior de sus propias fronteras. Los principales diarios son leídos en vastas regiones. Los habitantes de cada Estado saben todas las mañanas los acontecimientos ocurridos la víspera en todo el territorio de la Unión.

Por último, los partidos políticos son los mismos en todos los Estados. Los principios de cada partido son (salvo alguna excepción) los mismos en todas partes; los métodos son los mismos; los jefes de partido, los mismos, si bien los hombres

6 Hay que considerar como excepción el caso de Kansas, inmediatamente antes de la guerra de secesión, y el de los Estados rebeldes, que no fueron integrados a la Unión hasta haber aceptado las leyes constitucionales que impedían la esclavitud y protegían a los libertos.

eminentes gozan de una más grande influencia en su propio Estado. Por consiguiente, la política de los Estados sufre la influencia de las fuerzas e ideas de todo el país o de las dos grandes partes de la nación; por esta razón no queda más que un pequeño espacio para la formación de partidos locales o para el desenvolvimiento de planes políticos locales.

Estas consideraciones explican por qué los Estados se diferencian menos de lo que pudiera suponerse, a pesar de las diferencias de caracteres que existen entre algunos y de la ilimitada libertad que les concede la Constitución federal de organizarse a medida de sus deseos. Los hombres de Estado europeos consideran, desde hace algunos años, el federalismo y la autonomía local como el medio más conveniente para dejar una entera libertad al sentimiento de nacionalidad que puede existir en una parte de un imperio, o bien para permitir a tal o cual parte de éste, que difiere de las otras regiones, tener las instituciones locales y las leyes especiales que necesita. He aquí la razón, o mejor, las dos razones, que han guiado a los estadistas tratándose de Finlandia y de sus relaciones con Rusia, de Hungría en sus relaciones con Austria alemana, de Islandia en sus relaciones con Dinamarca, de Bulgaria en sus relaciones con Turquía, de Irlanda en sus relaciones con la Gran Bretaña. Pero las causas finales, por decirlo así, que han hecho reconocer y aceptar la autonomía de las Repúblicas de los Estados de la Unión, son muy diferentes.

Su autonomía no es la consecuencia de diferencias que se ha querido hacer inofensivas al darles una entera libertad. Ello es debido, en primer lugar, al hecho histórico de que estos Estados existían como Repúblicas antes que la Unión misma; y, en segundo, a la idea de que el gobierno local es la mejor garantía de los derechos del ciudadano, y al sentimiento de la dificultad de administrar desde una sola ciudad, con ayuda de un solo gobierno, un vasto territorio y una numerosa población.

Vamos a indicar los puntos que constituyen la independencia legal y el derecho de autonomía de los diversos Estados. Cada uno de los 45 Estados tiene:

Su Constitución (de la que hablaremos en seguida).

El Ejecutivo, que se compone de un gobernador y otros funcionarios.

La legislatura compuesta de dos Cámaras.

Un sistema de gobierno local en los condados, las ciudades, las townships y los distritos escolares.

Deudas, que puede rechazar cuando le plazca.

Su Código de leyes privadas, que comprende las leyes sobre la propiedad inmueble y mueble, sobre los contratos, los daños y las relaciones de familia.

Su sistema de procedimientos civiles y criminales.

Sus tribunales, contra los cuales no hay apelación ante un tribunal federal (excepto en los asuntos que se refieren a la legislación o a la Constitución federal).

Su ciudadanía, que permite ser ciudadanos a ciertas personas (por ejemplo, a los nuevos inmigrantes) en condiciones que pueden diferir de un Estado a otro.

Hay que observar tres cosas que dan a entender el alcance de estos derechos.

I. Se adquiere la ciudadanía activa de los Estados Unidos, es decir, el derecho de tomar parte en el gobierno de la Unión, haciéndose ciudadano de un Estado particular. Una vez ciudadano de un Estado, se tiene derecho por este mismo hecho a la franquicia nacional. Por consiguiente, el derecho de votar en un Estado lleva en pos de sí el derecho de votar en las elecciones federales, y un Estado podrá conceder muy liberalmente este derecho, por ejemplo, a los extranjeros que acaban de llegar, o a los criminales, y sin embargo, esos electores podrán siempre votar en las elecciones congresionales y presidenciales.[7]

La sola restricción impuesta a los Estados desde este punto de vista es la que se encuentra en las 14 y 15 enmiendas constitucionales, de que ya hemos hablado. Estas enmiendas tenían por objeto asegurar a los negros iguales libertades que a los blancos, e incidentalmente establecen la protección concedida a todos los ciudadanos de los Estados Unidos. No tratamos de inquirir aquí si estas libertades estaban implícitamente contenidas en la Constitución o si las enmiendas de las que hemos hablado añaden alguna cosa[8].

II. El poder de un Estado sobre todo su territorio es absoluto. Puede aceptar o rechazar libremente el gobierno local. La población de la ciudad de Providencia es más del de la de Rhode-Island; la de Nueva York forma la cuarta parte de la del Estado del mismo nombre. Sin embargo, éste podría en los dos casos suprimir la municipalidad y encargar del gobierno de la ciudad a un simple funcionario; hasta podría dejarla sin ninguna clase de gobierno. La ciudad no tendría el derecho de quejarse de esta medida ni al Presidente ni al Congreso. Massachusetts ha dado recientemente una nueva forma al gobierno de Boston, lo mismo que el Parlamento inglés podría dar una nueva forma al gobierno de Birmingham. Suponed que en

---

7 El Congreso tiene autoridad para hacer una ley general para la naturalización. (Const., art. 1.°, § 88). Según las actuales leyes sobre la naturalización, es preciso que un extranjero haya vivido durante cinco años en los Estados Unidos, y durante un año, en el Estado o territorio en donde él se quiere hacer ser admitido como ciudadano de los Estados Unidos, y que declare dos años antes de su naturalización que no obedecerá a ningún príncipe o a ningún país extranjero. La naturalización le convierte no sólo en ciudadano de los Estados Unidos, sino también del Estado que habita; pero ella no le concede precisamente la franquicia electoral, que depende de las leyes particulares de cada Estado.
En más de la tercera parte de los Estados hay hombres que no se han naturalizado como ciudadanos de los Estados Unidos, y sin embargo, gozan de la franquicia electoral.

8 «Es necesario buscar, en los límites que separan su esfera de acción, la línea de demarcación entre los privilegios y las inmunidades de los ciudadanos de los Estados Unidos y las de los ciudadanos de los diferentes Estados; y estas dos clases de privilegios son tan diferentes como las funciones de los gobiernos respectivos. El ciudadano de los Estados Unidos tiene como tal, derecho a participar del comercio con los países extranjeros o con el de los otros Estados, de aprovecharse de las leyes postales, de surcar como los otros ciudadanos las aguas navegables de los Estados Unidos y de pasar de un Estado a otro, o de ir a los países extranjeros, pues la jurisdicción de los Estados Unidos se extiende a todas las cosas. Los privilegios llevan en pos de sí las inmunidades. En donde los Estados Unidos deben proteger un ciudadano contra toda injusticia, la necesidad o la miseria, el ciudadano tiene derecho a las inmunidades que son debidas a todo súbdito de la federación. Una inmunidad evidente es aquella que prohíbe a los Estados exigir un impuesto por permitir el disfrute de derechos y privilegios que conceden las leyes de los Estados Unidos. Todo lo que la Constitución y las leyes de los Estados Unidos permiten al ciudadano para reclamar un derecho, constituyo los privilegios del ciudadano. Éste puede exigir ser exceptuado de todo aquello que le exceptúa la Constitución y las leyes de los Estados Unidos. El derecho a este privilegio se restringe cuando las leyes de un Estado se oponen al legítimo funcionamiento de la autoridad federal en relación con su interés, ya sea que esta autoridad se haga realmente sentir, ya que se la encuentre explícita o implícitamente en la Constitución o en las leyes. Pero los Estados Unidos no pueden conceder ni prometer a sus ciudadanos derechos y privilegios que no dependen expresa ni implícitamente de su jurisdicción, y estos últimos derechos y privilegios son los que se dejan enteramente a la protección de los Estados». —Cooley: *Principies*, pp. 245-247.

Inglaterra el Consejo del condado de Warwick suprime la municipalidad de Birmingham, o que en Francia el departamento del Ródano suprime la municipalidad de Lyon, sin que el Poder central pueda intervenir para oponerse, y entonces se podrá calcular la diferencia que existe entre los Estados Unidos de América y los gobiernos locales de la Europa occidental.

III. Cualquier Estado tiene derecho a exigir que sus ciudadanos le sean fieles, pudiéndoles castigar si le hacen traición. Los Estados han ejercido muy raramente este derecho, pero, su existencia legal incontestable contribuyó muchísimo a que los ciudadanos del Estado del Sur se decidiesen a seguir a sus gobiernos en la guerra de secesión de 1861. Ellos creían deber la misma obediencia a su Estado que a la Unión, y cuando les fue imposible obedecer a los dos, porque el Estado se había separado de la Unión, consideraron como superior la autoridad más inmediata y más antigua. Después de la guerra se considera la sumisión al Estado como subordinada a la sumisión de la Unión. Pero el deber de ser fiel al Estado existe siempre; la traición al Estado es siempre posible. No se comprende la traición contra el Warvickshire o contra el departamento del Ródano.

Estos ejemplos dan a entender la doctrina que no llegan a penetrar bien los europeos, y por la cual los Estados americanos eran en cierto sentido, y son hoy día, para ciertos asuntos, Estados independientes.

Cada uno de los trece Estados primitivos vino a ser independiente (tocante a los asuntos de administración interior, pero no respecto a los asuntos internacionales) cuando éstos se sublevaron contra la madre patria en 1776. Al entrar en la Confederación de 1781-1788, perdió cada estado uno o dos atributos de la soberanía, y al aceptar la Constitución federal de 1788-1791, se sometió para ciertos asuntos determinados a un gobierno central, conservando la soberanía en lo demás. Esto quiere decir que la autoridad de un Estado le pertenece de derecho, y no le ha sido simplemente delegada. Tiene todos los derechos que puede tener un gobierno independiente, a excepción de aquellos de que él se ha despojado expresamente, mientras que el gobierno federal no posee más derechos que los que ha recibido. Sirviéndonos de un término jurídico, diremos que la presunción está siempre en favor de un Estado, y aquel que niega su autoridad sobre una cuestión especial, está obligado a suministrar la prueba de su afirmación[9].

Después de 1789 hasta 1870, los jurisconsultos y los políticos más avisados de la nación no han cesado de buscar el sentido y alcance de la soberanía de los Estados. Algunos han pretendido que ésta es superior a los derechos de la Unión. Otros creen que esta soberanía está suspendida por la Constitución, pero que existirá nuevamente el día que un Estado quiera separarse de la Unión. Otros han sostenido que cada Estado, al aceptar la Constitución, había renunciado a su poder supremo, el cual no ha existido después más que bajo la forma de una autoridad local administrativa y legislativa bastante mal definida, que no había sido acordada

---

[9] Como las colonias se aliaron para formar una Liga cuando se rebelaron contra la Corona, y como esta Liga había estado siempre encargada de las relaciones internacionales, ninguno de los Estados fue libre e independiente desde este punto de vista.
Abraham Lincoln pudo decir, en este sentido, que la Unión ora más antigua que los Estados, y que ella les había dado su existencia. Pero ¿qué diremos de la Carolina del Norte y de Rhode-Island, después que los otros once Estados aceptaron la Constitución de 1787-1789? Estos no pertenecieron a la antigua confederación, que entonces no existía. No estaban en la nueva por haber rehusado durante muchos meses formar parte de ella. Fueron, pues, durante este tiempo, Repúblicas independientes.

en el Congreso. Este conflicto de opiniones tuvo su período álgido en 1830, cuando Carolina del Sur reclamó el derecho de separarse de la Unión, y más tarde produjo la separación y la guerra de 1861-1865. Después de la derrota de los partidarios de la secesión, parece haber prevalecido la última de estas opiniones, y ahora apenas se oye hablar de la «soberanía de los Estados». La expresión «los derechos de los Estados» tiene también un sentido diferente del que tenía hace treinta años[10].

Si un europeo examinase sin prejuicio esta terrible controversia, en la que la lengua, la pluma y las armas han jugado un papel importante, expresaría probablemente su pensamiento de este modo. Haría notar que la cuestión ha estado siempre obscura y embrollada, sobre todo por haberse confundido la soberanía de la nación americana con la soberanía del Gobierno federal. Este no era, en verdad, soberano más que para ciertas cosas, no lo era más que por haber recibido de la Constitución poderes determinados. Estos no destruían, y legalmente no destruyen ahora, la supremacía de los Estados en su propia esfera. Cada Estado posee en la actualidad un atributo importante de la soberanía —no poder ser perseguido en justicia si no es por un otro Estado—. Pero la nación americana, que ha hecho la Constitución, obró en virtud de su soberanía, y se podría sostener que ésta era superior a los derechos de los otros Estados. Esta última opinión de la soberanía fue la que imperó en el ánimo de los que se opusieron a la secesión; mientras que en el Sur, los partidarios de la secesión estaban persuadidos, y no sin razón, de que el Gobierno federal central no tenía más que una autoridad limitada.

La Constitución de 1789 era el resultado de un convenio, al que se había llegado permitiendo sostener que proposiciones contradictorias eran igualmente verdaderas. Se le ha comparado a las afirmaciones que se encuentran expresadas con tanta energía y precisión en el antiguo himno *Quicumque Vult,* a propósito del cual se ha sostenido que la contradicción aparente no es una contradicción más que por ser el espíritu humano incapaz de comprender estos profundos misterios. A los que afirmaban que había trece Estados, y por consiguiente trece Gobiernos, se les respondía, con razón, que no había más que un Gobierno, por no haber más que un solo pueblo. A los que decían que no había más que un Gobierno, se les respondía, también con razón, que eran trece los Gobiernos. Así que, con palabras vacías de sentido, los ideas se obscurecían, la opinión se remontaba a la metafísica y se perdía en un laberinto sin fin.

En realidad, había una divergencia entre el lado teórico y el práctico de la cuestión. Teóricamente, la causa de los Estados que querían la secesión podía defenderse; y si el litigio se hubiese ordenado según la interpretación de la Constitución, del mismo modo que un tribunal pronuncia una sentencia después de haber interpretado los términos de un contrato comercial, quizás la sentencia les hubiese sido favorable. En la práctica, los defensores de la Unión se encontraban sobre un terreno más firme, porque las circunstancias habían variado bastante después de 1789 para hacer de la Unión una sola nación, y la prosperidad de la mayoría que quedaba sujeta a la Unión se confundía de tal modo con la de la minoría que quería separarse, que la mayoría se creyó en el deber de oponerse a esta separación.

Desembarazada de sus términos técnicos, la disputa se reducía a este problema, que ha sido propuesto muchas veces, pero que no es susceptible de una solu-

[10] El término «los derechos de los Estados» ha sido, durante bastantes años, la contraseña en el Sur. En 1851 había en Harward College un estudiante de Carolina del Sur que llevaba el nombre de States Rights Gist, habiendo sido, por decirlo así, bautizado en el Calhounismo. Llegó hasta general de brigada en el ejército confederado, y sucumbió durante la guerra civil.

ción general: ¿Cuándo una mayoría tiene el derecho de hacer uso de la fuerza para obligar a una minoría a permanecer en el cuerpo político a que ella misma pertenece? Se puede responder por adelantado a esta cuestión, lo mismo que a esta otra: ¿Cuándo es legítima una insurrección? Es el resultado quien decide. Cuando la traición triunfa, nadie se atreve a llamarla traición.

La Constitución, que había hecho muchos beneficios al pueblo americano, le causó un gran perjuicio cuando llamó su atención sobre el aspecto legal de la cuestión. Las leyes han sido hechas para ser las sirvientes de la política, y no se les debe permitir que la dominen. Se presentaba un caso que las fórmulas legales no podían resolver, caso que había necesidad de ordenar basándose en grandes ideas morales y en la historia. No fue solamente la fuerza material del Norte quien triunfó; fueron las fuerzas morales que gobiernan el mundo; fuerzas que luchaban desde mucho tiempo contra la esclavitud y que debían salvar la América del Norte de la plaga de naciones hostiles establecidas a su alrededor.

La palabra «soberanía», que ha obscurecido de distintos modos el dominio del derecho público y de la jurisprudencia, ha embrollado los espíritus, haciéndoles creer que debe existir en todo país y que se la puede descubrir mediante una indagación legal en un cuerpo legalmente investido del poder supremo, o bien en muchos cuerpos que, aunque hayan consentido en formar parte de un cuerpo más vasto, son, sin embargo, independientes en último término, y que no son responsables más que respecto a sí mismos[11]. Y olvidaron que una Constitución puede no decir dónde se encuentra la supremacía legal. Tal le sucedía a la Constitución de los Estados Unidos: era difícil decir donde la colocaba: y hubiera sido mejor abandonar las cuestiones teóricas y reconocer de una manera general el hecho de que las reclamaciones legales de los Estados habían llegado a ser incompatibles con las reclamaciones históricas y legales de la nación. Puesto que no se sabía dónde se encontraba el derecho legal, hubiera sido prudente ver dónde se encontraba la fuerza física. El Sur se creyó en estado de poder resistir a todos los ejércitos que el resto de la nación podía lanzar contra él. Así sostuvo la doctrina de los derechos de los Estados, y como consecuencia, se derramó más sangre y se gastó más dinero del que hubiera sido necesario antes para fijar un punto de derecho: como cuando Eduardo III y sus sucesores hicieron la guerra durante cien años para establecer el derecho de las mujeres a heredar la Corona de Francia.

¿Cuáles son en la actualidad los derechos de un Estado? Tiene todos los derechos y poderes de un Gobierno independiente, excepto: El derecho de separación (éste no ha sido anulado por ninguna ley; pero se admite, desde la guerra, que los Estados no pueden reclamarlo. Varias Constituciones recientes de los Estados del Sur lo rechazan expresamente).

Los poderes que la Constitución niega a los Estados incluso el de sostener relaciones con los Gobiernos extranjeros.

---

[11] Lo que constituye una nueva fuente de confusión, es el hecho que hemos presentado al hablar de la soberanía, de confundir (como lo ha hecho, por desgracia, la escuela de Bentham) la supremacía legal con la preponderancia de hecho. Estas dos cosas debían ir juntas, y la ley trata de conseguirlo. Pero puede suceder que el cuerpo o la persona a quien la ley concede la autoridad suprema sea incapaz de hacerla respetar; entonces el soberano legal y el real —es decir, la fuerza que triunfará en una revolución— son diferentes. Siempre hay una fuerza superior; pero esta fuerza puede no ser aquella que la ley reconoce como tal; y muchas veces es imposible saber qué fuerza es la superior, antes de chocar entre si las fuerzas.

Los poderes que la Constitución concede expresamente al Gobierno federal.

Sin embargo, en virtud de algunos de estos últimos poderes, los Estados pueden obrar con el Gobierno federal, o bien cuando éste no lo hace. Deben abstenerse do hacer cualquier cosa que sea contraria a un acto del Gobierno. Y cuando el Gobierno supone que existe una falta de este género, ya sea administrativa, ya ejecutiva, la cuestión se somete a un tribunal, y si en primera instancia el juicio es favorable a las pretensiones del Estado, se somete en seguida a un tribunal federal[12].

Una ojeada sobre la lista precedente es suficiente para hacerse cargo de lo que cada Estado puede crear en materia de instituciones diferentes de las de la Unión, y ver que estos derechos comprenden prácticamente casi todas las relaciones de los ciudadanos entre sí y con el Gobierno, y casi todas las cuestiones que se han suscitado la mayor parto de las veces en Inglaterra y en Francia, durante el curso de esos últimos años. Puede suceder que, en el transcurso de una larga vida, un americano no tenga jamás ocasión de pensar en el Gobierno federal, excepto cuando emite su voto en las elecciones presidenciales o congresionales, o cuando compra un paquete de tabaco con el sello del Gobierno, o cuando abre sus maletas delante de un empleado de aduanas sobre el muelle de Nueva York, al regresar de un viaje por Europa.

Paga sus contribuciones directas a funcionarios que obran con arreglo a las leyes de su Estado. Este o la autoridad local anota su nacimiento, nombra su tutor, paga por su instrucción, le da la parte de los bienes de su padre a la muerte de éste, le concede el permiso (si lo necesita) cuando se pone al frente de un comercio, le casa, le divorcia, le intenta una acción civil, le declara en quiebra y le prende si ha cometido un asesinato. La policía que guarda su casa, los consejos locales que se ocupan de los pobres, de las carreteras, de la administración de las escuelas, que fijan la tarifa de las aguas, todos estos cuerpos no deben su poder legal más que al Estado al cual pertenece este ciudadano. Si se considera el inmenso alcance de estas funciones, se veré que Jefferson tenía razón, cuando decía que el Gobierno no era más que el departamento de los negocios extranjeros. Pero, aunque el Gobierno nacional se ocupa menos que el de su Estado de los intereses directos del ciudadano, se ocupa mucho más de sus afectos. He aquí la razón por qué no se debe medir por la frecuencia de sus relaciones con el Gobierno federal, el grado de su adhesión y de su interés por este Gobierno, En el reparto de funciones entre la nación y el Estado, éste se lleva la mayor parte; pero la nación guarda las de grado superior, y de este modo no se altera el equilibrio.

Así es, que los americanos viven en una especie de dualismo, del que no tienen la menor idea los europeos, excepto los suizos y, hasta cierto punto, los alemanes. Vive bajo dos Gobiernos y bajo dos clases de leyes; tiene dos patriotismos y debe obedecer a dos Gobiernos. Se congratula de que uno y otro sean fuertes, y raras veces en hostilidad. Este es el resultado de un hábil arreglo y de una larga costumbre, que hace que aquellos cuyo voto dirige a los dos Gobiernos sean los mismos, y, sobre todo, de la armonía entre las dos clases de instituciones. Esta armonía es debida a la identidad de principios que sirven de base a los dos grupos, lo que hace que cada uno de los dos parezca necesario para la estabilidad del otro: los Estados para servir de base a la nación, y el Gobierno nacional para proteger los Estados.

[12] Véase cap. XXII, 1.1 de *La República Norteamericana.*

2. Constituciones de los Estados

El gobierno de cada uno de los cuarenta y cinco Estados está determinado por su Constitución, que es una ley fundamental muy comprensiva, o más bien un grupo de leyes reunidas en una sola acta, hecha por el pueblo de cada Estado, y que puede ser hecha o modificada, no por los representantes de este Estado, sino solamente por el pueblo mismo. Así como la Constitución de los Estados Unidos está por encima del Congreso y fuera de su autoridad, del mismo modo la Constitución de cada Estado está por encima de la legislatura de este Estado: no puede modificarse en lo más mínimo por la legislatura del Estado y envuelve la nulidad de toda ley hecha por esta legislatura que se hallare en contradicción con la ley fundamental.

Las Constituciones de los Estados son los documentos más antiguos en la historia política de América, pues han continuado y reemplazado las cartas reales coloniales, por las que fueron creadas las primeras colonias inglesas, y por las que fueron establecidos los diferentes gobiernos locales, bajo la autoridad de la Corona de Inglaterra primero y del Parlamento británico más tarde. Pero, como la mayoría de las instituciones bajo las cuales viven hoy día los pueblos que hablan la lengua inglesa, ellas tienen un origen que se remonta a una época anterior al descubrimiento de América. Principian con el gremio de comerciantes en la Edad Media, que a su vez procede de otros gremios más antiguos aún por remontarse a los tiempos de la Roma imperial, y formados bajo sus leyes inmortales. Bajo el reinado de Enrique I se concedieron cartas a los gremios de comerciantes. Eduardo IV concedió una de éstas, muy elaborada a los armadores que hacían el comercio con Flandes en 1463. En ella se notan los reglamentos que están más completamente expuestos en dos cartas más recientes y de un interés histórico más grande, la carta de la reina Isabel a la compañía de las Indias orientales en 1599, y la carta de Massachusetts en la Nueva Inglaterra» en 1628. Estos dos instrumentos establecen las compañías mercantiles y les confieren la personalidad; les dan el derecho de comparecer en justicia, do usar un sello común, de poseer y adquirir tierras, de recibir legados, y el de hacer los reglamentos necesarios en interés de la compañía. La Carta del Massachusetts croa un gobierno que se compone «de un gobernador, de un subgobernador, de diez y ocho asistentes (este es el término empleado aún hoy día en muchas corporaciones de Londres), y les manda que se reúnan cuatro veces al año en Asamblea general. Esta Asamblea debe llevar el nombre de «Gran Tribunal general», y en este Tribunal general, «el gobernador o el subgobernador, y los asistentes, lo mismo que los ciudadanos libres de la compañía que estuvieren presentes, tendrán autoridad plena y completa para elegir otras personas como ciudadanos libres, para elegir y nombrar los funcionarios que creyeren necesarios para la administración de la compañía, para hacer las leyes y reglamentos que juzgaren útiles al bien y prosperidad de la compañía, y también para el gobierno y administración de las tierras y plantaciones y de los habitantes presentes y futuros, con tal que estas leyes y ordenanzas no sean contrarias a las leyes y estatutos de nuestro reino de Inglaterra». En 1684, la carta de 1628 fue suprimida, y en 1691, el rey Guillermo y la reina María con cedieron una nueva carta; aunque conservando muchos términos y en parte el carácter de una carta de gremio comercial, es realmente un plan de gobierno político para una colonia. Los asistentes o auxiliares reciben además el título de consejeros; su número llega hasta veintiocho; deben ser elegidos por el Tribunal general, y el Tribunal general debe componerse, además del gobernador y asistentes, de terratenientes con una renta de 40 chelines o poseedores de otros inmuebles que tengan un valor de 40 libras esterlinas. El gobernador está obligado a nombrar jueces, comisarios de audiencia para el juicio, etc. El Tribunal general está autorizado para establecer judicaturas, tribunales de «Record», hacer leyes (no en desacuerdo con las inglesas), y nombrar para todas las funciones civiles necesarias. Toda apelación contra un juicio de los Tribunales se debe dirigir al rey en consejo privado. Es una verdadera Constitución política[13].

Bajo esta Constitución, la Colonia fue gobernada hasta 1780. No solamente los términos de esta Constitución -tales como el nombre de Tribunal general-, sino que una gran parte de su sólida armazón, fueron transmitidos enteramente a la Constitución del Massachusetts de 1870, que aún está vigente, y que influyó grandemente en la Convención que preparó la Constitución federal en 1780. Sin embargo, la carta de 1691 no es más que el desarrollo más extenso de la carta comercial de 1628, en la que ya se traduce, como en la de Eduardo IV en 1463, y en la de la compañía de las Indias Orientales en 1599, la cláusula por la que el poder de hacer leyes, antes ilimitado, se hallaba restringido por los términos de la carta que exigía que todas las leyes hechas por la compañía no estuviesen en desacuerdo con las leyes inglesas. Tenemos, pues, en las tres cartas ya nombradas, en las de 1463, 1599, 1628, lo mismo que en la de 1691, la característica esencial de una Constitución rígida y suprema, es decir, un plan de gobierno establecido por una autoridad superior, que crea un cuerpo legislativo subordinado al que da el derecho de hacerlo todo, salvo el de violar los términos de este plan y de rebasar los poderes que le concede el instrumento a quien debe su existencia. Mientras la colonia estuvo bajo el poder de la Corona británica, la autoridad superior, que tenía el derecho de hacer y deshacer este plan de gobierno, fue la Corona o el Parlamento. Cuando fue roto el lazo que la unía a la Gran Bretaña, la autoridad pasó, no a la legislatura del Estado, que quedó con poderes limitados, como antes, sino al pueblo de la República hecho independiente, cuya voluntad se manifiesta por lo que hoy es la Constitución del Estado, así como la voluntad de la Corona o del Parlamento se había manifestado en las cartas de 1628 y 1691.

---

13 La más antigua Constitución realmente política en América, es el instrumento que se ha llamado Ordenanzas fundamentales de Connecticut, hechas para los habitantes de Windsor, de Hartford y de Wethersfield en 1638, año memorable en el que la sublevación eclesiástica de Escocia salvó las libertades de Inglaterra. El Connecticut fue inmediatamente sometido a reglamentos regulares por la carta concedida por Carlos II, en 1662, al gobernador y a la compañía del Connecticut. El convenio preparado en el camarote del *Mayflower* puede considerarse como conteniendo los gérmenes de un gobierno.
Aquí sólo estudio la formación externa y legal de las Constituciones. El espíritu y las ideas democráticas que ellas contienen se deben en gran parte a las ideas que la teología de los reformadores, especialmente de Calvino, habla suscitado en los emigrantes puritanos; y los reglamentos eclesiásticos que hicieron tuvieron una grande influencia sobre aquellas comunidades políticas nacientes.

He tomado el caso de Massachusetts, por ser el que mejor demuestra cómo una compañía comercial se transforma en colonia y ésta en Estado. Pero algunas otras colonias ofrecen ejemplos no menos extraños. La más antigua de todas, la bellota de donde salió la encina de la dominación inglesa en América, la colonia de Virginia, fue establecida por una segunda carta en 1609 con el nombre de «El Tesorero y la compañía de los aventureros y plantadores de la ciudad de Londres para la primera colonia en Virginia»[14].

Durante un período de diez años, bajo la última de las Tudors y el último de los Stuarts, se concedieron dos cartas comerciales a dos compañías de aventureros ingleses. Una de estas dos cartas establece los derechos que Inglaterra tenía en Oriente y la otra al Oeste. Una de estas compañías se convirtió en el imperio de la India; la otra, en los Estados Unidos de América. Si Inglaterra no hubiese hecho otra cosa en la Historia, hubiera podido ganar su renombre con la obra que tuvo por principio estas dos cartas. Las bases de estos dos imperios fueron puestas en una época en que poseía los más grandes de sus espíritus creadores, y que daba origen a los hombres que establecieron sobre sólido cimiento un plan de gobierno representativo, imitado más tarde por todas las naciones libres del mundo moderno.

Cuando en 1776, las trece colonias negaron obediencia al rey Jorge III, y se declararon Estados independientes, la Carta colonial se convirtió naturalmente en Constitución del Estado[15].

En la mayoría de los casos, fue modificada y completamente cambiada por la colonia en revolución. Pero se conservó intacta, salvo, naturalmente, en lo concerniente a la autoridad de la Corona, en tres Estados, a saber: en Massachusetts, hasta 1780; en Connecticut, hasta 1828, y en Rhode-Island hasta 1842[16].

---

[14] La expresión «primera colonia», distingue lo que vino a ser más tarde el Estado de Virginia de las tierras más al Norte de la Virginia, que se llamó después la Nueva Inglaterra. La «segunda colonia» debía ser Plymouth, uno de los establecimientos que formaron el Massachusetts.

[15] Aun después de declararse independiente, Nueva Jersey esperaba que la madre patria tendría mejores sentimientos y evitaría separarse de sus hijos, añadiendo al final de su Constitución de 2 de Julio de 1776 la siguiente cláusula condicional: «A condición de que (y esta era la intención y el deseo de esto Congreso) si una reconciliación entre la Gran Bretaña y estas Colonias tuviera lugar, y que estas se quedasen de nuevo bajo la protección de la Corona británica, esta Carta sea nula y sin efecto: sino que quede para siempre e inviolable». La verdad es que hasta el día en que la conducta de Inglaterra los indispuso completamente, los colonos tuvieron para ella más consideraciones que ella tuvo para ellos. Para éstos, ella era el país natal; para aquélla, ellos no eran más que clientes. Se encuentran algunos ejemplos de las ideas que sostenían entonces sobre el uso de las Colonias en el libro cuarto de *La Riqueza de las Naciones,* por Adam Smith, obra publicada en 1776.

[16] La legislatura de Rhode-Island hizo una ley por la que reemplazaba el pleito homenaje debido al rey por el debido a la Colonia. El Connecticut hizo la siguiente ley: «Está mandado por el Gobernador, el Consejo y la Cámara de representantes, reunidos en Tribunal general, que la antigua forma del gobierno civil, contenida en la Carta de Carlos II, rey de Inglaterra, y adoptada por el pueblo de este Estado, sea la Constitución civil de este Estado, bajo la autoridad única del pueblo que vivirá independiente de todo rey y príncipe; y que esta República sea un Estado libre, soberano, independiente, y lleve el nombre de Connecticut». (Siguen tres párrafos conteniendo una corta «Declaración de los derechos», y concediendo a los habitantes de cualquier otro Estado de los Estados Unidos la ley y la justicia que gozaban los habitantes de este Estado). He aquí todo lo que el Connecticut juzgó necesario. Antes tenía, como Rhode-Island, el derecho de nombrar su gobernador y no tuvo necesidad de sustituir con una nueva autoridad el gobernador real.

A los trece primeros Estados se unieron más tarde treinta y dos, en forma de Repúblicas ya organizadas, con las Constituciones que los pueblos de esos Estados habían ya hecho. La ley del Congreso que admite un nuevo Estado, lo admite como una República ya constituida: unas veces permite al pueblo hacer una Constitución, observando ciertas condiciones estipuladas en la ley; otras acepta una Constitución ya hecha por el pueblo[17].

El Congreso tiene el derecho de imponer las condiciones que la Constitución del Estado debe cumplir; y al admitir los últimos siete Estados, confirmó la pretensión de mantener en vigor estas condiciones. Pero la Constitución no debe su autoridad al Congreso: la debe al hecho de ser aceptada por los ciudadanos que la han elaborado. De estas leyes se puede decir lo mismo que de las Constituciones de los trece primeros Estados, que, aunque son posteriores a la Constitución federal, de *jure* son anteriores. La autoridad que tienen sobre los ciudadanos no se la deben a esta Constitución[18].

No es esta una simple cuestión de derecho teórico. La antigüedad de los más viejos Estados, como Repúblicas distintas, se remonta a los tiempos heroicos de la primera colonización de América y de las guerras de la Revolución. Esta antigüedad es un manantial de patriotismo local entre los habitantes; ella da a estos Estados el sentimiento de su desenvolvimiento histórico y de una vida interior inherente a ellos, que jamás hubieran poseído no siendo más que hechuras del Gobierno federal.

Las Constituciones de los Estados de América merecen ser comparadas a las de las colonias británicas autónomas. Pero hay que señalar aquí una diferencia notable. Las Constituciones de las colonias británicas se hicieron por el Parlamento del Reino Unido, que se reserva el derecho de hacer leyes para todo el imperio británico. En muchos casos, la Constitución contiene una cláusula por la que ésta podrá ser modificada por la legislatura colonial con el asentimiento de la Corona. Pero como en su origen esta Constitución ha sido establecida por una ley; como no ha nacido en el país, sino que ha sido trasplantada como un tierno vástago por el Parlamento imperial de Inglaterra, el Parlamento puede siempre modificarla o aboliría. Por otro lado, el Congreso no tiene el derecho de modificar la Constitución de un Estado. Las modificaciones que a una colonia británica se le permite

---

17 En la ley de 1889, al admitir en la Unión el Norte-Dakota, el Sur-Dakota, Montana y Washington, el Congreso permitió a estos Estados hacer una Constitución, mientras al admitir al Idaho y al Wyoming en 1890, aceptó las Constituciones de estos Estados.

18 En la práctica, el Congreso puede ejercer influencia sobre la Constitución de un Estado, porque puede no admitir un Estado, cuya Constitución no se aprueba completamente. Pero desde la desaparición de la esclavitud y la reconstitución completa de los Estados sobre una nueva base, el Congreso ha ejercido muy raramente este poder. Si se ha servido de él ha sido para obligar a los Estados a despojarse de toda señal de esclavitud antes de permitir a sus senadores y representantes formar parte del Congreso después de la guerra. Naturalmente, el Congreso no está obligado a admitir una población que quiere hacerse reconocer como Estado. El Utah ha llamado durante muchos años a las puertas de la Unión sin ser admitido, porque la mayoría de sus habitantes inspiraba grandes sospechas, y porque la nación quería conservar para impedir la poligamia, la fiscalización que tiene el derecho de ejercer sobre un territorio y no sobre un Estado. Alguna vez el partido dominante retarda la admisión de un Estado cuyos votos serian probablemente favorables al partido contrario; otras veces se han admitido, por cuestión de partido, Estados como Wyoming, Montana e Idaho, que no se les consideraba aún dignos de ser admitidos. En 1894 se votó la ley admitiendo Utah a partir de 1896.

hacer en su Constitución deben ser hechas por la legislatura, y no como en América por todos los ciudadanos.

Las primeras Constituciones de los trece primeros Estados, lo mismo que las de los treinta y dos que fueron admitidos después (a excepción de aquellas de los nueve Estados más recientes), han sido revisadas posteriormente, en algunos casos cinco, seis o siete veces, o bien enmendadas en algunos puntos particulares. Ahora mismo hay Constituciones con fechas muy diferentes en los diversos Estados, desde la de Massachusetts, hecha en 1780 y considerablemente enmendada después, hasta la de Kentucky, que se hizo en 1891, a la del Utah, hecha en 1894.

Las Constituciones del período revolucionario fueron hechas en algunos casos por la legislatura del Estado, que tenía pleno poder; pero, por lo regular, han sido hechas por el pueblo, que delegaba en una Convención, es decir, en una asamblea elegida especialmente por los electores para esto objeto, e investida de plenos poderes, no solamente para redactar, sino que hasta para adoptar la Constitución[19].

Después de 1835, cuando el Michigan preparó su Constitución, las Convenciones elegidas por los Estados del Norte siempre han sometido, a ejemplo de Massachusetts en 1780 y del Maine en 1820, su proyecto de Constitución a los sufragios de todos los ciudadanos del Estado, que votan sí o no. Generalmente votan sobre la totalidad del proyecto, y lo aceptan o rechazan en conjunto, pero algunas veces se les hace votar separadamente sobre un punto o puntos particulares. En los Estados del Sur, la costumbre ha variado, pero han ido de día en día sometiendo el proyecto al pueblo. Sin embargo, en 1890, Mississippi confió a una Convención el cuidado de hacer ella sola una nueva Constitución; y en el Kentucky, en 1891, cuando el proyecto de Constitución fue sometido al pueblo y aceptado por éste (como se había establecido en el decreto que convocaba la Convención), la Convención se reunió de nuevo, e introdujo algunas modificaciones sobre las cuales, cosa extraña, el pueblo jamás ha sido consultado después[20].

El pueblo de un Estado conserva siempre el derecho de cambiar su Constitución sin que el Gobierno nacional pueda oponerse. Cuando se quiere preparar una nueva Constitución o modificar la existente, generalmente toma la iniciativa la legislatura, que (ya sea por el voto de simple mayoría o por la mayoría de las tres cuartas partes, o por la mayoría en dos legislaturas sucesivas en armonía con las cláusulas de la Constitución sobre este particular) somete la cuestión a los electores de una de estas dos maneras: o proponiendo al pueblo ciertas enmiendas particula-

[19] En Rhode-Island y en Connecticut, la legislación conservó la Constitución colonial. En la Carolina del Sur, una asamblea que se llamaba el «Congreso provincial» se declaró «Asamblea general» o legislatura de la colonia, y, conocida por este nombre, hizo la Constitución. En las otras colonias subleva das, excepto en Massachusetts, las Convenciones o los Congresos hicieron la Constitución sin someterla a la rectificación del pueblo. En Massachusetts, la Convención sometió su proyecto a los electores, que lo adoptaron en 1780, después de haber rechazado otro proyecto que les había presentado la legislatura en 1778.

[20] Se ha consultado al Tribunal de apelación del Kentucky para que dictaminase sobre la validez de estos cambios, y el Tribunal por mayoría los ha confirmado, motivado, al parecer, porque la legislatura y el Ejecutivo los han considerado como prácticos: *Sed quære*. Se ha alegado que siendo el Tribunal una hechura de la nueva Constitución, no tenía el derecho de discutir los títulos de quien lo creaba. La cuestión se complicaba por haber sucedido una cosa semejante en 1850, cuando se adoptó la Constitución anterior, y esta Constitución no exigía el voto popular, como el decreto que daba origen a la Convención de 1890.

res, o exigiendo al pueblo que decida por un voto si ha lugar de convocar una Convención para revisar la Constitucional)[21].

En el primer caso, las enmiendas propuestas por la legislatura se someten directamente a los electores para que voten en favor o en contra; en el segundo, cuando los ciudadanos han votado en favor de una Convención, la legislatura hace elegir esta Convención por el pueblo. Después de elegida, la Convención se reúne, se pone a trabajar, examina todos los artículos de la antigua Constitución y prepara una nueva, que ordinariamente es sometida al pueblo. El pueblo la ratifica o la rechaza con su voto. El pequeño Estado de Delaware es el único donde la legislatura está encargada de enmendar la Constitución sin tener que someter sus enmiendas a la ratificación del pueblo; pero es necesario que las modificaciones introducidas sean aprobadas por dos, legislaturas y presentadas al pueblo en el momento de elegir los miembros de la segunda. Ciertos Estados estipulan que se someterá al pueblo cada siete, diez, diez y seis o veinte años la cuestión de la oportunidad de una Convención para revisar la Constitución. Por este medio se asegura que la atención del pueblo se ocupará en saber si conviene o no cambiar el método de gobierno. Hay que tener presente que mientras se necesita la conformidad de las tres cuartas partes de los Estados para modificar la Constitución federal, una simple mayoría de votos de los ciudadanos es suficiente para modificar la Constitución de casi todos los Estados[22]. Así resulta, y nosotros lo veremos, que estas leyes han sido modificadas con más frecuencia y más completamente que la Constitución federal.

Desde algún tiempo a esta parte, la tendencia es conseguir que la revisión se haga con más rapidez.

Las Constituciones recientes consignan que será bastante una legislatura, en vez de dos sucesivas, para proponer una modificación, a fin de que tenga efecto inmediatamente si es aprobada[23].

La Constitución, no solamente es independiente del Gobierno nacional central (salvo en los casos indicados), sino que es también la ley fundamental orgánica del Estado mismo. El Estado existe como República en virtud de su Constitución, y

---

21 En el Nuevo Hamsphire, la legislatura no tiene el derecho de proponer las enmiendas; las autoridades locales consultan al pueblo cada siete años sobre la utilidad de revisar la Constitución. En ciertos Estados, la legislatura puede hacer lo mismo, con intervalos fijos, por ejemplo, cada cinco años.

22 Algunas veces, sin embargo, se exige la mayoría de los ciudadanos inscritos. En Rhode-Island (donde se vota en las asambleas de los pueblos y en las de distrito) es necesario una mayoría de tres quintos, y en la Carolina del Sur las enmiendas han de ser ratificadas por la legislatura que se elige inmediatamente después, con una mayoría de dos tercios en cada una de las dos Cámaras. En Delaware es necesario que la proposición de convocar una Convención sea aprobada por la mayoría de los votantes; en Kentucky por una cuarta parte, a lo menos, de los que votaron en las últimas elecciones generales. El Delaware, que no ha conseguido enmendar su Constitución de 1831 por medio de su legislatura, ha resuelto, en 1887, tener una Convención constitucional, pero no ha podido reunir un número suficiente de sufragios.

23 En ocho Constituciones recientes se encuentran las siguientes cláusulas: En las de Dakota del Sur, Montana, Idaho, Wyoming y Washington es necesario que los dos tercios de los miembros elegidos de cada una de las dos Cámaras de la legislatura estén de acuerdo para proponer una enmienda. Según la de Mississippi se necesitan los dos tercios; en Kentucky, los tres quintos de todos los miembros elegidos. En la de Dakota del Norte, una simple mayoría de cada Cámara de una legislatura, y la mayoría de todos los miembros de cada una de la legislatura siguiente es lo que se necesita, y en todo caso la enmienda se somete al pueblo.

todas las autoridades legislativas, ejecutivas y judiciales son establecidas por la Constitución y de ella dependen[24].

Así como el Presidente y el Congreso se hallan bajo la Constitución, del mismo modo el gobernador y las Cámaras de un Estado están sometidos a su Constitución, y si realizan algún acto contrario a alguna de sus cláusulas, o se exceden de los poderes que ésta les confiere, dicho acto es nulo. Todo cuanto se ha dicho en capítulos anteriores respecto a las fruiciones de los tribunales, cuando un acto del Congreso parece estar en desacuerdo con la Constitución federal es igualmente aplicable cuando la legislatura de un Estado hace una ley que infringe la Constitución del Estado. Naturalmente, se puede discutir la validez ante cualquier Tribunal, ya sea un Tribunal de Estado o un Tribunal federal, porque se trata de una simple cuestión de derecho que hay que resolver investigando si una ley de orden inferior es incompatible con una ley de orden superior. Siempre que en un proceso ante un Tribunal, una de las partes se apoye en una ley de su Estado, y la otra alegue que esta ley está fuera de las facultades de la legislatura del Estado y, por consiguiente, es nula, el Tribunal está obligado a resolver esta cuestión, así como debe decidir si un reglamento hecho por un consejo municipal o por una compañía de caminos de hierro excede del poder de legislar, que la compañía o el consejo municipal han recibido de la autoridad superior, que ha autorizado a tales gentes para constituirse en sociedad y ha establecido el consejo, y que ha concedido el poder de hacer ciertos reglamentos. Aunque los Tribunales federales sean competentes para entender en una cuestión de interpretación de la Constitución de un Estado, de ordinario se conforman con los precedentes establecidos por la decisión de un Tribunal de Estado en análoga cuestión, como podrían conformarse con la decisión de un Tribunal francés para ventilar una cuestión de derecho francés. Hay que suponer que cada Estado conoce sus propias leyes mejor que las puede conocer un extraño. Luego es natural que el Tribunal supremo de un Estado sea el único autorizado para expresar las intenciones del pueblo que ha hecho su Constitución.

La Constitución de un Estado es, pues, simplemente una ley hecha por el pueblo al votar sobre un proyecto que le ha sido propuesto. El pueblo, cuando vota así, obra como Asamblea constituyente cual si fuera llamado a reunirse en un solo sitio, a manera de las Asambleas populares de nuestros antepasados los teutones. Como a causa del número no se puede reunir en un lugar dado, lo hace en diferentes sitios. Así es, que la ley Constitucional es la obra directa de la soberanía popular, que casi no se conoce en Europa, aunque haya sido familiar en las antiguas Repúblicas, y haya existido hasta nuestros días en algunos cantones suizos[25].

---

[24] Se encuentran algunos detalles sobre las prescripciones de las Constituciones de los Estados en el «*American Statute Law*», por Stimpson, o en el artículo «*Estados*», en el «*American Cyclopœdia of poitical Science*». Naturalmente, la obra de más autoridad es la colección de las Constituciones de los Estados, que comprende (al mismo tiempo que las cartas coloniales) todas las leyes constitucionales que se han dado desde 1776, en los dos volúmenes, que tienen por título «*Federal and State Constitutions*».
Estos volúmenes fueron publicados por orden del Congreso, por Ben, Perley Poore, en Washington, el año 1878. Sería conveniente se publicase un suplemento oficial cada dos o cada cinco años, en el que se insertasen todas las nuevas Constituciones y todas las enmiendas constitucionales. Ahora es muy difícil, sobre todo para un europeo, poderse dar cuenta del estado actual de la Constitución de un Estado, y pido indulgencia al lector por los errores que esta dificultad me haya obligado a cometer.

[25] En nuestros días, sin embargo, las Landesgemeiden (que no existen más que en los cantones de Uri, Unterwalden, Glarus y Appenzell, y que acaban de abolirse en los de Schwyz y Zug), no están encargadas de hacer la Constitución, aunque hagan directamente las leyes.

La importancia del carácter que tiene la Constitución de ser una ley hecha por el pueblo, superior a todas las demás leyes del Estado, sube de punto cuando se examina el contenido de estas Constituciones. Los europeos creen que una Constitución es una ley, generalmente lacónica, que establece un plan de Gobierno con los ministerios de que se compone y el poder do que dispone, conteniendo una declaración de *derechos primordiales* del ciudadano frente a los miembros del Gobierno. Una Constitución americana contiene todo esto y mucho más; pues trata de una porción de cosas que en Europa se quedarían abandonadas a la acción de la legislatura o de las autoridades administrativas, regulando todas estas cuestiones hasta en sus menores detalles. Nadie creería encontrar semejantes detalles en una ley fundamental. Ya hablaremos de esto dentro de poco.

Entre tanto vamos a dar un resumen del plan y del contenido de las más recientes Constituciones; en otros capítulos haremos algunas observaciones sobre las diferencias que distinguen las Constituciones de los antiguos Estados de las de los Estados recientes.

Una Constitución ordinaria se compone de cinco partes:

1.ª La demarcación de las fronteras (esto no se encuentra en las Constituciones de los antiguos Estados).

2.ª Lo que se ha llamado el Bill de Derechos —o sea la enumeración de los derechos primordiales del ciudadano a la libertad individual y a la garantía de la propiedad (ya hablaremos después de esto)—. Esta parte se encuentra ordinariamente al principio de la Constitución, y algunas veces al fin.

3.ª El sistema de gobierno, es decir, los nombres, las funciones y los poderes de los Cuerpos legislativos (con los reglamentos sobre los derechos del elector), los funcionarios del Ejecutivo y los Tribunales de justicia.

4.ª Las diversas estipulaciones sobre la administración y las leyes, y las cláusulas sobre la educación, la milicia, los impuestos y rentas públicas, las deudas públicas, el gobierno local, las cárceles y los hospitales del Estado, la agricultura, el trabajo, los actos acusatorios, el método para modificar la Constitución y otras materias de carácter menos político. Él orden en que están expuestas estas materias difiere en las diversas Constituciones, y hay algunas que no se ocupan para nada con algunas de ellas. Las Constituciones recientes y las de los nuevos Estados son mucho más completas sobre estos puntos.

5.ª El anexo que contiene las cláusulas relativas a la manera de someter la Constitución a los sufragios del pueblo, y las disposiciones transitorias para pasar de la antigua a la nueva Constitución, a la que el voto popular va a dar fuerza de ley. Este anexo tiene carácter temporal, y, por lo tanto, no es en realidad una parte de la Constitución.

1. El bill de los derechos es, desde el punto de vista histórico, la parte más interesante de estas Constituciones, pues es el hijo legítimo y el representante de la Magna Carta, y de las otras declaraciones y leyes, hasta el bill de derechos de la ley de sucesión de Guillermo y María, sesión 2, merced al cual han estado garantizadas las libertades inglesas. Cuando se declararon independientes e hicieron su Constitución, la mayor parte de las colonias introdujeron en una declaración de derechos fundamentales del pueblo. Este ejemplo lo han seguido los nuevos Estados y casi todos los Estados en sus recientes Constituciones. Si se considera que el Poder

ejecutivo no puede ya desde hace mucho tiempo ejercer ninguna clase de despotismo contra el pueblo, y que las autoridades ejecutivas, establecidas por el voto popular, son hoy día más bien débiles que fuertes, es de extrañar que la afirmación de los derechos del ciudadano frente al Gobierno se repita siempre en las nuevas Constituciones. Los principios conservadores en materia de Constitución, y el amor a las máximas generales sobre la libertad política, lo explican en parte. Pero a esto se añade que estas declaraciones tienen un valor práctico, pues consolidan los derechos de los individuos y de las minorías contra la conducta arbitraria de una mayoría de la legislatura, que podría, en un momento de excitación, suspender las leyes y dar a los magistrados poderes excesivos, si tales cláusulas no lo impidiesen. Ellas son siempre, se dice, una salvaguardia contra la tiranía, y sirven para recordar solemnemente al Estado y a sus funcionarios los principios fundamentales que jamás deben infringirse[26].

Aunque estas estipulaciones imponen a la legislatura una traba que el Parlamento inglés consideraría embarazosa, raramente se oye decir que perjudiquen en la práctica.

Se puede formar una idea de estos bills de derechos por el que redactó para sí, en 1879, el Estado de California, y que se puede ver en el apéndice de este volumen. Sin embargo, diremos algo sobre algunas cláusulas curiosas que se encuentran en algunos de estos bills.

Todos garantizan la absoluta libertad de opiniones religiosas y del culto, y la igualdad ante la ley de todas las denominaciones religiosas y de sus miembros; y varias prohíben conceder asignaciones a tal o cual iglesia o secta, y dedicar los fondos públicos a ayudar una religión o una secta[27].

Pero en Delaware se considera que «es un deber de todos los hombres reunirse a menudo para orar juntos», y en Vermont se añade que «todas las sectas o denominaciones de cristianos debieran orar el día del Señor». Trece Estados declaran que las cláusulas garantizando la libertad de conciencia no excusan el desorden y no justifican los actos perjudiciales a la paz y seguridad del Estado[28].

En Mississippi se añade (1890) que estas cláusulas no significan que esté prohibido el uso de la Biblia en las escuelas, y en Idaho se declara que la bigamia y la poligamia son crímenes que deben ser castigados.

En Luisiana (Constitución de 1879) se declara que todo «gobierno legal tiene su origen en el pueblo, tiene por base la voluntad del pueblo, está constituido para bien del pueblo, y debe su poder al consentimiento de los que son gobernados. Su único objeto es proteger a los ciudadanos para que éstos puedan gozar en paz de la vida, de la libertad y de la prosperidad. Cuando se arroga otras funciones, usurpa y oprime».

---

26 La influencia de la declaración de independencia de 1776 es naturalmente visible en todas estas declaraciones.

27 Hasta 1889 no hizo desaparecer el Nuevo Hampshire de su Constitución de 1792 un artículo que permitía a la legislatura autorizar a los pueblos para atender a las necesidades de los «pastores *protestantes* públicos que enseñaban la piedad, la religión y la moral».

28 En Arkansas, Maryland, Mississippi, Carolina del Norte y Carolina del Sur, está prohibido nombrar funcionario público a un hombre que niegue la existencia de Dios; en Pensilvania y en Tennessee, es necesario que crea en la existencia de Dios y en la existencia de las recompensas y castigos futuros. En Arkansas y Maryland, el hombre que no creo en Dios no puede ser ni testigo ni jurado.

Treinta y un Estados afirman «el derecho natural, innato, inalienable, de gozar de la vida y de la libertad y de defenderlos»; y todos, excepto el melancólico Missouri, añaden: «el derecho natural de buscar el bienestar».

Veintidós declaran que todos los hombres tienen «el derecho natural de adquirir, de poseer y de proteger la propiedad».

El Mississippi y la Luisiana (Constitución de 1868), estipulan que no se puede «atentar contra el derecho que tienen todos los ciudadanos de viajar en los carruajes públicos». Estos dos Estados han suprimido ahora estos artículos[29].

En Kentucky (Constitución de 1891) se estipula que «el derecho arbitrario absoluto sobre las opiniones, la libertad y la propiedad de los hombres libres no existe en ninguna parte en una República, ni aún que una gran mayoría lo posee». Todos los hombres son iguales desde el momento que hacen un pacto social. El poder sólo reside en el pueblo y le pertenece, y todos los gobiernos libres están basados en la autoridad del pueblo y creados para la paz, el bienestar, la seguridad y la protección de la propiedad. Para conseguir esto el pueblo, tiene siempre el derecho inalienable e indestructible de modificar, de reformar, de destruir su gobierno como lo juzgue conveniente[30].

Todos, bajo una u otra forma, conceden a todos la libertad de escribir y manifestar sus opiniones, y algunos añaden que se puede probar la verdad de una difamación[31].

Casi todos garantizan la libertad de las reuniones públicas y de petición. Considerando que estos derechos son los últimos que puede infringir el gobierno de un Estado, es curioso que la Florida, en 1886, ha consignado en su Constitución que «los ciudadanos tendrán el derecho de reunirse para tratar del interés del país, para informar a sus representantes y para pedir a la legislatura la reforma de los abusos»; el Kentucky, en 1891, estableció este mismo derecho.

Muchos consignan que la legislatura del Estado no podrá hacer ley alguna que tenga efecto retroactivo, ni que atente al derecho de propiedad; también consignan que el Estado no podrá apoderarse de una propiedad particular sin acordar una justa indemnización.

Muchos prohíben la creación de títulos nobiliarios.

Varios declaran que jamás se podrá impedir a los ciudadanos el uso de armas. Esta cláusula resultaría enojosa si se quisiera reprimir el uso de llevar revolver. Por esta razón, la de Tennessee (Constitución de 1870) añade prudentemente que «la legislatura tendrá la facultad de hacer leyes sobre el derecho de llevar armas, con el fin de evitar los crímenes». Lo mismo sucede en la de Texas, donde esta ley no es

---

29 Esta cláusula se consignó poco después de la guerra civil, con el fin de proteger a los negros.

30 Hasta 1891, en Kentucky se añadía: «el derecho de propiedad está por encima de toda sanción constitucional; y el derecho del propietario de un esclavo sobre este esclavo y sobre sus descendientes es el mismo y tan inviolable como el del propietario de cualquier otra propiedad», aunque esta doctrina fuese prohibida y anulada, de hecho, por la tercer enmienda de la Constitución federal.

31 Se encuentra un resto curioso de estas costumbres en los reglamentos que permiten al jurado fallar sobre el derecho, lo mismo que sobre el hecho, en los casos de injuria; por ejemplo, el Mississippi (1890) y el Kentucky (1891), para los asuntos criminales; el Wyoming (1889), para los asuntos civiles también.

ciertamente inútil. Otros seis Estados permiten a la legislatura prohibir el uso de armas ocultas[32].

Algunos declaran que las propiedades de los suicidas pasarán a los herederos naturales, según las leyes ordinarias.

La mayoría consignan que la traición no es una mancha para los descendientes, y no lleva consigo la confiscación de los bienes.

Ocho Estados prohíben educar en las mismas escuelas a los hijos de los blancos y de los negros, mientras que en Wyoming no se hace distinción de sexo, de raza o de color en las escuelas públicas.

Muchos declaran inviolable el derecho de ser juzgado por un jurado, aun cuando permiten a las partes renunciarlo. En los asuntos civiles, el Idaho permite al jurado dar un veredicto con una mayoría de tres cuartas partes, y en el Wyoming el jurado puede formarse con menos de doce jurados.

Algunos prohíben encarcelar por deudas, excepto cuando mediase fraude, y mandan poner en libertad bajo fianza, a excepción de cuando se trate de acusaciones muy graves[33].

Algunos consignan que «los tributos y gracias a perpetuidad, así como los monopolios, son contrarios al espíritu de un Estado libre y no podrán concederse».

Muchos prohíben conceder honores o privilegios, o sueldos hereditarios.

La Carolina del Norte declara que «los derechos políticos y los privilegios no dependen de la propiedad, y, no estando modificados por ella, todo ciudadano, propietario o no, debe ser elector o elegible por el mismo concepto». También declara que «las sociedades políticas secretas son perjudiciales para las libertades de un pueblo libre, y no deben tolerarse».

El Massachusetts coloca en primer lugar, como conviene a un Estado puritano, los grandes principios morales:

«Es absolutamente necesario recordar con frecuencia los principios fundamentales de la Constitución, y permanecer siempre adherido a los principios de piedad, de justicia, de temperancia, de moderación, de trabajo, de frugalidad, para conservar las ventajas de la libertad y un gobierno libre. El pueblo tiene, pues, el deber de pensar en estos principios para elegir sus mandatarios y sus representantes, y tiene el derecho de exigir que sus legisladores y sus magistrados se conformen siempre a ellos exactamente».

El South Dakota y el Wyoming consignan que los extranjeros tendrán los mismos derechos de propiedad que los ciudadanos. En el Estado de Montana sé concede este derecho para la propiedad minera, mientras que el Estado de Washington prohíbe a los extranjeros poseer tierras, a menos que no sean para explotar las minas que éstas contengan. El Estado de Nueva York consigna que «todas las tierras de este Estado son alodiales, de modo que aun quedando sujetas a la confis-

---

32 La Carolina del Norte, el Mississippi, el Missouri, la Luisiana, el Colorado y el Montana, donde la experiencia diaria demuestra que se han tomado medidas inútilmente.

33 En Mississippi (Constitución de 1890) se permito a los Tribunales de justicia excluir, en ciertas clases de diligencias, a las personas que no son indispensables para la marcha del proceso. En Wyoming (1889) se prohíbe encerrar a los testigos en una habitación donde estén encerrados los criminales.

cación, serán la propiedad completa y absoluta de sus poseedores, según la naturaleza de su condición respectiva».

El North Dakota ha consignado la siguiente regla:

«Todo ciudadano es libre de buscar trabajo o cualquier otra ocupación, y cualquier persona o corporación o agente de una corporación que por malquerencia se dedique a impedir o haya impedido a un ciudadano buscar trabajo o conservar la colocación que tenga en casa de cualquier persona, será culpable de un delito».

El Maryland (Const. de 1867) declara «que los hombres conserven largo tiempo sus funciones en los departamentos del Poder ejecutivo o en puestos de confianza, es un peligro para la libertad; es, pues, necesario establecer un turno en estos departamentos para poder gozar con seguridad de una libertad permanente». También declara que todas las donaciones hechas con un fin religioso (excepto un campo de tierra de cinco acres a lo sumo para un templo, un presbiterio o un cementerio) serán nulas, a menos que no sean autorizadas por la legislatura.

En Montana y en Idaho, se dispone que las tierras sobre las que se construyan depósitos, canales, caminos para explotar una mina, acequias, están sometidas a los reglamentos del Estado.

Estos ejemplos, escogidos de entre otros muchos, son suficientes para demostrar que muchas de las leyes comprendidas en el Bill de Derechos no tienen más que una relación muy lejana con el principio general de este bill. Los autores de estas Constituciones parece que no han hecho más que insertar las doctrinas o las reformas legales que les ha parecido más importantes o aplicables a un gran número de casos, sobre todo cuando no encontraban sitio en otra parte que conviniese mejor a estas leyes especiales.

Respecto a los artículos de cada Constitución que contienen las líneas generales del gobierno de cada Estado, nos parece preferible hablar de ellos en los capítulos dedicados a describir el mecanismo y el carácter de los gobiernos y de los sistemas administrativos en los diversos Estados. Pasemos, pues, al grupo de disposiciones que tiene por título: cláusulas o disposiciones diversas; son muy interesantes, por revelar el espíritu y las tendencias del gobierno popular en América, la condición social y económica del país, los males que se han producido, la manera de combatirlos, las ideas y las creencias del pueblo en lo tocante a legislación.

Entre estas disposiciones, encontramos muchas materias que no son, bajo ningún concepto, del derecho constitucional, pero sí del derecho en general, es decir, del derecho administrativo, de las leyes sobre procedimiento judicial, del derecho civil ordinario, de las leyes sobre la familia, las herencias, los contratos, etc.; en una palabra, se trata de asuntos que no deben estar en una Constitución, por ser el objeto de leyes ordinarias. También se encuentran reglamentos muy detallados sobre la dirección y obligaciones de los Bancos, caminos de hierro y demás corporaciones en general; reglamentos sobre sueldos de funcionarios, sobre el *quorum* de los tribunales instalados «in banco» sobre los plazos para las apelaciones, sobre la manera de cambiar de jurisdicción, sobre la publicación de los informes judiciales; reglamentos también muy detallados sobre las comisiones de las escuelas, y sobre la cuota escolar (con las ordenanzas relativas a la separación de blancos y negros en las escuelas), sobre el departamento de la agricultura, sobre una junta de canales, sobre una oficina del trabajo. También encontramos la prohibición de las loterías, de la poligamia, de la corrupción electoral, de la política de intriga; en otra parte está prohibido conceder licencias para vender licores, prestar dinero con interés usurario. También se encuentra una abolición de la distinción entre los instrumentos contrastados o no contrastados, o una declaración fijando el salario de los obreros; y hasta disposiciones sobre la manera de adjudicar el papel y el carbón de la legislatura, y cláusulas fijando los derechos del depósito de los cereales en los almacenes. Los autores de estas Constituciones recientes no han querido ni deseado establecer una línea divisoria entre lo que pertenece propiamente a una Constitución y lo que debía quedar para la legislatura del Estado. Esta distinción no existe realmente en la actualidad en las tres cuartas partes, por lo menos, de los Estados.

¿Cómo explicar esta confusión? Hay cuatro razones para ello.

Los americanos, semejantes en esto a los ingleses, no se preocupan del arreglo científico. Aunque el plan de la Constitución haya sido preparado por jurisconsultos, y algunas veces por los mejores del Estado, se ha notado que no se ha hecho ningún esfuerzo para llegar a una clasificación lógica.

El pueblo ha observado que mientras se hacía una nueva Constitución era el momento más favorable para proponer las doctrinas que él creía de más importancia y para conseguir que se adoptasen las reformas que él deseaba. Esto era más sencillo y más rápido que esperar la acción legislativa; por eso, cuando el pueblo reclamaba la creación de algo o el cambio de una ley, se introducía esta reforma en la nueva Constitución, y era aceptada.

El pueblo de cada Estado ha llegado a desconfiar de su legislatura. Y he ahí por qué desea hacer las cosas inmediatamente y a su manera más bien que dejarlas a la acción legislativa, y que quiera hasta limitar cuanto pueda (y algunas veces mucho más) la esfera de la legislatura.

El pueblo desea obrar directamente sobre la legislación más bien que por medio de sus representantes. Este deseo de poder que lleva a ciertas democracias a hacer de sus representantes simples delegados, llega hasta el extremo de desdeñar a sus representantes empujando al pueblo a que él mismo haga y deshaga sus leyes.

Los que hayan leído los capítulos en que describo la Constitución federal, me preguntarán hasta qué punto se pueden aplicar a las Constituciones de los diversos Estados las observaciones que he hecho sobre este asunto.

Esas Constituciones tienen la capacidad de expansión mucho más restringida que la Constitución federal, bien sea desde el punto de vista de la interpretación o bien sea desde el punto de vista del uso. En primer lugar, tales Constituciones son más fácilmente y, por consiguiente, más frecuentemente enmendadas y rehechas; en segundo lugar, porque son más extensas y pueden entrar en los más pequeños detalles. La Constitución federal es tan lacónica y tan general, que el uso debe suplir los vacíos que ha dejado, y los jurisconsultos están obligados a interpretar y aplicar sus términos en los casos en que ella nada dice expresamente. Las Constituciones recientes de los Estados son tan completas y tan precisas, que no tienen necesidad de extenderse a nuevos casos para su interpretación, no dejando más que un reducido espacio a la acción de las costumbres.

La manera de interpretarlas es la misma que la que se emplea para interpretar la Constitución federal. Hay que notar, sin embargo, una diferencia importante que proviene del carácter diferente de los dos gobiernos. El gobierno nacional es una creación artificial; no tiene más poderes que los que le ha dado la ley que lo ha creado. El gobierno de un Estado es un producto natural que posee, desde luego, todos los poderes de no importa qué gobierno. Por lo tanto, cuando se pregunta si la legislatura de un Estado puede hacer una ley cualquiera o si no la puede hacer, es de presumir que sí puede hacerla; y se necesitan muy poderosas razones para probar que no la puede hacer. Esto puede estarle prohibido por una disposición que se encuentra en la Constitución federal o en la de su Estado. Pero es preciso demostrar que la prohibición de hacer esta ley existe realmente; o, en otros términos, la Constitución de un Estado no es un documento que confiere a la legislatura poderes definidos y especificados, sino, por el contrario, un documento que fija y limita la autoridad general de que gozan los representantes del pueblo por el solo hecho de formar un Cuerpo legislativo.

«Siempre se ha admitido que las legislaturas americanas tienen, desde el punto de vista de la legislación, el mismo poder ilimitado que posee el Parlamento británico, excepto en los casos en que esté aquel restringido por Constituciones escritas. He aquí un principio fundamental de la organización política de los Estados americanos. Nosotros no comprendemos bien cómo, en principio, puede ser de otra manera. Naturalmente, es necesario que el pueblo posea desde su origen todo el poder. El pueblo lo ha transmitido de la manera más general y más ilimitada, a las legislaturas de los diversos Estados, salvo ciertas restricciones que son impuestas por la Constitución de los Estados Unidos o por la del Estado en cuestión»[34].

«El pueblo, al hacer la Constitución concedió a la legislatura el poder de hacer todas las leyes del Estado, excepto aquellas que él se reserva expresa o implícitamente. En general, la legislatura tiene plenos poderes para todo lo que se refiere al gobierno civil. La prohibición de ejercer un poder particular es una excepción»[35].

Después de lo que precede, no había necesidad de suponer que si los Estados fuesen Repúblicas independientes sin gobierno federal, sus legislaturas gozarían de una omnipotencia en cierto modo semejante a la del parlamento británico. «El parlamento inglés, dice sir Edward Coke, tiene un poder y una jurisdicción tan absolutos y trascendentales, que ni las personas ni las cosas le pueden poner límite alguno».

«Todos los males, todas las injusticias, añade Blackstone, todos los actos y todos los remedios que traspasan los límites de las leyes ordinarias, dependen de este tribunal extraordinario». El Parlamento, completamente soberano, puede mandar al Poder ejecutivo y al Poder judicial, destruirlos, absorberlos y apropiarse sus funciones. Pero en América, una legislatura es una legislatura y nada más. La misma ley que la crea también el gobernador ejecutivo y los jueces. Unos y otros tienen los mismos derechos en sus funciones respectivas. Si la legislatura hiciese una ley que privase al gobernador de una función ejecutiva conferida por la Constitución, esta ley sería nula. Si la legislatura pretendiese intervenir en la jurisdicción de los tribunales de justicia, ejecutaría un acto más ilegal aún y nulo[36].

---

34 Redfield. C. J. en 27 *Vermont Reports,* p. 142, citado por Cooley, *Constit. limit.,* p. 108.

35 Denio. C. J. en 15 *Nueva York Reports,* p. 543, citado por ibid.

36 Se ha sostenido, por ejemplo, que la legislatura de un Estado no puede autorizar a las oficinas encargadas de las elecciones que decidan si el que se haya batido en duelo ha perdido sus derechos de ciudadano, puesto que esta información es judicial, y la cuestión debe ser resuelta por los tribunales del Estado. —Cooley, Const. limit., p. 112. Los tribunales han considerado muchas veces como nulas las leyes opuestas a una decisión judicial ya dada. Estas leyes serian doblemente nulas por ser contrarias a la Constitución federal.

Los departamentos ejecutivos y legislativos del Gobierno de un Estado tienen, naturalmente, el derecho y el deber de obrar en primer lugar con arreglo al sentido que atribuyen a la Constitución. Los tribunales de justicia son los llamados a interpretar la Constitución en último caso. Cuando los tribunales han proclamado solemnemente el sentido que hay que dar a un artículo de la Constitución, todos están obligados a arreglar su conducta conforme a esta interpretación. Ya lo hice observar cuando examiné las funciones de los tribunales de la Unión federal (cap. XVIII); esta autoridad que se concedió a los tribunales americanos no es un poder político o discrecional; es una consecuencia natural de la existencia de una ley fundamental superior a todas las leyes que pueda hacer la legislatura, o a todos los derechos que quisiera arrogarse un Presidente[37].

He aquí los términos de una sentencia americana: «Al ejercer esta alta autoridad, los jueces no pretenden tener una supremacía judicial: ellos no son más que los administradores de la voluntad pública. Si una ley de la legislatura se ha declarado nula, no es que los jueces tengan un derecho de fiscalización sobre el Poder legislativo, sino porque la Constitución prohíbe hacer una ley semejante, y porque la voluntad del pueblo, expresada en la Constitución, es superior a la voluntad de sus representantes, la cual se expresa por medio de leyes».

Es muy corriente que los jueces se inclinen siempre en favor de la validez de una ley de la legislatura. Si no es absolutamente cierto que una ley sea anticonstitucional, se deciden en favor de la ley; si la cuestión se ha dejado a la discreción de la legislatura, se considera que la legislatura obró cuerdamente; si el sentido de una ley es dudoso, se adopta el sentido de que está en armonía con la Constitución y se declara aceptable. Por eso se ha hecho esta observación, muy justa, de que un miembro de la legislatura puede muy bien, sin faltar a la lógica, oponerse a un bill, so pretexto de que es contrario a la Constitución, y sostener en seguida, si es juez, que el mismo bill es perfectamente constitucional. Los jueces no van a buscar los motivos que han hecho obrar así a la legislatura, ni a oponerse a admitir una ley, por suponer que ha sido obtenida por medio del fraude o de la corrupción, y menos aún por encontrarla contraria a la justicia y a la sana política. Un tribunal de justicia no tiene el derecho de declarar que una ley es nula e inconstitucional, únicamente porque encierra cláusulas injustas y opresoras, o porque parezca atentar a los derechos naturales, sociales o políticos del ciudadano, a menos que sea posible demostrar que la Constitución prohíbe esta injusticia y que garantiza o protege estos derechos[38]...

---

37 Sin embargo, en Suiza los tribunales cantonales no tienen, excepto quizás en el cantón de Uri, el derecho de declarar nula una ley hecha por una legislatura cantonal, pues se supone que la legislatura conoce su poder. Una ley cantonal puede, sin embargo, anularse en ciertos casos por el Consejo federal, o declararse nula por el Tribunal federal. Véase una discusión interesante sobre esta cuestión en Dubs: *Das afentliche Recht der Schweizerischen Eidgenossenschaft,* Parte I, pág. 114.

38 Esto no ha sido siempre admitido. De la misma manera que en Inglaterra, se consideraba otras veces que la justicia y la equidad naturales estaban por encima de las leyes del Parlamento. Así, en el caso de *Gardner v. The Village of Newburg* (Johnson, Chancery Reports, Nueva York 162), la legislatura de Nueva York habla autorizado a la aldea a tomar el agua de un riachuelo, pero no se había cuidado de indemnizar a los propietarios de las tierras atravesadas por este riachuelo por el daño que les causaba el desvío del curso del agua. La Constitución de Nueva York no contenía entonces ningún artículo que prohibiera tomar la propiedad privada en beneficio público sin indemnización. A pesar de esto, el Canciller Kent impidió a la aldea tomar agua, invocando un gran principio general que encontró en la Magna Carta, en una especie de *Bill de*

Pero cuando una ley se declara inconstitucional, es como si ésta jamás hubiera existido. No puede servir de base a ningún derecho; los contratos hechos apoyándose en esta ley son nulos; no protege a los que han obrado con arreglo a ella, y no puede castigar a quien la haya desobedecido antes de la decisión del Tribunal. Y todo lo que es cierto de toda una ley, es igualmente cierto para cualquier parte de ley que se haya declarado inconstitucional, y que, por consiguiente, resulta como no habiendo tenido jamás fuerza de ley[39].

Como es de suponer, las contingencias de un conflicto entre la Constitución y las leyes son frecuentes, y, por lo tanto, tiene serios inconvenientes un sistema en el que los ciudadanos no saben si se han de conformar o no con una ley. Aún causará mayor extrañeza este hecho cuando examinemos el carácter minucioso de las Constituciones de los Estados y las numerosas leyes que elaboran de prisa las diversas legislaturas. ¿Cómo saber si una ley os da realmente un derecho? ¿Cómo saber si es preciso conformarse o no con esta ley? ¿Cómo sabrá un capitalista si puede prestar dinero con toda seguridad a un grupo de ciudadanos que la legislatura ha autorizado para pedir prestado, puesto que la ley puede declararse nula en seguida?

Con el fin de obviar estas dificultades, ciertas Constituciones[40] consignan que el gobernador o la Cámara de los Representantes pueden pedir a los jueces del Tribunal Supremo su dictamen sobre la cuestión de legalidad, sin esperar a que esta cuestión se presente y sea establecida por un proceso ordinario[41].

Este recurso parece bueno, pues suscita una interpretación judicial que no ha sido dictada por espíritu de partido, y se consigue inmediatamente, antes que la ley haya creado derechos. Pero se objeta que los jueces dan así su dictamen antes de

---

los derechos, que no podía naturalmente obligar a la literatura. También citó a Gratio, Puffendorf y Bynkershoek. (Estas noticias se las debo a la bondad de M. Theodore Bacon).
Como ciertos críticos han manifestado dudas acerca de la doctrina contenida en esta nota, puedo ahora (Sept. 1892) citar, para probar mi afirmación, a *Dash v. Wan Kleech,* 7 Johns, 477 (palabras del Canciller Kent), y *People v. Gillson* 109 Nueva York 398.

39 Cooley: *Const. Limit.*, pp. 200 y 227.

40 En Massachusetts, Maine, Nuevo-Hampshire, Rhode Island, Colorado, la Florida y en Sud-Dakota. En el Vermont, una ley establece este mismo derecho. En el Sud-Dakota, el gobernador puede dirigirse a los jueces «en todas las cuestiones importantes que conciernen al ejercicio de sus poderes ejecutivos y en circunstancias solemnes». En la Florida, este poder no ha sido otorgado más que al gobernador, y mientras que, según la Constitución de 1868, podía conseguir el dictamen de los jueces «sobre un punto cualquiera de derecho», no puede pedirlo, con arreglo a la Constitución de 1886, más que sobre las cuestiones que tengan relación con sus poderes y deberes ejecutivos. Una cláusula semejante ha sido incluida en la Constitución de 1865, pero en la de 1875, vigente en la actualidad, quizá porque los jueces se hablan negado muchas veces a dar su dictamen cuando la Cámara se lo pedía, se creyó inútil conservar esta ley. En los otros Estados, parece que los jueces se han prestado siempre a dar una respuesta, excepto una o dos veces en Massachusetts. Puede verse a este respecto un folleto interesante de M. J. B. Thayer, de la Facultad de derecho de la Universidad de Harvard.

41 Los jueces del Tribunal Supremo de Massachusetts dirigieron una respuesta muy sabia y muy instructiva a la legislatura, 3 de Diciembre de 1878, sobre esta cláusula, que se consignó por vez primera en la Constitución del Massachusetts de 1780, y en seguida fue imitada, sin vacilar, por los otros Estados. En esta respuesta dicen que esta cláusula es una imitación de la costumbre de la Constitución inglesa, según la cual, el rey y la Cámara de los Lores, obrando como jueces o como legisladores, tenían el derecho de pedir su dictamen a los doce jueces de Inglaterra. La Cámara de los Lores sigue aún alguna vez esta costumbre cuando obra en calidad de tribunal de justicia. Pero los dictámenes que dan los jueces en este caso no son seguidos generalmente por la Cámara, y, aunque sean siempre objeto de una Memoria, no se admite la necesidad de someterse a ellos como a la decisión de un Tribunal.

presentarse casos especiales que muestren la manera de funcionar la ley, y la clase de cuestiones que ha suscitado. Se añade que los jueces no tienen, como en un verdadero proceso, la asistencia de abogados que defienden sus clientes respectivos. Quizá por esta razón, en la mayoría de los Estados donde existe esta cláusula, los jueces consignan que ellos no hacen más que manifestar simplemente su parecer, que su decisión no es más que la expresión de una opinión personal, que no les obliga en lo futuro, caso de suscitarse alguna cuestión sobre los derechos de las partes[42].

El Tribunal Supremo de un Estado puede apartarse de un criterio adoptado anteriormente, aun en un proceso, con ocasión de la interpretación de la Constitución; es decir, que tiene el derecho de hacerlo si está convencido de la falsedad de la antigua interpretación. Pero el Tribunal vacila al obrar así, pues esta conducta lleva la confusión a las leyes y rebaja el respeto que se tiene a los magistrados. Por otra parte, el Tribunal Supremo de un Estado tiene menos ocasiones de obrar así que el Tribunal federal, pues la marcha que se sigue para enmendar la Constitución de un Estado es mucho más sencilla y más rápida que la seguida para enmendar la Constitución federal, y se puede más fácilmente poner remedio a un error cometido por el tribunal de un Estado. La repugnancia a llevar la confusión a las leyes es tan grande, que los tribunales de los Estados se han negado a cambiar una práctica, adoptada desde largo tiempo por una legislatura, y, sin embargo, confiesan que la hubieran declarado inconstitucional si se les hubiese sometido en un principio.

---

[42] M. Thayer demuestra, por el examen de los casos ya citados, que en Massachusetts, Nuevo-Hampshire, Rhode-Island y en el Missouri de 1665 a 1875, los tribunales de justicia consideraban que las opiniones que ellos expresaban, de conformidad con estos artículos de las Constituciones de los Estados, no debían ser miradas como decisiones judiciales, iguales en autoridad a las sentencias pronunciadas en un proceso real. Aseguraban que eran sus primeras impresiones, por las que los jueces no se consideraban obligados si en lo sucesivo tenían que resolver la misma cuestión en algún proceso o en otras diligencias legales. En el Maine y en el Colorado no sucede lo mismo.

3. Desenvolvimiento de las constituciones de los Estados

En el capítulo anterior se ha hecho notar que las Constituciones de los Estados suministran al historiador materiales preciosos. Son sobre todo interesantes, porque la sucesión de las Constituciones y las enmiendas de éstas desde 1776 hasta nuestros días, permiten leer en estos documentos los anales de la legislación y del sentimiento político más fácilmente y más sucintamente que en otra serie de leyes de cualquier país. Además, encierran una mina de enseñanzas para la historia natural de las sociedades democráticas. La abundancia de leyes y los detalles minuciosos que contienen forman, por decirlo así, un cuadro, que nos da una idea del pueblo, mejor que la que da la Constitución federal. También nos dan a conocer mejor que la Constitución federal los métodos reales y la conducta del gobierno. Si nos encontrásemos con idénticos materiales sobre la historia de un número igual de Repúblicas griegas de la época de Temístocles y Pericles, podríamos escribir ahora la historia de la Grecia. Sin embargo, hay ciertas cosas que estos documentos tan completos no nos dicen. Por ejemplo, no se podrá encontrar el procedimiento seguido por los legisladores, ni el papel importante que juega el sistema de comités en la legislatura. Tampoco se sabrá decir de qué clase de hombres se componen estas Asambleas ni determinar el carácter de ellas. Nadie nos sabrá decir que todo el mecanismo se pone en movimiento por medio de partidos organizados que son muy activos y muy movedizos. Sin embargo son de tal modo instructivas como testimonios escritos de los movimientos pasados, y como indicio de las tendencias actuales de la democracia americana, que siento sinceramente no poderme servir, por falta de espacio, en mayor abundancia, de los materiales que he reunido durante los muchos meses que he pasado estudiando las ciento trece Constituciones hechas después de la declaración de la independencia[43].

Tres períodos se pueden distinguir en el desenvolvimiento del gobierno de los Estados, tal cual nos lo presentan las Constituciones. Cada período está señalado por su mayor extensión y por su mayor número de detalles en las Constituciones.

El primer período comprende cerca de treinta años a partir de 1776, y a esta época pertenecen las antiguas Constituciones de los trece primeros Estados, lo mismo que las de Kentucky, Vermont, Tennessee y Ohio.

---

[43] Recomiendo el estudio de estas Constituciones al filósofo que hace investigaciones sobre lo que se puede llamar política comparada. Encontrará cosas muy instructivas en las cartas anteriores a la Revolución y en las Constituciones. Entre las primeras, puede señalarse el plan de gobierno de Pensilvania, 1682 y 1683, y las Constituciones fundamentales de la Carolina de 1669. Estos dos planes de gobierno fueron hechos por John Locke y revisados por el primer Lord Shaftesbury. Parecieron poco prácticos, no se les puso en vigor más que parcialmente, y los propietarios los abolieron en 1693, pero no por eso son menos interesantes para el historiador.

La mayor parte de estas Constituciones fueron hechas bajo la impresión de la guerra de la Revolución, y dejan ver el miedo al Poder ejecutivo y al poder militar, y la tendencia a dejarlo todo a la legislatura porque es hechura directa del pueblo.

La elección del gobernador del Estado se confía muchas veces a la legislatura. El gobernador está en apariencia ayudado, pero en realidad fiscalizado por un consejo que no ha sido elegido por él. Excepto en el Massachusetts, no existe el derecho de veto sobre las leyes de la legislatura[44]. No tiene, como los gobernadores reales de la época en que los Estados eran colonias, el derecho de reuniría o de disolverla. La idea de dar el poder al pueblo directamente apenas se ha manifestado, porque se consideraba a la legislatura como el órgano natural y necesario del gobierno popular, como la Cámara de los Comunes en Inglaterra. Por eso, muchas de estas antiguas Constituciones no se componen más que de un Bill de los Derechos, hecho con esmero, y de un resumen relativamente sencillo, de gobierno que establecía una legislatura representativa[45], lo mismo que algunos funcionarios del Poder ejecutivo y de los tribunales de justicia completamente distintos.

El segundo período comprende la primera mitad del siglo XIX, hasta el día en que la violencia de las luchas de partido, con motivo de la esclavitud (1850-1860), interrumpió, hasta cierto punto, la marcha natural del desenvolvimiento de los Estados. Es un período de desmoralización de todas las instituciones, hecho que no es debido solamente a causas nacidas en el suelo americano, tales como la supremacía política de aquellos que eran aún niños en la época de la Revolución, sino también a la influencia de las ideas republicanas francesas sobre la generación de los que habían llegado a la edad madura. Esta influencia vino a menos después de 1805 y llegó a su fin en 1851; desde entonces, las ideas y los ejemplos de Francia apenas se han tomado en consideración. Las leyes según las cuales el Estado debía sostener las instituciones religiosas existían aún; hoy están abolidas. En el Norte y en el Oeste se admite el principio de que las Constituciones deben ser hechas directamente por el pueblo. La elección del gobernador se ha quitado a la legislatura y se le ha dado al pueblo. Se abolió el censo electoral[46], y se estableció casi el sufragio universal, salvo para ciertos ciudadanos libres, pero de color.

Hasta los mismos jueces no están exceptuados. Muchas Constituciones abrevian la duración de sus funciones, y ordenan que sean elegidos por el pueblo. El Estado ha salido del concepto de un pueblo que obra por medio de una legislatura, pues la legislatura principia a ser considerada como una asamblea de funcionarios que ejercen un poder restringido, y que están obligados a dirigirse al pueblo soberano, al pedir una enmienda constitucional, cuantas veces traten de extender estos poderes en un sentido particular. La extensión creciente de las Constituciones durante este medio siglo demuestra lo que se ha extendido el campo del voto popular; pues estos documentos contienen una multitud de leyes ordinarias sobre materias que, en los primeros años de la República, hubieran sido encomendadas a las legislaturas.

---

[44] En el Estado de Nueva York, se confió al gobierno y a los jueces del Tribunal Supremo, obrando en común, el derecho de veto sobro las leyes de la legislatura.

[45] Este poder tan extenso de estas legislaturas era debido al miedo que tenían de sus actos los hombres de Estado prudentes. Madison decía en la Convención constitucional de 1787: «La experiencia nos muestra la tendencia que tienen nuestros gobiernos a colocar todo el poder en el torbellino legislativo. Los funcionarios del Ejecutivo son casi ceros; las legislaturas son omnipotentes».

[46] Sin embargo, Massachusetts olvidó hasta 1892 el abolir el censo para la elección de su gobernador.

En el tercer período, que principia hacia la época de la guerra civil, se puede distinguir una pequeña reacción, no en contra de la soberanía popular, que está más pujante que nunca, sino en la tendencia a dar mayor fuerza al Ejecutivo y al Poder judicial. El gobernador había comenzado a recibir en el segundo período, y hoy día tiene en todas partes, menos en cuatro Estados, el derecho de veto sobre las leyes de la legislatura. La duración de sus funciones se ha hecho generalmente más larga, y hasta puede ser reelegido. En muchos Estados se les asigna a los jueces sueldos más crecidos prolongándose la duración de sus funciones. Ciertas Constituciones han quitado al voto popular la elección de jueces para confiársela al Ejecutivo. Pero el cambio más importante es el que ha disminuido la competencia de la legislatura, y que ha rodeado su acción de restricciones muy complicadas. Se supone que, quitándole poder a la legislatura se le da al pueblo, y así se adelanta un paso más hacia la democracia. Pero en América no sucede así, porque la legislatura cede siempre ante los clamores populares, por pasajeros que éstos sean, mientras que la legislación directa por el pueblo lleva consigo retrasos. Estas cláusulas son, por consiguiente, conservadoras como resultados, y se convierten en trabas que se ha impuesto el pueblo mismo.

Este progreso del desenvolvimiento, que primeramente exalta y después disminuye a la legislatura, que ha extendido la intervención directa del pueblo, que hace la Constitución más extensa, convirtiendo el documento simple en un documento muy complejo, no ha llegado aún a su fin. Cuenta ya con fuerzas tales, que dentro de cuarenta años habrá transformado las Constituciones actuales. Para comprender la naturaleza de estas fuerzas, hay necesidad de examinar con mucha atención las Constituciones actuales de los Estados, particularmente las de los más recientes; y, sobre todo, ese grupo notable formado en 1889 por las seis Repúblicas admitidas en la Unión en 1889 y 1890.También hay que distinguir los diferentes tipos de Constitución, según la región donde se hallan los Estados que las han hecho.

En otro tiempo se distinguían tres tipos: el viejo tipo colonial, que existía, sobre todo, en la Nueva Inglaterra y en los Estados del centro; el tipo de los Estados del Sur o Estados esclavistas (en el que se encontraba el tipo de la primera Constitución de Virginia), y el tipo nuevo u Occidental.

Hoy día, estas distinciones están menos determinadas. Todos los Estados del Sur se han dado nuevas Constituciones después de la guerra; y las diferencias entre estas Constituciones y las de los Estados del Noroeste y del Pacífico no son muy grandes. Esto es debido a los cambios económicos y sociales producidos por la guerra de secesión y por la abolición de la esclavitud, que destrozaron las antiguas condiciones sociales, e hicieron virtualmente de estos Estados del Sur pueblos nuevos como los del Oeste. Sin embargo, aún existe un gran contraste entre los Estados de Nueva Inglaterra, a los que podemos añadir, desde este punto de vista, Nueva Jersey y el Delaware, cuyas Constituciones datan de 1780 a 1844, y los Estados del Sur y del Oeste, en los que casi todas las Constituciones son posteriores. En los antiguos Estados, el poder del Ejecutivo es generalmente más grande. Los jueces son con frecuencia nombrados por el gobernador, no elegidos por el pueblo. Los distritos electorales no son siempre iguales. Las Constituciones no son tan detalladas, y por eso no hay necesidad de dirigirse al pueblo con tanta frecuencia para enmendarlas.

Tomemos las Constituciones recientes, y, sobre todo, las del Oeste y el Sur, y recordémonos que cada una de ellas es la obra de un pueblo absolutamente independiente, que (conformándose a la Constitución federal) puede organizar su gobierno y hacer sus leyes como a él le plazca, apropiándolas a su condición particular para que reflejen el carácter de su población: nos llamarán la atención las semejanzas entre todas estas Constituciones. Hay una gran variedad en los detalles, pero una gran concordancia en las cosas esenciales. Las influencias que obran, las tendencias que revelan las Constituciones en estos últimos cuarenta años, son evidentemente las mismas en toda la Unión.

¿Cuáles son estas tendencias? En primer lugar, las Constituciones se hacen más extensas. Esta es una regla general. Virginia, por ejemplo, compendió su Constitución de 1776 en cuatro páginas in-quarto, impresas con caracteres diminutos y muy juntos; tenía aquélla tres mil doscientas palabras[47]. En 1830 necesitó siete páginas; en 1850, diez y ocho; en 1870, veintidós páginas o diez y siete mil palabras. El Estado de Texas ha duplicado su Constitución: diez y seis páginas en 1845, y treinta y cuatro en 1876. La Pensilvania, se contentaba, en 1776, con un documento de ocho páginas, que era extenso en aquella época; necesita ahora veintitrés. La Constitución del Illinois llenaba diez páginas en 1818; en 1870 llena veinticinco. Esto es lo comente; los extremos están representados por la Constitución de Nuevo Hampshire de 1876, que constaba de seiscientas palabras sin contar el preámbulo, y las Constituciones del Missouri de 1875 y del Sur Dakota de 1889, que cuentan cada una más de veintiséis mil palabras. Las nuevas Constituciones son más extensas, no sólo por tratar de cosas nuevas, sino porque las antiguas están expuestas con más detalles. Asuntos como la educación, el Derecho civil ordinario, los caminos, las deudas del Estado y de los Municipios, no se mencionaban o apenas se encontraban en los antiguos documentos. Las cláusulas que conciernen a la justicia y a la legislatura, sobre todo, las que restringen el poder de ésta, resultan más minuciosas en estos últimos años, a medida que el abuso del poder era más frecuente, y disminuía el respeto a la autoridad legislativa. Como los poderes de las legislaturas, son en principio ilimitados, no se les puede restringir si no es enumerando las cosas que dejan de ser de su competencia, y esta lista aumenta siempre. Se podría creer que ha llegado el momento de disponer que, como el Congreso, aquéllas no están autorizadas más que para tratar de ciertos asuntos previamente señalados, y que están obligadas a establecer que el asunto que quieren tratar es de su competencia.

Ya hemos hablado de los progresos realizados en las nuevas Constituciones en favor de la democracia. Todos los hombres mayores de edad disfrutan del derecho del voto en casi todos los Estados. Se concede muy pronto y muy fácilmente a los inmigrantes el derecho de ciudadano. Y lo que es más significativo, los jueces superiores que antes eran nombrados por el gobernador o elegidos por la legislatura, y que conservaban sus funciones mientras las llenaban bien, son ahora elegidos por el pueblo y por un tiempo limitado. No ignoramos el carácter democrático, muy marcado, del primer grupo de Constituciones, de aquellas que fueron hechas durante la revolución e inmediatamente después; pero este carácter se manifestaba sobre todo por cláusulas negativas, es decir, por cláusulas que negaban al Ejecutivo el ejercicio de ciertos poderes, o que aseguraban al ciudadano la igualdad civil y los derechos primordiales. El espíritu democrático de hoy es tan positivo como negati-

[47] La página in-quarto de la edición Poore de *The Federal and State Constitutions* contiene cerca de ochocientas palabras.

vo. Todas las cuestiones las someto al juicio directo del pueblo, Su voluntad está constantemente en actividad, ya haciendo leyes sobre asuntos diversos que entran en la Constitución, ya marcando a la legislatura el objeto que debe proponerse. La tendencia a sostener el Ejecutivo contra la legislatura, es menos una prueba de respeto para con la autoridad que una prueba de la confianza del pueblo respecto del Ejecutivo. El pueblo espera que el Ejecutivo será el servidor de la opinión pública, dispuesto siempre a reprimir a este otro servidor —la legislatura—, en quien tiene menos confianza, por ser más difícil fijar las responsabilidades cuando se comete una falta. Por regla general, no hay duda que el espíritu democrático es ahora más enérgico y está más extendido que lo estaba en la primera generación. Es un género de espíritu diferente. Es más práctico, más dispuesto a extender la esfera de acción de la intervención gubernamental, y cuenta menos en los principios generales. En los términos de las Constituciones recientes se descubre la decadencia de aquella fe viva que tenían los discípulos de Jefferson en la eficacia de las declaraciones generales de los derechos abstractos del hombre. Pero si comparamos nuestra época con el segundo período, con el de Jakson, se puede decir que, durante los últimos años, se ha producido una reacción antidemocrática. Esta reacción ha sido más débil que el movimiento de violencias de hace sesenta años, y restablecerá probablemente el orden de cosas que existía antes de este movimiento; sin embargo, es notable porque demuestra que el pueblo se instruye en la escuela de la experiencia, y que está dispuesto a obrar en sentido contrario y a evitar los errores pasados. El proverbio según el cual no se debe retroceder en el camino de la democracia, no es universalmente verdad en América.

Ya demostraremos más adelante que en los Estados Unidos existen grandes tendencias conservadoras. Entre tanto, vale la pena preguntar hasta qué punto la historia de las Constituciones confirma la idea corriente de que las democracias aman el cambio. La respuesta es instructiva, pues nos demuestra la frivolidad de las generalizaciones que se formulan cuando se discuten las formas de gobierno, como si todas las sociedades que tienen la misma forma de gobierno se condujesen de la misma manera. Todos los Estados de la Unión son democracias, y casi del mismo tipo. Sin embargo, algunas cambian con frecuencia de Constitución mientras que otras apenas si lo hacen. El lector recordará la distinción que ya hicimos entre el tipo antiguo o tipo de Nueva Inglaterra, y el tipo nuevo que encontramos en los Estados del Sur y en los del Oeste. Es, entre estos últimos, donde los cambios son más frecuentes. La Luisiana, por ejemplo, que se constituyó en Estado en 1812, ha tenido seis Constituciones nuevas completamente, sin contar la Constitución llamada de secesión de 1861.

Lo mismo sucede en Georgia. El Estado de Arkansas, que data de 1836, tiene cinco, sin contar las numerosas enmiendas adoptadas en los intervalos de las Constituciones. Virginia y Carolina del Sur (dos Estados primitivos) tienen cinco cada una. Entre los Estados del Norte, Pensilvania (Estado primitivo) tiene cuatro: el Illinois, que data de 1818, tres; Nueva York, tres; el Delaware, tres; mientras que Connecticut y Rhode-Island (dos de los primeros Estados),y el Maine, que data de 1820, no tienen más que una cada uno. El Estado de Massachusetts conserva aún su Constitución de 1780, que ha sido enmendada en diferentes épocas, pero sin perder sus líneas primitivas. No mencionaremos por ahora más que dos causas de estas diferencias. La primera es el apego que se tiene a sus antiguas costumbres y a su forma de gobierno en un pueblo antiguo, civilizado, bien educado y que posee una historia. El cambio es propio de los pueblos nuevos, porque no tienen un pasado que venerar, y su población está más indisciplinada y es muy flotante. En las Repúblicas bien asentadas, cuanto más intacta ha persistido una Constitución, más motivos tiene de permanecer así, pues está en su favor la fuerza de la costumbre, y además, porque todo pueblo inteligente sabe apreciar la estabilidad de sus instituciones y amar con orgullo todo lo que él ha creado.

La segunda causa es la diferencia en la rapidez con que se producen los cambios económicos y sociales en los diferentes puntos del país.

He aquí el origen más frecuente de los cambios políticos, los cuales se traducen naturalmente en modificaciones de la Constitución. Estos cambios han sido menos rápidos y menos súbitos en Nueva Inglaterra y en los Estados del centro, aunque en algunos de estos últimos el aumento de población de las grandes ciudades como Nueva York y Filadelfia haya obligado a hacer en las Constituciones las enmiendas necesarias para la nueva vida y la represión de los nuevos males, creando, por consiguiente, una tendencia en este sentido. Pero estos cambios han sido frecuentes, sobre todo en las regiones donde la población y la riqueza han aumentado con una velocidad extraordinaria, y en aquellas donde la abolición de la esclavitud ha modificado la base industrial de la sociedad. Así se explica el hecho, de otra manera inexplicable, de que muchos de los Estados primitivos, tales como Virginia y Georgia, hayan tenido muchas Constituciones sucesivas. Estos Estados en otro tiempo esclavistas, no solamente han variado mucho, sino que lo han hecho repentinamente; la sociedad, lo mismo que la vida política, se dislocó por la guerra civil, y tuvo que hacer más de un esfuerzo para llegar a su estado actual.

El total de Constituciones adoptadas en 1776 o hechas después de este año en los diversos Estados —entonces eran 13 y ahora 45— es de 113, y el número de enmiendas hechas a estas Constituciones en diferentes épocas asciende a 240[48]. En el período actual después de 1860, los cambios han sido un poco más frecuentes que durante el período de ochenta años que había precedido al nuestro; pero esto se explica por los efectos de la guerra civil en los Estados del Sur. La duración media de una Constitución se calcula que es de treinta años, y en la actualidad existen seis que han durado más de sesenta años. El pueblo rechaza muchas veces, cuando se las somete a su voto, Constituciones enteras o enmiendas particulares. Esto les ha sucedido a seis proyectos de Constitución y a veintiocho enmiendas desde 1877 a 1887[49].

Si se tienen en cuenta todos estos hechos, y al mismo tiempo nos fijamos en el considerable número de leyes privadas y reglamentos administrativos que encierran, con razón o sin ella, las Constituciones actuales y que dan motivo a las enmiendas, es preciso admitir que la democracia americana parece menos dispuesta a los cambios que lo harían suponer las consideraciones generales o las descripciones de los escritores anteriores, y de Tocqueville en particular. El respeto a estas leyes fundamentales sería más grande si los cambios fuesen menos frecuentes, y los cambios serían menos frecuentes si se les respetase más; pero nada indica que el mal vaya en aumento.

Aún nos resta hacer algunas observaciones sobre lo que nos enseñan las Constituciones, para completar este rápido estudio de las fuentes más instructivas que ha

[48] No habiendo una Memoria oficial, no se puede en este momento conocer el número exacto.
[49] El Manual de Macpherson cita 25 enmiendas constitucionales que han sido adoptadas en los dos años, a contar desde Agosto de 1888 a Julio de 1890, y 26 que han sido rechazadas.

producido el siglo desde el punto de vista de la historia del gobierno popular: se trata de documentos cuyos diversos artículos aspiran a resolver los últimos problemas de las Repúblicas democráticas, pero que nos recuerdan muchas veces también los esfuerzos hechos por nuestros antepasados ingleses para impedir los excesos de la tiranía de la Edad Media.

Las Constituciones nos enseñan que el pueblo siente una singular desconfianza respecto a sus representantes y sus funcionarios, no solamente en lo que atañe a las legislaturas, sino también respecto a las autoridades locales cuyo poder para realizar préstamos o emprender obras públicas es limitado. En algunos Estados, los jueces mismos no tienen más que un derecho muy restringido para encarcelar por insultos al Tribunal; tres Constituciones bien recientes contienen cláusulas muy severas contra los gobernadores que abusan del veto y del derecho de nombramiento, y contra aquellos que tratan de corromper o se dejan corromper[50].

También demuestran un sentimiento de celo respecto al gobierno federal. Según la mayor parte de las Constituciones, un funcionario federal no puede desempeñar función alguna en el Estado, ni ser miembro de la legislatura de un Estado. Estas son las únicas prohibiciones alusivas al gobierno federal en las Constituciones de los Estados; y si nos fijamos solamente en las palabras, estas Constituciones podrían muy bien pertenecer a pueblos independientes. Ordinariamente, hablan de las corporaciones pertenecientes a otros Estados, como de cosas «extranjeras», y algunas veces hasta intentan imponerles cargas especiales.

También demuestran un deseo muy laudable de proteger y poner a salvo la propiedad, sea ella la que fuere. El sentimiento de la soberanía no ha llevado al pueblo a aprovecharse de la promulgación de una Constitución para hollar los derechos individuales; más bien se ve el deseo de poner estos derechos al abrigo de las usurpaciones de la legislatura, como lo prueban las cláusulas que prohíben apoderarse de la propiedad de un individuo sin justa indemnización, y de hacer leyes privadas o personales que perjudiquen a ciertos individuos. No hay más excepciones a esta regla que respecto de las corporaciones muy ricas, y para aquellas que se arrogan una especie de monopolio. Pero al «monopolista» se le considera como enemigo del ciudadano que oprime. La corporación —generalmente son las corporaciones las que tienen los monopolios— no se la considera como un individuo, sino como una especie de tirano irresponsable que cuenta con bastantes recursos para elevarse sobre las leyes. A las corporaciones se les hace pagar impuestos especiales. Se hacen leyes obreras que no se aplican más que a ellas.

Un ejemplo notable de esta hostilidad a los monopolios se encuentra en la Constitución de Illinois de 1870, con sus cláusulas sobre los mercaderes de cereales, los almacenes, los caminos de hierro[51]. Las más recientes Constituciones de los otros Estados del Oeste no son menos instructivas a este respecto, por ejemplo, las de Wisconsin y de Texas. Tampoco es de extrañar que se hagan esfuerzos en las nuevas Constituciones para herir las combinaciones llamadas *Trusts.*

La extensión de la esfera de intervención del Estado y del abandono correspondiente de la doctrina del «laissezfaire», son cuestiones bastante vastas e intere-

[50] Las Constituciones de Dakota Norte, de Dakota Sur y de Wyoming, que son de 1889.

[51] Véase el notable grupo de casos que principian con Munn. V. Illinois (ordinariamente llamados los Granger Cases), en 1894, *U. S. Reports,* p. 113.

santes para que les dediquemos un capítulo el siguiente volumen. Basta con decir aquí que ciertos departamentos que están hace tiempo en Europa en manos del Estado, se dejan siempre en la América a las empresas particulares. Por ejemplo, los Estados no poseen ni dirigen sus caminos de hierro, o sus telégrafos, o sus minas, o sus bosques, y venden los dominios públicos, en lugar de explotarlos. Sin embargo, se observa en las Constituciones recientes una gran tendencia a extender la esfera de la actividad administrativa pública. La mayoría establecen no solamente una Comisión de vías férreas, encargada de su inspección en beneficio del público, sino que hay oficinas de agricultura, de trabajo, de inspectores de minas, del catastro, de inspectores de lecherías, de seguros, de escuelas de agricultura y de minas. Una ojeada sobre las leyes hechas durante estos últimos años en los Estados del Oeste, nos demostrará que las legislaturas, intérpretes del sentimiento público, hacen más en este sentido, que lo que era de suponer en las antiguas Constituciones de los Estados del Oeste.

Un espíritu de humanidad y de ternura muy propio de los americanos con respecto a los que sufren, aparece en las disposiciones que contienen muchas Constituciones al objeto de establecer instituciones benéficas y penitenciarias, y leyes de protección a la infancia[52].

Algunas veces se manda a la legislatura que vigile para que las cárceles sean agradables, y para que los viejos y los desgraciados tengan una casa o casas de labor en forma de asilo. De otro lado, esta conmiseración contrasta con la discreta severidad que priva, en casi todos los Estados, de la libertad electoral a todas las personas condenadas por algún crimen. Las loterías están formalmente prohibidas en ciertas Constituciones nuevas[53].

En las antiguas Constituciones del Norte, y en casi todas las recientes de los nuevos Estados, se conceden todas las cantidades necesarias para construir y conservar escuelas. Hasta las Universidades son objeto del interés popular, aunque este interés no responda siempre al saber. La mayor parte de las Constituciones occidentales encargan al Gobierno la dirección de su establecimiento y de hacer que vivan con ayuda de fondos públicos o de una concesión de terrenos. Algunas de las nuevas Constituciones contienen artículos en favor de los obreros, como la del Wyoming y la del Idaho, que declaran sea de ocho horas la jornada de trabajo en todos los trabajos del Estado y de los municipios, y la del Wyoming añade: «en todas las minas». Muchas prohíben que los presidiarios trabajen al exterior; otras, que el Estado haga trabajar a la fuerza armada, y otras, por último, prohíben que los patronos hagan contratos para eludir su responsabilidad respecto a los obreros en caso de accidente. La de Mississippi abolió (1890) para los caminos de hierro la doctrina legal, según la cual el patrono no es responsable de un accidente del que ha sido víctima un obrero a causa de falta de otro obrero.

Aunque una Constitución sea la ley fundamental y suprema de un Estado, no se debe inferir que sus cláusulas sean mejor observadas o que se hagan observar mejor que las de una ley ordinaria. Se puede suponer, con razón, que si se ha juzgado oportuno mencionar un delito en la Constitución, es porque es muy frecuente, y también porque el pueblo teme que la legislatura vacile en castigarlo con

---

52 El Kentucky (Constitución de 1891, § 243) y el Dakota Norte (Constitución de 1889, § 209) prohíben el trabajo de los niños antes de los doce años.

53 En Mississippi (Const. de 1890, § 262).

bastante severidad, o que las autoridades públicas encargadas de perseguirlo no hagan de él caso[54].

La verdad es que en muchos casos, las penas señaladas por la Constitución no consiguen su objeto. Por ejemplo, hace muchos años que las Constituciones de los Estados del Sur declaran inhábiles para ejercer un empleo o sentarse en la legislatura a los duelistas y a los que incitan al duelo por un desafío. Sin embargo, la costumbre de los combates singulares no lleva trazas de haber desaparecido en Mississippi, Texas, Arkansas, donde existen esas cláusulas. La Constitución de Virginia tenía esta cláusula en su Constitución de 1830; la restableció en la de 1850, pero añadiendo que esta incapacidad no se aplicaba a los que habían cometido esta falta anteriormente, es decir, bajo la antigua Constitución de 1830[55]. Parece que el resultado ha sido enardecer el uso de disparar sin duelo, lo que no es, desde el punto de vista moral o social, un progreso sobre el duelo, aunque tal práctica parezca eludir las penas dictadas por la Constitución.

El Estado de Nueva York ha sufrido tanto con la compra de votos y la corrupción, que ha declarado (enmiendas de 1874) en primer lugar, que todo miembro de la legislatura y todo funcionario jurará no haber dado nada como recompensa de un voto a su favor (enmienda al artículo 12, § 1); y en segundo, que la legislatura hará leyes para excluir del sufragio a toda persona condenada por corrupción o delito infamante (enmienda al art. 2, § 2), y, por último (enmienda al artículo 15, §§ 1 y 2), que el mero hecho de tratar de corromper a un funcionario o dejarse corromper por éste, será considerado como un crimen. Las Constituciones recientes de Dakota Norte, de Montana y de Wyoming, declaran que el «log-rollin» es una corrupción. El de Dakota Sur obliga a sus legisladores y funcionarios a jurar que no han recibido, ni recibirán, billetes gratuitos de circulación de una Compañía ferroviaria, en recompensa de un voto o de la influencia que puedan ejercer en favor de la Compañía; y el de Kentucky priva inmediatamente de sus funciones a todo miembro de la legislatura o a todo juez que haya aceptado este favor. Y el lobbyng, que se practica descaradamente en todos los palacios donde se reúne una legislatura, es considerado en California como una felonía, y en Georgia como un crimen.

---

54 Se dice que esto sucede con las loterías en ciertos Estados.

55 «La Asamblea general puede estipular que persona alguna podrá desempeñar un empleo retribuido, o de confianza, o que lleve afecto un sueldo, ya sea civil, militar, legislativo, ejecutivo judicial bajo el gobierno de esta República, ni ser elegido para un empleo semejante, si se bate en desafío, si propone o acepta un desafío para un duelo cuyo resultado pueda ser la muerto de uno de los dos combatientes, si es testigo de uno de los adversarios, si ayuda o asiste al duelo, o si lleva con conocimiento de causa al desafío o a la aceptación; pero nadie será, castigado de incapacidad si anteriormente a esta fecha se ha batido en duelo, si ha propuesto o aceptado un desafío, si ha sido testigo de un duelo o mensajero del desafío o de la aceptación». (Const. de 1830, art. 3, § 12, renovado en la Const. de 1850, art. 4, § 17).
En su Constitución de 1870, Virginia no se contenta con pedir a la legislatura que castigue a los duelistas con la incapacidad, sino que ella lo hace directamente en su art. 3, § 3. Diez y siete Constituciones declaran ahora a los duelistas inhábiles para desempeñar un empleo, y otras nueve les niegan la franquicia; esto es en casi todos los Estados del Oeste. En Kentucky (Const. 1891) se obliga a todos los funcionarios, a los miembros de la Asamblea general y a las personas inscritas en el foro, a jurar que no se han batido en duelo después de la adopción de la Constitución, y que no han prestado su concurso a ninguno que haya cometido esta falta.

4. Legislación directa por el pueblo

Las dificultades y los defectos inherentes al método de legislar mediante la Constitución, son bien evidentes. No es posible esperar a que el pueblo distinga cuidadosamente entre lo que pertenece y lo que no pertenece a una ley fundamental. De aquí que resulte una mezcla incómoda, poco científica de leyes privadas y de reglamentos administrativos que se confunden con el sistema de gobierno y con los principios generales del derecho público. Esta mezcla, y la costumbre de introducir en la Constitución órdenes que obligan a la legislatura a legislar en cierto sentido o en determinado fin, cohíben a aquella en su funcionamiento, A cada momento tiene que preguntarse si tal ley es de su competencia o si sus leyes no son contrarias a mandatos de la Constitución. Y como la legislatura es muchas veces imprudente y poco juiciosa, resulta que a cada momento se ven surgir una multitud de cuestiones sobre la inconstitucionalidad de las leyes. Los que se ven dañados en sus intereses, pretenden que las leyes son incompatibles con la Constitución, o que la Constitución impedía hacerlas a la legislatura. Estos inconvenientes son, sin duda, menos graves en América de lo que lo serían en Europa, pues los abogados y los jueces están de tal modo acostumbrados a ocuparse con estas cuestiones de conflicto constitucional o de leyes que traspasan los poderes de la legislatura, que las tratan con maravillosa destreza. Sin embargo, estos inconvenientes son bastante serios para que un Gobierno trate de evitarlos. La costumbre de introducir en la Constitución cosas que deberían ser objeto de una ley ordinaria, tiene, además, el inconveniente de hacer más difícil la supresión de un error o de impedir salvar una omisión. Se necesita mucho tiempo para enmendar una Constitución hasta sobre un punto especial, puesto que la legislatura vacila en proponer enmiendas, y el pueblo en sancionarlas.

He aquí el motivo de tolerar ciertas imperfecciones que una legislatura soberana, como la de Inglaterra, corregiría en el período siguiente, sin dificultad y sin perder el tiempo. Algunas veces se hace difícil decidir al pueblo a que se interese en las enmiendas que hay que hacer en su Constitución. En los Estados donde se necesita la mayoría de los electores inscritos, y no solamente de los votantes, para que una enmienda sea aceptada, ocurre muchas veces que son pocos los votantes[56].

Este proceder tiene sus ventajas, porque los cambios se hacen de este modo menos frecuentes y menos prematuros. Pero también es más difícil hacer funcionar una Constitución rígida y suprema, cuando se ve que es imposible hacer desaparecer un defecto evidente, por pequeño que sea, porque el pueblo no se

---

56 Esto es lo que ha ocurrido más de una vez estos últimos años en Kentucky y en Delaware.

toma interés y no quiere tomarse la molestia de ir a votar para expresar su opinión sobre este defecto.

Estos inconvenientes son tan visibles, que deben existir razones muy poderosas para conservar y extender de día en día el sistema de introducir las leyes ordinarias en la Constitución. ¿Cuáles son estas razones? ¿Por qué los americanos limitan cada día más la legislación de la legislatura para confiársela al pueblo?

Se explicaría muy bien que los diversos gobiernos de los Estados pudiesen funcionar sin una ley fundamental que los contenga y los dirija. En un gobierno federal que tiene, o que tuvo, por lo menos, por base un contrato entre varios pueblos independientes, hay grandes ventajas muy evidentes en definir las relaciones de estos pueblos entre sí y con la autoridad central mediante una Constitución que esté por encima de la legislatura ordinaria y que pueda variarse fácilmente. Una ley de este género coloca los intereses de cada miembro por encima de las pasiones de una mayoría eventual. Pero ocurre todo lo contrario cuando consideramos un solo pueblo homogéneo. Cada Estado americano podía ahora, si quisiese, dirigir sus propios asuntos y gobernar sus ciudadanos, desde el punto de vista de las leyes civiles, con una legislatura soberana, cuyas leyes fuesen la expresión de la voluntad popular. No tendría necesidad de un Gabinete como las colonias británicas. El Estado podría continuar teniendo un gobernador ejecutivo distinto de la legislatura, elegido por el pueblo y usando del derecho de veto en favor del pueblo; y, sin embargo, podría pasar sin una Constitución fundamental rígida y contentarse con dar plenos poderes a su legislatura y a su gobernador. He aquí, sin embargo, lo que un Estado americano no hace, ni ha hecho y no hará probablemente jamás. ¿Por qué no lo hace? Esta cuestión es tan interesante para los europeos como para los americanos.

En las Repúblicas del antiguo mundo, donde las Asambleas representativas eran desconocidas, los ciudadanos tenían el poder legislativo en lo que nosotros llamaríamos ahora Asambleas primarias, tales como la Ecclesia de Siracusa y los comicios de Roma. El mismo sistema existía entre las tribus germánicas, donde la Asamblea de los hombres libres ejercía todos los poderes que no pertenecían al rey. Las leyes de los reyes de los Anglos y de los Sajones, las capitulares de Carlomagno, fueron promulgadas en las Asambleas de la nación; ellas procedían del príncipe, pero se puede decir que fueron hechas por el pueblo.

Durante la Edad Media, las Asambleas desaparecieron, y el derecho de hacer leyes pasó al soberano, o bien a una Asamblea representativa que rodeaba al soberano, como el Parlamento inglés.

El viejo sistema no sobrevivió más que en algunos pueblos primitivos, tales como los cantones suizos y las pequeñas Repúblicas de Andorra y de San Marino. La primera reaparición en Europa del método de legislación directa por el pueblo es según lo que yo sé, el artículo de la Constitución francesa hecha por la Convención nacional de 1793. Este artículo ordena que toda ley propuesta por el Cuerpo legislativo sea publicada y remitida a todos los municipios de la República cuyas primeras Asambleas serán convocadas para votar sobre el asunto, en el caso de que un décimo de estas Asambleas, en la mayoría de los departamentos, hayan puesto objeciones a la ley en cuestión. En los tiempos modernos, este sistema se ha hecho familiar desde que ha sido introducido, no solamente en los cantones suizos, sino en la República federal suiza, que lo aplica sin cesar bajo el nombre de *referéndum,* sometiendo las leyes hechas por la legislatura federal a los sufragios del pueblo que las aprueba o rechaza[57].

En Inglaterra se descubre la influencia de la misma idea en dos fenómenos recientes. Uno es la proposición, bastante frecuente, de remitir al sufragio directo de los habitantes de una ciudad o de una región toda ley o todo mandato que interese a esta región; por ejemplo, cuando se trata de decidir si se establecerá un impuesto para fundar una biblioteca pública, o si se concederán licencias para la venta de bebidas alcohólicas en la región. Este método de resolver una cuestión, conocido con el nombre de opción local, es una especie de *referéndum*. Se diferencia del método suizo, no simplemente porque se concreta a una localidad, sino más bien porque, en lugar de pedir al pueblo la confirmación de una ley del Parlamento, se le pide si una ley debe ser o no aplicada a una región determinada. Pero el principio es el mismo, el cual consiste en conceder a los electores el derecho de hacer ciertas leyes que hacía antes un Cuerpo legislativo, tal como el Parlamento de la nación, la Asamblea parroquial o el Consejo municipal de una ciudad, según los casos.

El otro ejemplo inglés parecerá sacado por los cabellos; pero después de examinado se verá que parte de la misma idea. Se principia a sostener el siguiente principio constitucional: cuando la Cámara de los Comunes ha votado reformas considerables, la Cámara de los Lores tiene el derecho de rechazarlas para provocar la disolución del Parlamento, es decir, para apelar a los electores. Esta doctrina es calurosamente sostenida por unos, y muy vivamente combatida por otros. Pero el punto esencial es que, según el parecer de muchos hombres instruidos, la Cámara de los Comunes no tiene moralmente el derecho, aunque lo tenga legalmente, de hacer una ley que cambie considerablemente la Constitución, si no la ha sometido a los electores durante las elecciones generales precedentes. Las elecciones generales consisten en apariencia en elegir como miembros a ciertos individuos; pero en la práctica han llegado a ser, primero, la expresión de la opinión del pueblo sobre las dos o tres medidas que exponen y discuten en aquel momento los jefes de partido, y en seguida un voto de confianza o de desconfianza para el ministerio del momento. Es, en substancia, un voto sobre estas medidas; sin embargo, no es más que un voto sobre los principios generales, y no como el *referéndum* suizo, sobre la ley que el Parlamento ha votado. He ahí por qué, hasta en un país que permanece ligado a la supremacía absoluta de su Cámara representativa, la idea de un llamamiento directo al pueblo se ha abierto camino[58].

---

57 La Constitución federal suiza dice que toda ley federal o toda decisión con carácter general y no urgente, debe someterse, a petición de ocho cantones o de 30.000 electores, al sufragio popular, que la acepta o la rechaza. Las leyes son con frecuencia rechazadas por este voto. (Véase Const. federal suiza, art. 89, y las observaciones del antiguo presidente Numa Droz, en su *Instrucción cívica*) (§ 172). En ciertos cantones, todas las leyes deben ser sometidas a los sufragios del pueblo. En Ginebra, es facultativo. El *referéndum* existe en todos los cantones, excepto en Friburgo y en los cuatro que han conservado la Landesgemeinde. (Véase S. Deploige, el *Referéndum en Suiza*, Bruselas, 1892). Una cláusula fue añadida a la Constitución federal, en 1891, según la cual, 60.000 electores tienen el derecho de exigir que un proyecto de ley sea sometido al voto popular.

58 En Inglaterra se da ahora mucho valor a las elecciones parlamentarias accidentales, cuando se presenta al Parlamento una medida importante, porque una elección de esto género parece indicar la actitud del pueblo en general respecto a esta medida, y, por consiguiente, el juicio que el pueblo formularia si hubiese elecciones generales. Hay casos en que una medida o una parte de ella ha sido retirada, porque el resultado de una elección accidental parecía indicar que esta medida disgustaría al pueblo.

En los Estados Unidos, que no han sido desde este punto de vista, en manera alguna, influidos por Francia, Suiza o Inglaterra, como es de suponer; pero que se han desenvuelto con arreglo a sus propios principios, la idea de que el pueblo (es decir, todos los ciudadanos) es y debe ser el legislador supremo, se ha traducido por la costumbre de hacer las leyes en el momento que se hace una Constitución, o bien en el momento en que se la enmienda. En lugar de someter las leyes a los electores después de haberlas aceptado la legislatura, como se hace en Suiza, los americanos colocan, entre las cuestiones que pertenecen a la legislación ordinaria, cierto número de asuntos, que introducen en la Constitución y consideran luego como partes de esta ley fundamental. No se les da el nombre de leyes; pero, en realidad, son leyes. Se diferencian de las leyes en que han sido hechas por una autoridad que no es una Asamblea permanente, y que funciona solamente cuando una convención o una legislatura le presenta proyectos de ley.

Ya hemos explicado el origen histórico de este sistema. A las Colonias se les habían concedido Constituciones por una autoridad externa superior a la legislatura colonial. Después de la Revolución, los Estados, no pudiendo ya pedir a la Gran Bretaña la introducción de cambios en su Constitución, se dieron el derecho y se impusieron el deber de retocarlas. En lugar de la Corona británica colocaron la colectividad de los ciudadanos. El cuidado de crear o de reorganizar una República independiente era, según ellos, una cosa demasiado importante para dejarla a los organismos ordinarios de la vida de un Estado. Este sentimiento, que nació en 1776 y se desenvolvió inmediatamente, adquirió una gran fuerza a consecuencia de la manera con que las Convenciones de los Estados hicieron la Constitución federal de 1788. La Constitución pareció haber sido ratificada con una especial solemnidad; y la legislatura federal, que era, desde este momento, el centro de la política nacional, fue colocada por debajo de este documento, que expresaba la voluntad de todo un pueblo. A medida que la República aplicaba en teoría y prácticamente estas ideas de democracia y de soberanía popular, que habían sido vagamente comprendidas cuando fueron enunciadas en la época de la Revolución, la fe de la clase media se hacía más fuerte, su amor a la igualdad más grande, y el deseo de gobernar directamente y en persona más constante. Estos sentimientos se hubieran hecho sentir mucho más aún sobre los gobiernos de los Estados, si éstos no hubieran encontrado con qué satisfacerse en el gobierno local. Hasta para los asuntos del Estado hicieron artículo de fe de la idea de que una Constitución no puede ser hecha más que por el voto directo de los ciudadanos; y empujaron a los ciudadanos a aprovechar las ocasiones que se ofrecían para hacer a su manera sus propias leyes. Al mismo tiempo que aumentaban estas tendencias, las legislaturas de los Estados no eran tan buenas y hacían leyes menos que regulares. Se les respetaba menos e inspiraban menos confianza. El pueblo, pues, tenía una excusa más para imponerse a la legislatura; tenía motivos para suponer que la legislatura descuidaría o haría mal el trabajo que él deseaba verle hacer. En lugar de escarmentar por esta desconfianza y tratar de hacerlo mejor, para reconquistar su antiguo poderío, las legislaturas de los Estados favorecieron esta tendencia y trabajaron en su propia desaparición. Sus miembros tratan sobre todo, como lo explicaremos más tarde, de que se aprueben leyes locales especiales, y no leyes de interés público y general son sumamente tímidos, y se dejan fácilmente arrastrar por la parte activa de la opinión; no se atreven a moverse cuando están colocados entre los fuegos contrarios de dos opiniones opuestas, como, por ejemplo, entre los prohibicionistas y los que venden licores. Por esta razón ha sido bien recibida la intervención directa del pueblo, que los libra de estos enojosos problemas. Empezaron por someter a la decisión del voto popular cuestiones que eran evidentemente de su competencia, tal como la cuestión de la venta de licores, o la creación de un sistema de escuelas gratuitas. Esto sucedía hace cuarenta años. Ahora se dedican a desembarazarse, por la misma estratagema, de una cuestión enojosa e irritante: es el pueblo quien ha debido fijar la capital del Estado, aquella en donde se deben encontrar sus principales instituciones públicas[59].

En Nueva York, la legislatura estaba desde hace mucho tiempo dividida e indecisa sobre la cuestión de los objetos fabricados por los presos. ¿Era preciso permitir la venta de estos artículos, y hacer por este medio competencia a los artículos fabricados por los particulares? La legislatura resolvió apelar al sufragio popular, e hizo una ley, según la cual, el Estado entero debía votar sobre esta cuestión. Ella no tenía el derecho, a menos de proponer una enmienda a la Constitución, de autorizar al pueblo para hacer una ley sobre este objeto; pues los Tribunales americanos han afirmado muchas veces que la legislatura tiene su delegación para hacer leyes, pero no tiene el derecho de delegar su poder en otra persona o en otra Asamblea[60]. Pero lo podía pedir al pueblo que emita su parecer sobre las leyes que ha de hacer; y después de haber obtenido su modo de pensar sobre la cuestión, podía hacer una ley conforme a los deseos del pueblo.

Los electores americanos pueden hacer leyes directamente de dos maneras. Una es elaborando o enmendando una Constitución. Aquí la semejanza con el *referéndum* suizo es muy grande, porque la ley que se ha de hacer es primeramente redactada y después votada por la convención o por la legislatura (según los casos), y en seguida se somete al pueblo. El gran alcance de este medio no puede menos de llamar la atención del que ha observado en las páginas precedentes el número y la variedad de los asuntos tratados en las Constituciones de los Estados.

La otra manera consiste en someter a los sufragios del pueblo, de conformidad con las cláusulas de la Constitución, una o varias proposiciones especificadas en la ley fundamental. Si esta proposición ha sido ya votada por la legislatura,

---

59 Es regla general en las nuevas Constituciones. El Estado de Washington estipula que una simple mayoría puede fijar la ciudad donde estará la sede del gobierno, pero que para variarla se necesitará una mayoría de dos tercios.

60 Siguiendo la máxima *Delegate potestas non delegatur,* máxima que no se aplica en Inglaterra, porque allí el Parlamento tiene una autoridad que le pertenece en propiedad, y no una autoridad delegada. El juez Cooley dice: «Una de las máximas de la ley constitucional, es que el poder concedido a la legislatura de hacer leyes no puede delegarse por esta Asamblea en otra Asamblea o en otra autoridad. Allí donde el poder soberano del Estado ha fijado la autoridad, es necesario que permanezca; y es preciso que las leyes sean hechas por la autoridad constitucional mientras no se cambie la Constitución. El poder a cuyo juicio, sabiduría y patriotismo ha confiado el pueblo sus altas prerrogativas, no puede descargarse de su responsabilidad eligiendo otros agentes a quienes encomendar sus facultades». (Const. Limit., p. 141). Y toma de Locke (Civil Government, § 142) la observación siguiente: «La legislatura no puede ni debe transmitir el poder de las leyes a otra persona, ni colocarlo en sitio donde el pueblo no lo haya colocado». Este es uno de los «límites que Locke impone al legislativo de toda república, cualquiera que sea la forma de gobierno». Pero esto no ha impedido al Parlamento inglés delegar poderes muy amplios, y muchas veces poderes verdaderamente legislativos, en personas o en autoridades particulares, tales como el Consejo de la Corona.
Los Tribunales americanos han emitido opiniones muy diferentes sobre el poder que tiene la legislatura de someter una ley general al voto popular para ver si esta ley debe regir en una localidad, pero «este principio en realidad puede sostenerse para las leyes que se designan generalmente bajo el nombre de leyes de opción local». (Cooley, p. 154, y en los casos citados en sus notas).

tenemos todavía un caso de *referéndum* como en Suiza. Si la legislatura no ha decidido sobre esta proposición, y si el voto popular funcionase conforme a una cláusula contenida en la Constitución, no se trataría hablando en propiedad, de un *referéndum,* pero sí de un caso de legislación por el pueblo solo, como si todos los electores de un Estado se reunieran en Asamblea.

De estos dos métodos, el primero no necesita explicaciones. En las nuevas Constituciones se encuentran numerosos ejemplos del segundo, en sus dos formas. Ya en 1843, en Wisconsin se sometió a los electores la cuestión de si habría Bancos privilegiados[61].

En Minnesota se declara que cierta clase de leyes sobra los caminos de hierro no tendrán efecto hasta que hayan sido ratificadas por la mayoría de los electores. También se estipula, por otra enmienda a la Constitución, que el dinero que forma parte de los créditos anuales para trabajos públicos no podrá ser destinado a otro servicio, a monos que esta nueva transferencia sea aprobada por la mayoría de los electores en las elecciones generales anuales que seguirán el voto de la ley»[62].

En este último caso, el *referéndum* llega hasta convertir a los electores en autoridad suprema del Estado en materia de Hacienda, y arrebata a la legislatura la que podría parecer la más antigua y la más importante de sus funciones. En muchos Estados no se pueden hacer empréstitos más allá de cierta cantidad sin consultar al pueblo; en otros, la tasa de los impuestos está limitada a cierta proporción con respecto al valor total del Estado, y esta proporción no puede aumentarse más que con el consentimiento de los electores. En California, toda ley que cambiase la residencia del Gobierno, no tiene valor hasta después de haber sido aprobada por el pueblo.

Con frecuencia, los proyectos de ley presentados por el legislador en forma de enmiendas a la Constitución, son rechazados por el pueblo. Así, en Indiana, Nebraska, Ohio y Oregón, la legislatura sometió enmiendas extendiendo el sufragio a las mujeres, y el pueblo de cuatro Estados rechazó la extensión. En el Colorado, donde la Constitución mandaba que se decidiese sobre esta cuestión, la legislatura votó una ley extendiendo el sufragio a las mujeres y la sometió al pueblo que la rechazó por 14.000 votos contra 7.400. En Virginia del Oeste en virtud de la Constitución de 1872, y en Dakota del Sur por la de 1889, se presentaron proposiciones para la representación proporcional, que fueron rechazadas.

El principio del voto popular ha sido aplicado en gran escala en el gobierno local lo mismo que en los Gobiernos de los Estados. Muchas Constituciones recientes estipulan que la aprobación del pueblo mediante votación será necesaria para que sea válida una decisión de las autoridades de la ciudad, del condado, del

---

61 Constitución de 1843, art. XI, § 5: «La legislatura puede someter a los electores, en el momento de las elecciones generales, la cuestión del Banco privilegiado; y si, durante estas elecciones, la mayoría de los sufragios emitidos es favorable a esta medida, la legislatura tendrá la facultad de conceder el privilegio a los Bancos, o hacer una ley general sobre los Bancos con las restricciones y estatutos que juzgase necesarios para el interés de los accionistas. A condición de que este privilegio o esta ley no tendrá efecto hasta que sea sometida a los sufragios de los electores del Estado en las elecciones generales, y aprobada por la mayoría de los votantes». Aquí la cuestión vuelve dos veces ante el pueblo. Puede verso también la Constitución de Iowa, Michigan, Illinois, Kansas, Ohio y Missouri. En Kentucky, en la Constitución de 1891, § 60, se estipula que (salvo ciertos casos) ninguna ley tendrá efecto hasta que sea aprobada por la Asamblea general.

62 Enmiendas de 1871 y de 1874 a la Constitución de 1857.

distrito escolar o del pueblo, con motivo de un empréstito, de los impuestos o de un préstamo de los fondos públicos a una empresa que convendría ayudar. Las cuestiones sobre licencias se dejan ordinariamente a la determinación popular sola, sin que las autoridades locales intervengan en lo más mínimo. En cuanto al gobierno municipal, en California se ha adoptado un sistema nuevo, que consiste en permitir a los pueblos de más de 10.000 habitantes hacer su carta propia. Un Consejo de quince propietarios prepara el proyecto y los electores lo ratifican con su voto; la legislatura del Estado no tiene más que el derecho de oponer su veto a la carta *en bloc*[63].

¿Cuáles son las ventajas de este sistema de legislación directa por el pueblo? Sus defectos saltan a la vista. Además de los que ya hemos apuntado, tiende a rebajar la autoridad y a disminuir el sentimiento de responsabilidad en la legislatura; y somete cuestiones, que deberían ser dilucidadas en debates, a la decisión de aquellos que no pueden reunirse a causa de su gran número, muchos de los cuales no han pensado jamás en semejantes cuestiones.

Los europeos encontrarán decisivas estas razones contra este sistema. Pero, ante todo, dirán, sería más lógico hacer mejores las legislaturas. Cuanto menos confianza se les demuestre, peores serán. Podrán ser ignorantes, pero siempre lo serán menos que la masa del pueblo.

Mas los americanos no esperan poder hacer mejores las legislaturas, o bien os dirán que no tienen tiempo para ocuparse en esto. Por eso persisten en el voto popular directo, que consideran como el mejor medio a su alcance en las circunstancias actuales y en un mundo como el nuestro. Ellos no pretenden que este sistema tenga un gran efecto educativo sobre el pueblo. Pero dicen, muy justamente, que la masa del pueblo es igual en inteligencia y en carácter a la mitad de los legisladores de los Estados, y que está menos expuesta a tentaciones. Se puede llegar hasta el legislador, no hasta el pueblo. El interés personal que tiene un legislador particular en votar una medida para establecer un banco o permitir gastar los fondos destinados a mejoras, puede ser mayor que el interés que él tiene como miembro de la nación para impedir que pasen malas leyes.

No ocurrirá lo mismo con la masa de los ciudadanos. Los partidarios del sufragio de las mujeres o de la prohibición de los licores pueden ejercer sobre el legislador una presión, a la que no resiste la generalidad de los mortales; pero los ciudadanos son demasiado numerosos para que se les pueda sobornar o amenazar. Por eso pueden rechazar, y rechazan efectivamente, proyectos de ley aceptados por la legislatura. Hay que tener presente que en un país donde la ley depende del consentimiento de los administrados, es muy conveniente que la ley no traspase el sentimiento popular, y que más bien tenga, para darle fuerza, todo el peso de la sanción popular[64].

---

63 Enmienda de 1887 a la Constitución de California. El Estado de Washington (Constitución de 1889, art. 11, § 12) ha adoptado una cláusula semejante; pero solamente para las ciudades de 20,000 almas o más, y no exige la aprobación de la legislatura del Estado. Para ejemplos de votos populares véase el Apéndice, nota al capítulo XLIX.

64 En el caso de la opción local, se puedo añadir otro razonamiento: y es que si se confía la cuestión de las licencias a un representante local, la elección de este representante recae virtualmente sobre esta cuestión única; ahora bien es ventajoso restringir la libertad del individuo nombrado por el sufragio popular, y el pueblo se encuentra doblemente obligado a exigir la aplicación de una ley que ha hecho él mismo.

Un crítico notable, pero severo[65], de las instituciones canadienses siente que no exista en las provincias del Dominium una combinación semejante. Después de haber hecho notar que el veto del subgobernador sobre las leyes de la legislatura provincial es prácticamente nulo, porque el Gobierno central no ejerce el derecho de veto más que contra las leyes que excedan la competencia constitucional de la legislatura, afirma que es útil para poner remedio a los defectos de la legislatura provincial, emplear el sistema de los americanos y someter como ellos las enmiendas constitucionales (podría añadir las leyes) a los sufragios del pueblo. «No se puede engañar al pueblo en los corredores o pasillos, ni reducirlo con engañosas promesas, ni amedrentarlo; el pueblo no teme no ser reelegido, si rechaza una ley que piden los irlandeses, los prohibicionistas, los católicos o los metodistas».

Si la práctica de refundir y enmendar las Constituciones de los Estados se hiciese frecuente, una do las ventajas de la legislación directa por el pueblo desaparecería, pues el sentimiento do la permanencia no existiría ya, y la mutabilidad que ahora es posible en las leyes ordinarias lo sería en las cláusulas de la ley fundamental. Pero este defecto de las pequeñas democracias[66], sobre todo cuando están gobernadas por Asambleas primarias, no se encuentra casi en las grandes democracias, como la mayoría de los Estados americanos, y no parece que va en aumento.

La sumisión de las leyes al pueblo obra, pues, más bien como una fuerza conservadora; es decir que es un método conservador si se le compara con la acción de la legislatura.

En Inglaterra, y en todos los Estados europeos, el gobierno representativo ha sido hasta aquí una institución donde dominaban los elementos conservadores, porque los representantes pertenecían generalmente a las clases ricas o nobles, o a las instruidas. Estas clases tienen algo que perder en los cambios, y no son aficionadas a hacerlos; las masas han dirigido hacia ellas sus miradas, pero ellas no han respondido más que muy imperfectamente a los deseos populares. Las legislaturas americanas no tienen ninguno de estos caracteres. Los que las componen no son superiores a la muchedumbre, sin duda porque la multitud es bastante instruida y bastante rica, y no se doblega ante ellas. Les tienen un miedo atroz, en particular a los grupos revoltosos. Viven del soplo de su benevolencia, y se apresuran a satisfacer todos sus deseos antes de haberlos manifestado. De aquí resulta que una idea o una pasión que reine entre los ciudadanos tenga inmediatamente su repercusión en la legislatura, y se traduzca en ley. Luego no se puede contar ni con la prudencia de esta Asamblea, ni con su deseo de discutir largamente la medida en cuestión; nada la detiene más que la incapacidad que demuestra a menudo de traducir prácticamente los deseos manifestados por el pueblo. Por eso, en los Estados americanos, el gobierno representativo no tiene esa cualidad conservadora que le atribuyen los europeos, mientras que el voto directo del pueblo es el voto de hombres generalmente más instruidos que las masas europeas, más habituados a la política, más convencidos del interés que tienen de conservar un gobierno estable. Si consideramos el *referéndum* en sus efectos sobre la legislatura del Estado, diremos que lo conceptuamos más bien como un bocado o una brida que como una espuela.

---

65 M. Goldwin Smith.

66 Cargo frecuente contra las democracias griegas y las repúblicas italianas de la Edad Media, como Dante dice, apostrofando a Florencia: «Ch'a mezzo Novembre Non giunge quel che tu d'Ottobre fili».

Este método de hacer las leyes por medio de una Constitución o de enmiendas a la Constitución, ha nacido de sentimientos y en condiciones bastante parecidas a las que han provocado el *referéndum* en Suiza. Es un ejemplo interesante de la tendencia que tienen las instituciones, como los ríos, de hacer su cauce más profundo. Un accidente histórico, por decirlo así, hizo ver a los americanos que sus legislaturas estaban sometidas a la Constitución, y este descubrimiento ha servido para usos mucho más extensos de lo que habían previsto los que lo hicieron. Hoy día presta servicios que no habían visto los inventores del método, los cuales están, sin embargo, muy contentos de los resultados. Este sistema es un freno no solamente para los vicios y locuras de las legislaturas, sino que para el pueblo mismo. Después de haberse comprometido solemnemente por su Constitución a observar ciertos reglamentos y ciertos principios, el pueblo ha llegado a respetar estos principios. Ha dejado un poder del que hubiera podido sentirse tentado a abusar, en un momento de excitación o de sufrimiento, gracias al humor bastante flexible de sus representantes. Aunque pueda recobrar este poder haciendo una nueva Constitución o enmendando la antigua, los medios para conseguirlo exigen tiempo y obligan a diligencias que han de ir seguidas de largas deliberaciones. Mientras tanto, las pasiones se calman, y se nota que los males económicos que se experimentan desaparecerán naturalmente.

El Dr. Von Holst[67] ha hecho observar, con razón, que el principio de la soberanía directa del pueblo, aplicado constante y completamente, ha sido un obstáculo para las tendencias revolucionarias en América, porque ha mostrado un medio pacífico y legal de realizar los cambios políticos y económicos, habituando al pueblo a tener ante las decisiones de la mayoría el respeto que es esencial al éxito de los gobiernos populares.

Las Constituciones de los Estados, en tanto que leyes preparadas por una Convención y votadas por todos los ciudadanos, son mejores en su forma y substancia que las leyes hechas por los legisladores, porque son la obra de hombres más capaces, o cuando menos, de hombres más honrados, con un mandato especial que les impone una responsabilidad especial. El nombramiento de una Convención constitucional interesa a todos en un Estado. Sus funciones son muy importantes; superan en mucho las de la legislatura ordinaria. He ahí por qué algunos de los primeros ciudadanos del Estado pretenden un puesto en esta Convención; especialmente los abogados eminentes se presentan candidatos, porque saben la importancia de la Constitución desde el punto de vista de las leyes en que se ocupan.

Se trata, pues, de una asamblea superior, por su composición, al Senado y a la Cámara de un Estado. Sus actos se consideran con más atención, y no tiene las tentaciones con que el poder de disponer de los fondos públicos siembra el camino de los legisladores. Sus debates son más instructivos; sus conclusiones se pesan con más cuidado, porque no pueden cambiarse fácilmente[68]. Si la obra de los cambios constitucionales se hace por una serie de enmiendas, éstas se estudian por la legislatura con más cuidado que si se tratase de leyes ordinarias, y se expresan en

---

[67] *Constitucional Law of the United States*, § 90.

[68] Cuando no se quieren complicar las cosas introduciendo en el proyecto de Constitución una cláusula que pudiera hacer rechazar todo el proyecto, se somete esta cláusula al pueblo separadamente; si el pueblo la aprueba, se la inserta en la Constitución.

términos más claros y más precisos[69]. En el intervalo que media entre el día en que la Convención ha fijado el texto de un proyecto de Constitución, o la legislatura el de su enmienda, y aquél en que el proyecto se somete al voto del pueblo, se discute grandemente en la Prensa y en las reuniones públicas; de suerte que los ciudadanos están con frecuencia muy bien preparados cuando llega la votación. Una Prensa, que penetra en todas partes, desempeña ahora la función de los discursos en las antiguas Repúblicas. El hecho de que los proyectos de Constitución o de enmienda son a menudo rechazados por el pueblo demuestra que éste, bien o mal, no sigue ciegamente el juicio de una Convención, ni adopta sumiso las proposiciones de su legislatura.

Esos méritos no siempre aparecen, es verdad, en las Convenciones ni en las Constituciones que ellas rehacen, y menos en las enmiendas particulares. La Constitución de California de 1879 de que hablaré en otro capítulo, ea una prueba notable de lo contrario. Ni aun las Convenciones recientes de los antiguos Estados, tales como Mississippi y Kentucky, han revelado toda la serenidad necesaria para resolver los problemas suscitados. Pero una ojeada general sobre esta rama de nuestra investigación nos lleva a afirmar que los pueblos de los diferentes Estados rara vez revelan en el ejercicio de esta alta función la precipitación, la insuficiencia, el amor del cambio por el cambio mismo que los teóricos de Europa antiguos y modernos suelen censurar en las democracias. También afirmamos que la legislación directa por el pueblo que, sin duda, se presta a muchos abusos, causa en los Estados, tales como ahora son, menos males que los que impide.

Si fuese posible tener buenas legislaturas, sería mejor, sin duda, dejarles el cuidado de hacer las leyes ordinarias, en lugar de llevar esas leyes a la Constitución. Pero no pudiendo tener buenas legislaturas, si es imposible elevar el Senado y la Cámara de cada Estado por encima del nivel muy bajo, en el cual hoy se encuentra, como luego veremos, el sistema de la acción popular se justifica muy bien. Es un esfuerzo saludable de las fuerzas que quieren un buen Gobierno, y que se abren por sí mismas una nueva vía.

[69] Se han suscitado en América muchas controversias acerca de la cuestión relativa a si para reformar la Constitución vale más hacerla por medio de una refundición en una convención o, salvando los defectos, por una serie de enmiendas. Sin duda, debe preferirse uno u otro método según el estado del sentimiento público, y la esperanza que se abrigue de tener una buena Constitución.

5. GOBIERNO DE LOS ESTADOS: LA LEGISLATURA

La semejanza del sistema de Gobierno de las cuarenta y cinco Repúblicas que forman los Estados Unidos, semejanza que nos parece más notable si recordamos que cada una de estas Repúblicas es independiente y autónoma en lo tocante a su Gobierno, se debe a la fuente común de donde los Gobiernos provienen. Son todos copias, unas inmediatas, otras mediatas, de las instituciones antiguas inglesas, a saber: corporaciones autónomas de carta, las cuales, bajo el influjo do los hábitos ingleses, y con el precedente del sistema parlamentario inglés ante sus ojos, desenvolvieron gobiernos análogos al de Inglaterra en el siglo XVIII. Cada una de las trece colonias había sido regulada, hasta 1776, por una carta de la Corona británica, la cual, de conformidad con las mejores y más antiguas tradiciones inglesas, les dejaba en la práctica el manejo do sus propios negocios. La carta contenía una especie de esqueleto de Constitución, que el uso, revistió con nervios, músculos, tendones, hasta convertirlo en un sistema completo y adecuado de gobierno libre. Había en cada colonia un gobernador, que era elegido por el pueblo[70], en dos de las colonias, y en las restantes, nombrado por la Corona o por el «propietario» había una legislatura; había funcionarios ejecutivos que actuaban bajo la dirección del gobernador, y había comunidades locales autónomas. En ninguna, sin embargo, había lo que nosotros llamamos un Gobierno de gabinete, esto es, el Gobierno de la Asamblea legislativa, mediante un comité de sus propios miembros con un jefe del Ejecutivo irresponsable, permanente y nominal. La separación del Ejecutivo y de la legislatura provenía, naturalmente, del hecho de que el gobernador era un funcionario responsable directamente ante un poder distinto del de la legislatura colonial, a saber: ante la Corona británica que lo mantenía en sus funciones o lo separaba[71], siendo ésta la diferencia entre los gobiernos coloniales de la América del Norte y los de las colonias británicas actuales, en todas las cuales prevalece el Gobierno de gabinete[72]. Estos últimos Gobiernos son la copia de la actual Constitución de Inglaterra; los primeros se parecen a éste tal como existía en el siglo XVII y comienzos del XVIII, antes de desarrollarse el Gobierno de gabinete. Cuando las trece colonias se hicieron Estados soberanos por la revolución, conservaron este sistema de gobierno, substituyen-

---

70 Sin embargo, en Rhode-Island el gobernador era elegido, no como ahora, por el pueblo en general, sino por la Compañía reunida en asamblea general, cuerpo éste que llegó a sor la legislatura de la colonia. Véase la carta de Rhode-Island de 1663. En Connecticut, la corte general elegía si el pueblo no llegaba a hacerlo, o en caso de vacante inesperada.

71 Aun en Connecticut y en Rhode-Island, el gobernador elegido por el pueblo era en un sentido responsable ante la Corona.

72 Naturalmente, en las colonias británicas autónomas, el gobernador es responsable ante la Corona; pero esta responsabilidad es muy limitada, por la responsabilidad de sus ministros ante la legislatura colonial y los poderes amplios de éste.

do el gobernador nombrado por la Corona por un gobernador elegido por el Estado. Como los nuevos Estados admitidos en la Unión después de 1782, formaron sus Constituciones antes de su admisión en la Unión, cada uno adoptaba el mismo plan, pues su pueblo imitaba, como era natural, las antiguas Repúblicas, de donde venían, y cuyo gobierno conocían y admiraban[73]. Se sentían inclinados a obrar de ese modo, porque encontraban en las antiguas Constituciones la separación terminante entre los poderes ejecutivo, legislativo y judicial, que la filosofía política de aquellos tiempos les había hecho considerar como esencial en un gobierno libre, separación que todos tomaban como punto de partida.

Ya he notado, en un Capítulo anterior, que el influjo sobre los autores de la Constitución federal de los ejemplos de gobierno libre que encontraran en varios de los Estados, ha sido profundo. Podemos bosquejar una especie de genealogía de los gobiernos de la manera que sigue:

Primero. La Compañía inglesa incorporada como un cuerpo autónomo con su gobernador, un teniente gobernador y auxiliares elegidos por los hombres libres de la compañía, y los cuales se reunían en la asamblea llamada Corte general o Asamblea.

En segundo lugar. El gobierno colonial el cual toma de esta Compañía un gobernador o jefe ejecutivo, y una legislatura compuesta por los representantes elegidos por los ciudadanos, y que se reúnen en una o dos Cámaras.

Tercero. El Gobierno del Estado, el cual no es sino el Gobierno colonial desenvuelto, y algo más democratizado con un gobernador elegido al principio por la legislatura, y después por todos los ciudadanos, y en todo caso, con una legislatura de dos Cámaras. Esta forma, propia de los trece Estados, ha pasado a la Unión, y prevalecido en todos los Estados.

Finalmente, el Gobierno federal, moldeado según los gobiernos de los Estados, con un presidente elegido por medio de electores por el pueblo, una legislatura bicameral, y sus jueces nombrados por el presidente[74].

De semejantes modestos comienzos han salido grandes cosas.

No se acabaría de describir las diferencias menores en los sistemas de los cuarenta y cuatro Estados. Sólo indicaré las líneas principales que, según he observado, son las mismas en todos.

Cada Estado tiene:

Un jefe ejecutivo electivo: el gobernador.

Otros varios funcionarios administrativos.

Una legislatura de dos Cámaras. Un sistema de Tribunales de justicia.

Varias comunidades autónomas locales subordinadas, condados, ciudades, *townships,* aldeas, distritos escolares.

---

[73] Massachusetts se gobernó durante varios años por un pequeño Consejo, en calidad de poder ejecutivo, que representaba el primitivo gobernador de la Corona; pero en 1780 volvió al antiguo sistema de un gobernador, si bien conservando, como aún hoy conserva un Consejo al lado del mismo.

[74] Se podría añadir otra generación al comienzo de esta genealogía, haciendo derivar la Compañía inglesa incorporada de los *collegia* romanos, y otra al fin para hacer notar lo que debe a la Constitución de los Estados Unidos la de la Suiza moderna.

El gobernador y los otros principales funcionarios no se eligen ahora por la legislatura, como ocurría bajo la mayoría de las antiguas Constituciones de los Estados, sino por el pueblo. Hasta donde es posible están separados de la legislatura. Ni el gobernador ni los otros funcionarios del Estado pueden asistir a la legislatura del mismo[75]. No pueden dirigirla; ella no puede restringir su poder sino por medio de las leyes. En parte alguna, pues, puede hablarse de un Gobierno por ministros que sirvan para relacionar al Ejecutivo y la legislatura, según el sistema de los pueblos libres de la Europa moderna, y de las colonias británicas.

Ante estos varios poderes, lo mejor es comenzar a describir la legislatura, porque es el más fuerte y el más preeminente.

Una legislatura de un Estado americano se compone siempre de dos Cámaras: la más pequeña llamada siempre el Senado, y la más numerosa llamada ordinariamente la Cámara de representantes, si bien en seis Estados se la llama «La Asamblea», y en tres «La Cámara de Delegados». El origen de esto es muy interesante; su estructura debe buscarse, más que en la teoría, en la historia. Se debe, en parte, al hecho do que en varias colonias existiera un pequeño consejo del gobernador, además del cuerpo representativo popular, y en parte, a la natural tendencia a imitar a la madre patria con sus Lores y Comunes; tendencia ésta que se manifestó lo mismo cuando los Estados eran todavía colonias que cuando se rebelaron dándose nuevas Constituciones, pues hasta 1776 algunas colonias no habían tenido como legislatura más que una sola Cámara. Ahora, sin embargo, la necesidad de las dos Cámaras se afirma como un axioma de la ciencia política, porque se juzga necesario oponer una Asamblea igualmente poderosa a la Asamblea, que tiene la tendencia innata a obrar con precipitación, y a convertirse en tiránica o a corromperse. Los americanos restringen sus legislaturas dividiéndolas como los romanos restringían sus ejecutivos, substituyendo un rey por dos cónsules. Los únicos Estados que han intentado no tener más que una sola Cámara fueron Pensilvania, Georgia y Vermont, pero renunciaron a ello: el primero, después de una experiencia de cuatro años; el segundo, después de doce, y el tercero, al cabo de cincuenta[76]. Con estas ligeras

---

[75] En Rhode-Island, sin embargo, el lugarteniente del gobernador es un miembro del Senado, y el gobernador es su presidente con voto doble.
Cuando el gobernador está ausente, preside el lugarteniente, y tiene su voto, además de su voto como senador.

[76] Sobre este asunto de la división de la legislatura, véanse los *Commentaries* de Kent, I, 208-210; y los *Commentaries on the American Constitution* de Story, §§. 578-570. Debe advertirse, además, que la Constitución de Pensilvania de 1786, la de Georgia de 1777 y las de Vermont de 1786 y 1793, que establecían la legislatura de una sola Cámara, creaban un segundo cuerpo, llamado Consejo Ejecutivo, que en Georgia tenía el deber de examinar los bills que le enviaba la Cámara de la Asamblea, y de hacer representaciones respecto de las disposiciones que no aprobaba, y que en Vermont tenía el poder de proponer a la Asamblea enmiendas a los bills que le enviaba, y en el caso de que ésta no las aceptase, podía suspender su aprobación hasta la legislatura siguiente. En 1789, Georgia abolió el Consejo y dividió la legislatura en dos Cámaras. Pensilvania hizo lo mismo en 1790; Vermont, en 1836. Pensilvania y Vermont tenían también un cuerpo, llamado el Consejo de los Censores, que podía compararse con los nomothetes de Atenas; elegido cada siete años, y encargado de examinar las leyes del Estado y su ejecución, y de proponer enmiendas. Este cuerpo fue abolido en Pensilvania en 1790; pero en Vermont duró hasta 1870. Todas estas experiencias merecen que las estudien los historiadores constitucionales.

[77] Se debe estimar como un ejemplo de las divergencias, entre comarcas altamente democráticas, el hecho de que en los cantones de Suiza las legislaturas se compongan de una sola Cámara. En la mayoría de sus cantones hay, de cierto, un *referéndum* y un pequeño Consejo ejecutivo. Otra divergencia notable es la de que mientras en América, y especialmente en el Oeste, la tendencia

excepciones, el sistema de las dos Cámaras es el *quod semper, quodubique, quod ab ominibus*[77] de la doctrina constitucional americana.

Las dos Cámaras se eligen por sufragio popular, generalmente[78], en distritos electorales iguales y por los mismos electores, si bien en algunos Estados hay pequeñas variantes en cuanto a los modos de elección[79]. Illinois, por su Constitución de 1870, y Michigan por una ley de 1889, crearon un sistema de representación proporcional mediante el voto acumulado; el elector puede aplicar sus votos a un candidato, y tiene tantos como representantes haya que elegir en el distrito; pero puede distribuir sus votos entre varios candidatos.

Este sistema parece tener éxito en el Illinois, donde los condados del Norte, llamados Canaán, tenían de ordinario una mayoría republicana, y los del Sur, llamados Egipto, una mayoría democrática, habiendo así razones especiales para disminuir la solidez de los partidos en cada una de las secciones.

Las diferencias entre las reglas de las dos Cámaras son por lo general las siguientes:

1. Los distritos electorales senatoriales son siempre más grandes; de ordinario, dos o tres veces mayores que los de los representantes, y el número de senadores es inferior en las mismas proporciones al de los representantes.
2. Un senador es, de ordinario, elegido por un período más largo que un representante. En 28 Estados, la duración de su mandato es de cuatro años; en uno (Nueva Gersey), de tres; en 13, de dos; en 2 (Massachusetts y Rhode-Island) de uno; el representante es generalmente elegido por dos años.
3. En la mayoría de los casos, el Senado no se elige de una vez, como la Cámara; se renueva tan sólo en parte: la mitad de sus miembros se retira pasados dos o cuatro años, siendo reemplazados por otra nueva mitad. Esto le da cierta continuidad que no tiene la Cámara.
4. En algunos Estados, la edad para ser elegido sonador es superior a la fijada para la Cámara de representantes, y en uno (Delaware) debe ser

es hacia «la rotación» en los puestos, en Suiza, un funcionario y un miembro de una legislatura continúa de ordinario, en su puesto de uno a otro período, y de hecho no son separados sino en caso de falta positiva. Hubo en tiempo en que los funcionarios eran ordinariamente reelegidos en Connecticut.

78 En Connecticut, toda ciudad que tenía dos miembros, en 1774, envía dos, aún sea cual fuere su población, y las nuevas ciudades obtienen dos miembros cuando tienen 5.000 almas. Así, 42.000 electores tienen 133 representantes en la Cámara, y 92.000 sólo 117, porque una gran mayoría de pequeñas localidades eligen dos miembros. El Estado está virtualmente gobernado por los representantes de los «burgos podridos» *(rotten boroughs),* y como forman la mayoría, se han negado hasta ahora a someter al pueblo una enmienda constitucional para una nueva redistribución de los puestos sobre la base de una población igual. Las perturbaciones recientes en este Estado se han debido, en parte, a esta excesiva dificultad para reformar una Constitución anticuada. En algunos Estados ha habido un audaz *gerrymandering.* El Tribunal Supremo de Wisconsin declaraba recientemente contraria a la Constitución una redistribución del Estado que no había tenido en cuenta los límites de los Condados y que habla erado distritos muy desiguales.

79 Por ejemplo: en Rhode-Island, toda ciudad o villa grande o pequeña, elige un senador; y así ocurría recientemente que una población de 253.000 almas, distribuida en 13 ciudades, tenía 13 senadores; mientras 23 poblaciones, con 20.000 habitantes, eligen 23 senadores. En Illinois, cada distrito elige un senador y tres representantes.

propietario de 200 acres de tierra o de bienes raíces o muebles que valgan más de 1.000 libras. (Const. de 1792, reproducida tal disposición en la de 1831).

Otras restricciones en materia de elegibilidad se aplican a las dos Cámaras. Tales son, la exclusión de los clérigos (que aún existe en seis Estados y es muy antigua), la de los funcionarios públicos retribuidos (que existe en todos), la de los funcionarios de los Estados Unidos y la de los miembros del Congreso, y la de las personas que no residan en el distrito electoral (frecuentemente según la ley, y prácticamente universal según la costumbre). En algunos Estados esta restricción es tan severa, que todo miembro que deje de residir en el distrito que lo ha elegido, pierde su puesto *ipso facto.*

He insistido en otro capítulo (XIV) sobre la fuerza de este sentimiento local con respecto a las elecciones del Congreso, y sobre los resultados poco satisfactorios a los ojos de un europeo que produce. No es, en verdad, más débil en las elecciones de los Estados. Nadie sueña en presentar su candidatura en un distrito donde no resido, ni aun en los nuevos Estados, donde se podría suponer que no ha habido tiempo para crear el sentimiento local. He ahí por qué los habitantes cultos y desocupados residentes en las grandes ciudades no tienen probabilidades de entrar en la legislatura sino para representar al distrito de la ciudad donde residen. Ahora bien; como esos distritos de ciudad suelen estar en manos de un grupo de gente egoísta y de *politians* profesionales, esos candidatos o aspirantes no tienen éxito. Nada contribuye tanto a impedir las reformas como esta costumbre inveterada de elegir como miembros sólo a los residentes. Suponed que un hombre capaz y devoto del bien público desea entrar en el Senado o en la Asamblea del Estado, y avergonzar a los malvados que le deshonran o le roban. Le será quizá difícil obtener un puesto, porque en el sitio donde reside el partido contrario puede tener una mayoría permanente, y en otra parte nadie se ocupará siquiera de su candidatura. Suponed que un grupo de personas honradas, noticiosas de que un hombre no puede hacer grandes cosas solo, desean entrar a la vez en la legislatura y trabajar juntos. Semejante grupo no puede formarse sino en una gran ciudad o cerca de ella. No podrá hacerse elegir porque en la ciudad apenas hay algunos sitios que conquistar, y los habitantes no pueden presentarse como candidatos en otra parte del Estado. Y lo más grave es, que semejante restricción frecuentemente se funda en la costumbre y no en la ley. Se puede derogar una ley: pero una costumbre tiene que ser abandonada; la derogación de una ley puede hacerse en un instante, aprovechando un momento oportuno; para desarraigar una costumbre se necesita una larga experiencia aplicada por espíritus dóciles. El hecho es que los americanos no se han fijado, en la elaboración de sus reglamentos legislativos y administrativos, en las diferencias de capacidad entre los hombres. Tienen en poco las dificultades del Gobierno, y estiman demasiado la capacidad de los hombres de buen sentido. ¡Grandes son los beneficios de la igualdad; pero qué de locuras se cometen en su nombre!

Los resultados desastrosos de este sentimiento local han sido agravados por la tendencia a disminuir la extensión de los distritos electorales y a conceder un representante y un senador a cada distrito. Bajo la antigua Constitución de Connecticut, por ejemplo, los doce senadores eran elegidos por los electores de todo el Estado; ahora (enmienda de 1828), los veinticuatro senadores son elegidos por distritos, y el Senado es hoy un cuerpo inferior, pues mientras entonces podían elegirse los mejores hombres de todo el Estado, ahora sólo es posible elegir los mejores de los distritos. En Massachusetts, bajo la Constitución de 1780, los senadores se elegían por distritos, pero un distrito elegía hasta seis; los miembros de la Asamblea eran elegidos por las *towns*[80], y cada *town,* constituido en cuerpo político, tenía, por lo menos, un representante, y más según la población, en la proporción de 1 por cada 275 individuos contribuyentes.

En 1836 se elevó la escala de la población para los representantes, y se adoptó un sistema (harto complicado para expuesto aquí) según el cual, son *towns* demasiado poco poblados para tener derecho a un representante, lo tendrían durante un cierto número de años cada diez, período del censo. Así, una pequeña circunscripción rural de esta clase podía enviar un miembro a la Asamblea durante cinco años de diez, y lo enviaba, según le parecía, cada dos, o bien durante los cinco primeros años o los cinco últimos. Ahora este Estado (enmienda de 1857) ha sido dividido en tres distritos senatoriales, que eligen cada uno un senador, y para la elección de representantes en 175 distritos, que eligen uno, dos y a veces tres cada uno. La composición de la legislatura ha declinado a partir de este cambio. Siendo el espacio para la elección más pequeño, se han elegido hombres inferiores, y en los distritos que no tienen más que un miembro, a pesar de estar compuestos de varios pequeños *towns,* se ha establecido el uso de conceder a cada uno de éstos un turno, de suerte que ya no se envía a la Asamblea el mejor hombre del distrito, sino el mejor de la pequeña localidad a quien corresponde el turno.

En casi todos los Estados se ha establecido el sufragio universal de los mayores de edad, con las excepciones por causa de incapacidad por un delito (la corrupción y la poligamia comprendidos) o por recibir el socorro concedido por la ley de pobres. Excepciones éstas que, como dejo indicado, existen en casi todos los Estados; en ocho, ningún mendigo tiene derecho a votar. Un Estado (Wyoming, admitido en 1890) concedió el sufragio a las mujeres. Antes, en muchos Estados se exigía alguna propiedad, y hasta 1888 en Rhode-Island todos los ciudadanos que no eran originarios de los Estados Unidos no tenían voto si no poseían bienes inmuebles por valor de 124 dólares o pagaban un impuesto de un dólar[81]. Otros cinco Estados (Delaware, Massachusetts, Pensilvania, Tennessee y Mississippi) exigen que el elector haya pagado algún impuesto en el Estado o en el Condado (Massachusetts y Tennessee lo llaman capitación); pero si no lo paga, su partido le paga por él, y así esta restricción no tiene ninguna importancia práctica. En Massachusetts se exige también que el elector sepa leer la Constitución del Estado en inglés, y escribir su nombre (enmienda de 1857); en Connecticut, que sepa leer cualquier parte de la Constitución y de las leyes, y que tenga buena conducta (enmiendas de 1845 y 1855). Esta prueba educativa o de capacidad no tiene gran importancia: primeramente, porque los analfabetos son poco numerosos en estos Estados, y porque bajo las nuevas leyes electorales será casi inútil. En Massachusetts, fue, durante estos últimos tiempos, obligatoria, y durante un cierto período los jefes de los partidos se entendieron para no molestar al elector. En el Mississippi se ordena que toda persona que quiera inscribirse en las listas «sepa leer cualquier parte de la Constitu-

---

80 Un *towns* o *township* significa en nueva Inglaterra, y en general en los Estados Unidos, un pequeño distrito rural, por oposición a la antigua ciudad (*city*); es una comunidad que no tiene gobierno municipal representativo. Véase luego capítulo XLVIII.

81 Rhode-Island, sin embargo, exige un censo electoral para la elección do ciertos funcionarios financieros. Algunas Constituciones prohíben el establecimiento de semejante limitación.

ción o que la comprenda cuando se la lean, o que dé una interpretación de ella conveniente». (Constitución de 1890)[82].

Se exige, además, que el elector haya residido durante cierto tiempo en los Estados Unidos y en el Estado y en el distrito donde haya de votar; el término exigido varía de Estado a Estado; generalmente es muy corto.

El sufragio es, de ordinario, el mismo para las elecciones de la legislatura y para los demás, y en la mayoría de los Estados se reserva a los hombres. En algunos Estados las mujeres votan en las elecciones del distrito escolar, y en un Estado (Kansas), en los municipales[83]; en esos Estados las mujeres casadas conservan su sufragio, y jamás se ha intentado hasta aquí hacer una distinción entre las mujeres casadas y las que no lo son, en los Estados donde se ha propuesto conceder el sufragio a las mujeres, en enmiendas que han sido siempre rechazadas (excepto en Wyoming) por el pueblo, pues semejante distinción sería contraria al espíritu del derecho americano.

Importa recordar que, según la Constitución de los Estados Unidos, el sufragio en las elecciones federales o nacionales (esto es, para electores presidenciales y miembros del Congreso), es en cada Estado el que el Estado concede a los que votan en la elección de su Cámara más numerosa. Las deficiencias que pudieran existir entre dos Estados en cuanto a la extensión de la franquicia federal, son actualmente insignificantes, debido, en parte, al influjo de los principios democráticos e igualitarios en toda la Unión, y en parte a la cláusula de la enmienda 14 de la Constitución federal, que reduce la representación de un Estado en la Cámara federal de representantes, y, por ende, su importancia en una elección presidencial, en proporción al número de adultos ciudadanos no electores que en el Estado haya. Como todo Estado desea tener el mayor influjo posible en la política nacional, tiene una razón de mucha fuerza para ampliar en lo posible el sufragio federal, y eso le obliga a ampliar al propio tiempo el sufragio local.

El número de los miembros de la legislatura varía mucho de Estado a Estado. Delaware, con nueve senadores, tiene el Sonado más pequeño, e Illinois, con 51, el más grande. Delaware tiene la Cámara de representantes más pequeña, con 21 miembros; mientras que Nuevo-Hampshire, que es un Estado pequeño, tiene la

---

82 La interpretación razonable de esta notable disposición parece ser que consiste y ha sido formulada para procurar un medio pacifico de rechazar los negros analfabetos y admitir los blancos analfabetos. Esto resultado ha sido conseguido, y, aunque no contrario al espíritu de la enmienda 15 de la Constitución federal, se puedo estimar quizá, en las circunstancias de Mississippi, como la mejor solución de un problema difícil.
La Constitución de Colorado (1876) permitía a la legislatura exigir a los electores una prueba de capacidad, pero sin que ninguna ley sobre este punto pudiera tener efecto antes de 1890. La Constitución de la Florida (1868) disponía que su legislatura hiciese una ley análoga, la cual, sin embargo, no se aplicaría antes de 1880, y nunca a los que fuesen electores en esta época. (En la Constitución de 1876 no encuentro semejante disposición). Por otra parte, en Alabama se prohibió imponer condición alguna de capacidad Es curioso, aunque explicable, que uno de los Estados menos cultos prohíba lo que prescriben dos de los más cultos. La salvaguardia se aplica allí donde es menos necesaria y se prohíbe donde es más indispensable. En Alabama había excluidos muchos de los negras y varios blancos pobres.

83 En Minnesota y Colorado, así como en Dakota y Montano, se concede a las mujeres, por la Constitución, el sufragio escolar; en Massachusetts se ha concedido esto derecho por una ley; en el Estado de Washington, se permite a la legislatura concederlo; en Idaho se ha concedido provisionalmente, pudiendo la legislatura retirarlo. En Montana se ha concedido lo que se puede llamar el referéndum, o voto particular directo de los contribuyentes, a las mujeres que están en las mismas condiciones de los hombres. (Art. IX, § 12).

más grande, 321. Las Cámaras de Nueva York tienen 32 y 128 miembros respectivamente. Las de Pensilvania, 50 y 201; las de Massachusetts, 40 y 240. En los Estados del Sur y del Oeste rara vez excede el número de representantes de 120[84].

Como hay una razón para todo en este mundo, lo difícil es sólo encontrarla, hay una que explica esa diferencia entre los antiguos Estados de Nueva Inglaterra y los nuevos, que en tantas cosas han seguido a los primeros. En Nueva Inglaterra, el sentimiento local era y es todavía muy potente, y cada pequeña comunidad quería tener un miembro. En el Oeste y el Sur, las divisiones locales han tenido menos vida local; son más bien divisiones artificiales que verdaderas comunidades espontáneas. He ahí por qué en el Sur y en el Oeste no se ha tenido la misma razón para tener una gran Asamblea, debiendo además añadirse a esto la desconfianza, respecto de los representantes, el deseo de tener los menos posible para pagar lo menos posible, motivos estos últimos que, tanto en el Oeste o en el Sur como en Pensilvania y en Nueva York, han obrado con suficiente fuerza para hacerles restringir el número.

En todos los Estados, los miembros de las dos Cámaras reciben una retribución. En ciertos casos, se fija ésta en una suma anual, que varía de 150 dólares (Maine) a 1.500 dólares (Nueva York); siendo el término medio de 500. Sin embargo, lo más frecuente es calcular una indemnización a razón de tanto por día, mientras dura el período de sesiones, desde un dólar (Rhode-Island) hasta 8 (California): el término medio es de 5 dólares por día. A esto se añade una retribución en concepto de gastos de viaje. Estas sumas, que en manera alguna son remuneratorias para quien abandone una casa próspera, a fin de trasladarse a la capital y asistir a las sesiones del Congreso, se solicitan y explotan mucho por muchos representantes del pueblo. Así, éste ha juzgado prudente limitar la duración de los períodos legislativos, que ahora se fijan en un número dado de días. Esta duración varía desde cuarenta días en Nebraska, Georgia, Oregón, hasta 150 en Pensilvania. Los Estados que pagan a razón de días son los que naturalmente limitan el número de éstos. Algunos Estados obtienen el mismo resultado, estipulando que la retribución diaria disminuirá o cesará por entero, pasado cierto número de días, en espera de que así se obligará a los legisladores a despachar los asuntos pronto, y a moderar su celo para hacer leyes[85].

Antes, las legislaturas se reunían todos los años; pero las malas leyes y el exceso de legislación han provocado un cambio. Los períodos son menos numerosos y más cortos: sólo hay uno cada dos años, excepto en los Estados siguientes: Massachusetts, Rhode-Island, Nueva York, Nueva Jersey, Carolina del Sur, todos antiguos Estados. En esos Estados, los períodos de sesiones son anuales, excepto en el antiguo y pequeño Estado de Rhode-Island, que convoca anualmente en Mayo su legislatura en Newport, y que la reúne luego, en otro pequeño período, en Providence, segunda capital de la República. El gobernador tiene casi siempre el derecho de convocar la Cámara a sesión extraordinaria en caso de urgencia; pero los reglamentos sobre las dietas por sesión no se aplican a esos períodos[86].

---

[84] En Dakota del Norte se dispone, sin embargo, que su Senado podrá tener 50 miembros y su Cámara 140.

[85] Cuando estas restricciones, respecto de remuneración, son obra impositiva de la ley, ésta a veces se deroga si las circunstancias lo exigen. En la Asamblea federal suiza, un miembro no recibo su indemnización (20 francos por día) sino los días en que ha contestado al llamamiento que se le hace por su nombre.

[86] Algunas de las legislaturas que se reúnen cada dos años, pueden reunirse en sesión extraordinaria en el año en que no hay reunión ordinaria.

Las dos Cámaras tienen el derecho de iniciativa en todos los bills; pero en veintiún Estados, los de contribuciones deben iniciarse primero por la Cámara de representantes. No hay motivo serio en pro de esa disposición, ahora que las Cámaras son elegidas por el pueblo y por los mismos electores. Es éste un ejemplo notable del deseo que tenían los autores de las Constituciones de los trece primeros Estados, de reproducir todos los detalles de la Constitución inglesa, que se consideraban como defensas de la libertad. Los nuevos Estados lo tomaron de los anteriores, y la existencia de una disposición análoga en la Constitución federal ha venido a ayudar la introducción de la misma en todos los Estados. Pero en el Congreso se explica que así se disponga, porque los Senadores federales no representan directamente un número igual de ciudadanos. En la legislatura de los Estados éste es un resto de una antigua costumbre que hoy no tiene importancia. Los bills de contribuciones pueden, sin embargo, ser enmendados o rechazados, como los demás bills, por los Senados respectivos, al modo como el Senado federal enmienda los bills de subsidios que le remita la Cámara.

Hay un punto, en el cual el Senado de los Estados goza de un poder especial, que es evidentemente una copia de lo que ocurre con la Cámara de los Lores o con el Senado federal. Actúa aquel como Tribunal de justicia, bajo la fe de juramento, para juzgar a los funcionarios del Estado que la Cámara haya acusado[87].

Como el Senado federal en varios Estados, el Senado respectivo tiene la facultad de aprobar los nombramientos hechos por el gobernador o de rechazarlos. Cuando se ocupa en este asunto, se dice que «se reúne en sesión ejecutiva». Esa facultad tiene una gran importancia en los Estados en que el gobernador nombra los magistrados superiores. En todos los demás respectos, las facultades y el procedimiento de las dos Cámaras de un Estado son idénticos[88]. Sin embargo, es preciso añadir que el lugarteniente de gobernador de un Estado es generalmente presidente de derecho del Senado, con voto decisivo, mientras que la Cámara elige su Presidente. El *Quorum* legal se fija ordinariamente por la Constitución en la mayoría del total de los miembros elegidos[89]; pero una minoría puede retirarse y obligar a los miembros ausentes a asistir a las sesiones. Las dos Cámaras hacen la mayor parte de su tarea con la ayuda de Comités, como el Congreso[90], y los Comités de las dos Cámaras se eligen por el *speaker* (en el Senado, por el presidente de este Cuerpo), si bien suele disponerse, que la Cámara (o el Senado) puede variar su composición, en virtud de una proposición de uno de sus miembros[91].

Las sesiones de ambas Cámaras son públicas; pero las Constituciones de la mayoría de los Estados disponen que los extraños puedan ser rechazados cuando los negocios que se discuten requieran secreto.

---

87 En el Estado de Nueva York los funcionarios acusados son juzgados por el Senado y por los jueces del Tribunal de apelación reunidos; en Nebraska, por los jueces del Tribunal Supremo.

88 Hay otras pequeñas diferencias. Por ejemplo, en Vermont, el derecho de proponer cada diez años enmiendas a la Constitución pertenece al Senado, aunque es necesario el concurso de la Cámara. No pretendo indicar en el bosquejo que hago, todos los detalles de cada Constitución; tan sólo quiero dar un resumen exacto de lo que en ellas se encuentra como más general, y de lo que puede interesar a quien estudie los diversos sistemas políticos.

89 Cuatro Constituciones fijan el *Quorum* en los dos tercios, y dos fijan cierto número de votos.

90 Véase para los Comités del Congreso, capitulo XV. Varias Constituciones disponen que ningún *bill* puede ser votado si antes no hubiere sido sometido y examinado por un Comité.

91 En Massachusetts habla, en 1890-91, seis Comités permanentes en el Senado, diez en la Cámara y 33 Comités mixtos en ambas Cámaras. En Dakota del Norte habla, en 1891, 37 Comités permanentes en la Cámara, 31 en el Senado y seis mixtos. En Nueva York había 33 en el Senado y 36 en la Asamblea.

El Gobernador del Estado no tiene, naturalmente, derecho de disolver la legislatura, ni tampoco de suspenderla, a menos que las Cámaras, después de haberlo decidido, no estén de acuerdo sobre la fecha.

La fiscalización que pueda ejercer la legislatura respecto de los funcionarios del Estado, bajo la forma de en cuestas, se ejerce, generalmente por los Comités, y éstos son también los que determinan de ordinario la forma de los *bills* y deciden de su suerte, como en el Congreso federal.

Las intrigas de los pasillos tienen, como es natural, un gran influjo, y la mayoría de las veces un influjo dañoso sobre todos los actos de los Comités. Sus reuniones raramente constan en acta. A veces, cuando un Comité oye a testigos sobre una cuestión importante, los taquígrafos están presentes, y sus procedimientos más parecen a una reunión pública que a una sesión legislativa. Apenas necesita decirse que una Cámara, o las dos actuando juntas, no pueden ejercer acción sobre un funcionario ejecutivo sino elaborando una ley que le señale una línea de conducta, ley que será considerada como inconstitucional y nula si excede los poderes de la legislatura, o bien negando a aquél los créditos que le son necesarios para poner en ejecución el plan que propone adoptar.

Este último método es el más eficaz, cuando es posible, porque basta una simple mayoría, en una de las dos Cámaras, para obtener el resultado deseado; mientras que el Gobernador puede oponer su veto a un *bill,* votado por las dos Cámaras. Se trata aquí de un punto harto importante, para que yo deje de decir algunas palabras acerca de él.

Cuatro Estados, de los cuales tres son de los primeros, conceden a la legislatura tan sólo la autoridad legislativa. Son éstos Rhode-Island, Delaware, Carolina del Norte y Ohio. Los demás exigen que los *bills* se sometan a la aprobación del gobernador, y conceden a éste el derecho de devolverlos a la legislatura con sus observaciones. Un *bill* así devuelto no puede ser adaptado «contra el veto» sino por un número de votos superior a la simple mayoría. Para que un *bill* pase sobre el veto, se requiere:

En 2 Estados, una mayoría de tres quintos en cada Cámara.

En 27 Estados, una mayoría de dos tercios en cada Cámara.

En 9 Estados, una mayoría de todos los miembros elegidos en cada Cámara.

En 2 Estados (Dakota del Norte y Wyoming), una mayoría de dos tercios de todos los miembros elegidos.

Encontramos aquí, como en la Constitución federal, una útil salvaguardia contra la precipitación y las faltas de una legislatura, y un medio de salir, en ciertos casos extremos, del atolladero, que tiende a producir el sistema de los contrapesos y del equilibrio o balanza.

En un capítulo anterior he hablado de las restricciones impuestas a legislativos de los Estados por sus Constituciones respectivas. Esas restricciones, que son numerosas, elaboradas e instructivas, revisten dos formas;

I. Exclusión de un asunto de la competencia legislativa, esto es, la prohibición para el Cuerpo legislativo de hacer leyes sobre ciertos puntos enumerados. Las clases más importantes de leyes prohibidas son:

Las leyes contrarias a los principios democráticos, por ejemplo: las que conceden títulos de nobleza, favorezcan una religión, establezcan el censo electoral, o que no permitan el nombramiento para las funciones públicas más que de aquellos que fuesen propietarios de una cierta propiedad. Las leyes contra la policía pública, a saber: las leyes tolerando las loterías, disminuyendo las obligaciones de los contratos, incorporando o permitiendo la incorporación de los Bancos, autorizando al Estado para poseer acciones de un Banco[92].

Las leyes especiales o locales, en su aplicación, Categoría de leyes, esta última, considerable, y en aumento siempre. La abundancia y la minuciosidad de este grupo de leyes en varias Constituciones muestran que los males resultantes da una legislación especial, imprevisora y corrompida, han debido llegar a ser alarmantes.

Las listas de leyes prohibitivas de esta clase más completas las he encontrado en las Constituciones de Missouri, de 1887; Montana y Dakota del Norte, de 1889, y Mississippi, de 1890[93].

Las leyes que aumenten la deuda del Estado más de cierto límite, o que permitan a las autoridades locales contraer una deuda superior a cierta suma, que, de ordinario, es proporcional al valor de la propiedad imponible en la región administrada por la autoridad local[94].

II. Restricciones respecto del procedimiento de la legislatura, esto es, disposiciones sobre las formas que se han de observar y el tiempo que se debe consagrar a todos los *bills* o a algunos de naturaleza especial. Entre ellas, encontramos disposiciones:

Sobre la mayoría necesaria para ciertos *bills,* sobre todo los de créditos. A veces, se necesita la mayoría de los elegidos en cada Cámara; a veces, la mayoría de la mitad más uno.

Sobre la manera de votar, por ejemplo, por llamamiento o inscribiendo el voto de cada miembro.

Sobre el intervalo que debe transcurrir entre las diversas lecturas de un *bill,* y para impedir el voto de los *bills* de prisa, especialmente los de crédito, al fin de cada período legislativo.

Sobre la lectura completa y pública de los *bills.*

Sobre el envío de todos los *bills* a un Comité, y sobre la manera cómo éste debe proceder.

Contra las sesiones secretas (Idaho).

Para impedir que una ley tenga su efecto antes de un cierto lapso de tiempo, v. gr., noventa días antes de terminar el período (Dakota del Sur, Kentucky).

Para prohibir el cambio de objeto de un *bill* al ser votado.

Para estipular que un *bill* no debe contener más que un asunto que debe especificarse en el título.

---

92 Véase, por ejemplo, la Constitución de Tejas.

93 Hay listas análogas en las Constituciones de todos los Estados del Oeste y del Sur, así como en algunos de los Estados del Este (*v.* gr., Constitución de Pensilvania en 1873, art. 3.°, párrafo 7.°; Constitución de Nueva York, enmiendas de 1874 a la Constitución de 1876). Entre las prohibiciones, es frecuento, ver las de conceder el divorcio y autorizar la adopción o legitimación de hijos.

94 Véase también cap. XLIII sobre la hacienda de los Estados. Se prohíbe también de ordinario, por una ley, a las autoridades locales, de contraer empréstitos o de imponer por más de una cierta suma; pero como las legislaturas se permitían substraerse a esta ley, la prohibición se llevó a la Constitución.

Para prohibir rehacer, enmendar o incorporar una ley anterior, indicando sólo el título, sin decir lo que contiene[95].

Estas dos últimas series de disposiciones, no serían inútiles en Inglaterra, donde la mayoría de las dificultades de que los jueces se quejan en la interpretación de las leyes, provienen del hábito moderno de incorporar partes de leyes anteriores, a las cuales sólo se hace una referencia[96].

Cuando una legislatura ha hecho leyes sobre un asunto prohibido, o que ha infringido u omitido las formas prescritas, la ley se considera como nula en la parte que es contraria a la Constitución.

Estas múltiples restricciones no han sido suficientes. A pesar del freno y de las bridas de la Constitución, las legislaturas logran, como veremos en otro capítulo, hacer mucho daño adoptando malas leyes particulares o especiales.

Aunque las legislaturas no tengan que ocuparse con los asuntos extranjeros, cuando bien les parece, votan resoluciones acerca de los mismos. La pasión de lo que se llama «votar resoluciones» impera en toda América. Una expresión de simpatía hacia una nación extranjera oprimida, o de censura contra un país extranjero que hubiere realizado un acto no amistoso, no es tan sólo un medio de dar satisfacción a los sentimientos de los legisladores, sino también una astucia electoral, que gusta siempre a un grupo de electores del Estado. He ahí por qué son tan frecuentes esas resoluciones, las cuales, aunque irregulares, son inofensivas.

La relación de los debates de esas Asambleas, rara vez está bien hecha, y a menudo no se hace; así que los electores no pueden conocer la conducta de los miembros que los representan; pero, por lo general, los discursos son cortos y prácticos, porque no hay para qué hacer alardes retóricos. Si no se logra fama de elocuente, por lo menos, se puede adquirir la reputación de tener buen sentido, penetración y hábito de los negocios. Sin embargo, la mayor parte del trabajo se hace en los comités, y el talento de la intriga y la astucia es más útil de ordinario que la aptitud para la discusión.

---

95 En Indiana y en Oregón se dispone que las leyes se expresen claramente y prescindan, en lo posible, de términos técnicos; y en Luisiana (Const, de 1879, § 31) se dice: «La Asamblea general jamás adoptará un sistema o un Código de leyes por una simple alusión a las mismas, sino que en todos los casos referirá las diversas disposiciones de las leyes de que se trate».

96 Podría añadirse que, comprendiendo en una ley cosas completamente diferentes, se puedo ser duro e injusto respecto de personas que no han advertido los pequeños detalles de un *bill*, cuya parte esencial no les interesa. Los habitantes de New Forest, en Hampshire, se vieron sorprendidos, hace años, al advertir cierto día que la Corona habla hecho votar, por decirlo así, fraudulentamente, por el Parlamento, en una ley relativa a las costas de Escocia, una disposición muy perjudicial para ellos.

6. El poder ejecutivo de los Estados

El departamento Ejecutivo en un Estado se compone de un gobernador —en todos los Estados—, de un lugarteniente gobernador —en treinta y dos— y de varios funcionarios inferiores. El gobernador que, bajo las primeras Constituciones de los trece Estados primitivos, era elegido por la legislatura, es ahora elegido por el pueblo, y por el mismo sufragio, casi universal, que la legislatura. Y lo es directamente, y no por un colegio de electores, como el Presidente de los Estados Unidos. La duración de su mandato es de cuatro años en diez y nueve Estados; de tres en dos, de dos en veintiuno y de uno en dos (Massachusetts y Rhode-Island). Su sueldo varía de 10.000 dólares en Nueva York y en Pensilvania, a 1.000 en Michigan. Algunos Estados limitan su reelegibilidad; pero en los que no la limitan, no hay tradición que se oponga a la reelección, como ocurre en el gobierno federal.

Las primeras Constituciones de los Estados primitivos —excepto en la de Carolina del Sur— asociaban al gobernador un Consejo ejecutivo[97] (que se designaba con el nombre de Consejo privado en Delaware); pero hace ya tiempo que esos Consejos han desaparecido, excepto en Massachusetts, Maine y Carolina del Norte, y el gobernador tiene él solo la gloria de ser el jefe oficial y representativo de la majestad del Estado. Sus facultades son, sin embargo, en tiempo ordinario, más aparentes que reales, pues únicamente tiene una de gran valor práctico: está encargado de velar por que todos los funcionarios apliquen la ley del Estado y de que se ejecuten las sentencias de los tribunales. En casi todos los Estados tiene el derecho de conceder gracia o indulto a los condenados; pero en algunos ese derecho no se extiende al crimen de alta traición, ni a los funcionarios condenados en virtud de *impeachment* (en Vermont no puede indultar a un asesino), y en otros ejerce esta prerrogativa con otras autoridades. Algunas Constituciones recientes le imponen restricciones que revelan la poca confianza que en él se tiene, siendo preciso reconocer que a veces se ha servido de su poder para poner en libertad a delincuentes (v. gr.: contra las leyes electorales) que no eran dignos de compasión. El gobernador es también general en jefe de la fuerza armada del Estado; puede movilizar la milicia, rechazar una invasión, reprimir una insurrección. La milicia tiene ahora una gran importancia, porque puede servir para reprimir los desórdenes que con

---

[97] Es éste otro ejemplo de la tendencia a imitar a Inglaterra. Vermont estaba aún bajo la influencia del gobierno colonial cuando hizo sus Constituciones de 1786 y 1793. Maine sufrió el influjo de Massachusetts. Ninguno de los nuevos Estados del Oeste intentó tener un Consejo semejante.
Nueva York tuvo en un principio dos Consejos: un «Consejo de nombramientos», compuesto del gobernador y de un senador por cada distrito (en un principio cuatro), y un «Consejo de revisión», compuesto del gobernador, del canciller y de los jueces del Tribunal Supremo, y el cual tenía el veto legislativo. Después de suprimidos los dos Consejos, el gobernador obtuvo, en parte, la facultad de nombrar, que pertenecía al primero y el veto que pertenecía al segundo.

frecuencia se producen por las disputas obreras. Massachusetts ha creado también un pequeño cuerpo de policía del Estado (llamado Policía de distrito), que ha puesto a disposición del gobernador para mantener el orden cuando se perturbe y para hacer ejecutar los reglamentos administrativos. Recientemente se ha propuesto establecer una policía de Estado en Pensilvania con el mismo fin. Michigan tiene (y Massachusetts y Rhode-Island la tenían) una policía de Estado para velar por la ejecución de las leyes represivas de los despachos de licores.

Nombra pocos funcionarios y rara vez tiene altas funciones, y en muchos Estados es preciso que sus proposiciones sean aprobadas por el Senado. El patronato, que es para el Presidente de los Estados Unidos una de las funciones más envidiadas y más desagradables, tiene una importancia secundaria para el gobernador de un Estado, porque son poco numerosas las funciones en el Estado, y las más importantes y más lucrativas están ocupadas por funcionarios elegidos directamente por el pueblo. El gobernador tiene el derecho de pedir noticias a los funcionarios del Ejecutivo, y está ordinariamente obligado a comunicar a la legislatura sus opiniones sobre la condición de la República. Puede también recomendar medidas, pero ni prepara los *bills* ni los presenta. En un corto número de Estados, está encargado de presentar los cómputos de presupuestos. Tiene en todos los Estados (salvo en cuatro) el derecho de veto respecto de todos los bills adoptados por la legislatura[98]. Es posible destruir el efecto del veto por los medios indicados antes (v. el cap. anterior); pero en general mata la ley de que se trata, porque si el bill es malo, el veto llama sobre él la atención del pueblo y contiene a la legislatura, y si el bill es irreprochable, el gobernador habrá opuesto el veto en interés de su partido, y será difícil reunir una mayoría suficiente en pro del bill que disgusta a un partido. Ordinariamente se juzga del gobernador, sobre todo, según el uso que haya hecho del veto.

«En los tiempos de nuestros padres», en la época en que un gobernador se negaba algunas veces a ceder el paso al Presidente de los Estados Unidos, eran más buscados y solicitados que hoy los puestos de gobernador. Sin embargo, sigue este puesto siendo todavía, sobre todo en Nueva Inglaterra y en los grandes Estados, un puesto muy importante y muy honorable, que ofrece al carácter y al talento ocasión de manifestarse. Como gobernador del Estado de Nueva York, fue como M. Cleveland se hizo notar en su partido, y se elevó a Presidente de los Estados Unidos. Del propio modo, M. Hayes fue elegido presidente en 1876, porque había sido un buen gobernador de Ohio. Durante la guerra civil, como cada gobernador tenía el deber de reclutar y de equipar las tropas de su Estado, de procurar los oficiales y despecharlas, y como se contaba con él para reprimir la tentativa de rebelión, todo dependía de su energía, de su popularidad y de su lealtad[99]. En algunos Estados todavía se habla de los «gobernadores de la guerra», como de héroes a quien el Norte debe un profundo reconocimiento. Después que los desórdenes de 1876 en Pensilvania y de los que más tarde se produjeron en Cincinnati y en Chicago, han puesto de relieve que la agitación puede adquirir súbitamente proporciones serias,

[98] Constituciones de los Cantones conceden el veto a un funcionario. Suiza parece ser en este respecto más democrática que los Estados americanos, mientras que desde el punto de vista de la autoridad que los suizos conceden al Gobierno ejecutivo frente al ciudadano, son menos demócratas (testigo, el caso de las perturbaciones del ejército de salud en el cantón de Berna).

[99] El gobernador del Estado nombraba generalmente los oficiales hasta coronel inclusive: el regimiento era en rigor un producto del Estado, aunque el ejército regular federal se reclutase y dirigiese directamente por el gobierno federal.

se ha estimado necesario tener en la oficina o centro que da las órdenes a la policía del Estado, un hombre enérgico y rápido en sus decisiones.

El lugarteniente gobernador elegido ocupa, en la mayoría de los Estados, el puesto del gobernador, si vaca; de ordinario es también, *exofficio,* presidente del Senado[100] al modo como el Vicepresidente de los Estados Unidos, preside el Senado federal. Fuera de esto, es un personaje insignificante, aunque sea miembro de ciertos consejos ejecutivos[101].

El nombre y las funciones de los demás funcionarios varían de un Estado a otro. Los que de ordinario hay son: un secretario de Estado (en todos los Estados), un tesorero (en todos), un *attornay* general, un interventor, un inspector de cuentas y un superintendente de instrucción pública. A veces tropezamos con un ingeniero del Estado, un inspector de obras públicas, un superintendente de prisiones. Algunos Estados tienen también consejos de administración, v. gr., para los ferrocarriles, para los canales, para las prisiones, para el catastro, la agricultura, el trabajo, la emigración. La mayoría de esos funcionarios se eligen por el pueblo en el momento de las elecciones generales. Sin embargo, algunos de ellos se eligen en todos por la legislatura, y con menos frecuencia se proponen por el gobernador, que les nombra con la aprobación del Senado. Los sueldos, que varían, como es natural, con las funciones y la esplendidez de los Estados, rara vez pasan de 5.000 dólares al año, y por lo general son más bajos. La duración de las funciones varía también. A menudo, es la misma que la del gobernador, y nunca pasa de cuatro años, excepto en el Estado conservador de Nueva Jersey, donde el secretario y el *attorney* general desempeñan sus funciones por cinco años; y en Tennessee, donde el *attorney* general se nombra, caso bastante curioso, por el Tribunal Supremo del Estado por ocho años.

Ya he hecho notar que esos funcionarios del Estado no son, en manera alguna, un ministerio o un gabinete del gobernador. Como no tienen sus funciones dependientes de él, y no son responsables ni ante él ni ante la legislatura, sino ante el pueblo por lo general, no reciben órdenes del gobernador y no están obligados a seguir sus advertencias[102]. Cada uno tiene su propio departamento administrativo,

---

100 En Rhode-Island, el gobernador preside el Senado: se trata de un resto interesante de los reglamentos europeos.

101 Donde no hay lugarteniente-gobernador, el presidente del Senado del Estado, o el secretario de Estado, sucede ordinariamente si el gobernador muere o se incapacita para desempeñar sus funciones.

102 La Florida creó, por su Constitución de 1868, art, VI-17 y articulo VIII, «un gabinete de funcionarios administrativos», compuesto de ocho funcionarios, nombrados por el gobernador con el consentimiento del Senado. Ese gabinete debía funcionar todo el término del gobernador, y «auxiliarle en el desempeño de sus deberes». Pero en la Constitución de 1886 se dispuso simplemente que «el gobernador será auxiliado por funcionarios administrativos», a saber: el secretario de Estado, el *attorney* general, el interventor, el tesorero, el superintendente de instrucción pública y el comisario de agricultura, todos elegidos por el pueblo cuando el gobernador, y por el mismo tiempo. El Consejo de Carolina del Norte (Constitución de 1868) se compone de cinco funcionarios, encargados de «auxiliar al gobernador en el cumplimiento de sus deberes»; pero son elegidos directamente por el pueblo. Su posición puede compararse a la del Consejo de la India, cerca del secretario de Estado de la India según las últimas leyes inglesas. En Massachusetts ha habido siempre un «Consejo ejecutivo», compuesto de ocho personas, elegidas anualmente por el pueblo por distritos. Estas «auxilian al gobernador en la parte ejecutiva del Gobierno», y tienen el derecho de rechazar los nombramientos de funcionarios que aquél haga. Encontramos aquí también un resto del pasado, que al presente parece ser más malo que bueno, porque limita la responsabilidad del gobernador.

y como no interviene ni poco ni mucho la política en su tarea, no hace falta que exista una inteligencia general política como la que debe existir entre el Presidente federal y sus ministros. La política está en manos de la legislatura, cuyas leyes minuciosas, al prescribir la acción propia de los funcionarios, dejan muy poco a su discreción ejecutiva. Los europeos pueden comprender la naturaleza del sistema imaginando un gobierno municipal, en el cual, el alcalde, el secretario, el funcionario de la higiene y el arquitecto fuesen todos elegidos directamente por el pueblo, en lugar de serlo por la corporación municipal, y en el cual cada uno de esos funcionarios fuesen independientes, no sólo del alcalde, sino también de la corporación municipal, la cual sólo tendría el derecho de concederles dinero y de actuar respecto de ellos por medio de ordenanzas generales; esto es, como un cuerpo legislativo y no como un cuerpo administrativo[103].

Para dar una clara idea de la estructura de un gobierno del Estado, tomaré como tipo el gran Estado de Ohio, e indicaré las funciones de los funcionarios que lo administran.

Los funcionarios ejecutivos en el Ohio eran en 1891:

El *gobernador,* elegido por el pueblo por dos años. Sus funciones principales son: ejecutar las leyes, convocar la legislatura en circunstancias extraordinarias; el mando de las fuerzas del Estado, nombrar los oficiales y ayudas de campo; conceder indultos y gracias; dar órdenes a los funcionarios del Estado y de los Condados; hacer diversos nombramientos; tomar parte en determinados consejos, y separar, con el consentimiento del Senado, los funcionarios nombrados por el Senado y por él. Su sueldo es de 8.000 dólares (40.000 pesetas) al año.

El *lugarteniente gobernador,* elegido por dos años con 800 dólares de sueldo al año, con el encargo de suceder al gobernador (en caso de muerte o incapacidad), y de presidir el Senado.

El *secretario de Estado,* elegido por dos años (con el gobernador), con 2.000 dólares al año de sueldo, y emolumentos por certificaciones de documentos. Sus funciones son: hacerse cargo de las leyes y documentos del Estado; reunir estadísticas y hacer informes; dar instrucciones a ciertos funcionarios y actuar de secretario de ciertos consejos; asistir a los consejos de la imprenta y biblioteca del Estado, y dictar una relación de los votos en las elecciones presidenciales y del Estado.

El *auditor del Estado,* elegido por cuatro años, con 3.000 dólares de sueldo. Funciones: llevar la cuenta del dinero en la tesorería del Estado y de todos los créditos y mandatos; expedir libramientos para todos los pagos al o del Tesoro; dirigir las relaciones financieras con las autoridades de los condados y ordenar al *attorney* general las reclamaciones de impuestos; asistir a los consejos financieros y administrar determinados asuntos también financieros.

El *tesorero del Estado,* elegido por dos años, con 3.000 dólares de sueldo. Funciones: llevar la cuenta de todos los pagos en dinero, ingresarlo en tesorería y llevar también la cuenta de las sumas retiradas con la autorización del auditor, y, en general, ayudar e intervenir a éste en la inspección y gasto de las rentas del Estado, publicando mensualmente los balances.

---

[103] En la Confederación Suiza, el Consejo federal de los siete se compone de personas pertenecientes a los diferentes partidos, que a veces hablan unos contra otros en las Cámaras (donde tienen el derecho de hablar); lo cual, sin embargo, no parece perturbar la marcha armónica del Consejo como cuerpo administrativo.

El *attorney general del Estado,* elegido por dos años, con 1.500 dólares de sueldo y un 3 por 100 sobre todas las recaudaciones del Estado, sin que el total pueda exceder de 3.000 dólares al año. Funciones: representar al Estado en los asuntos civiles y criminales; asesorar al gobernador y a los otros funcionarios del Estado y a la Asamblea; proceder contra los criminales; velar por el buen funcionamiento de las instituciones de caridad; hacer las estadísticas de los delitos y asistir a varios consejos.

El *comisario de las escuelas primarias del Estado,* elegido por tres años, con 2.000 dólares de sueldo. Funciones: inspeccionar los maestros normales, los consejos de educación y los maestros; darles cursos sobre asuntos pedagógicos; cuidar de que los fondos de la educación sean legalmente distribuidos; preparar y someter informes anuales sobre la situación de las escuelas; nombrar la comisión del Estado para examinar a los maestros.

Tres *miembros del Consejo de Obras públicas,* elegidos por tres años, uno cada año, con sueldo anual de 200 dólares y gastos de viaje que no excedan de 50 dólares al mes. Funciones: cuidar y conservar las obras públicas (canales inclusive) del Estado; nombrar y vigilar los funcionarios subalternos; celebrar contratos y presentar informe anual detallado al gobernador.

El *Comisario del Estado para la lechería y alimentación,* elegido por dos años, con sueldo de 1.200 dólares y gastos de viaje.

Además de estos funcionarios, el pueblo del Estado elige los jueces y el Secretario del Tribunal Supremo. Otros funcionarios son elegidos por el pueblo en los distritos, condados o ciudades, o nombrados por el Gobernador o la legislatura.

Poco es lo que se puede decir de los funcionarios subalternos de los Estados. Aunque son pocos, porque la esfera de la acción administrativa del Estado entre el gobierno federal, de un lado, y los gobiernos del condado y de la ciudad y del *township,* de otro, no es grande, aumenta diariamente, gracias a las reclamaciones del pueblo (especialmente en el Oeste), que pide al Estado auxilio para los colonos, los mineros, los propietarios de ganados y, en general, para el desenvolvimiento material de la comarca. Mucho se hace ahora en materia de estadísticas y de publicación de informes. Sin embargo, las oficinas administrativas rara vez están bien dirigidas, porque las legislaturas del Estado son muy parsimoniosas y hacen poco por atraer los hombres capaces mediante la mejora de los salarios o de otra manera: por otra parte, el llamado sistema de los «despojos», el cual se ha aplicado a los funcionarios del Estado no menos que a los federales, hace con frecuencia que los puestos sirvan para remunerar servicios electorales. Se hacen ahora esfuerzos en algunos Estados para introducir reformas semejantes a las que se han comenzado a aplicar en la Administración general, y gracias a las cuales, ciertos ramos de los servicios públicos serán substraídos a la acción de los políticos, al menos, para poner en ellos hombres competentes que no puedan ser separados por razones de partido. Semejantes reformas en ningún caso se podrán aplicar a los altos funcionarios elegidos por el pueblo, porque siempre se designan por términos cortos y de entre las gentes del partido.

En todos los Estados, excepto en Oregón, se dispone la acusación de los funcionarios ejecutivos por delitos graves. En todos, salvo en dos, la Cámara de los representantes es quien acusa, y en todos, fuera de Nebraska, el Senado del Estado actúa como tribunal, siendo generalmente exigida una mayoría de dos tercios para la condena. Estas acusaciones son raras en la práctica.

También hay en muchos Estados la facultad de remover los funcionarios, a veces por el voto de la legislatura; otras, por el Gobernador, a petición de las Cámaras, o por el Gobernador, ya sólo o con el concurso del Senado. Semejante revocación debe, por lo demás, hacerse por algún delito o por alguna otra causa suficiente, no por capricho o por razones de partido; y cuando el caso no parece justificar la remoción inmediata, el Gobernador suele tener la facultad de suspender al funcionario mientras se hace la oportuna investigación de su conducta.

7. La administración de justicia en los Estados

La administración de justicia en todo Estado comprende tres clases de tribunales: el Tribunal Supremo o Tribunal de apelación; los tribunales superiores de «record», los tribunales locales; pero los nombres y relaciones especiales de estos varios tribunales y la reglamentación de los asuntos criminales varían mucho de Estado a Estado. Se habla de tribunales comunes de reclamaciones; de tribunales de testamentos[104]; de tribunales subrogados; de tribunales de prerrogativa; de tribunales de audiencia; de tribunales de huérfanos; de tribunal de sesiones generales de paz, de sesiones trimestrales, de *Unstings,* de condado, etc., etc. Toda clase de antiguas instituciones inglesas han sido trasplantadas allí, y a veces presentan, en medio de las nuevas instituciones modernas que las rodean, un aspecto tan extraño, como los puntiagudos tejados de una casa del siglo XVII entre las terrazas de un suburbio de Londres. Respecto a la distinción que los ingleses estiman fundamental entre los tribunales del Common Law y los de equidad, se ha interpretado allí de muy diversa manera. La mayoría de las trece primitivas colonias poseían antes tribunales de Chancillería distintos, y fueron estos mantenidos durante muchos años después de la separación de Inglaterra, habiéndose imitado por algunos de los nuevos Estados, como Michigan, Arkansas, Missouri. En algunos de los antiguos Estados, sin embargo, la hostilidad contra la jurisdicción de equidad que distinguía al partido popular en Inglaterra en el siglo XVII, se mantuvo. Los tribunales de la Chancillería eran mirados con desconfianza, porque se les consideraba menos sometidos a reglas fijas y, por tanto, más inclinados al abuso, en virtud de capricho o ambición del juez[105]. En Massachusetts, por ejemplo, no se quiso admitir ningún tribunal de esa clase, no obstante lo cual, fue necesario autorizar a los jueces ordinarios la aplicación de la equidad, introduciendo así su sistema de equidad en el Common Law, sin dejar de mantener la distinción entre los dos sistemas. En Pensilvania se resistió aún por más tiempo; pero ahora administra también la equidad, como debe hacerlo todo Estado civilizado, aunque lo administra por medio de los jueces que aplican el Common Law, haciéndole así penetrar más o menos en la estructura del antiguo sistema. Los tribunales especiales de Chancillería fueron abolidos en Nueva York, cuando habían florecido y enriquecido la jurisprudencia americana con muchas sentencias admirables, por la Constitución democrática de 1846, y esos tribunales sólo existen hoy en algunos de los Estados, especialmente en los antiguos del

[104] Los negocios del Almirantazgo dependen exclusivamente de la jurisdicción de los tribunales federales.

[105] Nótese que los abusos más grandes del poder judicial, tales como los del juez Barnarde de Nueva York, en 1869, en el asunto del ferrocarril de Erie, fueron perpetrados en el ejercicio de la jurisdicción de equidad. Al permitirse la equidad, la discreción del juez abre la puerta a la arbitrariedad o algo peor.

Este y del Sur[106], los cuales se han revelado en materias judiciales más conservadores que sus hermanos del Oeste. Sólo en cuatro Estados (Nueva York, Carolina del Norte, California e Idaho) se han fundido por completo la ley y la equidad; pero en varios otros, la legislatura está obligada, por la Constitución, a hacer desaparecer la distinción entre las dos clases de procedimientos. Varios, especialmente de los nuevos Estados, han establecido tribunales de arbitraje y de conciliación.

La jurisdicción de los tribunales de los Estados civiles y criminales es absolutamente ilimitada; es decir, que no puede apelarse de ellos ante los tribunales federales, excepto en ciertos casos especificados por la Constitución federal por relacionarse con las leyes federales. Ciertas clases de casos, naturalmente, están reservados al Tribunal federal, y en algunos, los tribunales del Estado tienen una jurisdicción concurrente. Todos los delitos, salvo los que deban ser castigados por un Tribunal federal, deben ser perseguidos ante un tribunal del Estado, y conviene recordar que en todos los Estados se puede, suscitando cuestiones de derecho, hacer casar el veredicto de un jurado que declara culpable a un acusado con más facilidad que según las leyes y usos de Inglaterra o de cualquier otro país de Europa; de esta facilidad se ha abusado y se abusa con gran perjuicio de la comunidad.

Conviene decir dos palabras sobre uno o dos puntos relativos al derecho o la justicia en los Estados. Todo Estado reconoce las sentencias de los Tribunales de los demás Estados, da fe a sus actos públicos y a sus registros y entrega a su justicia a los culpables que hubiesen huido de su jurisdicción, permitiendo hasta condenarlos (si fuese necesario) por un delito distinto de aquel por el cual se hubiese concedido la extradición. Naturalmente, los tribunales de un Estado no están obligados, ni por la ley ni por la costumbre a conformarse a las decisiones de los de otro Estado. Se sirven de ellas a título de ilustración como testimonio del Common Law, a la manera que se sirven de las colecciones del derecho inglés. La mayoría de los Estados, durante la mitad de la última centuria, han cambiado no sólo su sistema judicial, sino la forma de sus leyes. Han revisado y codificado su derecho, y publican cada pocos años ediciones corregidas de sus Códigos. Han adoptado en muchas ocasiones Código de procedimiento, y en algunos casos han hecho Códigos que comprende la substancia del Common Law fundida con los estatutos. Los jurisconsultos más reputados, sin embargo, condenan esos Códigos que han hecho el derecho más incierto y menos científico[107]. Esta cuestión ha sido objeto de una violenta controversia recientemente en Nueva York. Pero semejante proposición es popular, porque las masas del pueblo esperan conseguir así un sistema cuya sencillez permita a todos comprender el derecho, y el cual abaratará la justicia haciéndola más rápida; pero, desgraciadamente, tales resultados no han sido obtenidos en los Estados como California, que han intentado la experiencia. Un Código realmente bien hecho, puede tener esos efectos aceptables; pero cabe poner en duda si los Estados que hacen Códigos han tomado todas las medidas necesarias para hacer un buen Código. Y hay una grave objeción que hacer a la codificación de un Estado, y la cual no es aplicable a un país como Inglaterra o Francia. Mientras el derecho de un Estado se mantiene como Common Law, esto es, se funda sobre la costumbre y las

[106] Hay tribunales de Chancillería de distrito en Delaware, Nueva Jersey, Vermont, Tennessee, Alabama, Mississippi.

[107] Esto no es quizá tan verdad con respecto a Luisiana, donde el derecho civil romano, que ha sido, por así decirlo, el Common Law del Estado, ofrece una base mejor para su Código que el Common Law inglés. El Código de Luisiana está fundado sobre el Código de Napoleón.

decisiones de los jueces, tiende a armonizarse con el de los demás Estados, porque cada grupo de jueces se aprovecha de la enseñanza y se deja influir por los resultados de las decisiones de los tribunales federales y los jueces de los otros Estados. Pero cuando todo el derecho de un Estado se codifica, las diferencias existentes entre los Estados se acentúan y perpetúan, y quizás se crean otras nuevas.

La codificación, en efecto, aumenta las divergencias del derecho entre los diferentes Estados, y estas divergencias pueden dificultar los negocios y perturbar las relaciones ordinarias de la vida.

Por importantes que sean las funciones de la magistratura en América, los poderes del juez están extraordinariamente limitados por las Constituciones de los Estados. Generalmente, el juez no está autorizado para hacer a los jurados un resumen de las cuestiones de hecho; debe tan sólo exponerles el derecho[108]. A veces, está obligado a formular sus preguntas por escrito. Tiene una facultad muy limitada para poder reducir a prisión por ofensa al tribunal. Le está expresamente prohibido por los reglamentos intervenir en causa en que esté interesado un pariente o él tenga intereses pecuniarios. En una Constitución se le obliga a ser puntual, disponiendo que si llega al tribunal media hora después de la fijada para audiencia, los abogados de las partes tienen el derecho de ponerse de acuerdo para elegir un ciudadano que desempeñe el papel de juez, y que, desde luego, entenderá en el asunto. Y en California no puede recibir su sueldo sino después de haber demostrado que no quedan por despachar sino asuntos que le hayan sido sometidos dentro de los últimos noventa días[109].

Llego ahora a tres puntos que no sólo son importantes por sí mismos, sino que son instructivos, porque revelan las corrientes de opinión que han ejercido un influjo en los pueblos de los Estados Unidos. Son los siguientes:

La manera de nombrar los jueces.

La duración de sus funciones.

Su sueldo.

Los cambios notables que se han efectuado en los dos primeros puntos y la extraña práctica en lo relativo al último, son muy significativos para quien estudie la democracia moderna, y encierran una enseñanza para Europa y para las Colonias británicas.

En el período colonial, los jueces superiores eran nombrados por el gobernador, salvo en Rhode-Island y en Connecticut, donde eran elegidos por la legislatura. Cuando en 1776 y después, los Estados hicieron sus Constituciones, cuatro Estados[110], además de los dos ya nombrados, confiaron los nombramientos a la legislatura, y cinco[111] los dejaron al gobernador con el consentimiento del Consejo. Delaware

[108] La disposición con que frecuentemente se tropieza, es la de la Const. De Tennesca de 1870 (Art. VI, § 9): «Los jueces no harán resúmenes a los jurados sobre las cuestiones de hecho, pero pueden recordarles los testimonios y exponerles el derecho». En Washington se le prohíbe hasta comentar los hechos. Varias Constituciones no dicen nada a este respecto.

[109] Los jueces de California han logrado, a lo que parece, substraerse a esta reglamentación. En Idaho existe una disposición semejante, pero no concede a los jueces más que treinta días. En Montana se dispone que todo magistrado que haya estado fuera del Estado sesenta días pierde su puesto.

[110] Virginia, Nueva Jersey, Carolina del Norte y Carolina del Sur.

[111] Massachusetts, Nuevo Hampshire, Pensilvania, Maryland y Nueva York.

los dejó a cargo de la legislatura y del Presidente (= Gobernador) mediante voto común *(in joint ballot)*, mientras que Georgia sólo los confiaba al pueblo.

En el período de 1812 a 1860, cuando la ola de las ideas democráticas fue más fuerte, la función, la facultad que tenía el gobernador o la legislatura de nombrar los jueces, pasó en varios Estados al pueblo, que los designa por medio del sufragio, y este uso llegó a generalizarse en los nuevos Estados a medida que ingresaban en la Unión. En Mississippi, en 1822, se decidió que todos los jueces fueran elegidos por el pueblo. La naturaleza decisiva de este cambio se afirmó por el gran Estado de Nueva York cuya Constitución altamente democrática de 1846, transmitió a los ciudadanos el nombramiento de todos los jueces.

En la actualidad, se cuentan 31 Estados en los cuales los jueces se eligen por el pueblo. Entre ellos figuran todos los del Oeste y los del Suroeste, así como Nueva York, Pensilvania y Ohio.

En cinco Estados se eligen por la legislatura[112].

En ocho Estados se nombran por el gobernador con la aprobación del Consejo, de la legislatura o de una Cámara.[113]

Se advertirá que casi todos los trece Estados en los cuales los jueces no son elegidos por el pueblo pertenecen a las colonias primitivas o que han sido influidos por esas Colonias (por ejemplo, Maine ha sido influido por Massachusetts). Esas antiguas Repúblicas son las que han conservado los métodos menos democráticos en la elección de sus magistrados; en cambio, las nuevas democracias del Oeste con los más populosos Estados del Este, Nueva York y Pensilvania, Estados fuertemente democratizados por sus grandes ciudades, han entregado esta grave y delicada función a las rudas manos de las masas, es decir, a los políticos de profesión.

En un principio, los jueces superiores eran nombrados en la mayoría de los Estados, como en Inglaterra desde la Revolución, 1688, de por vida, y conservaban su puesto mientras se conducían bien; esto es, sólo podían ser removidos en virtud de condena por acusación o cuando las dos Cámaras de la legislatura lo pidieran así en un mensaje al gobernador[114]. En 36 Estados, un juez puede ser separado en virtud de una petición semejante, requiriendo ordinariamente una mayoría de dos tercios en cada Cámara. Esta disposición saludable de la Constitución británica contra las remociones caprichosas se ha conservado fielmente. Pero la ola de la democracia ha suprimido en casi todos los Estados el antiguo sistema de las funciones vitalicias. Sólo cuatro la conservan[115].

En las demás, los jueces son elegidos o nombrados por un período que varía de dos años en Vermont, a veintiún años, en Pensilvania. De ocho a diez años es el término medio; pero el juez es siempre reelegible, y lo es constantemente, sino es

---

112 Rhode-Island, Vermont, Virginia, Carolina del Sur y Georgia.

113 Massachusetts, Connecticut, Nuevo Hampshire, Delaware, Maine, Mississippi, Nueva Jersey, Luisiana; en este último Estado, sin embargo, los jueces de distrito, y en Maine los jueces de los testamentos se eligen por el pueblo.

114 La facultad de acusación se conserva, pero se usa rara vez.

115 Massachusetts, Rhode-Island, Nuevo Hampshire, todos de los trece primitivos. En Rhode-Island los jueces son teóricamente removibles por la legislatura. En la Florida, aunque los tres jueces del Tribunal Supremo se eligen ahora (Constit. de 1886) por el pueblo, los siete jueces de circuito son nombrados por el gobernador.

demasiado viejo, si ha satisfecho a los abogados y si no ha disgustado al partido que lo ha colocado en su puesto.

Los sueldos pagados a los jueces de los Estados de los tribunales superiores oscilan entre 8.000 duros (presidente del tribunal) en Pensilvania, 10.000 en Nueva York, 2.000 en Oregón y 2.500 en Vermont.

De 4.000 a 5.000 duros (más 500 al juez presidente) es el término medio; suma, por lo demás, que, especialmente en los grandes Estados, no es suficiente para atraer a los jurisconsultos más distinguidos. La regla de que los jueces de los tribunales inferiores reciben salarios proporcionalmente más bajos, tiene excepciones en las grandes ciudades, en las cuales, como los jueces de los tribunales inferiores, son más «políticos», pueden, a veces, asegurarse sueldos desproporcionados con su posición[116]. En general, los nuevos Estados del Oeste son los que peor pagan, porque su población de colonos no advierte la importancia de que los tribunales sean muy hábiles, y estiman que 4.000 dólares son una suma suficiente para las necesidades de un hombre modesto. El término medio, poco elevado, del sueldo de los jueces federales confirma esa tendencia.

Cualquiera de los tres fenómenos que he descrito —elecciones populares, términos cortos y sueldos pequeños— bastaría por sí solo para bajar el nivel de la judicatura. Las elecciones populares ponen la elección en manos de los partidos políticos, es decir, de grupos de políticos de oficio, prontos a servirse de todas las funciones como medio para remunerar servicios políticos y para dar a los partidarios los puestos que puedan tener importancia política. Los términos cortos, aunque ofrecen muchas oportunidades de deshacerse de un hombre que ha fracasado, sin que, sin embargo, haya cometido una falta que justifique la remoción por su legislatura, obligan al juez a tener presente y a tratar bien a aquellos que han hecho de él lo que es, y que tienen su porvenir en sus manos. Intimidan y quitan independencia. Y los sueldos pequeños impiden a los hombres aptos solicitar para sí aquellos puestos cuyos rendimientos son quizá apenas una décima parte de lo que puede ganar un abogado en el ejercicio de su profesión. Unidas las tres fuentes de inferioridad, no debe sorprender oír que en muchos Estados americanos los jueces del Estado son hombres de escasa capacidad y de cortos conocimientos, inferiores a veces, muy inferiores, a los mejores abogados que practican ante ellos. Es menos fácil formular una opinión sobre su carácter, y particularmente sobre lo que se puede llamar aun en América, donde no se usa la piel, «la pureza del armiño judicial». Hasta donde un extranjero puede darse cuenta del caso, la corrupción pecuniaria parece ser rara, quizá muy rara; pero hay otros caminos por los cuales los influjos siniestros pueden pesar sobre el espíritu del juez y debilitar aquella confianza en su imparcialidad, que es casi tan necesaria como la imparcialidad misma. Y dejando aparte todas estas cuestiones de falta de honradez o de injusticia, es un mal que los tribunales no estén intelectual y socialmente a la altura de los abogados.

El mal es serio. Pero yo debo declarar que es más pequeño de lo que un observador europeo podría esperar. En la mayoría de los Estados donde los jueces son electivos, éstos son respetables, y en algunos figuran en los tribunales hombres muy eminentes. Michigan, por ejemplo, tiene desde hace muchos años una judicatu-

[116] Por ejemplo, los jueces de policía de la ciudad de Nueva York y los jueces de circuito del condado de Wayne, Michigan, en donde se encuentra Detroit.

ra excelente y respetada, uno de sus jueces recientes lo fue durante treinta y dos años, habiendo sido reelegido seis veces sucesivas. Ni aun en California o Arkansas son los resultados tan lamentables como podrían esperarse. La ciudad de Nueva York, bajo la denominación Twced-Ring, es la única que ha ofrecido el ejemplo de fragantes escándalos judiciales, y aun en estos días de vergüenza, el tribunal de apelaciones de Albany, el más alto tribunal del Estado, conservó el respeto de los buenos ciudadanos. La justicia en los pleitos civiles entre particulares es bien administrada en toda la unión, y las faltas frecuentes de criminales no condenados o no castigados después de condenados, debe atribuirse, no tanto a la debilidad o parcialidad de un juez, como a la debilidad de los jurados y a los retrasos y complejidad del procedimiento criminal.

¿Cómo explicar que fuentes de malestar tan graves no hayan producido tan graves resultados? Tres razones pueden indicarse:

Una de ellas es la coexistencia en todo Estado de los tribunales federales presididos por jueces, que son de ordinario capaces y siempre honrados. Su presencia contribuye a impedir que los jueces del Estado, por inferiores que sean personalmente, pierdan el sentido de la responsabilidad y de la dignidad tan necesarias en la función judicial, y se opone a que los mismos políticos de oficio se atrevan, ante semejantes magistrados, a proponer como candidatos hombres reputados como notoriamente incapaces.

Otra razón es el influjo de la opinión pública, que no sólo reconoce el interés que la comunidad tiene en una administración de justicia honrada, sino que siente horror ante la torpeza de un funcionario altamente colocado. El pueblo actúa como un moderador sobre las convenciones del partido que eligen candidatos, haciéndoles sentir que se perjudican a sí mismos y perjudican a su causa si elevan un personaje de una reputación dudosa, y el propio juez teme la opinión pública y la crítica de una Prensa muy franca. La teoría democrática, que ha hecho un mal introduciendo el sistema electivo, lo cura parcialmente sometiendo a los tribunales a la luz de la publicidad e indicándoles que la honradez es la mejor política. Todo lo que pasa en un tribunal se hace o puede hacerse público. El juez debe dar sus razones en toda sentencia que dicte.

Por fin, hay el influjo de los abogados, influjo potente aun hoy día, aunque su *role* es menos brillante que en las primeras generaciones.

Los jefes del partido local que eligen los candidatos y dirigen las convenciones, son, en algunos Estados, abogados en su mayoría, o a lo menos están en relaciones estrechas con los abogados del Estado o del distrito.

Ahora bien; los abogados no sólo experimentan una repugnancia profesional en lo de confiar las leyes a manos incapaces, la repugnancia que experimenta el albañil hábil al ver construir mal un muro, sino que tienen también un interés personal en hacer elegir hombres suficientemente competentes para comprender sus defensas. No les gusta tener jueces ignorantes y débiles, para quienes los mejores argumentos no tienen alcance alguno, ni puede serles agradable no estar seguros de que la opinión que han manifestado a un cliente o el punto de derecho que les parece claro habrían de ser confirmados por la sentencia del tribunal. He ahí por qué los abogados se esfuerzan a menudo porque la elección de su partido para las funciones judiciales no recaiga ciertamente en un gran abogado, que no querría aceptar un puesto de 4.000 dólares al año cuando su clientela le produce 14.000; pero sí en el más competente de aquéllos que en el partido aspiran al puesto. He procurado enterarme en todos los Estados que he visitado, y en los que existe el sistema electivo, cómo no son peores los jueces, y siempre se me ha dicho que los abogados habían intervenido para impedir tal o cual elección mala, y se habían entendido para recomendar un candidato, y que los partidos habían cedido a los deseos del foro.

Algunas veces, cuando los políticos de oficio se ven obligados a contenerse, o los abogados defienden particularmente el bien público, se presenta un hombre que no tiene otros títulos que su carácter y su saber. Pero es quizá más frecuente que los abogados ejerzan presión sobre uno u otro partido para que designe hombres capaces. Así, cuando hace pocos años, los republicanos de Nueva York presentaron malos candidatos, algunos de los primeros abogados republicanos aconsejaron a los demócratas que eligiesen hombres más recomendables, y lanzaron luego un manifiesto en favor de estos últimos, que fueron elegidos.

Esas causas, y especialmente la última, tienen una gran importancia para neutralizar los efectos de las elecciones populares y de la corta duración de las funciones. Pero no pueden neutralizar los efectos de los sueldos pequeños; así, pues, si los jueces rara vez son culpables de corrupción o de parcialidad, a menudo son visiblemente inferiores a los abogados que actúan ante ellos.

No es posible, si no, indicar lo que se hace generalmente, porque las diferencias entre los Estados son demasiado numerosas para que sea dable examinarlas todas. En algunos Estados, sobre todo hacia el Oeste, los que están al frente de los partidos y del foro son honorables, y el sentimiento del interés común hace que todo el mundo desee tener los mejores jueces posibles con los sueldos establecidos. En otros, hay tradiciones que los mismos políticos de oficio no se atreven a violar. En Pensilvania, donde la legislatura y el gobierno de las ciudades han sido poco puros y poco influidos por el foro, se han elegido, sin embargo, jueces capaces[117]. Los escándalos de Barnard y de Cardozo[118] se debieron al hecho de que la numerosa e importante población de Nueva York estaba dominada por un bando de políticos de profesión que no temían a los buenos ciudadanos y no se preocupaban del foro.

Así como hay instituciones que no funcionan tan bien como deberían funcionar, según la teoría, las hay, felizmente, que funcionan mejor.

La venta de los cargos, bajo la antigua monarquía francesa; la venta de los grados en el ejército inglés hasta 1871; la corrupción de los electores, tan extendida antes en Inglaterra; la venta del patronato y del nombramiento de los clérigos para los curatos, que aún existe en la Iglesia anglicana, no podían ni pueden defenderse en teoría, y son malos en la práctica. Pero ninguno de esos abusos ha hecho todo el mal que hubiere podido prever un filósofo, porque otras causas han venido a contener y mitigar esos males.

Los cambios de los últimos veinte años han producido en definitiva buenos resultados. Algunos Estados, que habían confiado el nombramiento de los jueces a la legislatura, como Connecticut, o al pueblo, como Mississippi, han hecho nuevas Constituciones o enmiendas que lo confían al Gobernador, con el consentimiento

[117] Pensilvania, hay que reconocerlo, paga mejor que los otros Estados, y elige sus jueces por un largo período; he ahí por qué puede tenerlos mejores que la mayoría de los demás Estados.
[118] El famoso juez del Tweed-Ring en 1869-1871.

de la legislatura o de una sola Cámara[119]. Otros han elevado los sueldos o prolongado los términos de los jueces o introducido, como Nueva York, ambas reformas. Desde 1860 a 1891, los ocho Estados nuevos del Oeste todos han investido al pueblo de la facultad de elegir a los jueces, y en 1891 Kentucky no se decidió, a pesar de la decadencia de la antigua fama de sus tribunales, a restaurar el sistema de nombramiento por el Ejecutivo que prevaleciera hasta 1850, y ninguno de los Estados antiguos, excepto la Florida, privó, durante este período, de la facultad de nombramiento a la legislatura o al gobernador para atribuirlo al voto popular. En este punto, al menos, la marea de la democracia, creciente durante varios años, parece, si no retroceder, al menos haber llegado al máximo. El pueblo americano, tan atrevido a veces en sus experiencias, tiene un fondo de buen sentido, el cual le lleva a observar los resultados y que le impulsa a volver sobre sus primeras decisiones.

119 En Connecticut el cambio se ha hecho a petición de los abogados asociados del Estado, que veían con pena que el partido de la mayoría en la legislatura del Estado colocaba gentes inferiores en los tribunales.

8. HACIENDA DE LOS ESTADOS

Los sistemas financieros vigentes en varios de los Estados proporcionan al hombre de Estado práctico, y a quien estudia la política comparada, uno de los campos más vastos y más instructivos de cuantos ofrecen las instituciones americanas. De desear sería que alguna persona bien impuesta en todos los conocimientos especiales necesarios los examinase con mirada de filósofo, y presentase los resultados de su examen en una forma concisa. Por mi parte no podría emprender semejante trabajo, no sólo porque yo no tengo esos conocimientos especiales, sino por la gran amplitud del objeto y por la dificultad de obtener en Europa los materiales adecuados. Estos materiales hay que buscarlos, no tanto en las Constituciones de los Estados como en sus leyes y en las Memorias presentadas por los varios funcionarios financieros y por las comisiones ocasionalmente nombradas para investigar el asunto o una de sus ramas. Todo lo que yo aquí puedo intentar es decir algunas palabras acerca de las líneas más salientes del asunto y recoger en las Constituciones algunos ejemplos de los peligros temidos y de los remedios deseados por el pueblo de los Estados. Lo que yo tengo que decir lo expondré bajo los epígrafes siguientes:

Objetos para los cuales se requieren impuestos de Estado.

Formas del impuesto.

Exenciones del impuesto.

Procedimientos para recaudar los impuestos.

Limitaciones a la facultad de imponer.

Deuda del Estado.

Restricciones impuestas a la facultad de contraer empréstitos.

I. El presupuesto de un Estado es rara vez elevado, con relación a la riqueza de sus habitantes; porque los principales gastos de la administración no recaen sobre el Estado, sino sobre sus divisiones los condados, y aun más, las ciudades y *townships.* Los principales gastos a cargo del Estado como cuerpo organizado son: 1) Los sueldos de sus funcionarios ejecutivos y judiciales, y los gastos incidentales del procedimiento judicial, como el pago de los jurados y testigos. 2). La milicia voluntaria del Estado. 3). Instituciones de caridad y otras públicas, como manicomios, Universidades de Estado, colegios de agricultura, etc.[120].4). Los créditos afectos

[120] Las Constituciones de Luisiana y Georgia permiten que la renta del Estado se aplique a proporcionar piernas y brazos de madera a los antiguos soldados confederados; en Mississippi se ordena que los conceda una pensión a ellos o a sus viudas.

a las escuelas[121]. 5). Prisiones del Estado, relativamente pocas, porque las prisiones de ordinario se sostienen por el condado. 6). Edificios del Estado y obras públicas, incluso, en muchos casos, los canales. 7). Pago de intereses de las deudas del Estado. Del total de ingresos recaudados en cada Estado, según las leyes de impuestos, una parte relativamente pequeña es la que se toma por el Estado único, y se aplica a fines del Estado[122]. En 1882 sólo siete Estados percibían para las necesidades del Estado un ingreso superior a dos millones de dólares. En 1891 los ingresos totales de Nueva York se elevaron a 21.243.639 dólares (población 1890, seis millones); los del Ohio, a 3.419.000 dólares (población, 3.680.000). Son éstas sumas pequeñas si se las compara con la población y la riqueza de sus Estados o con los impuestos percibidos por las autoridades para las necesidades locales. Son también pequeñas en comparación con lo percibido por impuestos indirectos para fines federales.

II. El Gobierno nacional obtiene sus ingresos por medio de impuestos indirectos y por derechos de aduanas y puertas[123] si bien tiene el poder de imponer contribuciones directas, y de él ha usado ampliamente durante la guerra civil. Ahora (1894) ha establecido un impuesto sobre la renta, del cual están, por lo demás, exentas las pequeñas rentas. Por otra parte, los ingresos de los Estados provienen casi por completo de contribuciones directas, porque la Constitución federal prohíbe a los Estados establecer derechos de exportación o importación, a no estar autorizados por el Congreso, y aun en este caso los derechos que el Congreso hubiese autorizado se han de ingresar en el Tesoro federal. El principal impuesto del Estado es un impuesto sobre la propiedad, basado sobre una evaluación de la misma, y generalmente de toda propiedad real personal que esté sometida a la jurisdicción de los impuestos.

La valuación se hace por funcionarios evaluadores o asesores nombrados por las comunidades locales, aunque según las leyes generales del Estado[124]. Tienen como función valuar toda propiedad imponible, o sea, de un modo general, toda propiedad de cualquier naturaleza que descubran dentro de los límites de su jurisdicción. Como la contribución o renta que haya de darse al Estado o al condado es proporcional a la cantidad y al valor de la propiedad imponible, los asesores locales y los propietarios tienen un motivo evidente para evaluar la propiedad por

[121] Todos los Estados han puesto aparte, para el sostenimiento de escuelas, colegios de agricultura y mecánica y otras instituciones de educación y beneficencia, frecuentemente las Universidades, un fondo considerable, procedente de la venta de tierras del Oeste, que el Gobierno federal les había entregado con ese fin en diversas ocasiones, a partir de 1785, y procedente en algunos casos también de tierras, dedicadas en un principio por el Estado a esos mismos objetos. Hasta 1888 hablan sido entregados por el Gobierno de los Estados Unidos, para fines educativos, 77.488.192 acres.

[122] En el Estado de Connecticut (población en 1883 de unos 650.000 habitantes), el total del ingreso recibido por impuestos en 1883-84 era de 8.594.776 dólares, los cuales eran percibidos y aplicados por las siguientes autoridades:

El Estado	1.462.328	dólares
Condados	1.131.76	dólares
W.Towns	2.808.682	dólares
Ciudades y burgos	1.636.957	dólares
Distritos escolares	1.485.053	dólares

[123] Se establecieron también derechos de timbre durante la guerra civil, pero el Gobierno nacional los ha suprimido.

[124] Esto que decimos en el texto, quizá no es exacto en todos sus detalles respecto de todos los Estados; solo indica el uso general.

debajo de su valor real, porque de ese modo alivian a la comunidad una parte de su peso. El Estado procura, por esta razón, corregir su trabajo creando un Consejo de Igualación que compara y revisa las evaluaciones hechas por los diversos funcionarios locales, a fin de hacer valuar exactamente y de la misma manera todas las propiedades de las distintas localidades para soportar su parte exacta los gastos públicos. Del propio modo, el condado tiene a menudo su Consejo de Igualación, que revisa y rectifica las evaluaciones de las ciudades y villas que comprende. Sin embargo, la existencia de estos Consejos y su intervención no bastan para establecer una evaluación realmente igual; y así, la ciudad o el pueblo honrado que declara el valor aproximado de su propiedad, paga más que lo que le corresponde. Se valúa generalmente la propiedad según un valor inferior al verdadero. En Connecticut, por ejemplo, la ley ordena que se tome como base el precio del mercado, pero la evaluación real varía entre tres cuartos y un tercio[125]. En toda América se lamenta la escala demasiado variable según la cual los asesores hacen sus evaluaciones y las desigualdades que resultan. Un mal aún más serio es que una gran parte de la propiedad imponible se libra del impuesto. No se pueden ocultar ni las tierras ni las casas. Un funcionario celoso puede descubrir los ganados y el mobiliario. Pero una gran parte, a veces la mayor parte de la fortuna de un hombre rico, se compone de lo que los americanos llaman la «propiedad intangible»: acciones al portador, obligaciones, billetes, hipotecas sobre tierras del Oeste[126]. Es imposible llegar a esta riqueza, a menos que el poseedor quiera declararla; y aun si se le obliga al propietario a hacer bajo juramento una declaración de las propiedades imponibles que posee, tiene interés en no indicar ese género de propiedad. La Comisión de Connecticut dice en su Memoria:

«La proporción de esos valores intangibles, con relación a los demás géneros de propiedad imponible, ha bajado regularmente de año en año, En 1855 era próximamente del diez por ciento del valor total. En 1865, de siete y medio por ciento. En 1875, de poco más de un cinco, y en 1885 de tres cuartos por ciento. Sin embargo, durante este período, el número y el valor de los ferrocarriles de los Estados, de las acciones de las ciudades y de los préstamos hipotecarios del Oeste aumentaron considerablemente, y los ciudadanos de todas las ciudades han colocado fuertes sumas de esta manera. ¿Por qué no figurar en la lista de la propiedad imponible? Los términos de la ley son explícitos y las multas por su infracción son tan severas como es posible... La verdad es que ningún sistema de leyes podrá llegar directa-

---

[125] La Comisión especial de impuestos de Connecticut, en su reciente Memoria, muy clara y muy interesante, dice: «Un gran defecto en la ejecución práctica de nuestros derechos de impuestos consiste en las desigualdades de distribución y evaluación; se ve esto en las diferencias entre las ciudades... Es notorio que rara vez, y en muy pocas ciudades, los repartidores o asesores evalúan la propiedad según lo que les conste que es su valor real. Por el contrario, hacen primeramente esta evaluación, y luego escriben en su lista un valor que varía de 33% a 75 por 100. Semejantes reducciones las hacen en la evaluación de la propiedad mueble; pero con menos uniformidad y, por tanto, con más injusticia» (p. 8). «Los muebles de un valor do más de 500 dólares representan sólo 9.500 en una de nuestras pequeñas ciudades, mientras que una ciudad vecina, de una mitad de población, declara 12.000» (p. 16).

[126] Los efectos o las acciones, aun cuando ellas pertenezcan a una Compañía extraña al Estado, no suscitan dificultad alguna, porque todos los Estados someten a un impuesto a las compañías y sociedades que están en su territorio, y la mayoría han adoptado el principio de que si las acciones de una compañía de fuera de un Estado han sido grabadas por otro, no serán gravadas de nuevo en manos de quien las posee y que tiene su residencia en un Estado distinto. Las leyes de los Estados y los asesores de impuestos pueden muy bien determinar en cada Estado la propiedad de la sociedad misma.

mente hasta la mayor parte de la propiedad intangible. No se la ve, y el propietario no la declara voluntariamente; a lo sumo, en la mayoría de los casos podrá presumirse. Además, en un Gobierno libre, los individuos están habituados a juzgar por sí mismos de la justicia y del valor de las leyes, y se siente harto inclinados a aprovecharse de la duda cuando pueden interpretar la ley a su favor. La forma misma del juramento en materia de distribución de impuestos le permite substraerse a la ley, porque se le pide que declare la propiedad de que tiene noticia o que cree imponible y de que se acuerde. Quien no crea que un préstamo sobre una finca del Oeste o una acción del de otro Estado deban estar sometidos al impuesto, puede muy bien jurar que, según él, no están sometidos al impuesto... Según la ley actual, esto puede ser una carga para la conciencia de un gran número, pero es una para la propiedad de muy pequeño número, no porque haya pocos que deberían pagar, sino porque hay muy pocos a quien se puede obligar a pagar. Ordinariamente se ocultan los billetes y obligaciones a los tasadores, que no hacen demasiados esfuerzos para averiguar su existencia[127]. El resultado es que un pequeño número de personas y ciudades muy honradas y un pequeño número de propiedades soporten la carga del impuesto. Tal ha sido el resultado de las leyes de ese género en todos los Estados».

Una comparación entre las listas del impuesto y los registros de los testamentos hizo ver a la Comisión, que en 1884, más de un tercio de los bienes muebles sometidos a distribución, en el Estado de Connecticut, se había librado del impuesto, y que la proporción era todavía más grande en 1886. Ante este hecho propusieron «borrar de las listas todos los artículos de propiedad intangible». Los inventarios de las propiedades de los muertos en sus testamentos y las declaraciones hechas a los tasadores por esas personas, «muestran, por no decir otra cosa, pocos puntos de contacto». Connecticut es una república que supera al término medio desde cualquier punto de vista. En todas las partes del país se oye decir la misma cosa[128]. Las declaraciones enviadas sobre las contribuciones que han de pagarse, rara vez son sinceras; y no sólo una gran parte de la propiedad se encuentra exenta de las cargas que debieran pesar sobre ella, según la ley, sino que la conciencia pública se desmoraliza a causa de los muchos juramentos que

---

127 Una persona, antiguo tasador de una de nuestras principales ciudades, decía que había intentado, estando en funciones, incluir en la «gran lista» ese género de propiedad, y que había logrado descubrir y añadir más de 200 dólares; pero añade, que tal fue quizá la causa de un fracaso en las elecciones siguientes. De la propia suerte, en la Virginia del Oeste, un tasador que descubrió que la declaración de un negociante era falsa, le amenazó con hacerle redactarla bajo juramento. Si usted insiste—lo dijo el negociante, —votaré contra usted en las próximas elecciones.

128 La comisión de impuestos de Virginia occidental en 1884 decía: «Ahora, todos los impuestos sobre la propiedad invisible se pagan por algunos ciudadanos especialmente escrupulosos, por las viudas, ejecutores testamentarios y los tutores de los locos y de los niños; de hecho es relativamente raro que un comerciante declare muchos efectos a la orden, acciones o dinero. La verdad es que en Virginia occidental, ese género de impuestos es tan voluntario, y se considera de la propia manera que los donativos a la iglesia vecina o la escuela dominical». Las Memorias de las comisiones de otros varios Estados dicen lo mismo. Véase especialmente la Memoria de la comisión de impuestos de Baltimore y la Memoria complementaria de un miembro de la comisión de Maryland, Míster Ricardo T. Ely, quien ha reunido y presentado muchos testimonios instructivos sobro la inutilidad de los esfuerzos intentados en varios Estados para gravar la propiedad intangible (Baltimore, 1888). Una comisión de Boston, en 1891, informaba que sólo debía imponerse la propiedad inmueble, porque gravando la personal, como ordenan las leyes de Massachusetts, se gravan dos veces muchas cosas.

los contribuyentes están obligados a prestar, dispuestos a no cumplirlos y a faltar a la verdad. Cualquier cambio sería preferible[129].

No hay probablemente un solo Estado en la Unión del cual no pueda decirse la misma cosa. En Ohio, por ejemplo, el gobernador advertía en su mensaje especial de Abril lo siguiente:

«La mayor parte de la propiedad personal de este Estado no está declarada, sino que está entera y fraudulentamente substraída al impuesto. La idea que parece ampliamente admitida es que la injusticia y la desigualdad reinen en el impuesto, y que, por tanto, no está mal defraudar al Estado, aunque haya que hacer una declaración falsa y cometer un perjurio. Esta ofensa contra el Estado y la moral se comete con harta frecuencia por hombres ricos de alta reputación y que ocupan una buena posición en la sociedad».

En Nueva York, la evaluación de los bienes muebles disminuyó, desde 1871 a 1884, en 107.184.371 dólares, y en 1888 dichos bienes pagaban sólo el 10 por 100, mientras los inmuebles pagaban el 90 por 100 del impuesto del Estado. En California, la propiedad personal sometida al impuesto llegó a 220 millones de dólares en 1872, y a 164 millones en 1887, mientras la propiedad real en estos cinco años pasó de 417 a 791 millones de dólares.

Me he detenido sobre estos hechos, no sólo porque señalan las dificultades inherentes al impuesto sobre la propiedad, dificultades naturalmente más grandes en un país donde las autoridades de varios Estados situados unos al lado de otros tienen el derecho de imponer independientemente, sino también porque sirven para explicar el rencor que sienten los colonos americanos, así como las masas, contra los capitalistas, cuya riqueza acumulada se libra del impuesto, mientras que el colono, que es propietario de sus tierras, y el obrero, que dedica sus ahorros a la casa en que vive, pagan el impuesto por su propiedad visible. Podemos de hecho decir de la mayoría de los Estados que, con el sistema actual de los impuestos, cuanto más grande es una ciudad, más pequeña es la proporción de los bienes muebles gravada por el impuesto (porque es más fácil ocultarlos en grandes comunidades); y cuanto más rico es un hombre, menos elevadas son las contribuciones que por sus bienes paga al Estado[130]. Se añade a eso que el rico siente menos, con

---

[129] El juez Foster, en el caso de *Kirtelandc. Hotchkiss,* 42 Conn., Rep., p. 449. Del propio modo, M. David A. Wells, comisario especial de impuestos, en su informe ante la legislatura de Nueva York, dice: «El juramento, como coacción o como garantía de la verdad en las declaraciones oficiales, ha dejado de ser casi por completo eficaz; en otras palabras, el perjuicio directo o implícito ha llegado a ser tan común, que nadie se preocupa de ello. Tal es el testimonio casi unánime de los funcionarios que han tenido que aplicar con frecuencia en los últimos años las leyes de impuestos nacionales y del Estado».
El profesor E. A. Seligman, en un importante artículo en la *Political Science Quarterly* de Mayo de 1890, resume así su opinión contra el impuesto sobre la propiedad:
«El impuesto actual sobre la propiedad, a causa de haber querido gravar tanto las cosas intangibles como las tangibles, peca contra las reglas cardinales de la uniformidad, de la igualdad y de la universalidad del impuesto. Concede un premio a la falta de honradez y desmoraliza la conciencia pública. Eleva la decepción a sistema, y de la bellaquería hace una ciencia. Grava más pesadamente sobre quienes menos pueden pagar. Impone una doble contribución a un hombre, mientras concede a otro la inmunidad cumplida.

[130] En Iowa, el auditor del Estado decía, hace algunos años, que «la clase de propiedad que se libra más del impuesto es la que paga los más grandes dividendos»; y en Kentucky, que «la propiedad de los pequeños propietarios de ordinario se valúa mucho más alta en proporción con la de su rico vecino».

relación a su ingreso, el peso de los impuestos indirectos, porque la tarifa protectora no eleva sólo el precio de los artículos de lujo, sino el de todos los necesarios sobre ciertos alimentos[131].

Además del impuesto sobre la propiedad, que es la principal fuente de ingresos, los Estados gravan a ciertos comerciantes o a ciertos oficios[132], a veces, bajo la forma de licencia, de impuestos sobre las franquicias de que goza una sociedad, de impuestos sobre las acciones de ferrocarriles o (en algunos Estados) impuestos sobre herencias colaterales. Hasta ahora rara vez se ha recurrido a lo que se llaman derechos de sucesión por testamento, por legado o simplemente por sucesión, y tampoco se ha hecho uso del impuesto sobre la renta. Sin embargo, cinco Estados lo autorizan. En cuanto a la capitación, el uso varía mucho. Algunas Constituciones (la del Ohio, por ejemplo) la prohíben como «injusta y opresiva»; otras ordenan establecerla (v. gr., Dakota Norte), o permiten a la legislatura establecerla, mientras que la mitad de los Estados nada dicen. Allí donde existe, la ley ordena a veces emplearla para las escuelas o para otras instituciones útiles que se especifican, tales como la de socorros a los pobres, a fin de que los pobres, que quizá no pagan otro impuesto indirecto, sientan que deben contribuir a los gastos públicos, sobre todo a aquellos de que se benefician ellos mismos. El impuesto de capitación es siempre

131 Un publicista experimentado de Massachusetts me escribía sobre este pasaje de mi libro: «Si un Estado fuerza a un individuo a hacer una declaración completa de su propiedad personal para el impuesto, y otro Estado no lo hace, el capital tendera a irse del primero al segundo.

«En Vermont, por ejemplo, se obliga a todo individuo a hacer una declaración de todos sus bienes muebles, bajo pena de multa y bajo la fe de juramento, y el resultado parece ser que el capital sale de este Estado.

«En el Estado de Nueva York la ley grava la propiedad personal; pero si una persona no declara nada, los tasadores deben tasar según lo que ellos saben o suponen, y la suma fijada se convierte en materia de «negocio». En la práctica, sólo los fideicomisarios y las corporaciones hacen la declaración, los capitalistas no. Es un caso de mala ley templado por su violación.

«En Massachusetts, el caso de cada ciudad depende de los tenedores. En Boston, la oficina central decidió no consentir que nadie se librase, y durante veinte años aumentaba constantemente las evaluaciones, hasta que la víctima declarase. Las gentes vacilaban en abandonar la ciudad antes del 1.° de Mayo (fecha de la repartición); pero esta vacilación no duró mucho tiempo, y ahora casi todo» los capitalistas tienen casas de campo, adonde se trasladan en época en que todavía la estación es fría, y son recibidos con los brazos abiertos por los tasadores, que se consideran felices aceptando lo que quieren pagarles, perdiendo la ciudad su influjo político, sus impuestos y sus donaciones públicas. A veces, los tasadores de una ciudad de provincia se proponen apretar como las autoridades de la ciudad, y entonces se produce un hermoso desorden. Como las gentes ricas residen en barrios de la ciudad, se acude a la legislatura, para conseguir que la ciudad sea dividida, y así las cercanías de Boston se han ido distribuyendo poco a poco en pequeñas porciones».

132 En Carolina del Norte, la legislatura tiene la facultad de gravar todas las clases de comercio, todas las profesiones. En Arkansas, en 1868 (art. X, § 87), se ordenó a su Asamblea general gravar «todos los privilegios, profesiones y ocupaciones que no son naturalmente útiles a la sociedad», declarando exceptuadas todas las demás. Pero encontrando, sin duda, difícil determinar los oficios inútiles, se suprimió en la Constitución de 1874 dicha disposición, y ahora se permite gravar tan sólo «los comerciantes ambulantes, los buhoneros, barqueros, las exposiciones y los privilegios».

Las personas o las cosas que pueden tener que pagar un derecho de licencia o un impuesto de oficio son las siguientes, unas mencionadas en un Estado y otras en otros: buhoneros, ambulantes, tasadores, corredores, comisionados de piedad, negociantes, comisionistas de mercancías y de muestras, directores de espectáculos de ferias, prestidigitadores, posaderos, pontoneros, barqueros, telégrafos, mandaderos, lonjistas, licoristas, seguros, vendedores de patentes, personas o sociedades que gocen de privilegios, bancos, ferrocarriles, los animales domésticos dañinos.

poco elevado, 1 a 3 dólares: a veces —como en Tennessee— se hace de él una condición previa necesaria para gozar del sufragio.

En algunos Estados, las sociedades «extrañas» creadas por otro Estado, o domiciliadas en otro Estado, pagan impuestos más elevados que los del país. En Nuevo Hampshire se logró echar del territorio a las Compañías de seguros «extrañas» haciéndoles pagar un impuesto.

Empiezan a presentarse ejemplos de un impuesto progresivo sobre la herencia y sobre la renta, como en algunos cantones suizos. En California se ha intentado, por su famosa Constitución de 1879, gravar dos veces la misma propiedad.

Se procura siempre hacer recaer el peso del impuesto sobre las Compañías dotadas de personalidad, especialmente los Bancos y las de ferrocarriles[133]. Las nuevas Constituciones encarecen a menudo a la legislatura el cuidado a fin de que esas empresas paguen el impuesto correspondiente, y a veces le prohíben prescindir del derecho de gravar una Sociedad, temerosas sin duda de que esas potentes Compañías compren a una legislatura complaciente la exención de toda carga pública. Sin embargo, los procedimientos para gravar a esas Sociedades varían de Estado a Estado, reinando en este punto actualmente una gran falta de precisión.

III. En la mayoría de los Estados, ciertas propiedades están exentas de impuestos, por ejemplo, los edificios y otras propiedades del Estado o de una comunidad local; los cementerios, las escuelas y las Universidades; las instituciones o Sociedades de educación, de caridad, científicas, literarias o agrícolas; las bibliotecas públicas, iglesias y demás, edificios o propiedades empleadas en fines religiosos; el mobiliario, los útiles e instrumentos necesarios para una granja; el dinero depositado en las Cajas de Ahorros. A menudo se dispone también que la propiedad mueble que no pase de una cierta cantidad no sea sometida al impuesto; y a veces, que los ministros de la religión estén exentos del impuesto hasta una cierta suma (por ejemplo, Nueva York, hasta 1.500 dólares).

Ningún Estado tiene el derecho de gravar con impuestos los bonos del Tesoro, los certificados de rentas u otros valores emitidos por el Gobierno federal o bajo su autoridad, incluso los billetes circulares llamados, de ordinario, *greenbacks.* Tal es el derecho, según la interpretación de la Constitución federal y según se ha declarado en una ley del Congreso. Esta doctrina ha dado lugar a muchas cuestiones intrincadas. En efecto; el Estado tropieza con dificultades para establecer sus impuestos, porque las personas que desean librarse de ellos se sienten inclinadas a cambiar la propiedad intangible por esos títulos exentos de impuesto antes de hacer su declaración.

IV. Algunos de los impuestos del Estado, por ejemplo, los impuestos de licencias o sobre las sociedades, se recaudan directamente por los funcionarios del Estado. Pero los otros, y especialmente el impuesto sobre la propiedad, que constituye una tan importante fuente de ingresos, se recaudan por las autoridades locales. Una vez determinado por el Estado lo que necesita, distribuye esta suma entro los condados o en Nueva Inglaterra, a veces, directamente entre las ciudades, en proporción a su capacidad contributiva, esto es, el valor de la propiedad situada dentro

---

[133] Respecto de los Bancos, véase la Constitución de Ohio de 1861, art. XII, § 3; y un artículo sobre el impuesto de sociedades, de M. E. A. Seligman, en la *Political Science Quarterly* de Junio de 1890. El pueblo detestaba tanto los Bancos, hace cuarenta años, como ahora los ferrocarriles.

de su territorio[134]. Del propio modo, los condados distribuyen entre sus ciudades y sus aldeas, según el valor de la propiedad imponible, no sólo lo que tienen que pagar al Estado, sino también la suma que quieren percibir para las necesidades del condado. Así, cuando las autoridades de una ciudad distribuyen y perciben los impuestos de un ciudadano, perciben al propio tiempo tres series de impuestos: del Estado, del condado y de la ciudad. Conservan los últimos para las necesidades locales[135], y entregan los dos primeros a las autoridades del condado, quienes a su vez retienen los impuestos del condado y entregan al Estado los que le corresponden. Esta manera de percibir los impuestos evita perturbaciones y gastos, y el ciudadano ve en una misma hoja todo lo que tiene que pagar.

V. Algunos Estados, enseñados por su propia experiencia de la debilidad de las legislaturas, limitan en la Constitución la suma de impuestos que el Estado podrá percibir durante un año.

Así, en 1876, en Tejas se prohibió gravar la propiedad con un impuesto superior a medio por ciento de la evaluación (sin comprender la suma necesaria para pagar el interés de la deuda), y más tarde se redujo el tanto por ciento a 0,35[136]. En Dakota del Norte se fijó el 0,4 por 100 y en Montana el 0,3 por 100. Hay una disposición análoga en Missouri y en algunos otros Estados del Oeste. Luego veremos que esta restricción ha sido impuesta con mucha frecuencia a las ciudades y a otras comunidades subordinadas. A veces, la Constitución dispone que no se podrá cobrar más impuestos que los necesarios para las atenciones corrientes del Estado, disposición que el Congreso habría hecho bien observar, porque los excedentes en los ingresos invitan a los gastos extravagantes e inútiles, y provocan los años en la legislatura[137].

Podría pensarse que el interés del pueblo bastaría para obtener la economía, y limitar los impuestos. Pero, aparte, el peligro de una legislatura corrompida, se ha hecho notar que, en muchos Estados, una gran parte de los electores no paga los impuestos del Estado, y así el poder de imponer cargas está en manos de gentes sobre quien esas cargas no pesan directamente, y que estiman no tener interés alguno en limitar los impuestos; sin embargo, desde el punto de vista de la Hacienda del Estado, no ha implicado esto serios inconvenientes, debiendo el origen del mal atribuirse sobre todo a la falta de una intervención eficaz en los gastos, y al hecho de que (como en el Congreso) el comité de las aplicaciones de los créditos es distinto del que fija los ingresos, por tanto, los impuestos.

Otro ejemplo de la tendencia a restringir la imprevisión de los representantes nos lo proporcionan varias Constituciones, que les prohíben conceder créditos por una ley a un individuo o a una Compañía; autorizar el pago de sumas reclamadas al Estado, según contrato que no le compromete estricta y legalmente, o renunciar a los derechos que el Estado puede tener sobre los ferrocarriles u otras Compañías. Leyendo esas cláusulas, se inclina uno a pensar que la legislatura es como un conejo

---

134 Tal como ha sido fijada por los tasadores y los consejeros de igualación.

135 A veces, sin embargo, la ciudad o *townships,* como cuerpo constituido, paga directamente al Estado su impuesto, sin indicar al ciudadano la parte que da para el Estado.

136 A pesar de esto, en Marzo de 1888, Tejas tenía un excedente de dos millones de dólares en el Tesoro; de suerte que el gobernador se vio obligado a convocar la legislatura a sesión extraordinaria para disponer de este excedente e impedir que lo hubiera al año siguiente.

137 Sir T. More menciona, aprueba en su *Utopia,* una ley de los Macarios que prohibía a su rey tener nunca más de 1.000 libras en el Tesoro público.

que trata de abandonar un agujero para arrasar las cosechas vecinas, y que el pueblo de los Estados se ha visto obligado a cerrar todas las salidas, como único medio de oponerse a esa irresistible tendencia al mal.

VI. Nada tan digno de atención en el sistema financiero de los Estados como la historia de sus deudas, su portentoso desenvolvimiento y los esfuerzos que ha hecho el pueblo, después de haber sido autorizado para reducir aquéllas e impedir los aumentos en el porvenir.

Hace setenta u ochenta años, todo el mundo estaba lleno de esperanzas al contemplar los vastos y ricos países del Oeste, que entonces se abrían a la civilización y a la colonización, y que ahora forman los Estados de Ohio, Indiana, Illinois, Michigan y Missouri, ocurriendo lo propio hace cincuenta años cuando los ferrocarriles aparecieron, tomando una rapidísima extensión y poblando prontamente las tierras a lo largo del Mississippi; los Estados, los condados y las ciudades entonces, no menos que los individuos, pusieron manos a la obra para desarrollar los recursos que a su alrededor tenían. Los Estados, al igual que las comunidades menores, se dedicaron a abrir caminos, canales y a construir ferrocarriles; promovieron Compañías comerciales o tomaron acciones de ellas; crearon o subvencionaron Bancos; se embarcaron en centenares de empresas que no sabían dirigir o vigilar. Algunas de esas empresas fracasaron lamentablemente, mientras que en otras los especuladores privados se aprovecharon de los beneficios, dando las cargas al Estado. La deuda de los Estados, que en 1825 (cuando había 24) se elevaba para toda la Unión a la suma de 12.790.728 dólares, llegaba en 1842 a 203.777.916 dólares[138] y en 1870 a 352.866.898 dólares.

Durante los últimos años de ese período, ese aumento fue debido a los empréstitos contraídos por los Estados del Norte para reclutar y organizar las tropas de la guerra civil, con la intención de reembolsarlos del Tesoro nacional. Se habían hecho también muchas obras con el dinero tomado a préstamo y gastado, y los Estados (37 en 1870) poseían grandes propiedades imponibles. Sin embargo, esta suma inmensa y en aumento aterró al pueblo, y algunos Estados, como es sabido, rechazaron su deuda. La disminución de la deuda total, que se elevaba en 1880 (para 38 Estados y tres territorios) a 290.326.643 dólares, se debió en parte a eso. En 1890, la suma (para 44 Estados y 2 territorios) era de 223.107.883 dólares[139]. Aun después de detenido el aumento de las deudas de los Estados (de la manera que luego indicaré), las comunidades menores, las ciudades, sobre todo las grandes ciudades y los condados, continuaron por el mismo camino, pues las tentaciones antiguas se presentaron de nuevo, y los riesgos parecían menores, porque una municipalidad está más directamente interesada en que el dinero se gaste bien y las garantías se presten a empresas útiles. Las deudas municipales han aumentado, sobre todo en las grandes ciudades, con peligrosa rapidez. La mayor parte de la deuda de los Estados y condados se había distraído para hacer o auxiliar las llamadas mejoras interiores; pero la deuda de las ciudades se ha gastado, una parte, en premios concedidos a los voluntarios de la guerra civil; otra gran parte se ha disipado por una administración débil y gastiza, y más aún todavía, se ha perdido en el robo practicado por medios que yo indicaré luego, pero facilitado por la costumbre de

[138] En 1838 se estimaba que de la deuda total de 170.800.000 dólares, los Estados habían gastado 60.200.000 en los canales, 42.800.000 en los ferrocarriles y 52.600.000 en los bancos.

[139] Tomo estas cifras (que representan el principal de las deudas) del *Boletín* del censo de 1890.

subvencionar a empresas que ofrecen grandes esperanzas a los ciudadanos, y por la de tomar acciones de las mismas.

VII. El mal fue en aumento hasta el día en que el enfermo, aterrado, le puso remedio, insertando en la Constitución disposiciones que limitan el poder de las legislaturas en materia de empréstitos. Afortunadamente, el mal se advirtió a tiempo, para que los nuevos Estados pudieran aprovecharse de la experiencia de sus predecesores. Durante los últimos cincuenta años, los Estados que han hecho una Constitución han insertado en ella disposiciones que limitan el poder de la legislatura y de los cuerpos locales en materia de empréstitos, y que a menudo atiende también a la liberación de los compromisos existentes. La votación de una ley para contraer un empréstito de un Estado está rodeada de garantías especiales, tales como la de reunir una mayoría de dos terceras partes en cada una de las dos Cámaras. Está prohibido, además, contraer un empréstito para pagar o emprender mejoras interiores (fuente abundante de agios y despilfarros, como lo demuestra la experiencia del Congreso); hay, además, casi invariablemente una disposición, según la cual, la ley que ordena un empréstito debe crear un fondo de amortización para pagar la deuda en algunos años; por último, en la mayoría de las Constituciones, la deuda total está limitada a una suma en relación con la población y los recursos del Estado[140]. Así en Wisconsin, se fija el *máximum* en 200.000 dólares; en Minnesota y Iowa, en 250.000; en Ohio, en 750.000; en Wyoming, en uno; y en Idaho, en uno y medio por ciento del valor de la propiedad imponible; en Nebraska, en 100.000 dólares; en el prudente Oregón, en 50.000; y en el grande y rico Estado de Pensilvania, con una población de más 5.300.000 habitantes (Const. 1873, art. IX, § 4), en un millón de dólares[141].

En las cuatro quintas partes de los Estados, comprendidos todos los que tienen Constituciones recientes, está prohibido a la legislatura «dar o prestar la garantía del Estado para auxiliar a un individuo, compañía, corporación municipal u otra, o comprometer el crédito del Estado, de cualquier manera que sea, para el pago de una deuda presente o futura, de una sociedad, de un Municipio o cualquier otra corporación»[142], o tomar acciones de una sociedad o interesarse en manera alguna en empresa lucrativa. Varias Constituciones prohíben también al Estado cargar con las deudas de una corporación particular o municipal.

El pueblo aplica a las asambleas locales las precauciones tomadas como garantía contra su libertad financiera. Varias Constituciones recientes limitan o encargan a la legislatura que limite, el derecho de contraer empréstitos, de los condados, ciudades, villas, y a veces de los distritos escolares, a una suma que no pase de un tanto por ciento del valor imponible de la propiedad en el territorio de que se trate. Ordinariamente es el 5 por 100 (v. gr., Illinois, Const. 1870, art. IX, § 12); a veces, es

---

140 Las deudas contraídas para reprimir una insurrección o rechazar una invasión están exentas de estas restricciones.

141 Nueva York (Const. de 1846, art. VII, § 10-12) fija también el máximum en un millón de dólares; pero permite hacer leyes para contraer un empréstito necesario para «una sola obra u objeto», a condición de que se establezca, al propio tiempo, un impuesto suficiente para pagar la deuda en diez y ocho años y que la ley se someta al voto del pueblo y la apruebe. Análogas disposiciones, sometiendo todo aumento de deuda a la aprobación del pueblo, son frecuentes en las Constituciones recientes.

142 La constitución de Missouri de 1875 (art. IV, § 45), contiene restricciones y cláusulas financieras numerosas e instructivas. Se encuentran análogas en las del Oeste y del Sur y en algunas recientes del Este.

el 7 por 100 (Pensilvania, Const. 1877, articulo IX, § 8), o el 10 (en Nueva York, enmienda de 1894), y en Wyoming el 2 por 100 (pero no se comprenden obras hidráulicas en esta suma). A veces, también se fija una suma igual al tanto de los impuestos, que las autoridades locales tienen derecho a cobrar en cualquier año, v. gr., *1/2* por 100 de lo evaluado[143]. En casi todos los Estados está prohibido a los condados, a las ciudades y a las demás autoridades corporativas locales, constituirse en gerentes de una empresa o compañía, o bien garantir un crédito, tomar acciones de la misma o ayudarla. A veces, esta prohibición es absoluta; otras, se la somete a ciertas condiciones, que es preciso observar. Por ejemplo, hay Estados, en los cuales, el pueblo de una ciudad puede, por un voto especial de las dos terceras partes de mayoría, o de tres quintas, o (en Colorado), por una nueva mayoría simple de contribuyentes, autorizar la contratación de una deuda, que la municipalidad no puede contraer por sus órganos ordinarios de gobierno. A veces, se dispone que la municipalidad que contrae una deuda debe, al propio tiempo, atender a su extinción con un fondo de amortización. A veces, las restricciones se imponen tan sólo a una cierta categoría de empresas, por ejemplo, bancos o ferrocarriles. Las diferencias entre Estado y Estado son innumerables; pero la tendencia más general es a protegerse contra las deudas locales y la extravagancia municipal, de una manera cada vez más estricta; ahora, quien conozca esas autoridades locales, y las tentaciones buenas o malas a que están expuestas, no se quejará de tal rigor[144].

Hay casos, naturalmente, en los cuales, una restricción al derecho de contraer empréstitos o de establecerlos, es un inconveniente para una municipalidad, porque las obras públicas resultan más costosas si hay que hacerlas por trozos. La corporación de Brooklyn no ha podido hacer recientemente de una vez una gran calle, que hubiese sido un verdadero beneficio para la ciudad, y tendrá que gastar más dinero para comprar los terrenos poco a poco. Pero los males que ha producido en América la intervención de los Estados y de las ciudades en empresas de carácter público, y los abusos resultantes del poder ilimitado de emprender obras públicas, ha sido tan grande, que el pueblo prefiere soportar, cuando llega el caso, los inconvenientes inseparables de la restricción.

«Una lista de esos males comprendería el despilfarro del dominio público; el enriquecerse de intrigantes, cuya política ha consistido en obtener todo lo posible con buenas promesas, y luego evitar en todo lo posible el cumplirlas; la corrupción de la legislación; la pérdida del crédito del Estado; las grandes deudas contraídas de cualquier modo; los ingresos del Estado gastados de cualquier manera; el descontento público, porque el público no cree que las empresas sostenidas por el Tesoro público, y para el bien público, se dirijan según el público interés; y, por último, un gran pánico financiero, una bancarrota, un desastre»[145].

Las disposiciones de que he hablado antes han tenido el efecto de reducir regularmente las deudas del Estado, aunque la riqueza del país aumenta rápidamente. Entre 1870 y 1880, esta disminución se ha elevado a un 25 por 100, para las deudas del Estado, y para las de los condados, ciudades y distritos escolares, a un 8. Durante los diez años siguientes, hasta 1890, la disminución de las deudas de los Estados se elevó a 67.218.760 dólares (la mitad corresponde a la amortización de las

---

143 Véanse las disposiciones muy detalladas de la Constitución de Missouri, de 1875.

144 En una nota del cap. 41, que va al fin de este volumen, doy algunas muestras de las decisiones constitucionales, que restringen la facultad de contraer empréstitos de las autoridades locales.

145 Cooleynd: *Const. Limit.*, p. 286.

deudas de los Estados del Sur); pero las deudas de los condados han subido, de 124.105.027 dólares a 145.048.045, y las deudas de los distritos escolares, de 17.580.682 a 36.701.948 dólares. En las ciudades, no sólo no hubo disminución en el decenio de 1870 a 1880, sino que hubo un aumento de más de 100 por 100, quizá de más de 130 por 100. En 1890, la deuda total de las municipalidades de más de 4.000 habitantes pasó a 646.507.144 dólares de 623.784.262, en 1880. Pero a causa del aumento de población, la proporción *per capita* de 45,06 dólares, en 1880, bajó a 31,69, en 1890[146].

Se puede explicar de varias maneras esta diferencia entre las ciudades y los Estados. De un lado, las ciudades no pueden rechazar las deudas como los Estados soberanos[147]. Luego las restricciones al derecho de contraer deudas las municipalidades se introdujeron recientemente en las Constituciones de los Estados. Pero la causa principal está en las condiciones del Gobierno de las grandes ciudades, donde las riquezas de la comunidad son más grandes, y están muy a disposición de una multitud de electores ignorantes. Varias de las grandes ciudades se encuentran en Estados que o han impuesto desde hace poco, o todavía no han impuesto, restricciones suficientes al derecho de contraer empréstitos a los consejos de las ciudades. Ahora bien; los consejos de las ciudades, como hemos visto, no sólo son administradores incapaces, sino que son muy llevados a hacer que se realicen obras públicas que ofrezcan ocasiones de especular, de realizar agios y hasta de apoderarse de grandes cantidades.

146 Tomo estos datos del *Boletín* núm. 976 del Censo de 1890.

147 En ciertas partes de Nueva Inglaterra, la deuda de la ciudad o de cualquier otro Municipio es, además, deuda personal de todo habitante, y así tiene una excelente garantía.

9. El funcionamiento de los gobiernos de los Estados

La dificultad que yo experimentaba para explicar a europeos la naturaleza del Estado americano, porque no hay nada semejante a él en Europa, se presenta de nuevo cuando queremos darnos cuenta de la manera según la cual los órganos del Gobierno que hemos descrito funcionan en la práctica. Decir que un Estado es inferior a la Nación, pero más grande que una municipalidad, es afirmar una cosa evidente, pero poco instructiva; porque el Estado tiene de particular que posee rasgos que caracterizan a una Nación en Europa, y sólo a una Nación, con otras que pertenecen a las municipalidades.

El Estado parece grande o pequeño, según el punto de vista desde el cual se mire. Es grande si se considera su esfera de acción y su derecho de acción omnipotente en esta esfera, que comprende el mantenimiento de la ley y del orden, casi todo el campo de la jurisprudencia civil y criminal y su poder limitado de establecer impuestos. Pero si nosotros preguntamos cuáles son las personas que manejan esta gran máquina de gobierno, hasta qué punto interesa a los ciudadanos, qué grado de respeto les inspira, las vastas proporciones que habíamos admirado comienzan a disminuir; las personas se convierten en insignificantes, y el interés del pueblo decae más y más. Los poderes de las autoridades del Estado son semejantes a los de un Parlamento europeo; pero están desempeñados por hombres, la mayoría de los cuales son menos distinguidos y menos respetados por sus compatriotas que los miembros de los consejos municipales de Manchester o Colonia. Algunos Estados exceden en superficie y población a algunas monarquías de la antigua Europa. Pero en sus anales no puede brillar ningún suceso interesante y ninguna personalidad eminente.

Se tropieza todavía con otra dificultad, cuando se describe el funcionamiento del Gobierno de un Estado, la cual consiste en las innumerables diferencias de detalle entre los varios Estados. El cuadro orgánico del Gobierno es análogo en todos; pero su actividad funcional varía según el carácter y los hábitos, las ideas, la educación y las tradiciones de los habitantes del Estado. Un europeo, naturalmente, dirá: «Elegidnos un Estado tipo y describidle». Pero el Estado tipo no existe. Massachusetts o Connecticut son un buen ejemplo de Nueva Inglaterra; Minnesota o Iowa, un buen ejemplo del Noroeste; Georgia o Alabama ponen de manifiesto los males que, compensados sin duda por grandes fuerzas recuperativas, perturban al Sur; Nueva York e Illinois revelan el contraste entre las tendencias de una muchedumbre ignorante de ciudad y los colonos serios y prudentes de los condados rurales. Pero tomar uno de esos Estados como tipo, y hacer que el lector suponga que lo que yo digo de él también se aplica a las otras cuarenta y cuatro Repúblicas de la Unión, equivaldría lanzarlo en un laberinto inextricable. Preciso es, pues, que me contraiga a hablar de una manera general, insistiendo sobre los puntos que indican tendencias muy semejantes en casi todos los gobiernos de la Unión, previniendo al lector europeo para que no olvido que los ejemplos tomados de un Estado particular no son necesariamente verdad respecto de todos los Estados, porque su vida puede depender de condiciones diferentes.

Los gobiernos de los Estados tienen todos, como ya hice notar, un cierto aire de familia, común con el del Gobierno nacional o federal; debido ello no sólo al hecho de que los sistemas de los trece Estados antiguos sirvieron en gran parte de modelo al Gobierno federal, sino también al influjo que la Constitución federal ha ejercido desde 1789 sobre quienes han redactado o enmendado las Constituciones de los Estados. La Constitución federal, pues, ha sido a la vez hijo y padre. Allí donde las Constituciones de Estado difieren de la Constitución de la Unión, se debe invariablemente a que son más democráticas. Aquella expresa aún las doctrinas de 1787. Estas traducen las opiniones de días más recientes, cuando las ideas democráticas han sido más dominantes, y hombres menos precavidos que los hombres prudentes de la Convención de Filadelfia han dado una forma legal a las creencias populares. Esta diferencia, que aparece no sólo en el modo de nombrar los jueces, sino en los términos más cortos que los Estados conceden a sus funcionarios y senadores, se manifiesta aún más clara en las relaciones entre los Poderes legislativo y ejecutivo. El ejecutivo nacional, aunque separado de la legislatura de una manera extraña para un europeo, es, sin embargo, todo él de una pieza. El Presidente es supremo: los ministros son sus subordinados, y los elige entre sus correligionarios políticos. Obran siguiendo sus órdenes, y él es responsable de su conducta. En cambio, en los Estados, nada hay que se parezca ni de lejos a un Gabinete. Los funcionarios ejecutivos se eligen directamente por el pueblo. Son independientes del gobernador del Estado. No están sometidos a sus órdenes, salvo en ciertos puntos determinados por la ley, y él no es responsable de su conducta, porque no puede fiscalizarlos. No es necesario que el gobernador pertenezca al partido que tiene la mayoría en la legislatura, y los demás funcionarios del Estado pueden no ser del mismo partido que el gobernador[148]. Puede ocurrir que hayan sido elegidos en una época diferente y por más tiempo.

El europeo que estudie el mecanismo del gobierno de los Estados —y son muy pocos los europeos que lo han hecho—, tropieza desde luego con un sistema que es lo contrario de lo que esperaría encontrar. «¿Cómo —se preguntará— puede funcionar semejante máquina? Se comprende el sistema según el cual una legislatura gobierna por el intermedio de funcionarios que de derecho o de hecho ha elegido y que sostiene en el poder. Se puede comprender también un sistema en el cual el Ejecutivo, aunque independiente de la legislatura, se componga de hombres que obran de común acuerdo, bajo un jefe que es responsable directamente ante el pueblo. Pero ¿no será un sistema desprovisto de todas las condiciones necesarias, para una acción armónica y eficaz, aquel en el cual los funcionarios del Ejecutivo son independientes entre sí sin estar sometidos a la legislatura? Ellos no obedecen a nadie. No son responsables más que ante el pueblo, el cual sólo existe con autoridad concreta cada dos años, el día de las elecciones, cuando deposita su papeleta en la urna.

Semejante sistema, parece la negación de todo sistema, y se asemeja al caos».

---

148 Así, en Massachusetts se eligió en 1811 (y luego en el 92), un gobernador demócrata, y los demás funcionarios pertenecían al partido republicano.

Si nuestro europeo se esfuerza por aclarar el misterio, sus amigos de América, de ordinario tan solícitos, no le prestan ayuda, porque no comprenden sus dificultades. La luz brotará en su espíritu cuando advierta que los negocios ejecutivos de un Estado no entrañan como necesaria una política en el sentido europeo de la palabra, y que la armonía en los pareceres y en el objetivo, no son precisas en aquellos que los dirigen. Todas las cosas que en el Estado tienen un carácter político, pertenecen a la legislatura y sólo a la legislatura.

Comparad el Presidente federal con el gobernador de un Estado. Aquél se ocupa con la política extranjera; éste no. Aquél nombra funcionarios para una multitud de funciones; éste no nombra a casi nadie. Aquél manda los ejércitos de mar y tierra; éste no tiene a sus órdenes más que la milicia, insignificante de ordinario. Aquél tiene el servicio postal; los Estados no tienen servicio postal. Queda muy poco al gobernador fuera de su veto, que es una función más bien legislativa que ejecutiva, de su deber de sostener el orden que no reviste importancia sino en caso de insurrección o de rebelión, y de la función mecánica que consiste en representar al Estado en ciertos asuntos de mero trámite, entre los cuales son los principales las peticiones a otro Estado de la extradición de un criminal, la fijación de las elecciones de los miembros del Congreso y de la legislatura, la recepción de los informes de los funcionarios del Estado. Esos funcionarios, aun los más importantes, aun aquellos que corresponden a los ministros de un Gabinete del Gobierno nacional, no son sino meros empleados encargados de un trabajo dado, v. gr., de percibir o de distribuir los ingresos del Estado, según determinan las leyes, trabajo que a menudo está intervenido por otros funcionarios; o bien son comisarios encargados de hacer encuestas, de inspeccionar o de hacer informes, sin poder tomar nunca una decisión importante. La política está fuera de la acción de sus funciones; en los mismos detalles de los asuntos ejecutivos, su libertad de acción es muy limitada. Todos tienen, sin duda, desde el gobernador a abajo, ocasiones de especular y de hacer irregularidades; pero los menos escrupulosos se abstienen de aprovecharse de ellas, temerosos de que un comité legislativo haga una encuesta y obtenga una acusación como consecuencia de ella. Como no están allí más que por dos o tres años, su posición resulta muy incierta; pero el deseo de cumplir a conciencia su deber para ser reelegido, sería mayor si el pueblo tuviera la costumbre de elegir con más frecuencia hombres capaces y competentes. Desgraciadamente, muchos Estados obedecen a las mismas tradiciones para sus funcionarios y para su Congreso; cuando un hombre ha desempeñado una función, aunque lo haya hecho con gran celo por el bien público, estiman que debe ser reemplazado por otro.

La razón por la cual este sistema que hemos descrito, marcha sin graves inconvenientes, está en que el Ejecutivo tiene poco que hacer, y relativamente poco dinero que gastar. Hay dos motivos que explican el que haya tan poco que hacer. El Gobierno local está tan desenvuelto, que en todos los Estados americanos, el condado, la ciudad, el distrito y los distritos escolares tienen en sus manos muchas de las funciones que en Europa tiene la autoridad central. Esas divisiones secundarias limitan la extensión del poder del Estado al modo como éste limita la del poder central. El otro motivo consiste en que en los diversos Estados la legislación ha sido llevada hasta sus límites extremos. Los legisladores han hecho leyes sobre asuntos que en Europa se dejan a la discreción del Ejecutivo; de suerte que el Ejecutivo no tiene allí ninguna libertad de acción, y los funcionarios ejecutivos no son más que las manos del cerebro legislativo, que los dirige con el auxilio de leyes muy minuciosas en sus detalles, que indica con cuidado el destino de cada crédito, y que vigila por medio de sus comités inquisitoriales.

La consecuencia natural de este arreglo de cosas es que las altas funciones del Estado no dan ni gran honor ni gran poder. Se aprecia un puesto por el sueldo que procura, y por las ocasiones que ofrece de servir a sus amigos o de obtener una concesión sobre ciertas contratas. Sin embargo, en los grandes Estados, el cargo de *attorney* general o de interventor es a menudo solicitado por hombres capaces. Un gobernador de Estado no es, en verdad, una condición despreciable. En algunos Estados queda aún algo así como un perfume de otros tiempos, alrededor de esta función; por ejemplo, en Massachusetts, donde las tradiciones del siglo último fueron renovadas por el hombre eminente que estuvo al frente de la República durante la guerra de secesión, y que logró estimular y dirigir el patriotismo de sus conciudadanos. Hoy día, nadie querría, como M. Jay en 1795, cambiar el cargo de Justicia de los Estados Unidos, por el de gobernador de un Estado: sin embargo, se ha dado el caso de que un ministro de Gabinete haya preferido dejar su puesto para obtener el de gobernador de un Estado como Nueva York. En todos los Estados, el gobernador puede, en cualquier momento, como primer magistrado y depositario que es de la autoridad del Estado, ser el eje alrededor del cual gira el orden público. Durante las sublevaciones de 1877, en Pensilvania, aprovechándose de la ausencia accidental del gobernador, en un viaje que hizo al Oeste, los amotinados consiguieron reunir fuerzas. Pero en las crisis recientes, que han sido el resultado de las huelgas del Oeste, sobre todo la de los empleados de los ferrocarriles, la acción inmediata de los gobernadores ha mantenido o restablecido el orden en varios Estados; mientras que la indecisión de los gobernadores vecinos ha permitido a los huelguistas detener el trabajo y molestar a los obreros que habían sido contratados para reemplazarles. Del propio modo, en una crisis comercial, como la sufrida por la Unión en 1837, cuando los ciudadanos están dominados por el pánico y la legislatura vacila, la iniciativa del gobernador puede hacer mucho, y a ella se vuelven los ojos del pueblo naturalmente. Su derecho de sugerir medios legislativos, ordinariamente abandonado, adquiere entonces importancia, y puede detener o aumentar la crisis que el pueblo sufre.

Sin embargo, no es como magistrado ejecutivo como un gobernador se hace, de ordinario, una buena o mala reputación, sino por la facultad cuasi legislativa de aceptar o rechazar por el veto los bills votados por la legislatura. El mérito de un gobernador se juzga usualmente, según el número y la intrepidez de sus vetos; y un europeo puede ver, como a mí me ha ocurrido en el Estado de Nueva York, en 1870, el raro espectáculo de un gobernador que solicita del pueblo su reelección, fundándose en que había resistido en muchas e importantes ocasiones la voluntad de sus representantes, solemnemente expresada en los votos de las dos Cámaras. Si los gobernadores apelan a menudo de ese modo y con éxito al pueblo, no sólo es porque tienen poca confianza en la legislatura, sino también, dicho sea en su honor, porque aquél respeta el valor. El pueblo ama, ante todo, al hombre fuerte, a la manera como los electores ingleses prefieren a un candidato que se niega a devorar comités o a recibir órdenes.

Los americanos, según esto, consideran al gobernador como el contrapeso de la legislatura, y así estiman que el Estado sale mejor con que aquél pertenezca al partido que esté en minoría en la legislatura. ¿Cómo ocurre este fenómeno?

Puede advertirse, observando los diferentes métodos de elección. El gobernador es elegido por el sufragio de todos los ciudadanos del Estado. Los representantes son elegidos por todos los electores, pero por distritos. Así, un partido puede tener una mayoría en una elección general de todo el Estado, y encontrarse en minoría en más de la mitad de los distritos electorales. Que es lo que ocurre en Nueva York dos años de cada tres. El voto general da la mayoría a los demócratas, porque éstos tienen una mayoría enorme en la ciudad de Nueva York y en algunos otros grandes centros. Pero en los distritos rurales, y en la mayoría de las pequeñas ciudades, el partido republicano posee una mayoría suficiente para vencer en la mayor parte de los distritos. Por consiguiente, mientras el gobernador era frecuentemente demócrata, la legislatura ora a menudo republicana. Las perturbaciones que podrían resultar de la oposición de esos dos poderes, no son de temer, porque las cuestiones que dividen los partidos nacionales tienen solo una repercusión muy lejana en los asuntos del Estado. Antes puede esperarse algún bien de esto, porque un gobernador del partido contrario estará mejor dispuesto a oponerse a los abusos de un Senado o de una Cámara hostil y a ponerle de manifiesto, que un gobernador que pertenezca a la mayoría de la legislatura, porque este último tendrá motivos para entenderse con la mayoría en espera de participar de los beneficios que puedan realizarse[149].

Y volvemos a la legislatura. En los diversos Estados la legislatura es con mucho la fuerza mayor, hasta el punto de que podemos casi llamarla el gobierno e ignorar todas las demás autoridades. Veamos cómo funciona sin la dirección que corresponde a un Ministerio ejecutivo en las Cámaras de todos los pueblos libres de Europa.

Así como el sistema de gobierno de los Estados se parece en general al Gobierno nacional, una legislatura se parece al Congreso. En la mayoría de los Estados se acentúan los defectos característicos del Congreso. Cuenta con menos hombres capaces y honorables entre sus miembros. Los jefes reconocidos son aún más raros. Está rodeada de tentaciones todavía mayores. Está vigilada por una opinión pública menos atenta y menos interesada; pero antes de investigar cuáles son los hombres que llenan los palacios legislativos, veamos qué clase de negocios les atraen.

Pueden clasificarse en tres grupos las materias de la legislación de un Estado:

I. Leyes privadas ordinarias, a saber: contratos, daños, herencias, relaciones de familia, delitos, procedimiento civil y criminal.

II. Leyes administrativas que comprenden: ordenación del gobierno local, municipal y rural, obras públicas, educación, comercio de licores, vacunación, adulteración de productos, establecimientos benéficos y penales, la inspección de minas o manufacturas, junto con las leyes generales sobre sociedades, ferrocarriles y trabajo, y además, con los impuestos locales y del Estado, y la gestión de la deuda pública.

III. Medidas de un carácter local y especial por el estilo de los llamados «bills privados», en Inglaterra, a saber: bills de cartas, de compañías de gas, agua,

149 A veces, sin embargo, la hostilidad entre el Senado del Estado y el gobernador entraña inconvenientes. Hace tiempo, el Senado de Nueva York se negó con persistencia a confirmar los nombramientos de los funcionarios que el gobernador había hecho, y de ese modo mantuvo en su puesto largo tiempo, después de la expiración de su periodo legal, a varios funcionarios que continuaron cobrando sus sueldos por no haber sido nombrados otros en su lugar. Se consideró que el Senado había obrado mal, pero el gobernador no inspiraba confianza alguna: no tenía ninguna autoridad moral ni merecía tenerla.

escuelas, tranvías o ferrocarriles, o para otorgar concesiones con el carácter de monopolios a dichas sociedades, para alternar o para modificar sus Constituciones, o bien para organizar las ciudades o pequeñas localidades, ordenando de paso sus asuntos.

Comparando estas tres clases de materias, las dos primeras, de las cuales están separadas por una línea poco precisa, se advertirá que los bills de la segunda son más numerosos que los de la primera, y los de la tercera más numerosos que los de las otras dos juntas. Las leyes civiles ordinarias, las que nos guían y nos protegen en las relaciones de la vida diaria, y sobre las cuales recae el 90 por 100 de los procesos entre ciudadanos, no cambian grandemente de un año a otro en los Estados americanos. Varios Estados del Oeste y algunos del Este han hecho experiencias atrevidas, en el campo del divorcio, mientras otros han añadido al Código nuevos delitos y reformado su procedimiento legal. Pero el derecho mercantil, así como el de la propiedad y de los derechos civiles, en general, son bastante estables. El pueblo está satisfecho con las cosas como están y el influjo de los profesionales de la ley se ejerce contra el cambio. En las materias de la segunda clase, que he llamado administrativa, porque generalmente entrañan la acción del Estado o de alguna de las comunidades que dentro de él existen, es más grande la actividad legislativa. En cada período se hacen experiencias en este campo, generalmente, ampliando la esfera del Gobierno, interviniendo en la vida de los ciudadanos e intentando hacer cosas que, al parecer, éstos no hacen o no hacen bien[150]. Pero la legislación general o «pública» aparece obscurecida por la de los «bills privados», que constituyen la tercera de nuestras clases. Los bills meramente locales o especiales superan en número a los generales, pues los sobrepujan de un modo considerable en los Estados que, como Virginia y Mississipi (hasta 1890), no exigen que las Compañías se formen con arreglo a leyes generales[151]. Los americanos pensadores condenan esos bills especiales, no solo porque producen confusión en las leyes generales, sino también porque proporcionan la ocasión, si el legislador no tiene cuidado, de agios y de cometer injusticias respecto de ciertos individuos o de ciertas localidades en interés de un grupo de especuladores. Son una fuente de escándalo en todos los Estados. La abundancia de esos bills ofrece además otro peligro, en cuanto son causa incesante de corrupciones. Propuestos con un interés pecuniario por una compañía ya formada o por un grupo de personas que desean formarla, su aprobación se asegura por la intriga y por el dinero, que se distribuye en grandes sumas entre los hombres influyentes que dirigen el Senado o la Asamblea, y en pequeñas sumas, a otros miembros accesibles a esos argumentos sólidos, y que no escuchan otros. La posibilidad de sacar provecho por tal camino en la legislatura, es lo que atrae a ella a ciertas gentes en los Estados que ofrecen, como Nueva York, Pensilvania, o Illinois, un campo abonado para las grandes empresas pecuniarias. Allí donde hay un cadáver, los buitres acuden. El poder del dinero, tan formidable en las grandes compañías, ataca principalmente a las legislaturas de esos grandes Estados,

---

[150] V. el cap. sobre *Laisezfaire,* en el vol. IV.
Varias de esas medidas se preparan en las asociaciones fuera de la legislatura, que introducen en el bill sus aspiraciones, lo entregan a uno o varios miembros y consiguen que sea votado quizá hasta sin debate. Así es como no solo las organizaciones obreras, como los Caballeros del Trabajo y los Granjeros (Clubs de colonos), sino también la Unión Cristiana de las mujeres para la templanza, los médicos, los dentistas y los lecheros hacen adoptar sus proyectos de ley favoritos.

[151] En 1890 la legislatura de Kentucky aprobó 176 leyes públicas y 1.752 locales o privadas.

[152] Aunque esa ordenación del gobierno de las ciudades sea muy perjudicial cuando son grandes,

pero además se deja sentir en casi todos. En la mayoría de los Estados, solo hay una pequeña minoría de miembros de la legislatura que se deje corromper. Y, sin embargo, aun en esos Estados, la ocasión que ofrecen esos numerosos bills locales y especiales de darse importancia, de servir a sus amigos, de obtener alguna cosa para su localidad, afirmando así su influjo local, es suficiente para hacer desear un puesto en la legislatura, sobre todo, a causa de esos bills, y para hacer abandonar a la mayoría de los miembros las altas funciones de legislación general que poseen las asambleas. Puede aplicarse a esas Repúblicas, aunque con un sentido nuevo, el famoso dicho: *corruptissima república plurimae leges.*

Hay una forma de esta legislación especial que es particularmente atractiva y perniciosa. Consiste en el derecho de fijar por una ley la Constitución municipal y el gobierno de las ciudades. Las ciudades crecen tan de prisa, que todas las empresas que a ellas se refieren son particularmente tentadoras para los especuladores. Los ingresos de una ciudad son tan considerables, que ofrecen un rico botín a los que en tales asuntos intervienen. Los votos de una ciudad son bastante importantes para dar un gran poder a quien los domina y para permitirle hacer un buen negocio con los directores políticos de la Cámara legislativa. He ahí por qué la intervención de la legislatura en el gobierno de las ciudades, es una causa muy importante de la labor legislativa, un medio de conseguir el poder los políticos intrigantes y de enriquecerse los hambrientos; medio que si no ensalza a los malhechores, asusta de cierto a las gentes honradas[152].

Ahora que ya hemos visto cuáles son las principales ocupaciones de la legislatura de un Estado, estamos en situación de poder investigar cuál será quizá la calidad de las personas de que se compone. Las condiciones que determinan la calidad de los miembros de una legislatura son las siguientes:

I. El sistema de selección por las convenciones de los partidos. Como esto será expuesto en algunos capítulos de la tercera parte, me daré por satisfecho con decir aquí que impide el éxito de los buenos candidatos y que favorece el de los malos.

II. La costumbre de no elegir como representante de un distrito sino un habitante del mismo. Esta costumbre disminuye el campo de la elección, y no solo excluye las personas competentes que pudieran acudir de otras partes del país, sino que además impide a los hombres capaces lanzarse a la política, porque si pierden su puesto por su distrito propio, no pueden entrar en la legislatura como representante de otro.

III. El hecho de que la capital del Estado —esto es, la ciudad donde se reúne la legislatura y donde residen los principales funcionarios— es de ordinario una ciudad pequeña, lejos de la ciudad o de las ciudades más populosas del Estado, y, por lo tanto, una ciudad de pocos atractivos, desde el punto de vista social, poco favorable a los hombres de negocios y a los abogados, y también —dicho sea de paso— más al abrigo de una opinión pública vigilante que en una gran ciudad donde la Prensa es curiosa y lo ve todo. Los hombres de Pensilvania, que ten-

es, sin embargo frecuente, aun donde son las ciudades pequeñas. Por ejemplo, en Wisconsin, Estado del Oeste, que no tiene más que una gran ciudad (Milwaukee), la legislatura votó en 1826 unas 500 leyes concediendo cartas a las ciudades o reformando las existentes, que ocupan 1.342 páginas impresas. Las otras leyes del año no ocupan más que 600. Discurso pronunciado por el Dr. Alberto Shaw, en 1888, en la Universidad de Cornell.

153 Mr. Teodoro Roosevelt, de Nueva York, en la *Century Magazine* de Abril de 1885.

drían mucho gusto en figurar en la legislatura, si se reuniese en Filadelfia, no lo tienen tan grande porque se reúne en Harrisburg. Un ciudadano eminente de Connecticut me decía que en este pequeño Estado, todo el que quiere puede ir a Hartford en pocas horas, aun partiendo del rincón más apartado, mientras que un miembro de la legislatura de Illinois o de Wisconsin está obligado a menudo a dejar su familia y habitar en Springfield o Madison durante las sesiones, porque esas capitales están muy lejos de las fronteras de esas vastas Repúblicas. Creía que esta era una de las razones por la cual la legislatura de Connecticut es superior a la de los otros Estados.

IV. La naturaleza de los asuntos sometidos a las legislaturas de los Estados. Según ya he dicho, la mayoría de esos asuntos no interesa sino muy poco al pueblo, y no tienen jamás un gran alcance político. Esos asuntos no dejan de ser importantes. Nada más importante que restringir el número de leyes especiales y arrancar las ciudades de las garras de un ladrón. Pero esta importancia está por encima de la inteligencia del pueblo en general, porque los males que sería preciso impedir están esparcidos en una porción de bills, cada uno de los cuales tiene en sí escasa importancia, aunque todos juntos arruinen al país. He ahí por qué el hombre político superior, rara vez se toma el trabajo de entrar en la legislatura de un Estado; los hombres que reúnen una gran probidad y un gran talento y energía, están demasiado ocupados con los deberes de su profesión o en sus negocios, para dedicarse a la triste tarea de un miembro de legislatura; esto es, para ir a disputar a los Comités sobre un bill acerca del gas o acerca de un ferrocarril, o a esforzarse por hacer votar alguna medida beneficiosa para la localidad que lo ha elegido.

En esta enumeración de las condiciones que hacen bajar el valor de los miembros, no he hablado de los sueldos que se les conceden, porque no tiene esto gran importancia. Sin duda atraen a algunos individuos pobres, colonos necesitados y abogados medio muertos de hambre. Pero aunque atraigan a tales hombres, no impiden ser elegidos a los superiores en mérito. Quizá los representantes tendrían un sentimiento más vivo de sus deberes públicos si el trabajo legislativo no fuere retribuido. Pero prácticamente estoy persuadido de que la supresión de los sueldos no daría a América mejores legisladores. Los inconvenientes que apartan de la legislatura a los hombres superiores y las ventajas que atraen a los inferiores seguirían siendo las mismas; quizá tienen razón los que dicen que los puestos de los que no volverían si les suprimiesen sus cinco dólares diarios, serían ocupados por otros que encontrarían el medio de conseguir un ingreso análogo por caminos menos honrados.

Según lo que acabamos de ver, es inútil decir que las legislaturas de los Estados no son cuerpos de alta condición. Las mejores parecen ser las de algunos Estados de Nueva Inglaterra, especialmente Massachusetts, donde las tradiciones venerables de una antigua república consiguen, aunque no lo suficiente, sostener la dignidad del cuerpo e inducen a los hombres honrados a entrar en él. Esta legislatura, llamada la *General Court,* es, según las mejores autoridades, substancialmente pura, y desempeña su misión bastante bien. Su composición es, sin embargo, inferior a la de las Cortes generales de hace ochenta años, y no se ha elevado en estos últimos tiempos. Connecticut tiene un buen Senado y una Cámara de Representantes pasable. Se dice que es bastante honrada, si bien comprende algunos demagogos. Vermont es puro. Nuevo-Hampshire, un Estado cuyos electores se dejan corromper, es menos respetable; quedan luego los Estados del Noreste, donde la población, compuesta casi por entero de campesinos que cultivan la tierra de que son propietarios, envía miembros que representan bastante bien la inteligencia media, y que están poco por debajo del nivel medio en moralidad. No hay tradiciones en esos Estados, y hay ya compañías bastante ricas para corromper a los miembros y hacerse pagar luego su silencio. He ahí por qué no debe extrañarnos encontrar entre los legisladores políticos do oficio de la peor especie. Pero la proporción, de semejantes hombres es poco elevada en Estados como Michigan, Yowa, Minnesota y Oregón, probablemente no hay más del cinco al quince por ciento; los otros miembros son frecuentemente ignorantes y limitados, pero honrados y de buena intención. En Ohio y en Indiana la proporción de esas gentes es algo más alta.

Es difícil dar una idea general de los Estados del Sur, primero porque hay grandes diferencias entre los Estados, y luego porque aún están en un período de transición que se terminará quizá por una mejora en el estado de las cosas. Hablando en general, sus legislaturas son inferiores a las del Noroeste, aunque se encuentren en la mayoría de las asambleas hombres de excepcional habilidad y mérito. Kentucky y Georgia figuran entre los mejores Estados; Mississippi y Arkansas están reputados como de los menos honrados. Luisiana, inficionado por Nueva Orleans, es sin duda el peor.

El lugar más bajo pertenece a los Estados que han recibido un número muy grande de inmigrantes europeos, y los cuales han caído en manos por completo de gentes de partido sin escrúpulos. Nueva York, Filadelfia, Baltimore, Chicago, Cincinnati, San Francisco, han hecho todo lo posible para envenenar las legislaturas de sus Estados, en los cuales se encuentran, llenando las asambleas de miembros de un tipo muy bajo, y siendo los centros de enormes acumulaciones de capitales. Han colocado la fuerza más potente y más corruptura en contacto con el material más débil y corruptible. Así el mundo rara vez ha podido ver también el sábado de las brujas del agio, de la corrupción, del robo, de la prostitución del poder legislativo ante los intereses privados, como en Pensilvania y en el Estado de Nueva York. Naturalmente, en esos Estados la mayoría no está compuesta de hombres corrompidos porque la mayor parte de los miembros procede de los distritos rurales o de las poblaciones pequeñas, donde reina la honradez y el orden de un modo tan general como en el Norte y en el Oeste, fuera de algunas grandes ciudades. Muchos de ellos son colonos o granjeros o abogados modestos, que acuden con la intención de hacer bien, pero caen pronto en manos de los intrigantes que abusan de su ignorancia e inexperiencia. Uno de los más hábiles y de los más activos entre los políticos de la joven generación americana[153] decía:

«Cuando cierto número de hombres, muchos de los cuales son pobres, algunos poco escrupulosos y los demás elegidos por electores demasiado ignorantes para pedirles cuenta exacta de sus acciones, se ven colocados en una posición de gran poder temporal, al cual son llamados para decidir cuestiones que afectan a la prosperidad de grandes compañías y de individuos muy ricos, hay muchas probabilidades de que los gane la corrupción; y que hay muchas gentes corrompidas, mucha falta de honradez política, mucha cobardía moral, no puede ignorarlo, con relación a Albany, quien haya tenido que ocuparse de legislación desde el punto de vista práctico. Yo creo, por lo demás, que los miembros honrados son más numerosos que los malos... Los representantes de los distritos rurales son,

[154] Quienes tengan la experiencia de los Cuerpos legislativos, admitirán que la ignorancia y la

por lo común, buenas gentes: granjeros bien acomodados, abogados modestos, comerciantes prósperos, en general hombres inteligentes, pacíficos y honrados. Tienen a menudo el espíritu estrecho; son lentos para recibir una idea, pero cuando la han aceptado la defienden tenazmente. Por lo general, son americanos de nacimiento, y los que no, se han americanizado por completo en sus costumbres y manera de pensar... Los peores legisladores proceden de las grandes ciudades. Ordinariamente son extranjeros, de poca o ninguna educación, con ideas morales muy vagas, cuya ignorancia es tan profunda, que sería cómica de no producir a veces efectos graves en nuestras leyes. A causa de su ignorancia, más que por su natural vicioso, es difícil hacerles votar buenas leyes o que impidan que las malas pasen; y ellos son el más irritante de los elementos contra los que tenemos que luchar para tener un buen Gobierno»[154].

El mismo escritor continúa diciendo que, después de haber formado parte de tres legislaturas del Estado de Nueva York, ha podido convencerse de que ni un tercio de los miembros está en disposición de recibir influencias corruptoras; pero aunque el carácter de esos hombres fuese conocido de sus colegas y del «lobby», rara vez se podía condenarlos. Gran parte de ese tercio corrompido no ha ido a la legislatura con la intención de aprovecharse de ella, pero han sido ellos corrompidos por los demás. Habían advertido que no podían distinguirse por medios legítimos; así que, al presentarse la tentación, se habían dejado llevar por ella, porque tenían una conciencia débil y ningún conocimiento de los propios del hombre de Estado. O bien, deseando ante todo hacer aprobar alguna medida local reclamada especialmente por sus electores, habían visto que no podían obtener el apoyo de otros miembros, sino convirtiéndose en cómplices de los agios o de los robos que los otros miembros les proponían. O, como debían su puesto a un hombre influyente o a una compañía poderosa, estaban obligados a votar según las órdenes de su «amo»[155].

El miembro corrompido tiene varios procedimientos para ganar dinero. Uno, el más corriente, consiste en vender su voto por dinero o cosa equivalente. Otro consiste en obtener por su voto el apoyo de un grupo de colegas para otra medida que le interese personalmente, como, por ejemplo, una medida que haga aumentar el valor de los terrenos en las cercanías de una ciudad. Es éste el «cabildeo», y es muy difícil impedirlo, porque bajo su forma más inofensiva se le distingue apenas del cambio legítimo de servicios que existe en todos los cuerpos legislativos. Sin embargo, se considera este sistema muy perjudicial, y cuatro Constituciones nue-

---

estupidez causan más daño que las malas intenciones, porque son más comunes y el juguete de los hombres de intención aviesa.

155 «Llegó ante un comité (de la Cámara de Nueva York) del cual yo era miembro, un bill perfectamente justo, de interés para una Compañía; la mayoría del comité (seis miembros) estaba formada de hombres sin conciencia, que se opusieron al bill con la esperanza de cobrar la cesación de esta oposición. Cuando yo había consentido en encargarme del bill, estipulara que no se pagaría un penique para hacerlo pasar. Fue, por consiguiente, necesario saber quién ejercía influencia sobre los miembros recalcitrantes, y, por tanto, a quien debían estos su posición política. Tres estaban bajo la acción de políticos locales del mismo partido y de la misma catadura moral; otro estaba bajo el poder de un político de reputación mediana de otra ciudad; el quinto, un demócrata, era un servidor de un republicano (!) funcionario federal, y el sexto del presidente de una compañía de tranvías urbanos. Unas cuantas cartas de estos últimos personajes obligaron a los miembros últimamente citados a cambiar de actitud respecto del bill con una flexibilidad asombrosa». (Teodoro Roosevelt, 1. c).

156 El presidente de un ferrocarril del Oeste, hombre hábil y honrado, me decía que se veía

vas, las de Dakota del Norte, Montana, Idaho y Wyoming, contienen disposiciones según las cuales se debe considerar como corrupción y ser castigado, por tanto. Un tercero es el «chantage»: un miembro presenta un bill, que se dirige especialmente contra una gran compañía particular, por ejemplo, un ferrocarril, en el cual se proponen cambiar las leyes generales, perjudicando a esta compañía o a un grupo. En secreto hace saber a los directores o abogados de la compañía que desea «verles», y la mayoría de las veces se deja comprar. En ese caso se mantiene el bill hasta el último momento, para impedir que otro miembro lo reproduzca. Aun en los Estados del Noroeste hay de ordinario un grupo de miembros de esa ralea, que estiman que los 300 dólares de indemnización son insuficientes, y aumentan sus ingresos legislativos cobrando una especie de impuesto sobre las compañías del Estado. Ese medio (llamado técnicamente «strike») no es completamente desconocido en Nueva Inglaterra, donde a menudo se introduce un bill en favor de las diez horas de trabajo, por ejemplo, para asustar a las grandes compañías y a otros capitalistas, y obligarles a inducir al autor a que lo retire, empleando los medios que los capitalistas pueden aplicar. Todas las compañías de ferrocarriles importantes tienen uno o varios agentes, presentes durante las sesiones de las legislaturas, para vigilar los bills que se inician y los comités que de ellos se ocupan. Estos agentes se dirigen a veces a los amigos de la compañía para hacer fracasar el bill, y recurren a los expedientes ordinarios para crearles amigos. Pero a menudo es más fácil y barato dar satisfacción al agresor[156]. Naturalmente, los comités son los centros de intrigas, y la presidencia de un comité es la posición que ofrece a un hombre sin escrúpulos las ocasiones más favorables. Alrededor de los comités se mueve ese enjambre de agentes profesionales que los americanos llaman «the lobby», y que acuden a solicitar a los miembros, amenazándoles con disgustos en sus distritos, importunándoles con toda especie de razones y de promesas, ofreciéndoles dinero, cigarros y licores[157].

En esos Estados desmoralizados, el Senado es aún peor que la Cámara, mientras que en los Estados mejores es ordinariamente el cuerpo superior[158].

Hay dos razones. Como el Senado es más pequeño —en Nueva York tiene 52 miembros frente a 150 que tiene la Asamblea—, el voto de cada senador tiene más importancia, y si se vende hay que pagarlo más caro. En las mismas condiciones

---

obligado a tener siempre un hombre vigilando el trabajo de las Cámaras durante las sesiones en la capital del Estado por donde cruzaba su línea, y a emplear toda clase de medios para hacer fracasar los bilis dirigidos contra la compañía, porque, de no hacerlo, los accionistas serían arruinados. Deploraba esta necesidad. Se trataba de un Estado relativamente bueno; pero los colonos tenían tal género de prejuicios contra los ferrocarriles, que los bills malos tenían probabilidades de pasar, siendo preciso acudir a medios enérgicos.

157 Un senador a quien se le conocía generalmente e con el nombre de «Gibbs el, perverso», estuvo en Albani dos años, durante los cuales hizo sus negocios «con tal decoro, que sus electores se negaron a reelegirle; pero al año siguiente se presentó de nuevo con gran aplomo, rogando a sus electores que lo nombrasen, porque no tenía dinero, y quería arreglar sus asuntos y rehacer su fortuna con el sueldo de un miembro de la asamblea, en junto, 1.500 dólares». (M. J. B. Bishop, de Nueva York, en un artículo titulado *Money in City Elections,* p. 6).

158 Algunos de los que me han informado no son de esta opinión; y otros creen que la proporción de los hombres corrompidos, aun en Albani, es inferior a lo que indica Mr. Roosevelt. Los escritores de la escuela pesimista creen que es más elevada. Doy en esto, como en lo demás, la opinión que me parece más verosímil, aunque yo pueda decir, como Heródoto, con relación a la leyenda de Ciro: «Conozco otras tres sondas de la Historia».

159 Aun entre las leyes que aparecen en las compilaciones de los Estados con el título de leyes

una tentación más fuerte tiene más probabilidades de vencer la virtud, y las circunstancias son las mismas prácticamente, porque tan difícil es exigir la responsabilidad de un senador como la de un miembro de la Asamblea, y el puesto no es más honorable. Y la segunda razón consiste en que los intrigantes diestros y experimentados consiguen llegar al Senado, donde su poder (comprendiendo en él la confirmación de los nombramientos) es más grande, y su voto de más valor. Persisten los más capaces; pero como esto implica la falta de escrúpulos, resulta prácticamente una selección natural de las peores.

Quiero salir de esta laguna Estigia para hacer algunas observaciones, que parecen aplicables a la generalidad de las legislaturas de Estado, y no meramente a los más degradados.

El espíritu de localismo, extraordinariamente fuerte en América, las domina por completo. Un miembro no es un miembro nombrado por su distrito para el Estado, y que debe pensar, ante todo, en el bienestar de la comunidad. Es el representante de Browsnville o Pompey, o del séptimo distrito, y así, discurriendo según los casos. Su deber primero y principal es obtener para su distrito todo lo que pueda del tesoro del Estado, o por medio de su legislación. No le habléis del interés general, porque esta consideración no tiene ningún peso, si va en contra de los intereses de su pueblo. Por eso, sus colegas del mismo partido le consideran como el único defensor de las reivindicaciones de su distrito, y el único autorizado para hablar de sus negocios. Si se trata de un bill que interese a su localidad, y nada más que a ella, su opinión es decisiva. Nadie tiene el derecho de intervenir. Este uso se acepta con tanta más facilidad, cuanto que cede en pro de los intereses particulares de cada miembro, siendo muy raros los miembros que tienen puntos de vista más amplios, y que traten de defender los intereses del Estado y los principios generales de una legislación sólida. Siendo esta la doctrina aceptada y la conducta invariable, el turno es natural y casi legítimo. Como cada miembro es el único juez para las medidas que se relacionan con su distrito, los demás apoyan a quien propone un bill local en espera de que éste les apoyará a su vez en condiciones análogas. El que se opone a un bill malo de otro, en interés del Estado, está seguro de que éste se opondrá a su bill, quizá con éxito, por útil que sea.

Ya he indicado (*Rep. Am.* capítulos XIV-XVII), al hablar del Congreso, los defectos que provienen de la falta de una jefatura reconocida, y de personas oficialmente obligadas a representar y proteger los intereses del pueblo de un modo general. Pues bien; tales defectos reaparecen en las legislaturas de los Estados, en más pequeña escala, sin duda; pero agravados en su forma, porque el nivel de la habilidad es más bajo, y la presión de la opinión pública menor. No hay aquí nadie encargado de oponerse al localismo mezquino; nadie tiene la función de resistir a las proposiciones que algún grupo perturbador haga, proposiciones cuyo peligro final y actos perniciosos perciben los hombres reflexivos. Allí hay miembros de distritos, no del pueblo del Estado; así pasan muchos bills malos e inútiles. Y cuando surge una cuestión difícil, puede esperarse que no haya miembro alguno capaz de proponer una solución. A veces, el gobernador los saca del barranco, nombrando una comisión de hombres competentes con el encargo de proponer a la legislatura una medida adecuada. A veces, la Constitución contiene una disposición que ordena que los jueces hagan un informe sobre los defectos del sistema judicial, a fin de que se elaboren las reformas necesarias.

Tales son los medios torcidos a que se ha recurrido para suplir la incapacidad de los legisladores y el defecto de un sistema propio de cooperación entre los departamentos del Ejecutivo y del Legislativo.

Las legislaturas de los Estados, especialmente las del Oeste, son, ante todo, muy movidas, de conocimientos muy limitados, que aprecian muy mal los intereses materiales, todo lo cual las hace peligrosas; reuniéndose tan solo algunas semanas cada año o hasta cada dos, tienen una actividad febril durante esas semanas, y adoptan leyes cuyos resultados se sienten algunos meses más tarde. Por esta razón, y, además, por miedo a los agios, es por lo que «los buenos ciudadanos» de esas comunidades esperan con ansiedad el período legislativo, y saludan como quien se libra de un peligro la marcha de los representantes. Yo pregunté una vez a un gobernador de una República del Oeste, qué tal se arreglaba con la legislatura, y me respondió: «No diré que sean malas personas; pero el espectáculo más agradable del año es cuando al fin del período veo desaparecer las faldas de sus levitas por la esquina de la calle».

Este carácter general de las legislaturas de los Estados, y su índole movida y precipitada, se revelan bien en el número enorme de bills iniciados en cada reunión, y el número relativamente corto de los que pasan porque el período es corto o porque las influencias encontradas detienen la acción de los comités.

Se iniciaron (en los períodos de 1885 o 1886):

En Alabama	1.469 bills	(442 adoptados).
Illinois	1.107 bills	(131 adoptados).
Pensilvania	1.065 bills	(221 adoptados).
Nueva-York	2.093 bills	(681 adoptados).

En diez Estados se iniciaron 12.449 bills y se adoptaron 3.793. La mayoría de éstos eran locales o especiales[159]. En 1869 se iniciaron en las legislaturas de once Estados 10.838 bills públicos, de los cuales solo pasaron 1.878, habiéndose aprobado 3.639 privados en cuatro de esos Estados[160].

En Carolina del Sur, durante los cuatro años anteriores a 1896, de las 900 leyes votadas, solo 656 se refieren a materias de interés general público. Leyes concediendo personalidad a corporaciones, regulando herencias, cambios de nombre, liberación de deudas: he ahí los motivos que ocupan una gran parte del tiempo de las

generales, hay muchas que tienen un carácter local o especial. He encontrado, consultando las leyes aprobadas en Luisiana en 1886, que de 96 leyes clasificadas como leyes generales, 30 son realmente leyes locales o especiales. En Nebraska, en 1877, se aprobaron 114 leyes generales, 22 de las cuales, aunque clasificadas como leyes generales» eran realmente locales o personales, y 17 especiales. En Minnesota, en 1887, de 265 clasificadas como leyes generales, 36 parecen ser, por sus títulos, locales o especiales. Pero, como no siempre es fácil descubrir la substancia por el título, el número de leyes especiales clasificadas como generales puede aún ser mayor. Algunos Estados (por ejemplo, Wyoming) han prohibido las leyes privadas.
Como ya hice notar en otro capítulo, el número total de bilis de todas clases iniciados en el Parlamento británico, que es la única autoridad legislativa, para una población de 38 millones, fue de 481, de los cuales se aprobaron 282.

160 Tomo estos datos del mensaje presidencial de Mr. Henry Hitchcock a la Asociación americana de abogados, en la reunión anual de 1890.

161 Mensaje de Mr. W. A. Butler a la Asociación americana de abogados, en 1876.

legislaturas, a expensas del gran público y con serio detrimento del Estado. Sin embargo, Carolina del Sur no es un Estado en el cual haya grandes capitales o muchas empresas. El puesto que ocupan todas esas pequeñas e insignificantes cuestiones, lo ocupan en los Estados más prósperos los bills sobre ferrocarriles y otras compañías, y sobre las ciudades. El gasto que tiene que hacer el Estado por la legislatura, con resultados más bien perjudiciales que beneficiosos, es muy grande.

«En Carolina del Sur, donde el período es corto, el coste, según el informe de la Secretaría del Estado, es solo de 52.000 dólares; pero en Pensilvania, con ciento cincuenta y ocho días de sesiones, es de 686.500 dólares. En Connecticut, el último período, de noventa días, costó 98.000 dólares, mientras que los gastos generales de la legislatura de California son de 130.000 para un período de sesenta días. Los gastos de impresión, de viajes y otros incidentes deben sumarse, para formar un cálculo adecuado de la carga que pesa sobre los contribuyentes de los Estados para tener una mala máquina legislativa; cargas que varían entre 1.000 dólares o 4.000 por cada día de sesión, lo que hace un total para todos los Estados y para el Congreso, total que no puede sino calcularse de un modo aproximado, de 10 millones de dólares; y téngase en cuenta que no se trata de un gasto excepcional, sino del precio corriente de la legislación»[161].

Nada más notable, en estas legislaturas de los Estados, que su timidez. Nadie piensa en formarse una opinión propia. En las materias que interesan a sus electores, el miembro es naturalmente su humilde servidor. En las cuestiones candentes de partido —son pocas y la mayoría personales—, sigue a su partido. En las cuestiones de política general, mira qué viento sopla, y está dispuesto a votar todo lo que el pueblo o una parte activa del mismo pida, aunque naturalmente sea enemigo de ello secretamente y procure el fracaso de la medida. Esta falta de independencia tiene algunos buenos resultados. Permite a una pequeña minoría de hombres celosos, sostenidos por algunos periódicos, votar reformas miradas con indiferencia u hostilidad por la mayoría. Así, en cuerpos tan bajos como las legislaturas de Nueva York y Pensilvania, se han aprobado últimamente mejoras de las cartas de las ciudades, el voto secreto y un sistema perfeccionado de nombramiento de funcionarios. Unos pocos reformadores enérgicos llegaron a Albany y a Harrisburg, con la intención de unir sus fuerzas a las de un pequeño grupo de personas honradas que luchaban en pro de un buen gobernador, y en parte por el miedo, y en parte por las buenas, decidieron a la mayoría del Senado y de la Cámara a votar proposiciones contrarias a los políticos de oficio. Hace unos dos años, dos o tres nobles y sagaces damas obtuvieron, con su presencia en Albany, la aprobación de reformas para las instituciones de caridad do Nueva York. La ignorancia y el descuido de los «profesionales», que no siempre perciben los resultados de los cambios legislativos, y que no ven más allá de tres meses hacia adelante, facilitan semejantes triunfos; y así como la Biblia nos dice que la cólera del hombre canta en elogio del Señor, las faltas de los políticos sirven a la causa de la justicia.

En la legislación reciente de varios Estados, especialmente en el Oeste, hay una singular mezcla de filantropía y humanitarismo con las locuras y agios que he descrito, a la manera de hilos de oro y de plata entrelazados con una trama de tela burda y sucia. Todos los años se aprueban bills restringiendo la venta de licores, prohibiendo la venta de libros indecentes u obscenos o desmoralizadores, prote-

[162] Aunque la existencia de este remedio último tiende a disminuir la oposición que los miembros

giendo las mujeres y los niños, reprimiendo las casas de juego y loterías, mejorando la suerte de los ciegos, de los enfermos y de los pobres, los cuales atestiguan un interés caluroso y creciente por todas las buenas obras. Estas medidas se explican no solo por el poder que posee una minoría activa y compacta de hacer su propio camino frente a una muchedumbre de hombres que solo piensan en su propio interés egoísta y qué, por tanto, no se entienden para otros fines, sino también a causa de la simpatía real que muchos de los legisladores, especialmente de los distritos rurales, sienten por la moralidad y por el sufrimiento. Hasta los políticos corrompidos de Albany se dejarían arrastrar por los llamamientos de las filantrópicas damas a que me he referido: sería erróneo, en verdad, imaginarse el legislador ordinario como un hombre malo, solo porque tome parte en un agio o vote una ley injusta contra un ferrocarril. El ideal moral de la América occidental no es el mismo que el de Inglaterra, como el ideal de Inglaterra tampoco es el mismo que el de Alemania o Francia. Es a la vez más alto y más bajo: algunas faltas excitan más el encono, el disgusto, en América que en Inglaterra. Otras se perdonan y olvidan con más facilidad. La laxitud en el cumplimiento de los deberes políticos pertenece a esta última categoría. Los periódicos acusan a todos; los ciudadanos no saben quién es verdaderamente inocente y quién es culpable. Tienen que realizar una especie de compromiso con su propio espíritu, y pensar que nadie es enteramente negro, que todo el mundo es gris. Y luego se piensa que lo que todo el mundo hace no puede ser un gran crimen.

10. Remedios para las faltas de los gobiernos de los Estados

Los defectos de los gobiernos de los Estados que nuestro examen de su funcionamiento nos ha revelado, no son de aquellos que podíamos esperar. Se habría podido predecir, y así se creyó en un tiempo, que sus autoridades, consumidas por el celo y estimuladas por la ambición, se empeñarían en constantes esfuerzos para ampliar la esfera de su acción a costa del Gobierno nacional. Esto no ha ocurrido, y no parece verosímil que ocurra. El pueblo de cada Estado no está más unido al gobierno de su propia república que al federal de su propia nación, cuyo desenvolvimiento parece haber reducido casi a la insignificancia a los más grandes Estados.

El estudio del sistema del gobierno de Estado, en el cual el departamento ejecutivo está absolutamente separado del legislativo, podía sugerirles el temor de que el primero llegase a ser demasiado independiente, y se sirviese de sus facultades en su propio interés personal, o en el del partido, con perjuicio de los negocios públicos, que habrían de resentirse por la falta de inteligencia entre las dos grandes autoridades: la que hace las leyes y la que hace ejecutarlas.

La práctica ha probado que éste no es un mal serio. La legislatura podría, sin duda, hacer una labor mejor si el gobernador o alguno de sus funcionarios asistieran a las Cámaras, y ejercieran influjo en sus deliberaciones. Sin embargo, una adaptación del sistema inglés de gabinete, jamás se les ha pasado por el pensamiento a los Estados americanos; el ejemplo de las legislaturas provinciales del Canadá, cada una de las cuales tiene un ministerio responsable que asiste a la legislatura, no ha sido nunca imitado. Los fundadores de los gobiernos de los Estados no deseaban colocar los jefes del Ejecutivo dentro de la asamblea representativa. Probablemente se sentían inclinados a temer que no siendo el gobernador responsable sino ante la legislatura, se hiciese demasiado independiente. La creación reciente de varios funcionarios o consejos administrativos ha iniciado, hasta cierto punto, el remedio de las dificultades que tienen por causa la incompetencia de las legislaturas, toda vez que esos funcionarios o consejos preparan con frecuencia los bills que inicia un miembro de la legislatura, y que se aprueba sin oposición, acaso sin que nadie se entere, salvo un pequeño grupo de miembros. En suma; el mecanismo ejecutivo del Estado funciona bien, aunque pudiera, en opinión de algunos publicistas sensatos, perfeccionarse sencillamente, dejando al gobernador la facultad de nombrar los funcionarios principales, en lugar de elegirlos directamente por elección popular. Este tendería a dar más unidad de fin y de acción a la administración. Los conflictos que ocurren en la práctica entre el gobernador y la legislatura se refieren especialmente a los nombramientos, es decir, a materia de personal que no interesa a la política del Estado.

Los defectos reales del sistema de gobierno de los Estados, radican todos en la composición o conducta de las legislaturas y son los siguientes:

Inferioridad en el respecto de la cultura, y habilidad y, a veces, también de la conciencia de la mayoría de los hombres que forman estos cuerpos.

Imprevisión en materia financiera.

Negligencia en la aprobación de los bills administrativos.

Ausencia de métodos propios cuando se trata de bills locales o especiales.

Imposibilidad de que la opinión pública ejerza una adecuada intervención en la legislación, y especialmente en los bills locales y especiales.

El resultado práctico de estos defectos ha sido crear una gran masa de deudas, de Estado y locales, que no debían haberse contraído, y que responden a experiencias locas en la legislación o para sancionar una multitud de empresas privadas en las cuales, los derechos e intereses públicos, se convierten en materia de juego de los especuladores o en una fuente de lucro para los monopolistas, con la consecuencia incidental de desmoralizar a los legisladores mismos, y de crear un injusto prejuicio contra toda empresa corporativa.

¿Cuáles son los medios o remedios propuestos para limitar o suprimir esos males? Aquellos que hayan seguido la exposición que se ha hecho de los hombres que componen las legislaturas y de los métodos que siguen, habrán comprendido que estos medios deben ser poderosos, porque, de otra suerte, los males serían peores aún. Todos los remedios tienen por objeto el poder legislativo, y pueden ser clasificados en cuatro grupos.

Primeramente, tenemos la división de la legislatura en dos Cámaras. Un agio puede haber sido arreglado en una Cámara, pero puede escasear el dinero necesario para triunfar en la otra. Un proyecto extraordinario que se dice beneficioso para los granjeros o los cultivadores o los empleados de los ferrocarriles, mientras se elabora en la Asamblea, puede suscitar la atención de las gentes sensatas hasta el punto de impedir adoptarlo en el Senado. La simple tendencia de las dos Cámaras a oponerse una a otra, se considera como un beneficio por los que pretenden, como los americanos, hacer que toda medida nueva es *prima facie,* más capaz de hacer mal que de hacer bien. La mayoría de los bills son malos —*ergo* deben matarse cuantos se pueda—. Cada Cámara además, aun en las legislaturas tan desmoralizadas como las de Nueva York y Pensilvania, tiene una satisfacción, si no un interés, en revelar los fraudes de la otra.

Segundo. El veto del gobernador. Los americanos le dan una gran importancia según resulta del hecho de que en 1789 solo había un Estado (Massachusetts) que hubiera investido con ese poder al magistrado principal, mientras que ahora en todos los Estados, salvo en cuatro, tiene veto dicho magistrado. Algunas Constituciones (entre ellas todas las nuevas) contienen la saludable disposición de que el gobernador puede rechazar uno o más artículos de un bill financiero, (a veces cualquier bill), aunque sea aprobando el bill en conjunto; lo cual pone en manos del gobernador una gran fuerza para impedir el despilfarro de los recursos del Estado en malas empresas. Este poder de veto, la gran confianza del pueblo de los Estados, pone de relieve por modo admirable los méritos de la responsabilidad concentrada. Los ciudadanos, al elegir al gobernador, que representa la autoridad colectiva de todo el Estado, le imponen el deber de examinar todo bill y de calcular su valor. No puede escudarse con la voluntad de los representantes del pueblo, porque ha sido nombrado para vigilar y moderar a esos representantes, como un agente de policía vigila a un sospechoso. Está obligado a rechazar un bill, no solo si le parece que infringe la Constitución del Estado, sino cuando cree que puede ser perjudicial para el público, bajo pena de suscitar él también sospechas de negligente o de cómplice en algún proyecto deshonroso. La legislatura puede, naturalmente, pasar el bill por encima del veto, mediante el voto por mayorías de dos tercios; pero aun en el caso de que haya esta mayoría, es fácil que vacile en acudir a ese medio violento, cuando el veto ha despertado la opinión pública respecto de un bill. Hay, sin duda, grandes diferencias entre gobernadores y gobernadores, como las hay entre Estados y Estados, desde el punto de vista de la honradez con que usan de su poder, porque puede ser usado, y a veces se ha usado por un gobernador «Ring», para hacer fracasar toda reforma. Pero en todas partes es un poder real y efectivo; y en los grandes Estados, en los cuales la importancia del oficio decide a veces la elección en favor de un hombre hábil y valeroso, ha prestado grandes servicios[162].

Tercero: las limitaciones impuestas a la competencia de las legislaturas. Ya he hablado de algunas de estas restricciones, de las cuales, las más numerosas, y al presente las más importantes, se refieren a los bills especiales y locales (o privados, como dicen en Inglaterra). Como estos bills destruyen la armonía y la simplicidad de las leyes y consumen el tiempo de la legislatura, y son, además, una fuente fecunda de agios[163], sería muy beneficioso reducirlos a los casos en que un bill especial fuera absolutamente necesario. Las prohibiciones constitucionales de que he hablado producen, en parte, este efecto. Gracias a esas prohibiciones, Illinois, por ejemplo, ha reducido a 300 páginas las leyes de un período, y Iowa, por término medio, de 200 a 250, mientras que las leyes de Wisconsin llenaron, en 1885, unas 2.000 páginas, porque en este Estado había restricciones menos eficaces. Sin embargo, la fuerza del mal no cede sino mediante la lucha. Se han empleado para

---

honrados hacen a los malos bilis, porque saben que el veto les hará fracasar, ese mal es menos de temer que si el veto se suprimiese.

163 «En doce Estados se prohíbe a la legislatura crear, como no sea por una ley general, corporaciones, aunque sean municipalidades, y en otros trece crear por ley especial corporaciones, salvo municipales o corporaciones a las cuales no sea aplicable otra ley. En algunos Estados solo pueden ser creadas por ley especial corporaciones municipales de caridad o de reforma penal. Estas disposiciones no se encaminan a impedir la formación de corporaciones o empresas privadas. Por el contrario, en todos los Estados hay leyes generales bajo las cuales, pueden crearse con facilidad. Pero los defectos de algunas de estas leyes, que no han logrado impedir los males contra los cuales se dirigen, obligan a los legisladores a preguntarse si por huir de la Scyla de la legislación especial no han caído en el Caribdis de las franquicias sin límites. Quizá llegue un tiempo en que se acepten las recomendaciones de la comisión de los ferrocarriles de Nueva York, y en que aquellos que quieran construir una nueva línea se vean obligados a presentar una mejor razón para crearla y para tener el derecho de expropiación, que la de forzar a una compañía ya establecida a comprar su línea, o, si esto fracasa, la alternativa de dejar vender la línea después de haberse declarado en quiebra». (Hitchcock: *State Constitutions,* p. 36).

«El favoritismo y la especulación tienen amplio campo, cuando una ley especial es necesaria para autorizar la formación de una compañía, o para conceder favores y privilegios especiales, porque la legislatura puede dejarse corromper, y no imponer a la compañía obligaciones equivalentes a las ventajas que obtiene. A ese derecho de crear compañías privadas se deben las dos terceras partes de las intrigas de los pasillos, de los agios, de los favores que se pagan con favores, de los fraudes y de cuanto tan frecuentemente se ve en nuestras legislaturas». Ford: *(Citizens Manual,* tomo II, p. 68).

164 Mr. Hitchcock (cuyo mensaje contiene el ejemplo de Ohio) añade que el Tribunal Supremo de

eludir esas reglas toda clase de medios, por ejemplo: la Constitución de Nueva York prohíbe dar leyes especiales para el gobierno de las ciudades; pueden darse para aquellas que tengan más de 100.000 habitantes y menos de 200.000. Como en el Estado solo hay una ciudad que se encuentra en este caso, que es Búfalo, pero puede haber más, la prohibición de la Constitución queda incumplida. Lo mismo ocurre con la Constitución de Ohio, que estipula que la legislatura no podrá «dictar leyes especiales para crear corporaciones». No obstante esto, en 1890, la legislatura dictó más de cincuenta leyes de este género, eludiendo la disposición por el uso de términos generales que de hecho solo podrán aplicarse a una sola localidad. Una ley, por ejemplo, autorizó a las poblaciones que tuvieran de 1.903 a 1.912 habitantes para emitir acciones para la explotación del gas; otra permitía a todas las ciudades de 15.435 habitantes, según el censo de 1890, establecer un impuesto para bibliotecas[164].

Se eluden también, de otra manera, las disposiciones contra la legislación especial: por ejemplo, aprobando leyes que parecen generales, porque se dictaron como enmiendas a leyes generales: he aquí un ejemplo reciente. La Constitución del estado de Nueva York impide a la legislatura dar leyes privadas o locales para incorporar aldeas o autorizarles para la construcción de puentes. En 1885, la legislatura dio una ley general sobre la incorporación indicada, a la cual se añadieron cláusulas generales sobre los puentes. Al año siguiente dictó una ley que cito textualmente más abajo. Esta ley reforma la de 1885, disponiendo que será aplicable, no a todos los condados del Estado, sino tan solo al de Westchester, con exclusión de dos ciudades. Por tal modo, es una ley doblemente «privada o local», pero de esa manera se eludió la Constitución.[165]

CAPÍTULO 556

Ley que modifica el capítulo doscientos noventa y uno de la ley de mil ochocientos setenta, titulada «ley de incorporación de aldeas».

Aldea incorporación. Ley de 1885, sobre los puentes, aplicable solo a parte del condado de Weschester.

Aprobada el 4 de junio de 1876, estando presentes los tres quintos.

El pueblo del estado de Nueva York, representado en el senado y en la asamblea, estatuye lo siguiente:

Sección 1.a– la sección dos del capítulo cuatrocientos cincuenta de las leyes de mil ochocientos ochenta y cinco se reforma como sigue:

Sección 2.a– todos los condados de este estado quedan exentos de las disposiciones de esta ley, salvo el condado de weschester; pero nada de lo estatuido en esta ley debe entenderse aplicable a las ciudades de Greenburgh y de Mount Pleasant en el dicho condado de weschester.

Sección 3.a– esta ley tendrá efecto inmediatamente.

Ohio consideró esos medios inconstitucionales; pero continuaron usándose, porque la legislatura y las ciudades procuraban tomar sus precauciones.

165 La Constitución de Dakota Norte, § 70, prohíbe expresamente esa manera de eludirla.

166 Por ejemplo, a voces se ha dispuesto que no se dictará ningún bill durante cierto período, a

En los Estados donde con más frecuencia se han eludido las disposiciones de la Constitución, las leyes resultan muy confusas, porque no se puede saber si una ley es general o especial sino estudiando la compilación atentamente.

El lector habrá sin duda advertido en el encabezamiento de la ley arriba citada las palabras «estando presentes los tres quintos». Es una de las numerosas garantías que se imponen a los legisladores de los Estados. He citado otras en el cap. 84. La abundancia de esas disposiciones, en las Constituciones recientes, muestra que todos los esfuerzos que se han hecho para remediar los diversos defectos, no han logrado desarraigar el mal, y los detalles, cada vez más numerosos, dan idea de los incontables medios evasivos que el pueblo ha querido prevenir[166].

El genio inventivo de los legisladores americanos, sabe romper y rompe, la red con que el pueblo ha intentado envolverles con la ayuda de la Constitución. Sin embargo, aunque todas las restricciones de que he hablado hayan sido a veces violadas o eludidas, en definitiva, han producido buenos resultados. Al enemigo se le tiene a raya, y se le impide hacer muchas malas leyes. La legislatura abandona los bills, cuando son manifiestamente contrarios a la Constitución y es inútil examinarlos. Los miembros más ignorantes no siempre se dan cuenta de las dificultades. Apenas si son capaces de leer la Constitución, y la naturaleza de su labor legal es para ellos como la causa del rayo es para el gato. Un amigo mío, que asistió durante varios años a la Asamblea de Nueva York, se vio en cierta ocasión importunado por un miembro irlandés, que le suplicaba apoyase su bill. Le respondió que no podía, porque era esto contrario a la Constitución. «¡Oh, señor Robert! —replicaba el irlandés—. No debe consentirse a la Constitución dividir a los amigos».

Hay bills contra los cuales el gobernador no puede menos de oponer el veto, porque violan una restricción constitucional; y hay varios bills que pasan por ante él sanos y salvos, que luego fracasan ante los tribunales de justicia. Puede añadirse que corresponde necesariamente a los jueces hacer respetar las restricciones constitucionales, porque si los casos le son sometidos en un proceso entre individuos, están obligados a decir si una ley traspasa o no los límites señalados por la Constitución o si una enmienda constitucional ha sido debidamente votada[167].

---

partir del comienzo o antes del fin del periodo de sesiones, para impedir a los miembros hacer aprobar ciertos bilis fraudulentamente durante los últimos días. Se elude esta disposición después del periodo fijado por la Constitución, presentando un bill nuevo, en forma de enmienda, a otro ya presentado, del cual desaparece todo, salvo la cláusula dispositiva de la ley. Así, el miembro que cree tener ocasión de presentar un bill después de expirar el término constitucional, se cuida de presentar en tiempo bilis falsos, en los cuales podrá introducir otros, sin preocuparse del contenido e índole de los mismos. El bill falso puede referirse a la incorporación de la ciudad de Siam. Uno de los electores de un miembro le escribió para pedirle la autorización legislativa para construir un dique en la Wild Cat River. Inmediatamente, después de haber suprimido todo lo que sigue al encabezamiento, y que se refería a la ciudad de Siam, se añadió al bill una enmienda que dispone únicamente que John Doc queda autorizado para construir un dique en el citado Wild Cat. Con este título y bajo esa forma fue aprobado; la Cámara cambió el título, y le puso en relación con el objeto del bill, votándose la ley sin que la Constitución fuese violada. (Cooley, *Canst. Limit.*, p. 169, nota).

167 He aquí un ejemplo notable de la manera cómo el Poder judicial hace respetar al pie de la letra las restricciones constitucionales. Se trataba de una enmienda reciente a la Constitución de Yowa, sobre la prohibición de los licores. Esta enmienda había sido adoptada por las dos Cámaras de la legislatura del Estado; en dos legislaturas sucesivas habla sido expuesta al público, y adoptada por una gran mayoría, había sido publicada por el gobernador y entrado, por tanto, en vigor.

Se me dirá acaso, que la posición de los jueces del Estado difiere materialmente de la de los jueces federales de dos maneras. Estos no son nombrados por un Estado, y, por consiguiente, son más independientes cuando tienen que resolver algún conflicto entre la Constitución o las leyes del Estado y la Constitución o las leyes federales. Además, su función es de por vida, mientras que los jueces de los Estados son elegidos y desempeñan sus funciones tan solo por algunos años, estando así obligados a pensar en su reelección. ¿Puede esperarse, dado esto, que el juez del Estado revele un igual valor cuando se trata de declarar inconstitucional una ley del mismo? ¿No ofenderá a la legislatura y a los jefes del partido que le eligen declarándose contra ellos? Puede responderse que si disgusta a la legislatura decidiéndose contra la validez de una ley inconstitucional, el juez corre el riesgo de disgustar al pueblo decidiéndose en favor de la ley, y vale más dar gusto al pueblo que a la legislatura. El pueblo, en general, acaso no sabe nada de la cuestión; pero los hombres de ley la conocen mejor y no dejan de decirle lo que piensan.

Los juristas piden al tribunal que los proteja contra la negligencia y la falta de honradez de la legislatura, y condenan siempre al juez que falta a su deber. He ahí por qué los jueces rara vez faltan a él. Si trastornan sin miramientos las leyes del Estado, rara vez tienen que arrepentirse de ello. Su posición es peligrosa solo en un caso: cuando el pueblo desea con gran fuerza una reforma, y, en virtud de las disposiciones de una nueva Constitución o por sus clamores, ha obligado a la legislatura a adoptar una medida que debe procurar un remedio a un mal apremiante, es de temer que se irrite contra el juez que declara la medida inconstitucional. Y esto ha ocurrido muchas veces y puede ocurrir cuando los jueces no son elegidos más que por un corto período, pues su falta de estabilidad les quita desgraciadamente una parte de su energía. En 1786, el Tribunal Supremo de Rhode Island declaró que una ley que la legislatura acababa de votar era nula, porque era contraria a las disposiciones de la Carta colonial (que era todavía la Constitución del Estado), que concedía a todos los acusados el derecho de ser juzgados por un jurado[168].

Los miembros de la legislatura estaban furiosos; citaron a los jueces para que compareciesen ante ellos, a fin de explicar los motivos de su decisión. Intentaron destituirlos y no pudieron, pero los jueces no fueron reelegidos por la legislatura cuando terminó su período al fin del año. En Ohio, la legislatura adoptó en 1805 una ley que el juez Pease declaró contraria a la Constitución de Ohio, así como a la Constitución federal, y en su consecuencia, se negó a ejecutarla. En 1808, él y otro juez del

---

Se descubrió que una Cámara de la primera legislatura había olvidado, por defecto de su secretario, «consignar la enmienda completa en su diario», como dispone la Constitución. El caso fue sometido al Tribunal Supremo de Iowa, quien declaró que, a consecuencia de esta irregularidad, la enmienda no había sido debidamente adoptada y era nula. El Tribunal Supremo de Wisconsin ofrece recientemente un ejemplo de la importancia que puede tener la acción de los tribunales cuando se trata de hacer respetar las restricciones constitucionales, declarando nula la nueva distribución del Estado (para las elecciones legislativas del mismo), por ser contraria a una disposición constitucional, según la cual los distritos deben ser razonablemente iguales. Es indispensable oponerse a esos abusos, y no hay otro medio de hacer respetar las leyes.

168 La ley se había hecho para poner en circulación papel moneda, amenazando con una pena; pues aquellos que se negasen a aceptar los billetes de Banco del Estado en los mismos términos que el dinero, debían pagar una multa impuesta después de conclusa la sumaria sin jurado. No se podrá citar la Constitución de los Estados Unidos que todavía no existía. A esos jueces de Rhode-Island corresponde el honor, no solo de haber resistido a una multitud excitada, sino de haber dado el primer ejemplo, en la historia de América, del ejercicio de una función saludable. Declararon que no tenían jurisdicción.

Tribunal Supremo del Estado que con él había intervenido, fueron acusados por la Cámara ante el Senado de Ohio, pero fueron absueltos. En 1823, el Tribunal Supremo de Kentucky declaró nula una ley hecha por la legislatura para auxiliar a los deudores, fundándose en que la ley violaba la disposición de la Constitución federal sobre las obligaciones de los contratos, al hacer de los billetes de un Banco moneda legal. Los jueces fueron acusados; pero no se pudo obtener los dos tercios de mayoría para condenarlos, y la legislatura, en venganza, suprimió el tribunal y creó un nuevo Tribunal de apelaciones, cuyos miembros nombraba el gobernador. El antiguo tribunal sostuvo enérgicamente que el nuevo era inconstitucional, y después de una lucha apasionada, la nueva legislatura echaba abajo en 1825 la ley que creaba el nuevo tribunal. Y la justicia y la razón prevalecieron. En 1871, la legislatura de Illinois hizo una ley cuyo objeto era aplicar una disposición de la Constitución de 1870, pero fue declarada por el juez Lawrence inconstitucional, con gran desencanto de los colonos, que esperaban de ella muy buenos resultados. No fue acusado; pero cuando quiso hacerse reelegir poco después, fue derrotado únicamente a causa de esta decisión[169]. Estos ejemplos muestran que los Tribunales han tenido que luchar a fin de poder desempeñar libremente los deberes que las Constituciones les impone. Pero la escasez de estos conflictos revela que esta libertad es ahora generalmente reconocida, y que al menos, por el momento está colocada fuera de la acción de las pasiones populares[170].

Por lo dicho se ve que los jueces son una de las partes esenciales del mecanismo de los Estados; pero lo son como jueces, y no porque estén investidos de deberes o poderes políticos. No han recibido, como tampoco los jueces federales, el encargo especial de restringir la legislatura o de decidir sobre la validez de sus actos. No hay, ni en las Constituciones de los Estados ni en la federal, una sola palabra para conceder a los tribunales este derecho o cualquier otro, fuera de aquellos de que deben gozar todos los tribunales de justicia. Cuando declaran inconstitucional una ley del Estado, lo hacen sencillamente interpretando las leyes del

---

169 Tomo del libro de Mr. Hadley sobre los transportes en ferrocarril (cit. por D. Hitchcock, en el ensayo de que ya he hablado), las siguientes indicaciones del caso: «La Convención constitucional de Illinois en 1870 hizo una declaración importante sobre la inspección e intervención de las tarifas de los ferrocarriles por el Estado, y sobre la base de ella se aprobó una ley en 1871, estableciendo un sistema de tarifa máxima. Esta ley se declaró inconstitucional por el juez Lawrence. El resultado fue la no reelección del juez únicamente por esto. El proceso del juez Lawrence puso de relieve la verdadera significación del movimiento de los granjeros (el llamado *Granger moventent):* querían éstos garantir lo que ellos llamaban sus derechos, y no podían consentir que ninguna barrera constitucional se opusiera a la voluntad particular. Consideraban las formas legales como simples exigencias técnicas. Insistieron en su pretensión, estando a punto de iniciar una revolución. Pero no pasaron adelante. La ley de 1873 evitó el obstáculo que el juez Lawrence había opuesto a la de 1871. En lugar de fijar directamente tarifas máximas, se dispuso que éstas serían razonables, y luego se designó una Comisión para fijar las tarifas razonables». El valor del juez Lawrence no fue, pues, inútil. Le costó su puesto, pero sirvió a su pueblo y vengó a la ley.

En 1890 el Comité ejecutivo de los granjeros de Minnesota, formuló resoluciones pidiendo la abolición del Tribunal federal que recientemente había declarado que la legislatura del Estado no tenía la facultad de fijar las tarifas de transporte por ferrocarriles, añadiendo en su apoyo estas palabras: «Llamamos la atención sobre el hecho de que los ciudadanos de Inglaterra, de donde se deriva gran parte de nuestra forma de gobierno, no permitirían a un colegio de jueces anular un acto del Parlamento. Allí el pueblo es propiamente omnipotente... En nuestra ansiedad por proteger los derechos de la propiedad, hemos creado una máquina que amenaza con destruir los derechos del hombre».

170 Hay, naturalmente, otros ejemplos, en los cuales los jueces han sido acusados y destituidos; pero yo aquí solo recuerdo los casos en los cuales lo han sido por haber declarado aula una ley de la legislatura.

mismo. La fundamental, como las inferiores; como un juez inglés puede declarar nula una ordenanza del Rey con el Consejo porque se excede de los poderes concedidos por la ley del Parlamento según la cual la ordenanza ha dictado. Un juez de un tribunal de condado, en Inglaterra, tendrá en este respecto los mismos deberes que un juez del tribunal de apelación. Del propio modo, el juez más humilde de un Estado americano tiene el deber de decidir sobre la constitucionalidad de una ley.

Hasta aquí hemos considerado las restricciones impuestas a la competencia de la legislatura y a los métodos de su procedimiento. Llegamos ahora al cuarto y último de los medios que los Estados americanos imponen. Es muy sencillo por no decir infantil. Consiste en limitar el período de sesiones de la legislatura. Antes estos Cuerpos funcionaban como el Parlamento inglés cuanto exigían los negocios. Estos no exigían demasiado tiempo. Una vez arreglados, los colonos y abogados deseaban marcharse y se iban. Pero en cuanto la clase de los políticos de oficio aumentó, tales tendencias no tuvieron gran fuerza sobre una gran parte de los miembros. La política era su negocio y no tenían otro que los llamase al hogar[171]. Tenían hasta un motivo para prolongar el período; de esa manera hacían durar más tiempo su sueldo, que cobraban por días. Siendo así, el contribuyente tenía interés en acortar las sesiones. Sin embargo, su mayor interés estribaba en disminuir el número de los agios, el despilfarro y las franquicias a que los representantes dedicaban su atención exclusiva. Y he aquí por qué la mayoría de los Estados han fijado el número de días que puede durar el período de sesiones.

Varios fijan este período de una manera absoluta; pero algunos han preferido suprimir el sueldo a sus legisladores, una vez terminado el período de días señalado; así que, si aquéllos continúan la labor legislativa, no reciben otra recompensa que su propia virtud[172].

La experiencia ha demostrado que esos periodos, absolutamente limitados, ofrecen un peligro. Puede ocurrir que los bills se voten de prisa, sin serio examen previo. A veces, acontece que se aprueba en un momento un bill que el pueblo reclama con apremio, y que, de haberlo examinado con más tiempo, se subieran visto los peligros que entrañaba. Recientemente, la legislatura de Iowa rechazó un bill malo sobre ferrocarriles, porque una discusión detenida y completa hizo ver sus puntos débiles. -No hay allí duración limitada de período legislativo-. He ahí por qué algunos Estados han prolongado considerablemente la duración de su período. California ha aumentado, poco ha, de 60 a 100 el número de días durante los cuales los representantes pueden ser remunerados, y en el Colorado, en 1885, se elevó de 40 a 90 el máximum del período, elevando además de 4 a 7 dólares la remuneración legislativa.

---

[171] El Parlamento inglés, viendo que sus miembros se ausentaban con demasiada frecuencia, decretó en el siglo XVI «que ningún caballero o burgués tendrá derecho de irse antes de terminar el Parlamento, imponiendo al miembro que se ausentase sin permiso del *speaker* la penalidad, que consistía en perder todas las sumas que les correspondían por su sueldo».

[172] Así, la Constitución de Oregón, por ejemplo, fija en tres dólares por día el sueldo de sus miembros, pero dispone que no recibirán más de 120 en junto, lo que limita prácticamente el periodo a cuarenta días. En Tejas se es un poco más liberal, porque la Constitución se limita a reducir el sueldo de 5 dólares a 3, pasados sesenta días; y con esa tarifa reducida, los miembros pueden legislar tanto como quieran. Todos los Estados que fijan la duración del periodo están al Sur y al Oeste, menos Pensilvania y Maryland, que se han visto obligados a restringir sus legislaturas por todos los medios disponibles. En Georgia, el periodo, que es de cuarenta días, puede prolongarse por un voto de la Cámara de dos tercios de mayoría.

Muchas Constituciones recientes han intestado otro recurso, que es quizás mejor. Has hecho que los períodos sean menos frecuentes, En otro tiempo, todas las legislaturas se reunían una vez al año. En 1890, es todos los Estados, salvo es cinco, podían no reunirse sino una vez cada dos años[173]. Durante estos últimos años, siete Estados lo menos han substituido la reunión anual por un período bienal, Y no parece que los intereses de la República se resientas por esta suspensión de la acción del principal órgano del Gobierno[174]. Por el contrario, esos Estados marchan tan bien sin legislatura, que algunos espíritus atrevidos se preguntan si no sería bueno extremar más aún las cosas.

Como M. Butler decía en 1886:

«Apenas me parece creíble que un pueblo que pretende ocupar el primer lugar en la esfera de los gobiernos populares, desespere de poner remedio a los males crónicos de la legislación, y no pueda atenuarles sino haciéndoles intermitentes. La tranquilidad de que se goza durante los llamados *off-years* parece haber habituado a las gentes políticas de los Estados, que han adoptado el sistema bienal, con la idea de que se correría el riesgo de agravar el mal si se vuelve al año legislativo con sus antiguos síntomas. Los secretarios de Estado a quienes he preguntado, tienen la misma opinión; asegurar que el sistema bienal no tiene ningún inconveniente para el pueblo; y un Secretario de Estado de Nebraska, a quien yo pregunté si ese sistema no ofrece inconvenientes públicos, me respondió: «Ninguno; el público saldría ganando si la legislatura no se reuniese más que una vez cada cuatro años».

Los americanos parecen razonar de esta manera: «Ya que la legislatura dista mucho de ser honrada, y tiende, naturalmente, a hacer mal, cuantas menos ocasiones tenga para esto, mejor. Si se reúne, hará malas leyes. Impidámosla reunirse».

Desde el punto de vista práctico, tienen razón, sin duda. Como hijos de puritanos, son consecuentes en la aplicación del pecado original. Pero tratándose de una democracia autónoma, puede afirmarse que han logrado un resultado bastante poco satisfactorio.

¿No hay, se dirá, un remedio más sencillo? ¿A qué todos esos esfuerzos para tratar los diversos síntomas de la enfermedad, en vez de tratar de curar la enfermedad misma? ¿Por qué no reformar las legislaturas, decidiendo a las gentes honradas ir a ellas, y sometiéndolas constantemente a la crítica de la opinión pública?

En la parte III de esta obra se verá la respuesta a esta pregunta razonable. Me limitaré a hacer notar aquí que los mejores ciudadanos han encontrado que es muy difícil reformar las legislaturas, afirmando que vale más curar los síntomas susceptibles de remedio, y esperar que el virus se manifieste en otra dirección antes de preocuparse con él. «Después de todo, dicen, la enfermedad, aunque dolorosa y molesta, no pone en peligro la vida del paciente ni disminuye siquiera sus fuerzas; lo peor que pueden hacer las legislaturas es malgastar dinero e intentar experiencias absurdas que el buen sentido del pueblo llegará a reconocer. Cada cual tiene que llevar su cruz, y la nuestra es relativamente ligera».

Todo lo cual es bastante cierto, pero no se toman en cuenta dos factores importantes de la situación, uno de los cuales es que los órganos constitucionales de gobierno se desacreditan más y más, y el otro, que el influjo tremendo que ejerce la

[173] Pero a veces la legislatura se suspende, y tiene así su segundo periodo.

[174] Sin embargo, como los miembros son en general nuevos, y no conocen su tarea, resultan de cierto más peligrosos cuando no asisten más que a un periodo mientras dura su mandato, que en el segundo si hay dos.

riqueza y las autorizaciones concedidas a los capitalistas, y especialmente a las compañías, para un mal uso de los derechos públicos, han suscitado entre las masas del pueblo ideas que las arrastrarán a reclamar una legislación de una especie nueva y peligrosa.

El examen de los gobiernos de Estados, que acabamos de hacer, sugiere varias reflexiones.

Una de ellas es que la importancia política de los Estados no es tan grande como los primeros días de la República. Aunque los Estados han crecido enormemente en riqueza y población, han decaído con relación al Gobierno central. La excelencia de las leyes de los Estados y los méritos de la administración de los Estados tienen menos importancia para los habitantes que antes, porque la mano del Gobierno nacional se siente con más frecuencia. Las cuestiones en que interviene el Estado, por más que influyan en el bienestar de los ciudadanos, no hieren la imaginación como las que arregla el Congreso, porque este último determina las relaciones de la República con el resto del mundo, y lleva su acción a los países que están entre los dos Océanos. El Estado era antes una República aislada, y que se bastaba a sí misma. Ahora es meramente una parte de un gran todo, que parece ir absorbiendo sus funciones y deteniendo su crecimiento al modo como el gran árbol detiene el crecimiento de los arbustos por cima de los cuales las grandes ramas han comenzado a proyectar su sombra.

No quiero decir con esto que el pueblo haya cesado de cuidarse de su Estado; nada de eso. Las gentes sienten orgullo por sus Estados aun allí donde no hay motivo para tanto. El amor apasionado a la competencia que poseen los hombres que hablan el inglés, les hace desear fuertemente que su Estado sobrepuje a los Estados vecinos en el número de relojes que hace, de cerdos que mata, de calabazas que cultiva; que su estrella brille con más refulgente luz que las de los cuarenta y siete Estados restantes en la bandera nacional. Pero si estas Repúblicas significasen para sus ciudadanos lo que significaban en los días de la Revolución; si pidieran una igual medida de su lealtad e influyeran tan ampliamente en su bienestar individual, las legislaturas de los Estados no estarían en manos de profesionales y en hombres de tercer orden.

La verdad es que el Estado ha disminuido en sus proporciones. Conserva sus antiguos poderes legales sobre los ciudadanos y sus antiguos derechos legales ante el poder central. Pero no interesa a sus ciudadanos como antes. Los hombres no dicen ahora, como Ames en 1782, que su Estado es su país[175]. Y si el Gobierno central lo eclipsa por un lado, las grandes ciudades lo han asombrado por otro. La población de una sola ciudad es algunas veces la cuarta o la quinta parte de toda la población del Estado, y las cuestiones de la ciudad interesan más que las del Estado, mientras los funcionarios de la ciudad han comenzado a ser rivales cuando no superiores a los del Estado.

Obsérvese, sin embargo, que si los progresos de la Unión han reducido relativamente al Estado, el aumento absoluto de la población del Estado ha cambiado el carácter del Estado mismo.

En 1790, siete de los trece Estados primeros tenían cada uno menos de 300.000 almas. Uno tan solo tenía más de 500.000. Ahora (1890), veintisiete tienen más de 1.000.000 cada uno, y nueve más de 2.000.000. Es preciso suponer que, a pesar de los

[175] Aún en 1811, Josiah Quiney decía en el Congreso: «Señor, yo lo confieso: el primer amor público de mi corazón es la República de Massachusetts. Allí está mi hogar, allí están las tumbas de mis antepasados».

ferrocarriles y de los telégrafos, los ciudadanos se conocen menos bien, que conocen peor a los hombres que los gobiernan y que tienen un interés menos personal en los asuntos de la comunidad que en los antiguos días, cuando el Estado no tenía más población que un condado inglés, como Bedford o Somerset. Así, las ventajas especiales del Gobierno local han desaparecido casi en los Estados americanos de hoy. Son cuerpos locales, en el sentido de no tener grandes intereses imperiales que hieran el espíritu de los hombres. No lo son en el sentido de que procuren a sus miembros un conocimiento familiar y un interés vivo en el manejo de sus negocios. Hamilton parecía tener razón al pensar que los Estados grandes se debían subdividir[176]. En todo caso, algunos de los defectos de las legislaturas es preciso atribuirlos al hecho de que el pueblo no se interesa directamente en los negocios locales.

La lección principal que del estudio de las más viciosas de las legislaturas de los Estados sacamos, es que el poder no entraña necesariamente la responsabilidad. Por mi parte, me sentiría avergonzado de escribir semejante vulgaridad, si no fuese ésta una de tantas como constantemente se olvidan. Sabido es que en la vida privada la riqueza o el rango, o cualquiera otra suerte de poder, lo mismo pueden pervertir al hombre que ennoblecerle, rebajar que elevar su sentimiento del deber. Y, sin embargo, de ordinario se habla, como si se creyese, que la naturaleza humana cambia en cuanto un hombre entra en la vida pública, y que la simple posesión de funciones públicas, como el voto o la legislación, inducen, a quien las tiene, a desempeñarlas adecuadamente. Nosotros sabemos que el poder no purifica a los hombres en los gobiernos despóticos; pero hacemos como que creemos que producen esos resaltados en los Gobiernos libres. Cualquiera de nosotros admitiría, si se le plantease la cuestión, que no basta el poder, sino que hace falta añadir, cuando Se trata del elector, un interés directo en la elección de hombres honrados; para el legislador la responsabilidad ante los electores, y para ambos, cierta ciencia y honor. Lo que el estudio de las legislaturas malas muestra es no meramente la necesidad de la existencia de una opinión pública sana, porque ésta la hay ya, sino la de métodos por los cuales puede aquélla ejercer una acción eficaz en los representantes, ya que dejados éstos a sí mismos, y no teniendo, como personas, un sentimiento del honor ni una dignidad qué perder, son en la vida pública, por lo menos, tan malos como en la privada. El hecho de que tengan que moverse en más amplia esfera y manejar grandes intereses materiales, no los hace mejores. Nueva York y Pensilvania son, con mucho, los Estados más grandes y ricos de la Unión. Sus legislaturas figuran, según todos, entre las peores.

[176] Se ha observado, sin embargo, que hay algunos grandes Estados en los cuales la acción nefasta de la multitud de una gran ciudad está contrarrestada por los electores más serios rurales. Si tales Estados hubiesen sido subdivididos, la subdivisión que contuviese la gran ciudad quedaría a merced de esa multitud. La cuestión no ha revestido aún un carácter práctico, porque hasta ahora ningún Estado ha pedido ser dividido, aunque actualmente existe en Kansas un movimiento en favor de la división de éste, según la línea de Norte a Sur.
Tejas es el único Estado que posee (según la ley de su Administración) el derecho de dividirse en varios Estados, sin permiso del Congreso.
La razón de Hamilton parece haber sido el temor de que los Estados llegaran a ser demasiado fuertes ante el Poder nacional.

11. Política de los Estados

En los últimos capítulos precedentes he tratado de describir primeramente la estructura del mecanismo del gobierno del Estado, y luego este mecanismo en movimiento y en reposo, esto es, el funcionamiento efectivo de los diversos departamentos en sus relaciones recíprocas. Ahora podemos preguntar: ¿cuál es el poder motor que pone en movimiento y mantiene, actuando esas ruedas y pistones? ¿Cuál es el vapor que impulsa la máquina?

El vapor lo procuran los partidos políticos. Al hablar de los partidos, debo tocar brevemente en un asunto que será más ampliamente explicado en la Parte III; creo útil, aun exponiéndome a una repetición, agrupar aquí lo que se refiere especialmente a los Estados y completar el cuadro de su vida política[177].

Los Estados, sin duda, presentan algunas condiciones singulares en el desenvolvimiento del sistema de partidos. Son comunidades autónomas con amplios poderes legislativo y administrativo, que están dentro de una comunidad más grande de la que son en varios respectos independientes.

Necesitan tener partidos, y la comunidad, la Unión federal los tiene también. ¿Qué relaciones tienen unos partidos con otros?

Hay tres clases de relaciones posibles, a saber:

Cada Estado podría tener un partido suyo propio, enteramente extraño a los partidos nacionales, creado para los asuntos del Estado, por ejemplo, defensa u oposición a medidas de la exclusiva competencia del Estado.

Cada Estado podría tener partidos que, aunque basados en asuntos del Estado, estuviesen influidos por los partidos nacionales y, en cierto modo, afiliados a ellos.

Los partidos de cada Estado podrían ser tan solo subdivisiones meramente locales de los partidos nacionales, resultado de que las cuestiones y las organizaciones nacionales absorbiesen o, más bien, obscureciesen las cuestiones de los Estados y las soluciones para resolverlas.

Dada la naturaleza de los gobiernos de los Estados, podría presumirse la existencia de la primera de esas relaciones. La esfera del Estado es diferente, salvo en algunos puntos de las dos jurisdicciones, de la del Gobierno nacional. Lo que el Estado puede hacer el Gobierno nacional no puede tocarlo. Lo que el Gobierno nacional puede hacer está fuera de la acción del Estado. El gobernador del Estado y

[177] Muchos lectores preferirán quizá no leer este capítulo sino después de haber leído los relativos a la historia, a las doctrinas y a la condición actual de los grandes partidos nacionales (capítulos LIII-LVI).

la legislatura se eligen sin relación alguna con el Presidente y el Congreso, y una vez elegidos, nada tienen que ver con estas autoridades. He aquí por qué una cuestión que debe ser discutida y votada en el Congreso, rara vez puede ser discutida y votada en una legislatura de un Estado, y así el partido que se ha formado para defenderla y aprobarla en el Congreso, no podrá ejercer una acción semejante en un Estado, mientras que, por otra parte, un partido de Estado que trata de hacer adoptar una ley de un Estado no tiene para qué dirigirse al Congreso, que no puede ni favorecerle ni perjudicarle.

Las grandes cuestiones que han dividido a la Unión desde su fundación, y que han servido de base para los partidos nacionales han sido de política extranjera, sobre la creación de un Banco nacional, sobre una tarifa protectora, sobre la extensión de la esclavitud o la reconstitución del Sur después de la guerra. Ninguna legislatura de Estado tiene por qué ocuparse de estas cuestiones; todas pertenecen a la esfera general.

Del propio modo, los gobiernos de los Estados no tienen derecho a ocuparse con las cuestiones importantes, pendientes ahora en el Congrego, tales como la cuestión de la moneda legal y la reforma de las tarifas. Podía, pues, esperarse, dado esto, que los partidos de los Estados fuesen tan dependientes de los nacionales como los gobiernos de los Estados lo son del Gobierno federal.

Lo contrario es lo que ocurre:

Los partidos nacionales han absorbido los de los Estados. Estos han desaparecido completamente como grupos independientes, y no persisten sino como ramas de los partidos nacionales. Cada uno en su Estado, defiende los principios que profesa el partido nacional y el fin que éste se propone. Y es esto tan cierto, que puede decirse que un partido de Estado rara vez tiene un color francamente local, que es raro que sea el resultado de un compromiso entre las cuestiones especiales del Estado y las nacionales, y que la segunda forma de las relaciones apenas si existe. Las cuestiones nacionales han obscurecido casi por completo las cosas que únicamente se refieren al Estado, y ha sido así casi desde la fundación de la República. Los partidos locales que existían en la mayoría de los Estados, en 1789, pronto resultaron absorbidos por el partido demócrata y por el partido republicano, que se formaron después de adoptada la Constitución federal.

Los resultados de ese fenómeno han sido de bastante importancia para que investiguemos sus causas.

Cuatro años después de su origen, la lucha entre los dos grandes partidos nacionales se hizo muy intensa en toda la Unión. Desde 1793 a 1815, ciertas graves cuestiones de política extranjera, complicadas con otras cuestiones de política interior, suscitaron violentas pasiones y engendraron vigorosos esfuerzos. Los asuntos de los Estados pasaron a segundo término, porque eran menos importantes, porque apasionaban menos y porque no interesaban a nadie, fuera de las fronteras de cada Estado. Los jefes del partido que adquirían un nombro y que tenían partidarios, eran los jefes de los partidos nacionales, y un jefe de partido no llegaba a tener verdadero influjo en su Estado, sino porque de ese modo lograba fuerzas en el campo más vasto de la política nacional.

No obstante su extrema actividad y su versatilidad, los mismos americanos no pueden sentir un interés muy vivo al mismo tiempo por dos cosas diferentes; ni crear ni hacer funcionar simultáneamente dos organizaciones distintas, sin relación entre sí. He ahí por qué se vio obligado el Estado, según la expresión trasatlántica «a ponerse detrás». Antes de 1815, era esto un hecho consumado: en los Estados, los partidos estaban separados por cuestiones nacionales, desde 1827 hasta fines del siglo; la violencia de la guerra entre los partidos obligó a éstos a estar constantemente en la brecha, y acudir al apoyo que pudieran prestarles en los Estados, para sostener la lucha nacional.

En un sentido, el predominio en el Estado era directamente útil. Los senadores federales se eligen por las legislaturas de los Estados. El partido que tiene mayoría en la legislatura de un Estado, gana dos puestos en la rama menos numerosa y más potente del Congreso. Como los partidos son generalmente casi iguales en el Congreso, esta ventaja vale mucho la pena de disputarla, y es el aguijón que constantemente excita a los políticos nacionales a luchar para conseguir la victoria en las elecciones de un Estado particular. Por otra parte, en América, más aún que en otros países, nada vale tanto como el éxito; y en cada Estado se considera que el partido que ha vencido en las elecciones del Estado, tiene muchas probabilidades de vencer también en las elecciones de representantes y en la del Presidente.

Además, hay puestos que distribuir. Los puestos federales son numerosos en cada Estado. Pertenecen al partido nacional que esté en el poder, es decir, al que cuente entre los suyos al Presidente. Este concede los puestos a aquellos que más han trabajado por su partido en cada Estado. Así, el influjo de Washington y de sus divinidades presidenciales se deja sentir en todas partes, y el partido que esté en minoría en su Estado particular, y que pierda, por tanto, su parte de empleos del Estado, recibe, a título de consuelo, los trozos que le correspondan en el reparto de la mesa nacional.

Los partidos nacionales, en realidad, penetran por todas partes, y dejan muy poco lugar al desenvolvimiento de otros grupos y de otras organizaciones. Si ahora se crease un partido de Estado, indiferente a las cuestiones nacionales, ese partido no recibiría ningún apoyo de afuera, no tendría sino pocos empleos que dar, porque los empleos de los Estados, no son ni numerosos, ni están bien pagados, no tendría la garantía de la duración que da el vasto mecanismo de los partidos nacionales, ni podría ayudar a ser jefes, a adquirir fortuna ni renombre en el amplio teatro del Congreso.

En virtud de todo esto, los partidos nacionales son completamente dueños del campo. En todos los Estados, desde Maine hasta Texas, el gobernador y los demás funcionarios se eligen en las filas de esos partidos; todas las legislaturas de los Estados se dividen en miembros pertenecientes a uno o a otro de ellos. Los empleos de cada Estado se consideran como una recompensa por servicios prestados al partido nacional, así como por los Estados en las luchas de los partidos de los Estados. En realidad, toda la máquina funciona como si el Estado no fuese más que una subdivisión de la Unión para fines electorales. No obstante lo cual, todas las cuestiones que se someten a las legislaturas no tienen relación alguna con las doctrinas de los partidos nacionales, y así, las decisiones de las legislaturas no pueden, como no sea mediante la elección de los senadores, precipitar o retardar la marcha de una causa que cae dentro de la competencia del Congreso.

¿Qué influjo ha ejercido este sistema en la labor de los gobiernos de los Estados, y especialmente de sus legislaturas?

Ha impedido el desarrollo dentro del Estado de partidos de Estado que resolvieran por sí mismos las cuestiones que están sometidas a su legislatura, y que influyeran realmente en su prosperidad.

El origen natural de un partido es una fe común y un objetivo y un designio comunes. Así es como los hombres se unen y entienden para obrar de acuerdo. Un partido de Estado debería estar formado por personas que deseasen hacer o no hacer una cosa en el mismo, adoptar ésta o aquella ley, conceder dinero para éste o aquel objeto. Ahora bien; no se forma el partido con relación a un fin o propósito semejante, sino para cosas que nada influyen en el Estado. Hay, pues, un singular defecto de realidad en los partidos de los Estados. En muchas de las legislaturas, al igual que en los distritos electorales, están muy unidos. Pero esta cohesión no tiene influjo o significación con respecto a las nueve décimas partes de las cuestiones que se presentan ante las legislaturas para su decisión. Porque semejantes cuestiones no se relacionan con los programas de los partidos. El partido, pues, no responde a sus fines legítimos. No produce la cooperación de los jefes para preparar, y de los partidarios para sostener una medida o línea de conducta política. No impulsa a un grupo a criticar las medidas o la política defendida por el otro. Es un agregado artificial de personas unidas para un fin extraño a la tarea a que se dedica.

Este estado de cosas puede parecer que tiene la ventaja de permitir que las cuestiones se consideren según sus méritos, sin aquel espíritu de partido que en Inglaterra, por ejemplo, impulsa a los hombres de un partido a rechazar la propuesta de otro, no por sus defectos, sino porque procede del contrario. Semejante ventaja existiría ciertamente si los miembros fuesen elegidos para las legislaturas de los Estados sin atender a su filiación, y si existiera la costumbre de buscar hombres honrados prontos a administrar con prudencia los asuntos de Estado, y a votar leyes útiles. Pero ésta no es la práctica. La fuerza de los partidos nacionales lo impide. Todo miembro es elegido como miembro de partido, y así, la experiencia de legislaturas que trabajan sin partidos tiene tan pocas probabilidades de éxito en los Estados como en el Congreso mismo.

Hay otra ventaja que parece desprenderse del sistema. Las legislaturas de los Estados pueden parecer campo limitado a un genio emprendedor, y su labor de poco interés a un espíritu superior. Pero si conducen al campo de la política nacional, si abren a los que se distinguen las puertas del renombre y del poder de todo el país, los hombres de valor procurarán entrar en las legislaturas y brillar en ellas. Es el mismo argumento empleado por aquellos que defienden la práctica, ahora general en Inglaterra, de convertir las elecciones municipales y las demás locales en luchas de partido. Entran, se dice, en el consejo municipal hombres mejores que los que entrarían de ir las cosas de otro modo, porque haciéndose elegir sirven a su partido, y se recomiendan a sus conciudadanos como candidatos al Parlamento. Acaso se conseguiría un buen grupo de hombres si no se tuviera en cuenta al partido; pero resultará esta pérdida más que compensada por la certeza de que habrá hombres que desdeñarían el Consejo municipal si éste no fuese una etapa en su carrera política. Nuestro caso se parece mucho al de América, porque esas Asambleas municipales inglesas rara vez tienen que ocuparse de las cuestiones que dividen a los dos grandes partidos ingleses. Se erigen como toris o como liberales, hombres cuyo torismo o liberalismo no tiene que ver nada con los asuntos del Consejo.

Que este razonamiento sea verdadero o falso para Inglaterra, es dudoso el que las legislaturas ganarían en eficacia no teniendo más que hombres de partido, pudiendo discutirse si las elecciones resultarían peores en el caso de que la idea de partido fuese secundaria en el espíritu de los electores. Esas elecciones están ya por entero en manos de los políticos de oficio, que no estiman en los candidatos ni la inteligencia ni el saber, y menos el carácter. La experiencia en una legislatura del Estado, ciertamente da al político de oficio la ocasión de ver lo que pasa entre bastidores, y lo familiariza con los métodos empleados por los profesionales; pero encontrará muy pocas ocasiones de distinguirse en las altas esferas de la vida pública, y muy lejos de adquirir buenas aptitudes, las perderá. Sin embargo, no pocas personas llegan al Congreso por el camino de las legislaturas de los Estados – aunque no es corriente que esas Asambleas elijan como senadores federales a uno de sus miembros–, y quizá el promedio de la capacidad de los miembros es más elevado por la presencia de aquellos que utilizan la legislatura de Estado como un escalón para llegar más alto. La cuestión es puramente especulativa. El partido ha dominado y dominará las funciones de Estado. Bajo las condiciones actuales, las cosas no pueden ser de otro modo.

Es, sin embargo, naturalmente imposible tratar como asuntos de partido muchas de las cuestiones sometidas a las legislaturas. Los bills personales y locales que, como se recordará, ocupan en gran parte el tiempo y la atención de estos cuerpos, no tienen relación con las aspiraciones de los partidos. La única diferencia que entraña el sistema de partido es que un jefe de partido que toma a su cargo un bill de esos, tiene excepcionales facilidades para hacerlo aprobar, y que un distrito representado por un miembro perteneciente a la mayoría, goza de ventajas cuando solicita algún favor. Lo mismo ocurre cuando se trata de obtener recursos del Estado para alguna empresa local. Los miembros usan de la influencia de su partido y de sus correligionarios; pero la defensa de una medida y la oposición a otra tiene comparativamente poco que ver con las divisiones de los partidos, y constantemente se ve que los hombres de ambos partidos se ponen de acuerdo para aprobar cualquier proyecto, beneficioso para ellos o para sus electores.

Naturalmente, cuanto menos respetable es un miembro, más procura afiliarse a esos «rings», que nada tienen que ver con la política en su propio sentido, y más dispuesto se encuentra a entenderse con cualquier intrigante, sea cual fuere el partido a que pertenezca. Entre las medidas que corresponden a lo que puede llamarse legislación verdadera, a saber: medidas para mejorar la administración general y la administración del Estado, algunas son tan extrañas a las cuestiones de partido y tan poco a propósito para influir en el crédito de uno u otro partido, que de ordinario se las examina en vista de sus ventajas. Un bill, por ejemplo, para mejorar los asilos de locos del Estado, o prohibir las loterías, o restringir la libertad de divorcio, nada tiene que esperar ni temer de la acción de partido. Será iniciado por algún miembro que desee la reforma por sí mismo, y pasará si ese miembro ha sabido demostrar a sus colegas más inteligentes que es útil, o, a sus colegas en general, que el pueblo lo reclama, y si luego puede vencer las dificultades que una porción de bills le opondrán en su camino. Otras medidas públicas, sin embargo, pueden excitar el sentimiento popular, o pueden ser pedidas por una clase o sección de la opinión y combatidas por otra. Los bills que tratan de la venta de bebidas espirituosas o de regular las horas de trabajo, o de atacar a las compañías de ferrocarriles o de prohibir la venta de margarina como manteca, tocan en materias que interesan por tal modo a una parte de la población, que un partido ganará, sosteniéndolas, el apoyo de muchos ciudadanos y la oposición de otros. He ahí por qué, aunque esos bills tengan rara vez relación alguna con los programas de los partidos, estos no dejan de procurar obtener votos echando su peso en la balanza en pro o en contra, según que ellos supongan que pueden ganar o perder por adoptar cualquiera de esas líneas de conducta. En el caso, por ejemplo, del bill sobre la margarina, evidentemente se podía ganar más sosteniéndolo que oponiéndose a él, porque los colonos dan muchos más votos, sobre todo en las regiones agrícolas del Noroeste, que los que podrían perder con las restricciones puestas a la venta de esa substancia. Era natural, y así ocurrió, en efecto, que los dos partidos se disputasen el honor de votar ese bill. Muchos miembros intentaron por tal modo adquirir influjo para ellos y para sus amigos. La cuestión de las bebidas era un problema mucho más complicado. Los prohibicionistas y los partidarios de la opción local son muy potentes en los Estados del Norte, del Oeste y en algunos del Sur; pero los alemanes, y no digamos nada los irlandeses y los comerciantes de licores, tienen gran poder en muchos Estados; y se estima en tanto su censura, que es muy expuesto para un partido declararse contra la venta de las bebidas espirituosas. Por esta razón, los dos partidos procuran eludir la cuestión. Hablando propiamente, esas cuestiones de legislación general de los Estados no son cuestiones do partido, aunque puedan serlo en cuanto un partido se apodere de ellas.

¿No hay un verdadero partido de Estado que se agite y trabaje solo dentro del Estado e inscriba en su bandera un principio o proyecto que dependa de la legislación del Estado?

Semejante partido se forma algunas veces. En California, por ejemplo, hace largo tiempo que se suscitaron sentimientos hostiles a los chinos, con la idea de rechazarlos Republicanos y demócratas han sido influidos por este sentimiento, y lo han aprobado. Pero hace veinticinco años se formó un tercer partido, que se afirmaba como especialmente «antimongol» y que atacaba al propio tiempo a los capitalistas y a los ferrocarriles, partido que duró algún tiempo, introduciendo la confusión en la política del Estado. Las cuestiones relativas a los canales del Estado se convirtieron en cierto momento en un factor poderoso en los partidos de Nueva York. En Virginia, la cuestión de negar la deuda del Estado dio nacimiento hace algunos años, después de la guerra civil a un partido que se llamó el de los «Readjusters», y que con el auxilio de los votos de los negros alcanzó la victoria en varias elecciones. En algunos Estados del Norte, los colonos, asociados en colectividades llamadas Logias, que se decían fundadas para defender los intereses de la agricultura, crearon un «Granger party», que dio vida a las terribles leyes contra las compañías de los ferrocarriles y otras llamadas monopolistas. Las mismas fuerzas, moviéndose en un campo más amplio, produjeron la llamada alianza de los colonos, que ha desempeñado un papel tan importante en las elecciones congresionales de 1890, y con el nombre de partido del pueblo en las de 1892.

En muchos Estados existe ahora un activo partido prohibicionista, que trabaja por reforzar y conseguir una mejor ejecución de las leyes que restringen o prohíben la venta del alcohol. Este partido se considera nacional, y tiene una organización que ocupa gran parte de la Unión; pero su labor os más activa en los Estados, porque el tráfico de los licores pertenece a la legislación de Estado[178]. Sin embargo, como rara vez puede hacer elegir muchos miembros en cada Estado, trata sobre todo de ejercer influjo sobre los partidos existentes, a fin de inspirarles bastante miedo, para que al fin se sometan a sus deseos.

178 El Congreso, naturalmente, tiene derecho a imponer una contribución sobre los licores, y así lo ha hecho; pero el partido de la templanza pide más que eso.

Todos esos grupos o fracciones estaban o están asociados sobre la base de alguna doctrina o propósito práctico que pretenden defender. Pero a veces ocurre que, sin ninguna de esas bases, se forma un partido en un Estado dentro de uno de los partidos nacionales regulares; o con otras palabras: que el partido nacional se divide en el Estado en dos facciones, probablemente más irritadas entre sí que contra el otro partido regular. Las facciones de Estado, que apenas merecen el nombre de partidos, nacen generalmente de rivalidades entre los jefes, que pronto les dan calor y arrastran un cierto número de políticos de oficio tras de sí. El Estado de Nueva York es el que ha visto más manifestaciones de estas, y allí se tiende desde hace algún tiempo a la labor estrictamente personal. Los Humkers y los Barnburuers, que dividían el partido demócrata hace cincuenta años, y luego se convirtieron en los «Hards» (duros) y en los «Softs» (suaves), deben su origen a diferentes maneras de opinión sobre la administración de los canales y otras cuestiones del Estado[179]. Las secciones del partido republicano de este Estado llamadas de los «Stalwart» (bravos) y de los «Halfbreed» (mestizos), y cuyas violentas luchas divirtieron al país hace algunos años, oran simples facciones que seguían a un jefe o a un grupo de jefes, pero sin principios particulares.

Se verá, por éste y por otros hechos expuestos en capítulos anteriores, que la dignidad y grandeza de la política de los Estados han declinado. Se ha hecho más pacífica en sus métodos, pero menos grave y seria y más personal en sus fines. En otros tiempos se veían en el Estado verdaderas luchas políticas, en las cuales a veces los ciudadanos llegaban a tomar las armas. En 1786-87 hubo en Massachusetts una revuelta, que no fue reprimida sino después de verdaderas batallas, y otra en 1842, en Rhode-Island, producida por el descontento del pueblo que pedía una nueva Constitución[180].

En nuestros días, las batallas se libran en la mesa del sufragio, y se ganan a veces en las salas donde los hombres del partido hacen el recuento de los votos. Se cuentan las cabezas en vez de romperlas, lo que sin duda es un progreso. Pero esas luchas enardecen menos al pueblo que las de otros tiempos; parece que producen menos patriotismo de Estado, que excita menos el espíritu público, a fin de conseguir un buen Gobierno.

Semejante cambio no indica necesariamente que el sentimiento de los deberes públicos se halle debilitado. Se debe al hecho de que el Estado ha perdido importancia, según se dijo en el capítulo anterior. Hace cien años, ese Estado era una República comparable a las Repúblicas italianas de Bolonia y de Siena, o a una ciudad imperial de la Alemania medioeval, a Lübeck, por ejemplo, o a Núremberg, que aun cuando formaba parte del Imperio, tenía una verdadera vida política potente, a la que estaban estrechamente ligadas la fe y las pasiones de sus ciudadanos. En

179 Los nombres de esas facciones, sus cambios y la facilidad con que siguen las ambiciones y antipatías de jefes particulares, recuerdan las facciones de las ciudades italianas de los siglos XIII y XIV, como los güelfos blancos y negros de Florencia del tiempo de Dante.

180 En esas guerras civiles en pequeño, los habitantes de las ciudades estaban, generalmente, a un lado y los agricultores a otro. Ese fenómeno se habla producido en Grecia muchos siglos antes, en la época en que el partido de los aristócratas habitaba la ciudad y en que los pobres habitaban los campos. En el siglo VI antes de nuestra Era, el poeta oligárquico Theognis se lamentaba del rebajamiento de la vida pública desde la venida de los campesinos. A veces, se ve reaparecer en Suiza la hostilidad entre la población urbana y la rural. Recientemente hubo una batalla sangrienta entre los campesinos del cantón de Basilea y el pueblo de la ciudad, siendo necesario dividir el cantón en dos: Basilea ciudad y Basilea campo.

nuestros días, la facilidad de las comunicaciones, el movimiento del comercio, la difusión extraordinaria de la literatura, y quizá, más que todo eso, la preponderancia de los grandes partidos nacionales, cuyas olas cubren los brazos de mar y las bahías de un Estado, al igual que el amplio mar de la política nacional de Washington, han atraído el espíritu de las masas y de los ciudadanos más esclarecidos, alejándoles de las legislaturas del Estado, cuyas funciones parecen ahora triviales y cuyas luchas se estiman mezquinas[181].

No pretendo retirar o modificar lo que he dicho antes de la grandeza de un Estado americano y de la adhesión que los habitantes sienten hacia su Estado. Esas afirmaciones son exactas, creo yo, si se compara un Estado con una subdivisión local de una nación europea, excepción hecha de los cantones suizos. Hablo aquí de un Estado comparado con la nación y de los sentimientos que los ciudadanos experimentaban hace cien años. Además, me refiero menos al lealismo sentimental que experimentan por el Estado en junto, que al interés práctico que manifiestan por el Gobierno de su Estado. Aun en la Gran Bretaña, hay muchas más gentes que están orgullosas de su ciudad de Edimburgo, por ejemplo, o de Manchester, y que no sienten interés alguno por la administración de sus asuntos.

Realmente, hay cierta analogía entre la actitud de los habitantes de una gran ciudad inglesa respecto de su Gobierno municipal y la del pueblo de un Estado respecto del Gobierno del mismo. Ni los ricos ni los pobres se ocupan de lo que hacen los Consejos municipales ingleses. El elector humilde no sabe ni le importa quién es alcalde. El jefe de una gran casa mercantil no piensa en presentarse para semejante puesto. En Londres, el Consejo de obras metropolitano ha recibido y gastado grandes sumas; pero sus decisiones se comentan en los periódicos solo tres o cuatro veces al año, y son muy pocas las personas de alta posición social que figuran entre sus miembros. Si se tiene en cuenta el contraste entre las corporaciones inglesas con sus poderes estrictamente limitados y la amplia competencia de una legislatura de un Estado americano, este fenómeno inglés es suficientemente análogo al de América para servirnos de ejemplo.

Se puede afirmar, pues, que el elector americano, en general, ya pertenezca a la clase obrera, a los colonos o los comerciantes, se preocupa muy poco con la marcha de los negocios del Estado. Vota lo que el partido dispone en las elecciones, como un buen hombre de partido, y está satisfecho cuando el partido vence. Cuando en la legislatura surge una cuestión que le interesa, como la de la administración de los canales o la reglamentación de las tarifas de ferrocarriles o la limitación de las horas de trabajo, siente impaciencia por ejercer el sufragio y sigue con cuidado lo que pasa en la legislatura. A veces, toma muy a lo vivo la lucha por el cargo de Gobernador, y si el candidato del partido contrario es un hombre más enérgico y más honrado, no es imposible que deserte de su partido; pero ordinariamente sigue con tan poco cuidado los trabajos de la legislatura, que un humorista americano, al describir las primeras fases de la locura, dice que cierto viejo se dedicó a coleccionar las actas de los debates de la legislatura del Estado. Los extractos políticos que

[181] Sentimientos de esa naturaleza son los que han decidido a las tres últimas ciudades libres de la Liga asiática, a abandonar sin vacilar su independencia, a fin de convertirse en miembros del nuevo imperio alemán. El sentimiento del patriotismo pangermánico había llevado tan a segundo término el antiguo amor a la independencia local, que no han experimentado pena alguna al abandonar una parte de esta independencia para tomar parte en la vida nacional de la gran nación alemana.

el elector lee con preferencia son los de la política nacional y, sobre todo, lo que se refiere a la próxima elección presidencial. En las luchas particulares de su Estado, lo que principalmente atrae su atención es el influjo que puede tener en la victoria de su Estado en la próxima lucha nacional.

El ciudadano más culto y reflexivo, sobre todo el de los grandes Estados, como Nueva York y Pensilvania, siente más bien disgusto por la sordidez de muchos de los políticos de oficio del Estado y la mezquindad de la mayoría de ellos. Considera a Albany o a Harrisburg casi como el nido de avispas que se halla en un árbol de su jardín. Los insectos comen sus frutos y pueden picar a sus niños; pero se dice que no merece la pena colocar una escala en el árbol e intentar exterminarlos. A veces, algunos jóvenes devotos del bien público se han lanzado en el torbellino de la legislatura de Nueva York, sobre todo, para hacer votar leyes para el mejor gobierno de las ciudades. Cuando la tenacidad de esos hombres ha estado en relación con su valor, con el tiempo han conseguido el concurso y el apoyo de las gentes que hasta entonces se abstenían, porque consideraban la política del Estado como una disputa de empleos y de buenos negocios. Con el auxilio de la Prensa, a veces, han logrado hacer adoptar leyes como la de la reforma electoral o la que limita los gastos electorales. Esta ley no solo es útil para su propio Estado, sino también para los demás, que no dejarán de seguir su ejemplo; pero como en general no se puede ser elegido sino en el distrito en que se habita, es difícil mantener siempre en una legislatura un partido reformado; así que los que pretenden impulsar la máquina antes que mantenerse indiferentes, prefieren de ordinario llevar sus energías al campo de la política nacional, porque creen obtener en ese campo resultados más importantes y más rápidos, ya que las victorias que se consiguen en el Gobierno nacional tienen su influjo moral inmediato sobre todo el país. Un observador europeo que simpatice con las reclamaciones de los reformistas, se sentirá inclinado a pensar que se debería luchar en todas partes para conseguir un Gobierno honrado, lo mismo en las legislaturas de los Estados y en los consejos de las ciudades, que en las elecciones nacionales y en la Prensa, y se quedaría al pronto sorprendido de que sean precisos tantos esfuerzos para obtener aquello por lo cual trabajan sin duda todos los buenos ciudadanos, sea cual fuese el partido a que pertenezcan. Pero tendría demasiada confianza en sí mismo el europeo que se imaginase haber descubierto cosa alguna que no se les hubiese ocurrido ya a sus amigos los americanos; y cuanto más estudie el problema el observador, mejor comprenderá las dificultades que el sistema de organización de los partidos, que luego habré de describir, suscita en su camino a todos los esfuerzos de los reformadores.

12. Los territorios

De los 3.501.404 millas cuadradas que constituyen la superficie de los Estados Unidos, 2.582.535 pertenecen a los 44 Estados cuyo Gobierno he descrito en los Gobiernos procedentes. Las 918.869 millas cuadradas restantes corresponden a las tres divisiones siguientes:

	Millas cuadradas.
Cuatro Territorios organizados, a saber:	
Utah[182], Arizona, Nuevo Méjico, Oklahoma	359.600
Dos territorios sin organizar, a saber:	
Alaska	531.409
Territorio indio al Oeste de Arkansas	31.400
El distrito federal de Colombia	70

De estas dos últimas partes solo diremos dos palabras: El distrito de Colombia es un pedazo de territorio separado para contener la ciudad de Washington, residencia del Gobierno federal. Lo gobiernan tres comisarios nombrados por el Presidente, y no tiene legislatura local ni gobierno municipal; la única autoridad legislativa es el Congreso.

Alaska (población, en 1820, de 31.795 habitantes, de los cuales 4.303 eran blancos y 23.274 indios) y el territorio indio están también bajo la autoridad directa de funcionarios nombrados por el Presidente y de leyes dadas por el Congreso. Ambos están principalmente habitados por tribus indias, algunas de las cuales, sin embargo, en el Territorio Indio, especialmente los Cherokees, han hecho considerables progresos en la civilización[183]. Pero lo probable es que pasen bastantes años todavía antes de que cualquiera de esos territorios tenga instituciones políticas normales.

Hasta 1889, los Territorios organizados, en número de ocho, formaban una larga banda que se extendía desde el Canadá al Norte, hasta Méjico al Sur, y que

---

182 Utah es hoy un Estado. Los datos del texto se refieren a 1890. (N. del T.).

183 Hay en ese territorio unas tribus civilizadas: los Cherokees, los Choctwas, los Chiekasaws, los Creeks y los Seminolas. «Cada tribu dirige sus asuntos bajo una Constitución, copia de la de los Estados Unidos. Cada una tiene un sistema de escuelas públicas; son escuelas para una educación bastante elevada, y los indios mismos son los que las sostienen. El representante de la Asociación para la defensa de la nación india dice que no hay en la nación Cherokee un solo indio o india que no sepa leer y escribir antes de los quince años». (Informe del Com. de educación de los Estados Unidos, 1886). El censo de 1890 fija en 66.289 el número total de los indios de esa tribu, de los cuales, 52.065 son indios puros. El número total de los indios en los Estados Unidos es de 249.273 (sin contar los de Alaska).

separaba los Estados del valle del Mississippi de los de su vertiente del Pacífico. Este año el Congreso hizo leyes, por virtud de las cuales autorizaba a tres territorios, Dakota (que se dividió luego en Dakota Sur y Dakota Norte), Montana y Washington, para constituirse como Estados. En 1890 obtuvieron la misma autorización otros dos: Idaho y Wyoming. Hoy tienen su constitución, y se han organizado en Estados, los seis Estados de Dakota Norte y Dakota Sur, Montana, Washington, Idaho y Wyoming[184]. A los territorios que quedaban se ha añadido el de Oklahoma, tomado del territorio indio en 1890. Debemos describir esos Territorios porque presentan una forma interesante de autonomía o de Gobierno local independiente, que difiere del de los diversos Estados, y es, en ciertos respectos, análogo al de las colonias autónomas de la Gran Bretaña.

Esta forma ha sido creada por leyes federales, la primera de las cuales, la Ordenanza para el Gobierno del territorio de los Estados Unidos, situado al Noroeste del Ohio, fue votada por el Congreso de la confederación en 1787. Usando del poder que le concede la Constitución federal, el Congreso organizó, desde ese año, por leyes diversas y según planes diferentes, varios Territorios en sus posesiones del Oeste; no queda ya más que los indicados, porque las demás se ha convertido en Estados. Primeramente, el poder legislativo local pertenecía al gobernador y a los jueces; ahora se ejerce por una legislatura electiva. La organización actual de los Territorios citados es idéntica, y al describirla prescindiré de las diferencias que existen, de escasa importancia.

La ley fundamental de cada territorio, como la de cada Estado, es la Constitución federal; pero mientras que cada Estado tiene además su propia Constitución hecha por el pueblo, los Territorios no la tienen: tienen en su lugar leyes federales que establecen su Gobierno y fijan su forma. Sin embargo, algunos territorios se han dado una especie de Constitución rudimentaria, adoptando una especie de bill de derechos[185].

En los Territorios, como en los Estados, el Poder ejecutivo, el legislativo y el judicial son distintos. El ejecutivo se compone de un gobernador, nombrado por cuatro años por el Presidente de los Estados Unidos, con el asentimiento del Senado, y que el Presidente puede separar; de un secretario, un tesorero, un censor, y, de ordinario además, de un superintendente de educación y de un bibliotecario. El gobernador es el jefe supremo de la milicia, y tiene el veto respecto de las leyes de la legislatura. Sin embargo, este derecho se puede anular por una mayoría de dos tercios en las dos Cámaras (salvo en Arizona). El gobernador es responsable ante el Gobierno federal, y envía todos los años al Presidente una Memoria sobre el estado del Territorio: a menudo en esa Memoria hace una especie de bosquejo o programa, en el cual anota las ventajas que su país ofrece a los inmigrantes. Envía también un mensaje a la legislatura al comienzo de cada período legislativo. Por importante que sea el cargo de gobernador, se concede a menudo a un personaje en pago de sus servicios políticos, sin preocuparse por saber si tiene las aptitudes necesarias para desempeñar sus funciones.

La legislatura se compone de dos Cámaras, un consejo de doce (en Oklahoma trece) personas y una Cámara de representantes de 24; en Oklahoma 26, elegidos

184 El Utahen 1894.

185 Arizona da a su bill cierto corte rígido, estipulando que no podrá reformarse sino por el acuerdo de todos los miembros de la legislatura.

por distritos. Cada una de ellas es elegida por los electores del Territorio por dos años, y solo se reúne una vez en este período. Las sesiones se limitan (por los estatutos federales) a sesenta días, y la remuneración de cada miembro a cuatro dólares por día. Las Cámaras funcionan casi como las de los Estados, confiando la mayor parte de sus asuntos a comités permanentes; y con frecuencia suspenden sus reglamentos para aprobar leyes casi sin debate. El sufragio se determina por las leyes del Territorio, pero las leyes federales prescriben que todo miembro ha de residir en el distrito que represente. La esfera de la legislación de la legislatura es amplia prácticamente, tan amplia como la de un Estado, pero sometida a ciertas restricciones federales[186]. Está sometida al derecho, aún más importante, del Congreso, de anular o modificar por sus propias leyes las territoriales.

En algunos Territorios, todas las leyes deben ser sometidas al Congreso para su aprobación, y si éste las desaprobase, no tendrán efecto; en otros, esta aprobación no es necesaria. Pero el Congreso puede ejercer en todos sin restricciones su facultad de hacer leyes superiores a las de la legislatura territorial, como el Parlamento británico puede someter las de una colonia autónoma. Esta facultad no se usa sino rara vez. El ejemplo más importante lo ha ofrecido Utah, donde la legislación congresional sostuvo una gran lucha contra la poligamia, llegando a ser necesario imponer el juramento a los electores.

El poder judicial se compone: de tres o más jueces de un Tribunal Supremo, nombrados por cuatro años por el Presidente, con el consentimiento del Senado (sueldo, 3.000 dólares); de un attorney de distrito de los Estados Unidos y de un marshal de los Estados Unidos. La ley que aplican, es en parte federal, ya que las leyes federales tienen efecto en los Territorios, y en parte local, que comprende las leyes dictadas por las legislaturas. Las apelaciones se llevan ante el Tribunal Supremo federal cuando el litigio recae sobre valor superior a cierta cantidad. Aunque esos tribunales hayan sido creados por el Congreso, en virtud de su soberanía general, no se comprenden en las disposiciones de la Constitución sobre la justicia federal, y la legislatura territorial regula su procedimiento y práctica.

El sostenimiento del Gobierno territorial es cosa del tesoro federal.

Los Territorios no envían senadores ni representantes al Congreso, ni toman parte en las elecciones presidenciales. La Cámara de Representantes, según una ley, permite a un delegado de cada territorio asistir y hablar en ella; pero no votar, porque el derecho de votar en el Congreso, depende de la Constitución federal.

La posición de un ciudadano en su Territorio es muy especial. Lo que pudiera llamarse su ciudadanía privada o pasiva, es completa: goza de todas las inmunidades y beneficios, de que cualquier otro ciudadano americano goza. Pero no tiene el

---

[186] Leyes revisadas de los Estados Unidos de 1878 § 1.851: «El poder legislativo de todo el Territorio se extenderá a todas las leyes justas que sean compatibles con la Constitución y las leyes de los Estados Unidos. Pero está prohibido hacer leyes sobre la primitiva posición del suelo. Ningún impuesto se podrá hacer recaer sobre la propiedad de los Estados Unidos; ni se podrá imponer contribuciones sobre las propiedades de los no residentes, superiores a las de las tierras y demás propiedades de los residentes». Párrafo 1.889: «Las Asambleas legislativas de los diversos territorios no podrán conceder cartas privadas o privilegios especiales; pero podrán, por leyes generales sobre corporaciones, permitir a los particulares asociarse, para cualquier industria o propósito benéfico especificado». Se han impuesto otras restricciones por leyes posteriores. V. especialmente leyes de 1886, cap. 818, § 5.

voto activo y público en relación al Gobierno nacional, aunque sí con respecto a los asuntos locales[187]. Está en la posición de un súbdito australiano de la Corona británica, que tiene la plena ciudadanía británica, con respecto a los derechos privados civiles, y una intervención en el gobierno de su propia colonia; pero no en el Gobierno del Imperio británico, aunque sea personalmente elegible para una función política en el Reino Unido o en cualquier otra parte del Imperio. Puede parecer raro que los ciudadanos puedan ser gravados con impuestos por un Gobierno en cuya legislatura no están representados; pero esas dificultades teóricas pierden su importancia ante las objeciones prácticas que se oponen a la concesión de todos los derechos de Estado a esas comunidades relativamente atrasadas.

Debe recordarse que un Territorio que puede llamarse un Estado incoherente o rudimentario piense en convertirse en un Estado completo. Cuando su población llega a ser igual a la del promedio de un distrito congresional, su reclamación para ser admitido como Estado es fuerte, y no habiendo objeciones serias en contra, se le oye. El Congreso, sin embargo, tiene sobre esas cuestiones un poder discrecional, y frecuentemente usa de él bajo el influjo de motivos de partido. Nevada fue admitido como Estado cuando su población era solo de unos 20.000 habitantes, únicamente para recoger un voto para la reforma 13.a de la Constitución. Posteriormente llegó a tener 62.266 habitantes, para luego caer en 45.751. Utah y Nuevo Méjico, que tenían el primero 207.905 y el segundo 153.593, según el último censo (en 1890) fueron rechazados porque los habitantes de Nuevo Méjico eran sobre todo mejicanos, y porque en Utah la poderosa iglesia de los mormones tenía instituciones peculiares que no permitían al Congreso emancipar a su población elevándola a Estado[188].

Cuando el Congreso resuelve convertir un territorio en Estado, aprueba una ley, en virtud de la cual acepta y ratifica la Constitución hecha por el pueblo mismo y lo admite como tal (como en el caso de Idaho y Wyoming), o hace una ley que se llama de autorización, con arreglo a la cual los habitantes eligen una Convención constitucional encargada de elaborar la Constitución. Luego que ésta ha sido sometida a los electores del territorio y aceptada por ellos, la ley del Congreso entra en vigor; el Territorio se transforma así en Estado, y procede a enviar sus senadores y representantes al Congreso en la forma usual. El acto de autorización puede prescribir ciertas condiciones, que deben ser llenadas por la Constitución del Estado; pero de ordinario no toca en el derecho de que gozan los ciudadanos del nuevo Estado de modificar más tarde esta Constitución, introduciendo en ella reformas que no contradigan las disposiciones de la Constitución federal. Sin embargo, en el caso de las Dakota, Montana, Washington, Idaho y Wyoming, la ley de autorización requería que las Convenciones introdujesen en la Constitución, «por ordenanza irrevocable, sin el consentimiento de los Estados Unidos y del pueblo de dichos Estados», ciertas cláusulas, una de ellas relativa a la perfecta tolerancia religiosa y

[187] Los romanos hacían una distinción del mismo género entre los derechos privados de la ciudadanía y los públicos, comprendiendo entre estos últimos el sufragio *y* la elegibilidad para los empleos; pero entre ellos, la distinción se refería a la persona; en los Estados Unidos y en el Imperio británico es ello cuestión de residencia, y solo afecta al sufragio y no a la aptitud para los empleos. En las elecciones generales británicas de 1892 fueron elegidos para la Cámara de los Comunes un distinguido político canadiense y un caballero Parsi de Bombay.

[188] Sin embargo la Cámara de Representantes aprobó en 1892 un bill para la admisión de Nuevo Méjico y de Arizona; y parece probable que ambos territorios serán pronto Estados (a).
(a) Ya hemos dicho que Utah fue posteriormente admitido como Estado. (N. de T.).

otra al sostenimiento de las escuelas públicas libres de toda intervención de sectas. Los seis Estados se conformaron con esta prescripción. Pero si el pueblo del Estado derogase tal ordenanza, queda la duda de si sería necesario el consentimiento del Congreso.

Los reglamentos que he descripto parece que funcionan bien. Los territorios gozan prácticamente de la autonomía, a pesar de la autoridad suprema del Congreso, como el Canadá y las colonias de Australasia de la Gran Bretaña, no obstante el derecho legal del Parlamento británico a legislar sobre todas las partes del dominio de la Corona. No tienen voz en el Congreso ni en las elecciones presidenciales; y el hecho de que el Gobernador sea nombrado por un poder extraño no suscita en ellos quejas, sin duda porque son comunidades jóvenes, demasiado pequeñas y demasiado ocupadas en la tarea de desenvolver sus recursos naturales, para interesarse en la política nacional. La vida política local se parece mucho a la de los nuevos Estados del Oeste. Demócratas y republicanos tienen su organización igual de partido; pero los asuntos de una legislatura territorial ofrecen escasas ocasiones para verdaderas contiendas políticas, aunque sí muchas para las especulaciones locales.

Antes de dejar el asunto de los territorios, debemos decir algo acerca del carácter y porvenir probable de aquellos que recientemente se han transformado en Estados, así como de los que más adelante han de transformarse en tales.

El más grande, el más poblado y en todos respectos el más adelantado, era el de Dakota (hoy dos Estados, Dakota Norte y Dakota Sur), que está situado al Oeste del Minnesota y al Sur de la provincia canadiense de Manitoba. Su extensión es de 142.700 millas cuadradas, más grande que Prusia, mucho más grande que el Reino Unido (120.500 millas cuadradas). Las partes Este y Sur se llenan rápidamente, aunque no tanto ahora como hace algunos años, por una población inteligente de colonos, en su mayoría de sangre escandinava. Poseyendo una grande extensión de tierras onduladas, muy propias para el cultivo del trigo, y en el Este al menos, suficientemente regadas por la lluvia, para que el cultivo sea fácil sin otro riego, las dos Dakota están sin duda destinadas a figurar entre las más ricas y potentes Repúblicas de la Unión.

Montana tiene una superficie enorme (143.310 millas cuadradas), pero mucha parte consiste en montañas peladas o bosques poco espesos y de poco provecho. Hay, sin embargo, muchos valles ricos y de tierra abundante, sin hablar de las minas de gran valor que encierra; pudiendo afirmarse que la población, hoy escasa, llegará a ser más numerosa en algunos distritos. En otros aún tardará mucho en aumentar, por lo que podría discutirse si la política ha hecho bien en conceder a esta vasta región los derechos de un Estado en sus condiciones actuales.

Washington, situado en las costas del Pacífico, entre Oregón y la Colombia británica, tenía razones más poderosas para ser admitido como Estado que Montana, y ésta merece plenamente bien el rango de un Estado autónomo. La parte que está al Oeste de la cadena de las cascadas tiene un clima húmedo e igual, análogo al del Oeste de Inglaterra, aunque no tan variable. Encuéntrense allí muchas de las especies y géneros familiares de plantas que en Inglaterra se observan. Los bosques son, con mucho, los más hermosos de los Estados Unidos; y aunque se los destruye rápidamente y sin provecho, siempre serán todavía por más de un siglo gran fuente de riqueza. He recorrido varias millas de bosque, cuyos árboles tienen todos más de 250 pies. La mitad Este del Estado, que está al otro lado de las montañas, es mucho más seca, y el calor y el frío más extremados; pero tiene partes muy fértiles. Washington, que tenía en 1870, 23.955 habitantes tan solo, tenía en 1890 349.390.

Los Estados de Wyoming e Idaho, que se encuentran al Sur y Suroeste de Montana y están atravesados por inmensas cadenas de altas montañas, del macizo de las montañas Roquizas, tienen relativamente pocas tierras adecuadas para la agricultura, y hasta las de los pastos se resienten por la extremada sequedad del clima. Hay, sin embargo, ricos depósitos minerales, especialmente en Idaho; en ciertos sitios hay bosques extensos, aunque sus árboles sean de menos altura y menos gruesos que los de la costa del Pacífico. La población de estos Estados continuará creciendo rápidamente, sobre todo, después que las tierras fértiles de Dakota se hayan poblado[189]. Pero la población continuará, durante algún tiempo más, siendo menos densa y menos estable que la de Dakota. Por eso puede ponerse en duda que su admisión, obra exclusiva de motivos políticos de partido, haya sido un acto prudente.

La región de Utah era un desierto antes de la llegada de los Mormones, en 1848: un desierto árido, cuyos valles estaban cubiertos de esas plantas alcalinas que los americanos llaman *sage brush*[190]. El trabajo persistente de los Santos, dirigido, al menos durante el pontificado de Brigham Young, por una autocracia capaz y vigilante, ha transformado la mayoría de las tierras que están en las riberas de los ríos en granjas fértiles, donde se cultivan cereales, legumbres y frutas. El agua que desciende de las montañas se recoge y extiende por las llanuras: las substancias alcalinas son arrastradas rápidamente, y el riego basta para producir excelentes cosechas. Apenas este procedimiento había dado excelentes resultados, cuando el descubrimiento de las ricas minas de plata atrajo una porción de colonos gentiles, y hoy la población no mormona de algunos distritos es considerable. Utah tenía en 1890 207.000 habitantes, y habría sido ya entonces admitido como Estado si el Congreso no hubiera deseado conservar una intervención legislativa absoluta sobre aquel territorio y hacer desaparecer la poligamia. Es probable que tal objetivo se consiga, porque en las elecciones de 1892 del Estado los gentiles tuvieron mayoría; y aunque una gran parte de aquellas tierras están condenadas a ser estériles e inhabitadas, hay bastantes, propias para el cultivo y la ganadería, con que sostener una numerosa población de campesinos estable.

Oklahoma en Indiana «bellas tierras», es el nombre de un nuevo territorio, que una ley de 1850 creó con las regiones centrales y no ocupadas del territorio indio, al Oeste de Arkansas y al Sur del Kansas. Tiene una extensión relativamente pequeña (39.030 millas cuadradas), una parte de la cual se ha reclamado por Tejas, mientras otra pertenece a los indios. Se trata de un país, de praderías accidentadas, cuya parte oriental se presta a la agricultura sin riego, y produce algodón y tabaco, así como trigo y maíz. El suelo es generalmente fértil, aunque ciertas regiones sean arenosas. Encierra hulla, y quizá plomo y cinc. En 1890, luego que esas regiones fueron abiertas, la población se elevó a 61.834, aumentando (1892), según los cálculos del secretario territorial, a 100.000 habitantes. Se compone de inmigrantes recientes, procedentes de Kansas, al Norte, y de Tejas, al Sur, que han inundado ese territorio como una marea, a fin de apoderarse de las tierras en el momento en que

[189] En 1890, Idaho tenía 81.229 habitantes; Wyoming, 60.589.

[190] Esas plantas no perteneced a la especie de las que llamamos salvia, sino al orden de las *compositae*, que hay en casi toda América; se asegura que un tercio acaso de todos los géneros de fanerógamas de los Estados Unidos pertenecen a ese orden.

se abrían a la civilización. Parece ser que en 1891 y 1892, los negros se han precipitado en masa hacia allí, con la esperanza de que serían bastante influyentes para contener a los blancos, con más fortuna que habían podido hacerlo en los Estados del Sur. En 1892 había 20 o 30.000 habitantes de color, y 10.000 indios, casi todos propietarios de tierras.

Nuevo Méjico, con una superficie mayor que la del Reino Unido (población en 1890,130.000 habitantes), está sobre todo poblado de mejicanos, indo-españoles, que hablan español, y que están sin duda poco preparados para la autonomía que entraña la organización de Estado[191]. El agua es allí demasiado escasa y el suelo demasiado accidentado para que la agricultura resulte en general beneficiosa. La misma advertencia puede aplicarse a Arizona, cuyas hermosas cadenas de montañas tienen sus faldas estériles, y cuyas planicies no cuentan sino con una vegetación pobre. Ambos territorios son ricos en minerales; pero como la población minera, no solo es turbulenta sino que es, además, flotante, va de un sitio a otro, a medida que se descubren filones más ricos, o que se agotan los más antiguos. ¿Cuándo podrán esos territorios de mineros y de granjeros aislados ser Estados? Sería hoy muy difícil fijar la fecha de la transformación. Día vendrá en que la población de la región que está al Este de las Montañas Roquizas aumente suficientemente para lanzar una oleada de inmigrantes a esas regiones menos afortunadas, y para someter al cultivo, por el riego de vastos terrenos, que no vale la pena hoy cultivar. Nadie podría decir cuándo llegará ese día. Mientras llega, esos territorios tendrán que darse por satisfechos con esa autonomía restringida y especial de que gozan, y que les permite en la práctica darse las leyes que les conviene, con una libertad suficiente.

Quizá se pregunte por los europeos, cómo la democracia americana no concede a los habitantes de los territorios el sufragio en las elecciones congresionales y presidenciales, ya que admite en teoría que todos los ciudadanos tienen el derecho de participar en el Gobierno nacional. Cada territorio envía, se dice, a la Cámara, un representante sin voto y dos delegados a las convenciones nacionales (que luego examinaremos); semejante hecho parece demostrar que en teoría nada hay que explique, por qué los habitantes de los territorios no gozan de todos los derechos de la ciudadanía.

Es cierto. Si fuese posible, bajo la Constitución federal, conceder a los habitantes de los territorios los beneficios de la ciudadanía federal, es decir, el sufragio federal, se les concedería. Pero la Unión es una unión de Estados. No reconoce como representantes en el Congreso, como electores presidenciales, más que los elegidos en los Estados por los electores de los Estados. El único medio de conceder el sufragio federal a los ciudadanos de un territorio, es transformar éste en Estado. Pero esta transformación conferiría al territorio al derecho de autonomía que le da la constitución federal, y del cual puede no ser todavía digno; además, autorizaría a una población, que acaso aún es poco numerosa y grosera, a enviar al Senado federal dos senadores, que tendrían la misma importancia que los dos senadores elegidos por los 6.000.000 de Nueva York. He ahí las consecuencias, ante las cuales el Congreso retrocede, con razón. El caso de Nevada ofrece un ejemplo notable de los males que se pueden temer. Es éste un Estado, cuya población se elevaba, en

[191] Hay también 28.799 indios, algunos de los cuales están establecidos en el país y bastante civilizados; 8.278 de estos habitan lo que se llaman «pueblos», tan interesantes para la etnología.

1892, a 40.000 habitantes, dispersos en un grupo de minas, la mayoría de las cuales han sido abandonadas. Esta población es evidentemente indigna del privilegio de enviar dos personas al Senado, porque en el respecto político se ha convertido en una especie de burgo podrido, que aprovechan y compran los jefes de un bando de políticos de oficio. Sin duda hubiese sido mejor no hacer de Nevada un Estado, hasta que una población numerosa, estable y tranquila hubiese ocupado el suelo, que es actualmente un desierto triste y seco, por el cual descienden los ríos que provienen de Sierra Nevada, para perderse en lagos o pantanos.

En vista de todo, puede decirse sin vacilación que, aunque el gobernador sea a veces un hombre incompetente, el sistema de gobierno territorial ha funcionado bien en América desde el punto de vista práctico, no obstante estar en desacuerdo con la teoría democrática, pudiendo afirmarse que los habitantes de los territorios no tienen de qué quejarse.

13. Gobierno local

Este es el lugar adecuado para examinar el gobierno local de los Estados Unidos, porque se trata de una materia regulada, no por el derecho federal, sino por los Estados y por los territorios, cada uno de los cuales establece las autoridades locales, rurales y urbanas que desea el pueblo del Estado o del territorio, y les concede los poderes necesarios. Pero este hecho mismo indica la inmensidad del asunto. En efecto; cada Estado tiene su propio sistema de divisiones y autoridades locales, creado y aplicado bajo sus propias leyes; y aunque esos sistemas se parezcan en muchos puntos, difieren en muchos otros; así que sería necesario un volumen para dar un breve resumen de sus particularidades. Todo lo que yo puedo intentar aquí es señalar los principales tipos del gobierno local en los Estados Unidos, describir los rasgos salientes de cada tipo, y explicar el influjo que ejercen sobre la vida y sobre el bienestar del pueblo americano, y el carácter amplio y popular de la administración local.

Tres tipos de gobierno local rural se distinguen en América. El primero se caracteriza por su unidad, el *Town o Township, y* existe en los seis Estados de Nueva Inglaterra. El segundo se caracteriza por una unidad más amplia, el condado, y es el tipo más frecuente en los Estados del Sur. El tercero combina algunos caracteres del primero y del segundo, y puede llamarse sistema mixto. Se encuentra bajo una gran variedad de formas en los Estados del Centro y del Noroeste. Las diferencias entre estos tres tipos son interesantes, no solo porque nos enseñan algo, sino también porque han surgido de las diferencias originales de carácter de los colonizadores que se establecieron a lo largo de la costa americana y de las condiciones bajo las cuales se encontraron las comunidades al desenvolverse.

Los primeros colonos de Nueva Inglaterra eran puritanos en religión, y, a veces, inclinados al republicanismo en política. Eran principalmente gentes de ciudad habituadas a la vida municipal y a las reuniones de parroquia. Establecieron sus pequeñas comunidades a lo largo de la costa y cerca de los ríos, rodeándolas de empalizadas para protegerse contra los belicosos indios. Cada una de ellas debía bastarse a sí misma, porque estaba separada de las otras por rocas y bosques. Cada una tenía su pasto común, adonde los habitantes enviaban sus ganados, eligiendo personas para cuidarlos. Cada una era un cuerpo religioso, a la vez que un cuerpo civil y político, situado alrededor de su iglesia, y la igualdad que prevalecía en la congregación imperaba también en los negocios civiles. Toda la comunidad se reunía bajo la dirección de un presidente o Moderador para discutir los asuntos de interés común. Semejantes colonias se llamaban un Town o un Township, y de hecho eran repúblicas en miniatura, que ejercían una soberanía práctica sobre la propiedad y la persona de sus miembros (no siendo todavía verdaderos Estados y no pudiendo el gobierno lejano intervenir en sus asuntos); sus principios eran rigurosamente democráticos. En el centro se hallaba un grupo de casas, a menudo rodeadas de una barrera o de un muro, si bien la colonia comprendía además una superficie rural de varias millas cuadradas, sobre la cual comenzaron a levantarse granjas y grupos de casas cuando los indios se fueron retirando. El nombre de «town» comprendía todo ese territorio, que nunca era tan demasiado grande que impidiese a los habitantes unirse en un lugar central. Esta organización se mantuvo fuerte y unida, porque los colonos no eran ricos, y porque la necesidad los obligaba a juntarse para la defensa. Pronto se reunieron los towns para formar condados, y la legislatura y el gobernador de la colonia, primero, hasta 1776, y del Estado después, comenzaron a ejercer su autoridad superior, si bien los towns (que no debe olvidarse son comunidades rurales que cubren todo el territorio del Estado) conservaron su importancia, permaneciendo hasta el día como las verdaderas unidades de la vida política de Nueva Inglaterra, siendo la base sólida de ese sistema compacto de selfgovernement que han admirado los filósofos europeos y que han querido reproducir los nuevos Estados del Oeste. Hasta 1821[192], los towns eran el único cuerpo político constituido en Massachusetts, y hasta 1857 formaron, como aún lo son, en Connecticut la base de su representación en su asamblea, pues cada town, aunque pequeño, elegía, por lo menos, un miembro. Mucho del espíritu local, estrecho, sin duda, pero robusto, que caracteriza el sistema representativo de América, se debe a esta vida, originalmente distinta, corporativa y sustantivo de los towns del siglo XVII. Si esos towns debían mucho a las condiciones en que se movieron los pequeños colonos, condiciones que les obligaban a desenvolver un patriotismo cívico semejante al de las Repúblicas de la antigua Grecia y de Italia, conviene anotar que también debieron algo a las tradiciones teutónicas de las comunidades locales semi-independientes, poseedoras de propiedad común, y que se gobernaban a sí mismas por una asamblea primaria de todos los habitantes libres, las cuales los ingleses las habían traído consigo de orillas de Elba y del Weser, y que se habían perpetuado en la práctica en el gobierno de varias partes de Inglaterra, hasta los días de los reyes Estuardos.

Muy diferentes fueron las circunstancias de las colonias del Sur. Los hombres que habían llegado a Virginia y a las Carolinas no eran puritanos ni iban con sus familias o con grupos de familias vecinas. Algunos eran aventureros casuales, con frecuencia pertenecientes a las altas clases anglicanas en religión, y que no tenían, como los hombres de Massachusetts y del Connecticut, la experiencia del selfgovernement local y el amor al mismo. Se establecieron en una región donde las tribus indias eran relativamente pacíficas, y donde no era necesario concentrarse para la defensa. El clima a lo largo de la costa era, a veces, demasiado caluroso para el trabajador europeo, y he ahí por qué se importaron esclavos para cultivar la tierra. La población estaba esparcida; las propiedades eran grandes; el suelo era fértil y enriqueció pronto a sus propietarios. Por tales motivos se constituyó una sociedad semifeudal, en la que la autoridad pertenecía a los propietarios, cada uno

[192] Boston continuó siendo un town gobernado por una asamblea primaria de todos sus ciudadanos, basta 1872; y aun entonces la asamblea de la ciudad (town-meeting) no fue enteramente abolida, porque en una disposición introducida en la carta que le fue concedida aquel año, para dar satisfacción a los sentimientos conservadores del pueblo, se permitía al alcalde y a los aldermen convocar una reunión general de los ciudadanos, con voto en los asuntos de la ciudad «para consultarlos sobre el bien común, dar instrucciones a sus representantes y tomar todas las medidas legales para expresar los agravios». Semejantes asambleas primarias, sin embargo, nunca fueron convocada» hasta ahora.

de los cuales era el centro de un grupo de servidores libres, así como el amo de una porción creciente de esclavos. Había allí, pues, relativamente pocas comunidades urbanas, tomando la colonia un tipo rural; las casas de los plantadores estaban a millas de distancia unas de otras; y, cuando fue preciso crear divisiones locales, cada una de estas divisiones debió comprender una amplia extensión de territorio y varios propietarios territoriales. Así nacieron las divisiones rurales de los condados según el modelo de los condados ingleses. Había también circunscripciones más pequeñas, como los hundreds, y parroquias; pero el hundred desapareció[193]; la parroquia era últimamente una división para los servicios eclesiásticos, mientras el condado permaneció siendo, en la práctica, la unidad importante de la administración local, la unidad a la cual se fueron agregando las varias funciones del gobierno que intervenían las autoridades inferiores, no siendo ella intervenida sino por el Gobierno del Estado. Los asuntos del condado se confiaron siempre a un consejo elegido de comisarios, y no como en los towns de Nueva Inglaterra a una asamblea primaria; como se trataba de una sociedad aristocrática, los principales plantadores tenían un influjo predominante. Esta forma de gobierno era, claro está, menos democrática, menos estimulante y menos educativa que la que prevalecía en los Estados de Nueva Inglaterra. Aunque el condado de Virginia era mucho más extenso que el town de Nueva Inglaterra, nunca fue un organismo tan importante frente al Estado. Casi puede decirse que si el Estado de Nueva Inglaterra es una combinación, el town en un Estado del Sur, es desde el primer momento un todo administrativo a la vez que político, cuyas subdivisiones, esto es, los condados, jamás tuvieron una vida realmente independiente, y no fueron sino meras subdivisiones para el conveniente despacho de asuntos judiciales y financieros.

En los Estados del centro de la Unión, Pensilvania, Nueva Jersey y Nueva York, colonizados o conquistados por los ingleses poco después que Nueva Inglaterra, el town y su asamblea no existían por lo común, y el condado fue la base originaria de organización; pero como allí no se formó una aristocracia plantadora, como en Virginia y en las Carolinas, el curso de los sucesos tomó en los Estados del centro una dirección diferente. A medida que el comercio y la industria se desarrollaron, la población se hizo más densa que en el Sur. Nueva Inglaterra influyó sobre ellos e influyeron aún más sobre las nuevas Repúblicas establecidas al Noroeste, como Ohio y Michigan, que se nutren con el exceso de la población del Este. El resultado de este influjo se ha manifestado en los Estados centrales y occidentales, en el desenvolvimiento de un sistema mixto, que muestra una especie de mezcla del sistema de condado del Sur y del sistema de la town del Nordeste. Hay, sin embargo, grandes diferencias en las reglamentaciones aceptadas en los diferentes Estados del Centro y del Oeste. Pero puede decirse, hablando en general, que el condado es en ellos relativamente menos importante que en los Estados del Sur, y el township menos importante que en Nueva Inglaterra. El condado debe quizá considerarse, al menos en Nueva York, Pensilvania y en Ohio, como la verdadera

---

193 En Maryland, los hundreds, que aún existen en Delaware, fueron durante largo tiempo la división administrativa principal. También se habla allí de «baronías» y tierras de town (townlands), como en Irlanda: y Maryland, se la llamaba usualmente una «provincia», mientras las otras regiones se denominaron colonias. Había también en Maryland los tribunales de *pié poudré* y de «hustings».
El hundred es una división de poca importancia en la Inglaterra del Sur, pero en Lancashire tiene algunas funciones importantes. Repara los puentes, responde de los daños por desórdenes y tiene su gran condestable.

unidad y los townships (que así se llaman ordinariamente) como subdivisiones del condado. Pero los townships son organismos vigorosos que restringen fuertemente las funciones de la autoridad del condado y dan al Gobierno local, especialmente en el Noroeste, un carácter análogo al que generalmente tiene en Nueva Inglaterra.

Y basta esto para la historia del asunto; una historia mucho más interesante en sus detalles de lo que puede suponerse a través de este bosquejo a que tengo que limitarme por falta de espacio. Consideremos ahora la Constitución y el funcionamiento actual de los órganos del Gobierno local en las tres distintas regiones nacionales, comenzando por Nueva Inglaterra y el sistema de town[194]. Primero haré un resumen un poco escueto, pero indispensable, reservando los comentarios para el capítulo siguiente.

La *Town* es, en los distritos rurales, la circunscripción electoral más pequeña. Mis lectores ingleses recordarán que es un grupo rural no urbano, y que el principal grupo de casas que comprende puede no ser más que lo que llamaríamos en Inglaterra una aldea. Rara vez pasa de cinco millas cuadradas de superficie, y tiene, en general, pocos habitantes, menos de 8.000 por término medio, y si a veces esta población llega a 13.000, también otras baja hasta 200[195]. Está gobernada por una asamblea de los electores que residen en su territorio; esta asamblea se reúne por lo menos una vez al año, en Pascua —lo que recuerda la reunión de la asamblea parroquial de Pascua de Inglaterra—, y además cuando se la convoca. Hay, por lo general, tres o cuatro reuniones al año. Los habitantes deben ser convocados por lo menos seis días antes, indicándoseles no sólo la hora y lugar de la reunión, sino el asunto de que van a tratar. Como los comicios de Roma y como la Landesgemeinde de cuatro de los antiguos cantones suizos, esta asamblea tiene la facultad de elegir funcionarios y hacer leyes. Elige los *selectmen,* el comité de escuela y los funcionarios ejecutivos para el año siguiente; hace las leyes locales y los reglamentos necesarios para los asuntos de la localidad; recibe los informes de los *selectmen* y de los diversos comités; aprueba sus cuentas, examina qué sumas son precisas para hacer frente a los gastos del año siguiente; vota los impuestos necesarios para las mismas, y destina a las diversas necesidades, locales-escuelas, auxilios a los pobres, sostenimiento y reparación de caminos, etc., las sumas que ordena percibir. Tiene la facultad de administrar los terrenos y las demás propiedades pertenecientes al Town y de ocuparse de todas las cuestiones locales, así como de la policía y de la higiene pública. Todo habitante de Town tiene el derecho de presentar una proposición y de defenderla de palabra. La reunión la preside un presidente, que se llama Moderador —nombre que recuerda las asambleas eclesiásticas de la República inglesa[196], y se celebra en la casa de la Town

---

194 La palabra *Town* (ciudad-villa) que escribo con mayúscula cuando la tomo en sentido americano, es la palabra irlandesa *tún,* anglosajona *tún,* alemana *zaun,* y parece haber tenido en su origen el sentido de seto o recinto rodeado de seto. En Escocia (donde se pronuncia «toun») designa aún la granja y sus dependencias; en Islandia designa la tierra cultivada y rodeada de un pequeño cerco verde o de un dique que se ha construido expresamente. En algunas partes del Este de Inglaterra, el principal grupo de casas de una parroquia lleva el nombre de «town». En el Norte de Inglaterra, donde las parroquias son a veces más extensas que en el Sur, las subdivisiones civiles de una parroquia son llamadas *townships.*

195 En Massachusetts, una Town (New Ashford), tiene 125 habitantes, y otra (Pittsfield), 17.281. Pero en este Estado y en el de Nueva Inglaterra, la mayoría tienen 1.200 a 2.500 habitantes.

196 El presidente de los sínodos y de la asamblea de la Iglesia presbiteriana de Escocia se llama aún Moderatod. Es también el nombre del presidente de los sínodos de la Iglesia presbiteriana de América, así como el del presidente de los consejos de los congregacionistas y de las asociaciones de las iglesias baptistas.

si la tiene, o en la principal iglesia, o en la escuela, y a veces al aire libre. De ordinario, los ciudadanos asisten a las asambleas en gran número; los debates son ordenados y prácticos. Lo cual, por otra parte, depende del carácter y del número de los habitantes. Donde la población se compone de americanos de nacimiento y donde el número de electores no es demasiado grande para que los debates puedan ser completos y pacíficos, no cabe imaginar una escuela mejor de política ni un régimen local mejor hecho para impedir los agios y los despilfarras, para estimular la vigilancia y engendrar la satisfacción[197]. Sin embargo, cuando la asamblea de Town se compone de más de setecientas u ochocientas personas, allí donde los granjeros han sido substituidos por obreros de fábricas, y sobre todo, cuando hay una porción importante de extranjeros, por ejemplo, irlandeses o canadienses franceses, que han llegado a Nueva Inglaterra en masa en estos últimos años, esa institución no funciona tan bien; porque la muchedumbre demasiado inmensa, hace imposible los debates; se forman fracciones, y los nuevos inmigrantes, poco habituados a gobernarse a sí propios, se convierten en instrumentos de los políticos de oficio y de los pequeños demagogos. Las condiciones sociales de nuestro tiempo en Nueva Inglaterra son menos favorables a esta institución que las que le dieron vida, y ahora, en los Estados populosos y manufactureros de Massachusetts, Rhode-Island, Connecticut, se encuentran muy pocas Towns puramente rurales, tales como aquellas que aplaudía Jefferson cuando decía, hace más de noventa años, que quisiera ver implantarse tal sistema en su propia Virginia:

«Esos distritos, llamados *Townships* en Nueva Inglaterra, son el principio vital de sus gobiernos; y la experiencia ha probado que son la invención más sabía que el hombre ha hecho para el ejercicio del Selfgovernment, y para su defensa... Catón terminaba sus discursos con la palabra «*Carthago delenda est*», y yo añado siempre, después de haber expresado mis opiniones: «Dividid los condados en distritos».

El Ejecutivo de un Town se compone de los *selectmen,* en número de tres a nueve, de ordinario, cinco o siete. Se eligen todos los años y están encargados de todos los asuntos ordinarios, naturalmente, según las instrucciones que les han sido dadas por la asamblea pública anterior. Hay también un secretario de Town, que cuida de los archivos, que toma nota de lo que se ha hecho en la reunión, y que al propio tiempo registra los nacimientos y las defunciones; un tesorero, tasadores, que valúan la propiedad del territorio para la fijación de los impuestos; el cobrador, que percibe los impuestos y varios funcionarios subalternos, tales como el guarda encargado de tasar los daños causados por los cerdos[198], el guarda del campo, los administradores del cementerio, de las bibliotecas, y otros, según las necesidades locales. Hay siempre un comité de escuelas, y a veces subcomité para los pequeños distritos escolares si el Town es muy extenso. Algunos de esos funcionarios y de esos comités son retribuidos —las *selectmen* lo son de ordinario—; otros no, pero están autorizados para pedir que se les reembolse de los gastos hechos en beneficio de la comunidad; casi siempre se ha podido encontrar para desempeñar esas funciones personas respetables y competentes. Las elecciones de Town no son abiertamente políticas; es decir, que la campaña electoral no es una lucha entre los

---

197 Véase una interesante exposición de las reuniones de Town hace cuarenta años, en *Life of Samuel Adams* (capítulo XXIII), de J. K. Hosmer. Puede verse una descripción bien hecha de un Town típico de Nueva Inglaterra, en un folleto titulado *The Town of Groton,* por el Dr. S. Green, antiguo alcalde de Boston.

198 Mr. R. W. Emerson tuvo este cargo en su Town, y lo aceptó, porque consideraba que todo ciudadano debo desempeñar las funciones que su Town le confíe.

partidos, aunque el espíritu de partido tenga cierto influjo en la elección de los miembros más conocidos de un partido[199].

Por encima de la ciudad está el condado. Su superficie y la población son muy varias. Massachusetts, con una superficie de 8.040 millas cuadradas, tiene catorce condados; Rhode-Island, con 1.053 millas cuadradas, tiene cinco; Maine, menos poblado, con 29.985 millas cuadradas, tiene diez y seis; lo que da un promedio de 1.100 millas cuadradas a cada uno de los condados de esos tres Estados, aunque en Rhode-Island sea el promedio de 211. Del propio modo, la población de los condados varía de 3.000 en adelante; el término medio es de 30.000 a 50.000, allí donde no hay grandes ciudades[200].

El condado no era en su origen más que un grupo de towns unidos para los asuntos judiciales y, ahora es, ante todo, un distrito judicial, en el cual y para el cual, se han creado tribunales civiles y criminales, al frente de los cuales está un juez de condado o un juez de Estado. Hay además ciertos funcionarios elegidos por votación del pueblo, que elige también un sherif y un secretario. La policía pertenece a las towns y a las ciudades, no a los condados en los cuales aquellas se encuentran. Los principales funcionarios administrativos son los comisarios del condado, en número de tres en Massachusetts —elegidos por tres años, uno cada año—, y el tesorero del condado[201]. Se trata de funcionarios pagados, y que tienen que ocuparse de los edificios del condado, a saber: palacio de justicia, cárceles, etc.; tienen además la facultad de construir caminos, de un town a otro, conceder licencias,

---

199 Cuando la población del Town alcanza cierto número, se transforma de ordinario en una ciudad —*City*— por una ley; pero a veces se crea en el territorio del primero una ciudad con una corporación municipal, y el Town continúa existiendo con su organización distinta. Nos ofrecen un notable ejemplo el Town y la ciudad de New Haven, en el Connecticut. El Town de New Haven fue incorporado como ciudad en 1784. Pero continúa existiendo también como town. Tres cuartas partes del territorio del town y diez y siete partes de la población pertenecen a la ciudad. Pero persisten los dos gobiernos distintos. La ciudad tiene su alcalde —*mayor*—, sus aldermen, su consejo comunal y sus funcionarios ejecutivos. La asamblea de town elige sus selectmen y los demás funcionarios en número de 152; recibe sus informes, sus órdenes, aplica sus créditos, etc. Prácticamente, sin embargo, está de tal modo obscurecido por la ciudad, que atrae poco la atención. Mr. Levermore dice: «Esta muy venerable institución ya no es más que una reunión de unos cuantos ciudadanos que representan a millares. Los pocos que se interesan o que están interesados oficialmente en el gobierno del town, se reúnen, conversan amistosamente sobre los asuntos locales, fijan el impuesto para el año siguiente, y se disuelven. No hay un ciudadano de cada setenta que haya asistido a una de esas reuniones: apenas saben donde se celebran. Los periódicos hacen algunas pequeñas indicaciones sobre sus decisiones, que apenas leen los suscriptores. El gobierno, pues, está en manos de una oligarquía que reina dentro de una democracia dormida. Pero el town está bien gobernado. Hay en su gobierno harto pocos despojos para atraer a los políticos de oficio que infestan al consejo de la ciudad. Si el grupo que gobierna se permitiese gastar con prodigalidad el dinero del town, surgiría desde luego una oposición irresistible. Veinte ciudadanos cualesquiera podrían forzar a los selectmen a convocar a los ciudadanos, y la oligarquía se desharía de seguro ante el pueblo despierto». *The Toion and City Government of New Haven,* en los *J. H. U. Studies.* 4.a serie.
Quien estudie la Historia romana, encontrará en esta antigua y curiosa asamblea algo semejante a lo *comitia curiata* de Roma, bajo la segunda República; pero la asamblea americana tiene más vitalidad.

200 El término medio de la población en los condados de Massachusets es de 160.000 habitantes; los dos condados más pequeños no tienen más que 4.369 y 3.268, respectivamente, pero el mayor llega a 484.780.

201 En Rhode-Island, el condado no tiene más que funcionarios judiciales. En Vermont encuentro, además de los jueces, un attorney de Estado, un gran vailio y un secretario del condado, En Massachusets, todos los jueces los nombra el gobernador.

hacer los estados de estimación de los impuestos necesarios para cubrir los gastos del condado[202], y distribuir los impuestos del condado entre las towns que deben pagarlos. Pero salvo este último caso, el condado no tiene ningún poder sobre las towns.

Los comisarios del condado están bajo la inspección de la legislatura, y sus funciones administrativas están perfectamente definidas por las leyes; y, por otra parte, no existe nada que se parezca a un consejo de condado o a una asamblea con funciones legislativas. El condado no tiene realmente sino funciones poco importantes. Es, sobre todo, un distrito judicial y de grandes vías, y nada más.

Este sistema de Nueva Inglaterra se parece al que existía en la vieja Inglaterra durante los siglos transcurridos entre la desaparición práctica de los antiguos tribunales de condado o *Shire Moot,* y la creación legal, relativamente reciente, de asambleas y de autoridades intermedias, tales como las uniones de la ley de pobres, los distritos y los consejos de vías, los consejos de higiene. Si comparamos el sistema de Nueva Inglaterra con el de la Inglaterra actual, con sorpresa advertiremos que el primero es el más sencillo de los dos, que los organismos son más pequeños. Los towns son los más fuertes y los más vivos: lo retienen casi todo, y no les queda a los condados más que las funciones de que un pequeño organismo no podría hacerse cargo: su sistema del Selfgovernment cierto, actúa bajo la inspección de un Cuerpo, como la legislatura del Estado, que puede conceder mucha más atención a los asuntos locales que el Parlamento inglés. Pero de hecho, la legislatura del Estado interviene poco (menos creo yo, que el *Local Government Board* en Inglaterra) en la marcha de los asuntos locales rurales, aunque con frecuencia se ocupe con los Towns que quieran dividirse, o que desean cambiar sus límites, a pesar de la oposición que a menudo hacen una parte de los habitantes.

El sistema que prevalece en los Estados del Sur no debe entretenernos tanto tiempo, porque es menos instructivo y no ha tenido tan buen éxito. La unidad aquí es el condado, excepto en Luisiana, en donde la división equivalente os lo que se llama una parroquia. El condado era en su origen una división judicial, establecida para los tribunales locales, y una división financiera, para la percepción de los impuestos del Estado. Ahora tienen algunas nuevas atribuciones, tales como la inspección de las escuelas públicas, el cuidado de los pobres y la administración de caminos. En el Sur los condados son más vastos que en Nueva Inglaterra, pero no están más poblados, porque la población está más dispersa[203].

Los funcionarios del condado, cuyos nombres y facultades varían ligeramente en los diversos Estados, son de ordinario el concejo o tribunal de comisarios del condado, un tasador (que prepara la evaluación de los bienes), un recaudador (que cobra los impuestos)[204], un tesorero, un superintendente de educación, un inspector de caminos; todos pagados, naturalmente, y ahora elegidos, por lo general, por el

202 Los principales gastos del condado van a los tribunales de justicia, para la conservación do los palacios de justicia, y los destinan también a los caminos y a los puentes.

203 Georgia, con 59.475 millas cuadradas, tiene 137 condados; Alabama, con 52.250 millas cuadradas, tiene 66. Hablando en general, los Estados nuevos tienen los condados mayores, como en Inglaterra las parroquias más pequeñas están en la parte primeramente ocupada de Inglaterra, o mejor, en aquella parte donde la población era relativamente densa, cuando las parroquias se establecieron.

204 A veces, como en Luisiana, el sherif es también recaudador.

pueblo, y. por uno o dos años[205]. Además de las funciones que indican sus nombres, esos funcionarios tienen a su cargo la policía y el sostenimiento de los pobres del condado, así como las obras públicas, tales como los puentes y las cárceles. Los jueces del condado, el sherif, y a veces el coronel, se eligen también por el pueblo. El sherif, en toda América, no es un personaje honorario, como ha llegado a ser en Inglaterra, ni un juez con ciertas funciones ejecutivas, como en Escocia, sino que es el principal funcionario ejecutivo cerca del organismo judicial del condado.

En estos Estados del Sur, hay ciertas subdivisiones locales más pequeñas que el condado[206]. Sus nombres y atribuciones varían de Estado a Estado; pero no tienen en ninguno autoridad legislativa aneja a la de la asamblea de Town en Nueva Inglaterra, y sus funcionarios sólo tienen poderes muy limitados, estando intervenidos en todo lo que hacen por la autoridad del condado.

El cuerpo local más importante es el comité de cada distrito escolar. En varios Estados, en Virginia y en la Carolina del Sur, por ejemplo, hay ahora Townships, y los Estados parecen tener actualmente una tendencia a crear algo semejante al Town de Nueva Inglaterra. Es esta una tendencia que se desenvuelve con el crecimiento de la población, con los progresos de las manufacturas y de la clase media trabajadora, y sobre todo, con el deseo creciente de instruirse. La escuela, se ha dicho con razón que se convierte en el Sur, en el núcleo del selfgovernment local, como la Iglesia lo fue hace doscientos años en Nueva Inglaterra[207]. Sin embargo, en parte alguna se ha visto aparecer la asamblea primaria, y la asamblea representativa está aún en la infancia. En los Estados del Sur, *y* en los que han adoptado el sistema de los condados, como Oregón y Nevada, las autoridades locales no son, en general, sino funcionarios ejecutivos.

El tercer tipo es menos fácil de caracterizar que los dos anteriores, y las formas bajo las cuales se presenta en los Estados del Centro y del Oeste son aún más variadas que las que se refieren al segando tipo. Dos notas lo distinguen. La primera consiste en la importancia y en el poder del condado que aparece en la mayoría de esos Estados antes de las divisiones menos extensas; la segunda consiste en la actividad del Township[208], que tienen más independencia y más facultades que en el Sur.

Ahora bien; de esas dos notas, la primera resalta más en un grupo de Estados: Pensilvania, Nueva Jersey, Nueva York, Ohio, Indiana, Iowa; la segunda en otro: Michigan, Illinois, Wisconsin, Minnesota, las dos Dakota. La razón de esta diferencia estriba en que los inmigrantes de Nueva Inglaterra, que fue siempre el elemento más numeroso, más inteligente y más enérgico de los colonos del grupo septentrional de esos Estados, llevaba consigo la adhesión al sistema del Town y el senti-

205 En algunos Estados, algunos funcionarios de esos son propuestos por el gobernador. En la Florida éste nombra hasta el consejo de los cinco comisarios. (Const. de 1886, art. VIH, § 5). Los otros funcionarios del condado, esto es, el secretario del tribunal de circuito, el sherif, los condestables, el tasador de impuestos, el recaudador de impuestos, el tesorero, el superintendente de instrucción pública y el inspector, se eligen por el pueblo por dos o cuatro años (§ 6).

206 En Carolina del Sur, la parroquia era en un principio una fuerte unidad local, pero ha perdido poco a poco su importancia, a medida que el condado se ha desenvuelto bajo el influjo del sistema de las plantaciones. La palabra «parish» (parroquia), en América, es ahora prácticamente equivalente a *congregation,* y denota una circunscripción local.

207 Virginia ha seguido esa dirección. Véase el interesante tratado (publicado después de la primera edición de este libro) de M. Jorge Howard, *Local Constitutional History of the United States.*

208 *Township* es el término usado con más frecuencia fuera de Nueva Inglaterra; en ésta dicen *Town.*

miento de su valor, habiendo conseguido después de largos esfuerzos establecerlo en las seis grandes repúblicas prósperas que forman ese grupo. Por otra parte, como Pensilvania, Nueva Jersey y Nueva York no habían empezado con el sistema de *Town* —por los motivos ya indicados—, esos Estados jamás lo adoptaron por completo; mientras que en Ohio y en Indiana, los numerosos colonos que procedían de los Estados esclavistas de Pensilvania y de Nueva York, dieron por completo su preferencia al condado que conservó su preponderancia.

Ese conflicto entre el elemento de Nueva Inglaterra y el meridional es sobre todo notable en Illinois, cuya parte septentrional ha sido colonizada por emigrantes de Nueva Inglaterra y la meridional por los emigrantes de Kentucky y Tennessee. Estos llegaron los primeros y establecieron el sistema del condado, y los emigrantes de Nueva Inglaterra lucharon contra ese sistema, y en la Convención constitucional de 1848 hicieron que se adoptase una disposición que se introdujo en la Constitución de este año, y que se reprodujo en la de 1870, y según la cual, todo condado puede adoptar el sistema de *Towns* «cuando la mayoría de los electores del condado se manifiesta favorable a esta organización en una elección general cualquiera»[209]. Merced a esta autorización, los cuatro quintos de los 102 condados tienen ahora el sistema de la división en Towns[210].

Illinois nos proporciona un buen ejemplo de este sistema en su forma más nueva, y es tan excelente, que no puedo hacer cosa mejor para presentarlo, que tomar de un escritor muy claro, y digno de fe, la siguiente descripción de todo el sistema de selfgoverment local de este Estado, que, por otra parte, es típico en el Noroeste:

«Cuando el pueblo de un condado ha votado la adopción del sistema de townships, los comisarios deben proceder a la división del condado en towns, conformándose a los townships congresionales o escolares, salvo casos especiales. Todo town recibe la capacidad corporativa, esto es, la de ser parte en asuntos civiles, tener propiedad y explotarla, así como la de contratar. La reunión anual de town de todos los habitantes con voto, que se celebra el primer martes de Abril para la elección de los funcionarios y el despacho de los diferentes asuntos del town, es el hecho capital de este gobierno. He aquí un resumen de lo que el pueblo puede hacer en esa reunión: puede dar órdenes relativas a la adquisición, uso y enajenación de la propiedad del town; dirigir instrucciones a los funcionarios en el ejercicio de sus deberes; votar impuestos para caminos y puentes, y para cualquier otra obra legal; acordar sobre las acciones que hayan de sostenerse en justicia; legislar sobre la extinción de plantas dañinas, y fomentar por premios la extirpación de las mismas y de los animales también dañinos; reglamentar la condición de los ganados y demás animales extraviados; establecer corrales comunes y ordenar el depósito en ellos, y la venta de los animales extraviados o encontrados en terrenos de vecinos; hacer construir pozos y lavaderos públicos; dictar reglamentos para la aplicación de las leyes locales; imponer multas y aplicar sus productos en interés del town[211].

209 Véase la Constitución de 1870, art. X, § 5, en la que se añadió una disposición por la que todo condado que desee renunciar al sistema de Towns, puede hacerlo en virtud de un voto de los electores del mismo; en ese caso, el sistema del condado que se fija en las secciones siguientes del artículo es el que se aplica.

210 Illinois tiene 102 condados, con una población media de 36.000 habitantes en 1890; Iowa 99, con una población media do 19.000; Inglaterra —sin País de Gales— tiene 40 condados con una población media de 687.000 en 1891.

211 Hay en Inglaterra facultades análogas a todas éstas, pero algunas de ellas se ejercen o eran ejercidas en la *Manor Courty* no en la parroquia.

»Los funcionarios del town son: un inspector que es *ex officio* administrador de los pobres; un secretario, un togado y un recaudador, todos elegidos anualmente; tres comisarios de grandes vías, elegidos por tres años, uno cada año, y dos jueces de paz y dos condestables que desempeñan sus funciones por cuatro años.

En la mañana designada para la reunión de town se reúnen los electores, y proceden a elegir su moderador, que preside aquel día. Se eligen luego los funcionarios del town; el inspector, el recaudador y el tasador actúan como jueces de la elección. Todo ciudadano de los Estados Unidos, varón de veintiún años de edad, que ha residido un año en el Estado, noventa días en el condado y treinta días en el township, puede votar en la asamblea de town; pero para ser elegido se exige un año de residencia en éste. A las dos, el moderador propone a la reunión el examen de los asuntos relativos a las materias que hemos enumerado. Todo ello se lleva según las reglas y los usos de los cuerpos parlamentarios. El secretario del town lo es de la asamblea, y es quien lleva las actas de los trabajos de la misma. Pueden celebrarse reuniones especiales de town, siempre que el inspector, el secretario o los jueces de paz o dos de ellos y 15 electores hagan un informe, en el cual digan que es necesaria la reunión para objetos que se deben especificar. El secretario lo comunica al público según las formas proscriptas. Estas reuniones especiales sólo pueden tratar de los asuntos señalados en la convocatoria.

El inspector es a la vez funcionario del town y del condado. Es administrador general de los asuntos del town, y además un miembro del consejo del condado, el cual se compone de los inspectores de los varios towns, y tiene la inspección de los asuntos del condado. Como funcionario del town, percibe y distribuye los fondos del town, excepto los destinados a las grandes vías y a las escuelas. Su informe financiero se presenta por el secretario a la asamblea. Este último funcionario es el encargado del archivo de los libros y papeles del town. En su inspección de los puertos y caminos, los comisarios de las grandes vías están obligados a conformarse a un gran número de leyes y reglamentos de la asamblea del *town,* Los caminos se conservan con cargo a los impuestos establecidos sobre bienes muebles e inmuebles, y a un impuesto de capitación, que pagan todos los ciudadanos de veintiuno a cincuenta años de edad. Pueden pagarse en dinero o en prestación personal, bajo la dirección de los comisarios. Uno de éstos funciona como tesorero, y es el que recibe y distribuye el dinero. El inspector actúa como administrador de pobres. La ley permite a los electores del condado decidir por sí mismos si cada town cuidará de sus pobres separadamente, o si debe encargarse de ellos. Cuando el town se encarga de sus pobres, el administrador generalmente auxilia a los indigentes mediante un sistema de socorros a domicilio, y el condado es el que sostiene a los pobres; el consejo del condado está autorizado para fundar un asilo y adquirir una granja para el cuidado permanente de los indigentes, y los administradores conceden los auxilios temporales en sus towns respectivos, a costa del condado.

El consejo de los revisores del town, compuesto del secretario y de los jueces de paz, examina todas las cuentas del inspector, del administrador del impuesto de los pobres y de los comisarios de las grandes vías. Dicta sentencia sobre todas las reclamaciones formuladas al town, y sobre todo las acusaciones dirigidas contra él, y revisa todas las cuentas de los funcionarios del town.

Las cuentas así revisadas se conservan y tienen a disposición del público por el secretario, que las somete a la reunión siguiente. El inspector, el tasador y el secretario forman el consejo de sanidad; el secretario redacta una memoria de sus trabajos que somete a las reuniones del town.

Los funcionarios de la ciudad no tienen sueldo fijo, perciben una indemnización según la tarifa fijada para los diversos servicios, o bien reciben dietas en relación con el tiempo que relativamente consagran a los asuntos del town. El cobrador de los impuestos recibe un tanto por ciento de indemnización.

Por lo que a la escuela se refiere, el township constituye una corporación separada y distinta, con el título legal de «Administración de las Escuelas del Township» *(Trusteer of Schools of Township)* —clase o rango— según el número con arreglo al cual se designa el township en el cuadro congresional. Los administradores escolares, que son tres, se eligen de ordinario con los funcionarios del township civil en la asamblea del town y por tres años. Se organizan, eligiendo uno de ellos presidente, y designando a una cuarta persona tesorero, que es a la vez secretario. Tienen el derecho de dividir el township en distritos escolares. Debe recordarse que el township tiene exactamente 6 millas cuadradas. De ordinario, se divide en tres distritos de 2 millas cuadradas, y se elige una escuela en el centro de cada uno. Como los caminos del condado, están en la mayoría de los casos, construidos en la línea de demarcación, y van de Norte a Sur y de Este a Oeste, separados entre sí una milla, el viajero puede encontrar una escuela cada dos cruces. Los habitantes que viven en esos subdistritos eligen tres directores de escuela que inspeccionen las de su vecindad. Están obligados a abrir una escuela gratuita durante lo menos cinco meses, y a lo sumo nueve todos los años; tienen derecho a hacer construir y a habilitar de menaje las escuelas, de contratar a los maestros de escuela y fijar los sueldos que deben serles concedidos, y a establecer los programas de estudios. Pueden cobrar impuestos sobre todas las propiedades imponibles del distrito; pero a condición de no exceder la tasa del 2 por 100 para la educación, y del 3 por 100 para los edificios. Piden al tesorero de las Escuelas del township las sumas que necesitan, y estas sumas se perciben según vamos a indicar. Este último funcionario conserva en caja todos los fondos destinados a las escuelas del township, y los distribuye según las órdenes de los directores de los varios distritos.

Los fondos del township para sostenimiento de las escuelas provienen de tres fuentes distintas: 1.°, el producto de las tierras de escuelas dadas por el gobierno de los Estados Unidos, y de las cuales sólo pueden gastarse las rentas; 2.°, el Estado percibe anualmente sobre todos los bienes un impuesto de 1/5 del 1 por 100 que constituye el fondo escolar del Estado, y que distribuye entre los condados, en proporción a su población escolar, y luego entre los towns, según la misma proporción; 3.°, cuando esas sumas son insuficientes, los directores de los distritos pueden hacer establecer impuestos hasta conseguir la suma que se necesite.

Toda persona de seis a veintiún años de edad tiene derecho a los privilegios de las escuelas gratuitas. Las mujeres son elegibles para todas las funciones en las escuelas del Estado, y con frecuencia se las elige directoras. Los condados de Illinois comprenden por término medio 16 towns. El gobierno del condado se establece en el sitio que designan los electores, y se llama «residencia del condado». En el condado, los diversos poderes del mismo se desempeñan por el Consejo del condado, que se compone de los inspectores de los diversos towns de los condados, donde hay la organización del township, mientras que en los demás condados la constituyen tres comisarios elegidos por el pueblo de todo el condado. El consejo administra la propiedad toda del condado, sus fondos y sus asuntos. Hace construir el palacio de justicia, la cárcel, la casa de los pobres y demás edificios necesarios; cobra los impuestos, examina las cuentas, las reclamaciones dirigidas al condado, y, en los condados donde no hay organización de township tienen la inspección de caminos y de los pobres. Aun en los condados en los cuales se ha dejado a los townships el cuidado de los caminos, el consejo de condado puede aplicar fondos al auxilio de la construcción de los caminos más importantes y de los puentes más costosos. El tesorero, el cherif[212], el coroner y el inspector son funcionarios del condado[213].

El superintendente de escuelas del condado tiene la inspección de todas las materias de educación, da instrucciones a los directores de distrito y administradores del town, y reúne las estadísticas escolares que remite al Consejo de condado, y transmite al superintendente de instrucción pública del Estado.

Todo condado elige un juez, que tiene plena jurisdicción testamentaria, y nombra administradores y guardianes. Tiene también jurisdicción en los asuntos civiles en que se ventila por valor de menos de 1.000 dólares, y en las causas criminales de poca importancia, que son de la competencia del juez de paz, y entiende en las apelaciones contra las sentencias de estos jueces y de los tribunales de policía correccional. El Estado está dividido en tres distritos judiciales, cada uno de los cuales elige tres jueces, que constituyen los tribunales de circuito; el tribunal celebra dos o más sesiones anuales en cada condado del circuito, siendo acompañado de un grande o pequeño jurado. Entiende en toda clase de cuestiones en primera instancia, y en las apelaciones respecto del juez del condado y de los jueces de paz.

Para completar el sistema judicial del Estado hay cuatro tribunales de apelación y un tribunal supremo que entiende en última sentencia.

Los impuestos cobrados por cuenta del Estado del condado o del town se computan sobre la base de evaluaciones hechas por el tasador del town, y se cobran por el cobrador de éste. El tasador examina y evalúa todos los bienes inmuebles, y exige a toda persona una declaración verdad de su haber personal. El tasador, el secretario y el inspector constituyen el consejo de evaluación del town encargado de oír las reclamaciones y corregir y completar la evaluación.

Los libros de los tasadores de todos los towns se remiten al consejo de condado, que hace todas las correcciones necesarias a fin de que se correspondan las evaluaciones de cada town. El secretario del condado transmite un extracto de la evaluación corregida al tasador del Estado, que la entrega al consejo de igualación del Estado.

Este consejo iguala las evaluaciones entre los condados.

Todos los impuestos se estiman y cobran según este repartimiento, definitivamente corregido. Las autoridades del Estado, el consejo de condado, los inspectores del town, los comisarios de vías, los administradores de escuelas de township y todos los funcionarios especiales de ciudades y aldeas incorporadas, remiten al secretario del condado un estado de las sumas que necesitan para sus diversas

[212] El cherif es el funcionario ejecutivo de los tribunales importantes, y es el responsable del orden en el condado. En caso de desorden, puede llamar la milicia del condenado.

[213] Ordinariamente, la policía, excepto la judicial, no es de la competencia del condado. El township la confía a sus condestables.

atenciones. El secretario prepara su libro de repartimiento de impuestos para cada town, en el cual indica la suma que debe ser cobrada para cada atención. Después de haber cobrado el total, el cobrador remite a cada autoridad particular su cuota respectiva.

En todas las elecciones, ya sea del Presidente de los Estados Unidos, ya de los representantes del Congreso, ya de los funcionarios del Estado o del condado el township, constituye un distrito electoral, y el inspector, el tasador y el cobrador actúan como jueces».

Las palabras «town» y «township» significan una división territorial del condado, incorporada para las necesidades del gobierno local.

Quédanos por indicar una muy numerosa clase de corporaciones municipales, designadas en las leyes de Illinois como «villages» y «cities». Una población de 300 almas por lo menos, que ocupe, a lo sumo dos millas cuadradas, puede, en virtud del voto popular, ser incorporada como «village», según las disposiciones de las leyes generales. Se eligen tres administradores de «village», los cuales designan de entre ellos su presidente, que desempeña desde luego las funciones generales de un alcalde. Los administradores nombran un secretario, un tesorero, un comisario de vías, un condestable y los demás funcionarios que estimen necesarios. El pueblo puede elegir un magistrado de policía, cuya jurisdicción es igual a la de un juez de paz»[214].

En otro autor reciente encontramos un cuadro análogo de la reunión del town en Michigan:

«El primer lunes de Abril de cada año todo ciudadano de los Estados Unidos, de veintiún años de edad, por lo menos, y que resida en el Estado desde hace seis meses y en el township en los diez días anteriores, tiene el derecho de asistir y participar de la reunión. El inspector, que es el principal funcionario ejecutivo del township, preside. El y el juez de paz cuyo mandato expire más pronto, y el secretario del township, constituyen los inspectores de las elecciones. Después de las elecciones de los funcionarios del año siguiente, los electores proceden desde medio día, a la una o a las tres, según el caso lo requiera, al despacho de los asuntos del town. Quizá alguno se ha quejado de que los ganados andan en libertad en ciertas partes del town, y causan perjuicios; en ese caso se hace un reglamento que prohíba la cosa bajo pena de una multa que no pasará de diez dólares.

Puede ocurrir que un puente sea necesario en un lugar del town, y que los habitantes de aquel distrito de vías no tengan recursos para hacer el gasto; en ese caso, la reunión, sin pasar los límites fijados por las leyes, vota la suma que hace falta, porque las leyes que fijan el total de los impuestos y de la deuda contienen disposiciones muy terminantes.

Los electores pueden hacer reglamentos sobre el uso y venta de la pólvora, sobre la autorización para tenor perros, sobre conservación de hospitales, y pueden ordenar que los habitantes se vacunen. Los electores, reunidos en asamblea, tienen que fijar la parte del impuesto de milésima por dólar sobre la evaluación de las propiedades, que debe consagrarse a la compra de libros para la biblioteca del town, y luego la parte que debe reservarse a la escuela.

---

214 *Local Government in Illinois,* por Alberto Shaw, en los *J. H. U. Studies.* Baltimore, 1883.

Los diversos funcionarios del town encargados de distribuir los fondos públicos someten su Memoria anual al pueblo entonces. En una palabra: todo lo que tiene un carácter local, y cuanto interesa tan sólo al town, está sometido a la inspección de los ciudadanos reunidos en asamblea.

Sin embargo, pueden señalarse algunas ligeras diferencias entre las asambleas de town de Nueva Inglaterra y la de Michigan. En este Estado las leyes y reglamentos locales ofrecen suma variedad.

Esto proviene de que en el Oeste, la parte del township, que está más poblada (village), está a menudo separada del territorio e incorporada bajo el nombre de *village,* como en casi todos los Estados del centro y del Oeste. Ahora bien; para esos núcleos es para los que son necesarias esas leyes. Esas *villages* tienen el privilegio de dirigir, ya directamente por la asamblea de sus ciudadanos, ya indirectamente por un consejo de cinco administradores, a lo sumo, los asuntos, la policía, el cuerpo de bomberos, las vías y el servicio de aguas. En algunos Estados, sin embargo, se consideran como formando parte del township, y como tales votan en las reuniones del town sobre todas las cuestiones que se refieran a los caminos, a los puentes, a los pobres y a las escuelas del township»[215].

El rasgo característico saliente de este sistema, es la reaparición de la asamblea de town de Nuera Inglaterra, bajo una forma menos primitiva, es verdad, y además menos perfecta, porque el township de Oeste es un organismo más artificial que el town rural de Massachusetts o de Rhode-Island, donde, hasta estos últimos tiempos, todos los habitantes eran de raza inglesa, y todos se conocían, todos se instruían en los mismos libros y tenían la misma tradición de selfgovernment. Sin embargo, tal cual es, el sistema de Illinois y de Michigan se propaga. En California, en Nebraska y en otros Estados del Oeste leyes recientes permiten adoptarlo, y ya ha sido establecido en las dos Dakotas, y parece destinado a triunfar en todos los Estados del Noroeste[216].

A medida que un Estado adopta el sistema de township, el condado tiende a perder su importancia. Tiene, sin embargo, más importancia en el Oeste que en Nueva Inglaterra. Tiene a menudo un funcionario de la educación que inspecciona las escuelas y establece un impuesto para auxiliar a los tonwship pobres. Sobre todo en los nuevos Estados, donde ese servicio tiene más importancia que en los antiguos, está encargado de trazar los caminos, de hacer construir los puentes y diversos edificios públicos. A veces también tiene la inspección de los gastos del township[217].

---

215 *Local Government in Michigan,* por E. W. Bémis en los *J. H. U. Stti-dies.* Baltimore, 1883.

216 En Suiza, la Gemeinde o Municipio rural, es la base del sistema autonómico del Cantón. Tiene a su cargo la policía, los pobres, las escuelas, y posee tierras. Tiene una asamblea primaria que se reúne varias veces al año, que discute los asuntos del común y que elige un consejo administrativo. Desde este punto de vista, se parece a un town o township americano, y para ciertos asuntos está sometido a la jurisdicción de un funcionario, llamado el Statthalter, nombrado por el Cantón para un distrito de varios municipios.

217 Mr. Bémis dice: «Un gran número de los mil o mil cien townships do que se compone un Estado, no tienen la educación política ni el espíritu conservador necesario para gobernarse a sí propios; varios no tienen ni aun los medios de procurarse el dinero suficiente para sus puentes, sus caminos, escuelas y pobres, necesitando así una autoridad superior que tenga el poder de igualar la evaluación de los varios towns vecinos, de fijar los impuestos de todos en interés de los más pobres y de ejercer una intervención general en los gastos del township... Todos los

El consejo de los comisarios de condado se compone en Michigan e Illinois de los inspectores de todos los townships del condado; en Wisconsin y Minnesota los comisarios se eligen directamente por el condado.

Paso ahora al sistema mixto o de compromiso, según aparece en el otro grupo de Estados, del cual pueden tomarse como ejemplos Pensilvania, Ohio, Indiana y Iowa. En estos Estados no encontramos la asamblea de town. El town tiene un poder mayor o menor; pero sus miembros no se reúnen en una asamblea primaria. Elige sus funcionarios locales, y obra mediante ellos tan sólo. En Ohio hay tres administradores de township, que tienen a su cargo los asuntos locales un secretario y un tesorero. En Pensilvania el township se gobierna por dos o tres inspectores elegidos por dos o tres años, uno cada año, ayudados por un tasador para la evaluación de los bienes, un secretario de town, tres contadores o censores, seis directores de escuelas, elegidos por tres años, dos cada año, y (cuando los pobres están a cargo del township) dos administradores de pobres. Los inspectores pueden imponer al township una contribución que no exceda del 1 por 100 de la evaluación de los bienes para la conservación de caminos y puentes, y los administradores de pobres pueden exigir en favor de los pobres una contribución semejante si dos jueces de paz aprueban la medida[218]. Pero como los pobres corren en general a cargo del condado, y todo contribuyente puede hacer prestaciones personales, los impuestos del township son relativamente poco elevados.

En Iowa, dice Mr. Mecy, el township civil, que ordinariamente tiene 6 millas cuadradas, es un gobierno local para las elecciones, conservación de caminos, evaluación de bienes, auxilio de pobres y otros asuntos de interés local. Sus funcionarios son tres administradores, un secretario, un inspector de caminos para cada distrito de caminos, un tasador, dos o varios jueces de paz y dos condestables como máximum. En cierto sentido, los jueces de paz y los condestables son funcionarios del condado. Sin embargo, son elegidos los townships, y si dejan de residir en aquel donde han sido elegidos pierden el cargo. Los administradores se eligen por tres años; pero la duración de sus funciones está ordenada de modo que se elige ano de los tres cada año, Los demás funcionarios se eligen por dos años. Si hay dentro del territorio del township un town o ciudad incorporada, la ley exige que uno de los jueces de paz, por lo menos, resida en el town o ciudad.

Los electores de la ciudad o el town eligen un asesor distinto. Los electores de la ciudad no tienen derecho de votar los inspectores de vías ni el asesor del township. Votan los demás funcionarios del township...

Los administradores del township ejercen varias funciones en la administración del impuesto de pobres. Cuando una persona válida pide socorro, puede exigírsele que trabaje en las calles o caminos. Si una persona legalmente establecida en el condado, que no tenga parientes capaces de socorrerle, pide auxilio a los

educadores abogan por que el condado y el Estado vigilen las escuelas, aún de que haya uniformidad en los métodos y para que los distritos rurales, que fueron la cuna de nuestros grandes hombres en el pasado, no degeneren. Pero se oponen a esto dos influjos: el miedo a la centralización por parte de los pequeños towns que más la necesitan, y las repugnancias que experimentan las ciudades ricas a agravar sus impuestos en beneficio de los distritos del campo».— *Local government in Michigan,* página 18.

218 Los jueces de paz se eligen por el pueblo por cinco años y reciben su comisión del gobernador del Estado.

administradores, están estos obligados a examinar el caso y a conceder o negar lo pedido. Si deciden concederlo, pueden hacerlo enviando al pobre al asilo de pobres del condado, o dándole lo que juzguen necesario en aumento, vestido, asistencia médica y dinero. Si lo niegan, el interesado puede dirigirse a los inspectores del condado, que tienen el derecho de obligar a los administradores a conceder un socorro, y que pueden además prohibirles concederlo si entienden que no ha habido fundamento para otorgarlo. En todos los casos en que un socorro se da directamente al solicitante por los administradores, están éstos obligados a enviar un atestado de los gastos hechos al revisor del condado, quien presenta las notas al consejo de los inspectores.

Todos los gastos hechos en favor de los pobres se pagan por los condados, y los inspectores podrán, si así lo quieren, privar a los administradores de los townships de esta parte de sus funciones. Pero en los condados en que no hay asilo para los pobres, y donde los inspectores no dedican suma alguna especial a este servicio, los administradores de los townships están obligados a encargarse de él por completo. Sin embargo, en ambos casos el condado es quien paga los gastos.

Los administradores forman el consejo sanitario del township; pueden establecer la vacuna obligatoria, pueden ordenar que se recojan las materias perjudiciales a la salud, adoptar leyes locales para preservar la salud pública y hacer observar estas leyes con multas y prisión»[219].

En la mayoría de los Estados el condado elige al township. Si tomamos Pensilvania como ejemplo, nos encontramos con que cada condado está gobernado por un consejo de tres comisarios, elegidos por tres años, según un sistema de representación de las minorías, en el cual el elector vota sólo dos candidatos. Además de estos funcionarios, hay otros, elegidos por el pueblo por tres años, que son: un cherif, un coroner, un protonotario, el registrador de testamentos, un tesorero, un inspector, tres revisores, el secretario del Tribunal y el attorney del distrito. Algunos de esos funcionarios son pagados con derechos; pero en los condados que tienen más de 50.000 habitantes, reciban un sueldo fijo.

Un condado que tenga más de 4.000 habitantes forma un distrito judicial y elige un juez por diez años. Ningún nuevo condado puede tener menos de 400 millas cuadraras ni menos de 40.000 habitantes[220].

Además de los asuntos judiciales y de la dirección de prisiones del condado y de los caminos, el condado tiene que ocuparse también de la educación, y ordinariamente, de la ley de pobres, y cobra los impuestos del condado y los del Estado mediante un cobrador que nombra en cada township. Examina las cuentas de los townships y tiene otros derechos de intervención en estas comunidades menores que no existen ni en Illinois ni en Michigan, No debo omitir la advertencia de que allí donde un cierto territorio local no está gobernado por una asamblea primaria como en los Estados donde la asamblea del town no existe, y como en todos los Estados respecto de los condados, a menudo se acude para conocer los sentimientos y opiniones de los ciudadanos de la circunscripción local, sea township, sea conda-

---

[219] *(A. Government Text-Book for Iowa Schools,* páginas 21-23).

[220] V. Const. de Pensilvania de 1883, artículos V, XIII y XIV.
El término medio de la población de un condado en Pensilvania era, en 1890, de 78.000 habitantes. Hay 67.

do, al voto popular secreto sobre una cuestión especial, ordinariamente cuando se trata de un empréstito o de elevar un impuesto por encima de su tasa regular. Implica esto una aplicación a las divisiones locales del método llamado «plebiscitario» o *referendum,* cuyo empleo en la legislación de los Estados hemos discutido en un capítulo anterior[221]. Este sistema parece funcionar bien, porque, ofreciendo un método excepcional para casos excepcionales, permite limitar los poderes de los funcionarios ejecutivos del condado o del township.

La falta de espacio me obliga a omitir en este bosquejo muchos detalles de interés, sin duda, para los europeos que deseen conocer el gobierno local, y por esta razón, tampoco puedo indicar las relaciones de las circunscripciones rurales, townships y condados con las *villages* incorporadas y las ciudades que están en su territorio; lo único que yo puedo decir es que las ciudades, aun las más pequeñas, están ordinariamente separadas de los townships; es decir, que el gobierno del township está reemplazado por el gobierno de ciudad, mientras que todas las ciudades de todos los grados son miembros de los condados, pagan su parte de impuesto de condado e intervienen en las elecciones del mismo. Frecuentemente, sin embargo, la Constitución de un Estado comprende disposiciones especiales cuando hay una ciudad bastante grande que prácticamente obscurezca o absorba al condado, como Chicago en el condado de Cook y Cincinnati en el de Hamilton. A veces la ciudad se convierte por si en condado; hay varias formas en los diferentes Estados de municipalidades menores. Ohio, por ejemplo, divide sus corporaciones municipales en:

a), ciudades de las cuales hay dos clases, la primera que comprende tres grados, y la segunda cuatro; *b), villages* que comprende también dos clases, la primera, de 3.000 a 5.000 habitantes; la segunda, de 200 a 3.000; y c), aldeas, localidades incorporadas con menos de 200 habitantes[222]. Los principios según los cuales se gobiernan estas organizaciones, son generalmente los mismos; los detalles son infinitos, e imposibles de reunir aquí. Nada más diré de esas pequeñas localidades incorporadas. Pero las grandes ciudades ofrecen un amplio e instructivo campo de investigación, y así les dedicaré tres capítulos.

[221] Como en Inglaterra la asamblea primaria, bajo la forma de asamblea parroquial, está en camino de desaparecer, y el método plebiscitario parece llamado a reemplazarla como más conforme con las condiciones democráticas del país. V. antes capítulo IV.

[222] *Ohio Voter's Manual,* apéndice K. Ohio comprendía en 1888: ciudades, 1 de primera clase, primer grado; 1 de primera clase, segundo grado; 1 de primera clase, tercer grado; 2 de segunda clase, primer grado; 2 de segunda clase, segundo grado; 9 de segunda clase, tercer grado; 23 de segunda clase, cuarto grado; *villages*—34 de primera clase; 395 de segunda clase; aldeas— 82 y además 785 localidades o towns no incorporados.

14. Observaciones sobre el gobierno local

Seguramente resultará más clara esta descripción, necesariamente complicada, si añado ahora algunas observaciones generales, aplicables a todos o casi todos los varios sistemas de gobierno local que imperan en los diferentes Estados de la Unión.

I. Siguiendo el ejemplo de las autoridades americanas en esta materia, he tratado el tipo o sistema de Nueva Inglaterra como distinto, y he considerado los de los Estados del Noroeste como un tipo mixto. Pero el lector europeo quizá se imagine mejor los tres sistemas en su espíritu, si divide la Unión en tres zonas — Norte, Central y del Sur. En la del Norte, que comienza en la bahía de Fundy y llega a Puget Sound, encontrará una asamblea primaria, la asamblea del town o Township, con actividad preponderante como unidad del gobierno local. En la zona del medio o Central que se extiende de Nueva York a California inclusive, a lo largo del cuarenta paralelo de latitud, encontrará el township y el condado, que se distribuyen los intereses y las energías del pueblo. En algunos Estados de esta zona, el condado es el organismo más importante, y absorbe al township; en otros, el township parece predominar sobre el condado; pero todos se parecen, porque en ninguno de ellos puede prescindirse un solo instante de ninguno de los dos, y en ambos se gobierna por funcionarios electivos. La tercera zona comprende todos los Estados del Sur, y en ella el condado es el organismo predominante, aunque aquí y acullá los distritos escolares, y los townships estén en camino de acentuar su significación. II. Condado y township son, como todas las demás instituciones en América, instituciones inglesas que han experimentado un cambio al pasar los mares. «El condado del Sur es un condado inglés sin towns[223]; el township del Norte es una parroquia inglesa del siglo XVII, cuando la parroquia inglesa era aún una organización, tanto civil como eclesiástica, que poseía terrenos comunes y a menudo tenía la misma extensión que un town. La Asamblea del town es la *vertry* inglesa; los *selectmen* son los guardianes de la iglesia o los encargados de la fábrica, de la parroquia a quienes las condiciones de la vida colonial dieron una esfera de acción más grande que la que tenían en Inglaterra en el siglo XVII y la que tienen hoy[224].

---

[223] Profesor Macy: *Our Government,* admirable estudio elemental para uso de las escuelas, de la estructura y de las funciones del gobierno federal y del Estado.

[224] Pocas cosas hay en la historia de Inglaterra, cuyo estudio sea más provechoso y que haya ejercido sobre los acontecimientos un influjo más potente que la desaparición práctica en la Inglaterra rural de esta *Commune o Gemeinde,* que es aún un factor tan poderoso en la vida económica, social y política de Francia, Italia, Alemania, Austria-alemana y Suiza. Si los ingleses estudiasen sus instituciones locales con la actividad y empuje con que los americanos comienzan a estudiar las suyas, tendríamos ya una copiosa literatura sobre este interesante asunto.

En Inglaterra, el selfgovernment local ha tenido una tendencia a declinar en las pequeñas subdivisiones locales, parroquia o township, salvo en lo que se refiere a la ley de pobres; la mayor parte de semejante administración ha pasado a los Jueces de paz en pequeñas sesiones o a funcionarios nombrados por el condado o por el gobierno local, hasta el momento en que el siglo comenzó a crear nuevos distritos más extensos, especialmente distritos para la ley de pobres y sanitarios a quienes se fue confiando el gobierno local[225].

En el mismo condado inglés, el verdadero selfgovernment desaparece al propio tiempo que la antigua asamblea de condado –*Shire Moot*–, y el gobierno pasa a manos de personas designadas por la Corona –los jueces de paz, reunidos en tribunal trimestral del condado –*quarter sessions*–, a petición del lord lugarteniente. Ha sido en nuestros días ya cuando se crearon por una ley los consejos de condado electivos. En las colonias americanas, el gobernador ocupaba el puesto que tenía la Corona en Inglaterra. Pero aun en la época colonial se tendió a introducir la elección popular a la designación del gobernador; y el gobierno de los condados ha obedecido al impulso general, y en todas partes tienen ahora una forma democrática. Sin embargo, en el Sur fue prácticamente aristocrático, en el espíritu y en el funcionamiento, mientras duró el régimen de la esclavitud y de las plantaciones.

III. En Inglaterra, la intervención del Gobierno central, es decir, del Parlamento, se ha mantenido no sólo por las leyes que definen las funciones y limitan los poderes de esas diversas corporaciones locales, sino también por el poder que poseen ciertos departamentos del Ejecutivo, el consejo u oficina del gobierno local, el ministro del interior *(Home Office)*, la Tesorería, de anular ciertos actos de esas asambleas locales, y, sobre todo, de inspeccionar sus gastos y de limitar sus empréstitos. En los Estados americanos, la legislatura no tiene esta función.

Los poderes de las autoridades locales están limitados, en parte, por la legislatura del Estado, cuyas leyes los obligan naturalmente; pero aún lo están de una manera más eficaz por la Constitución de los Estados, ya que las legislaturas no siempre son dignas de confianza. Esas leyes fundamentales contienen de ordinario –las más recientes siempre– disposiciones que fijan la suma que puede tomar a préstamo un condado, un township, un village, un distrito escolar o cualquiera otra división local, y a menudo también los impuestos que pueden cobrar, con relación a la evaluación de las propiedades que contiene el distrito.

Al final de este volumen encontrará el lector ejemplos de esas disposiciones. Han servido para contener el crecimiento de las deudas locales, que habían llegado a ser un peligro serio aun en los distritos rurales[226].

La deuda local total –menos los fondos de amortización– era en 1890:

---

225 Sin embargo, los condestables de la parroquia y los guardianes de caminos aún son elegidos por el pueblo en algunos sitios. Los *manor courts* y los tribunales locales –*courts leet*– eran instituciones semipopulares.
En los condados, el coroner continúa siendo elegido por los *freeholders;* pero en 1888, los concejos de condado que entonces se crearon fueron autorizados por la ley para nombrar ese funcionario.

226 Véase también el capítulo sobre *La hacienda de los Estados.* Esas disposiciones son también aplicables a las ciudades, que aún las necesitan más. Varían mucho en los detalles, y en ciertos casos, un voto popular puede ampliar el límite fijado.

Condados	145.048.045	dólares
Distritos escolares	36.701.948	dólares
Total	181.749.993	dólares

Esta suma era relativamente pequeña, comparada con la deuda total de los varios Estados y de las ciudades, la cual se elevaba a lo siguiente:

Estados	228.997.389	dólares
Condados de más de 4.000 habitantes	646.507.644	dólares
Municipalidades de menos de 4.000 habitantes	77. 955. 416	dólares
Total	953.460. 449	dólares

Las deudas de los condados y de los distritos escolares han disminuido el 8 por 100 entre 1870 y 1880, mientras que las de las ciudades han aumentado considerablemente en el mismo período. Desde 1880, las tres clases de deudas han aumentado, aunque lentamente, salvo las deudas de los distritos escolares, que casi se han duplicado. La deuda de los Estados ha disminuido en un 12 por 100 en el mismo decenio.

IV. Los impuestos de los condados, de los townships y de los distritos escolares son contribuciones directas, porque en América no hay *octroi* y se cobran al mismo tiempo que los impuestos del Estado por la más pequeña división local, es decir, que el township, allí donde le hay. Las contribuciones locales no gravan sólo sobre la propiedad inmueble, como en Inglaterra, sino también sobre la personal, o mejor, sobre aquellos de estos bienes que el tasador puede descubrir. Las tierras y las casas se estiman muy por debajo de su valor real, porque los tasadores de tonwship tienen interés en disminuir la cuota de los impuestos de la localidad a que el condado tiene derecho, como los de condado tienen interés en disminuir la parte de los impuestos que han de pagar al Estado[227]. La propiedad inmueble se grava en el lugar donde radique; los bienes personales muebles, en el sitio donde resida el poseedor[228]. Pero en las elecciones locales o nacionales, o en las del Estado, el sufragio no tiene relación alguna con la propiedad, y ningún ciudadano puede votar en más de un sitio. Se pueden tener una docena de granjas o de casas en otros tantos condados, ciudades, townships; no se votará, ni aun en las elecciones locales, más que en el sitio donde se reputa que se tiene la residencia.

La mayoría de las atenciones locales se satisfacen con impuestos locales, pero en algunos Estados los condados auxilian a los distritos escolares, a fin de que los distritos ricos ayuden a llevar la carga a los pobres; y a menudo los Estados les conceden una subvención análoga. Las escuelas públicas, que son en todos los grados, gratuitas, absorben una parte considerable de los ingresos locales[229], y además de los que les corresponde de los impuestos, tienen los grandes ingresos que producen las tierras que las leyes federales y las de los Estados han destinado a la

227 Véase, para esto y para los consejos de igualación, antes, cap. XIII.

228 Naturalmente, los mismos bienes pueden ser gravados en varios sitios; por ejemplo, una compañía minera puede tener que pagar impuestos como compañía de Montana, *y* las acciones que poseen los diversos accionistas pueden tener que pagar impuesto en los diversos sitios donde éstos residan.

229 Los gastos de las escuelas primarias de los Estados Unidos se elevan, según el *Raport* del Comisario de Educación (1888 89) a 121.930.000 dólares; los de las escuelas secundarias públicas, a 10.199.000 dólares; total, 132.129.000 dólares.

educaciòn[230]. En suma: el peso de los impuestos no es exagerado en los distritos rurales y no se malgasta el dinero porque los habitantes cuidan de su empleo, especialmente bajo el sistema de la asamblea de town[231].

V. Es general, suponer que los americanos sienten especial inclinación por las asambleas representativas, no obstante lo cual han hecho poco uso de la representación en su gobierno local. El township es ordinariamente gobernado, ya por una Asamblea primaria de todos los ciudadanos, ya, como en los Estados de Ohio y Iowa, por un muy pequeño consejo de tres miembros a lo sumo, asistidos ambos por varios funcionarios puramente ejecutivos[232]. En los condados no se encuentra ningún consejo de condado con funciones legislativas (aunque Nueva York comienza a inclinarse en ese sentido), de ordinario sólo hay tres comisarios e inspectores con algunos funcionarios ejecutivos o judiciales. La legislación local (salvo la que se contiene en los reglamentos locales de la Asamblea de town o de los *selectmen)* no se fomenta. El pueblo parece desconfiar de sus funcionarios de condado; los elige por términos cortos, restringiendo a cada cual a sus funciones especiales dadas. Esta es quizá sólo otra manera de decir que el condado aun en el Sur continúa siendo una entidad artificial, que los ciudadanos jamás se han interesado por él ni sienten hacia él demasiado afecto. En las cinco sextas partes de la Unión, cada condado representa una figura cuadrada sobre el mapa; no tiene nada de distintivo ni de «natural», a la manera como son los condados ingleses de Kent o de Cornwall. Es el condado demasiado grande para despertar el interés personal de los ciudadanos que se concentra en el township. Es demasiado pequeño para que tenga tradiciones que impongan el respeto o despierten el afecto de sus habitantes: esto corresponde al Estado[233].

VI. Pueden resumirse las principales funciones del Gobierno local en los Estados Unidos en pocos párrafos.

Construcción y reparación de caminos y de puentes.— Estas primeras necesidades de la vida rural corren a cargo del township, del condado o del Estado, según la clase a que pertenezcan el camino o el puente. Es notorio que los caminos de América están mal hechos y mal conservados, debido ello en parte al clima con sus alteraciones de frío glacial, de lluvias torrenciales (en los Estados del Centro y del Sur) y de largas sequías; se debe esto en parte también a los hábitos de las gentes, demasiado ocupadas en otros asuntos y harto inclinadas a gastar su dinero en empresas particulares para consagrar a los caminos las sumas suficientes; por último, debe también tenerse en cuenta el hecho de que la población está muy diseminada y es mucho menos densa que en la Europa occidental excepto en algunos

---

230 Los que estudian la ciencia económica oirán sin sorpresa que en algunos Estados en que existen los más importantes fundos permanentes escolares, es donde la eficacia de las escuelas es menor y el interés del pueblo por ellas más bajo. En la educación, así como en las materias de beneficencia y eclesiásticas, las donaciones de ese género son de dudoso resultado.

231 Sin embargo, los gastos han aumentado grandemente. En el town de Quincy de Massachusets, por ejemplo, el término medio del impuesto desde 1792 a 1800, era 1.000 dólares. Un dólar, sobre poco más o menos, por habitante. Ahora es de 12,57. En 1792, la educación de cada niño en la escuela pública representaba tres dólares por año; ahora cuesta 16. *(The Centenial Milestone,* por Carlos F. Adams).

232 En algunos Estados el consejo de town tiene (como los selectmen de Nueva Inglaterra) un poder limitado para los impuestos y funciones administrativas.

233 En Virginia las gentes tenían ciertos sentimientos hacia el condado, a la manera que en Inglaterra; pero se han desvanecido en la revolución social que ha transformado el suelo.

distritos industriales; en algunos distritos, los ferrocarriles se construyen antes que los caminos, y por este motivo, los caminos han sido menos necesarios y están menos cuidados.

La administración de justicia, que era una de las primeras necesidades que determinaron la formación del condado, y las materias que a la justicia se refieren, constituyen aún en gran parte los asuntos del condado. Los electores eligen su juez o los jueces, el funcionario encargado de las acusaciones locales, llamado el attorney de distrito, y el principal funcionario ejecutivo, sheriff[234]. Las prisiones son materia que corresponde al condado. La policía se regula siempre localmente, pero en los Estados del Norte corresponde más generalmente al township que al condado. Sin embargo, esta rama de gobierno, tan importante en la Europa continental, es en América de poca importancia relativamente fuera de las ciudades. Los distritos rurales no tienen otro funcionario encargado del orden que el condestable del township[235]; y el gobierno del condado no ejerce inspección en la administración local, salvo mediante las leyes. En las regiones rurales de los Estados del Centro o del Este, la propiedad está tan segura como en cualquiera parte del mundo. En aquellas partes del Oeste, expuestas a los ataques de los *dacoits* o de los bandidos, los viajeros se defienden por sí mismos, y si el sheriff está lejano o tarda, se invoca con éxito la ley de Lynch[236]. El cuidado de los pobres se deja casi en todas partes a las autoridades locales y no a las del Estado[237]; y se atiende a esta necesidad con fondos locales, ya del Estado, ya del township. Las leyes de pobres de los varios Estados difieren en tantos particulares, que es imposible dar una idea de ellas aquí. Se dan pocos socorros a domicilio, aunque las autoridades de muchos Estados puedan hacerlo cuando lo juzguen necesario; el pauperismo no es y no ha sido nunca una enfermedad, sino salvo en cinco o seis grandes ciudades, donde además es ahora vigorosamente combatido por organizaciones voluntarias, compuestas en gran parte de señoras. El número total de personas recogidas en asilos en toda la Unión era en 1880, de 73.045. Añadiendo 23.000 personas que reciben socorro domiciliario, tendremos una proporción de uno por 652 del total de la población[238]. En Inglaterra y en Gales había, en 1892, 676.693 pobres (sin incluir locos pobres, que eran 53.000 y 7.000 vagabundos) para una población de 29.001.028, esto es, uno por 42 habitantes.

La sanidad, que ha llegado a ser un departamento tan importante en la administración local inglesa, parece bastante abandonado en los distritos rurales de América, porque su población está bastante dispersa para que la utilidad del drenaje y de la limpieza de las materias nocivas se haga sentir demasiado; además, las clases humildes lo pasan mejor y las habitaciones insalubres son más comunes. Los

---

234 El sheriff americano continúa siendo algo semejante a lo que era el sheriff inglés antes de que su función fuese reducida por las leyes hace setenta años. Sin embargo, aun entonces actuaba por representación. Los jueces de paz y la policía del condado han venido a sustituirlo casi por completo después de esta legislación.

235 O en los Estados donde no hay township, un funcionario correspondiente.

236 Para las experiencias recientes, véase lo que decimos más arriba acerca de la policía del Estado.

237 En algunos Estados hay superintendente de la ley de pobres, y ordinariamente instituciones de Estado para clases especiales de pobres, v. gr., de locos pobres.

238 El censo de 1890 no da el número de pobres socorridos en su domicilio; pero, según las cifras, acaso erróneas, de 1880, es inferior al tercio de los pobres recogidos. Las cifras en 1880 eran 67,067 y 21.598. La proporción de pobres con relación a la población de Inglaterra era de 40,97 por 1.000 en 1883, y de 23.003 por 1.000 en 1892.

funcionarios de la higiene pública y los inspectores de la sanidad, tienen poco que hacer siempre en una gran parte del condado[239].

A la educación sólo puedo referirme de pasada, porque las diferencias entre los varios Estados son demasiado numerosas para descritas aquí. No sólo esta materia se ha mantenido como muy determinadamente local hasta hoy, sino que ha alcanzado una importancia mucho mayor que en Inglaterra en Francia o en Italia. Hay allí ordinariamente un cuerpo administrativo especial y con frecuencia un distrito administrativo especial, creado para las necesidades de la educación: el comité escolar y el distrito[240]. Ya he hablado de las grandes sumas que se dedican a instrucción pública. Aunque primeramente la más pequeña circunscripción local estaba encargada de ella, en nuestros días el condado y el Estado tienden a interesarse en la obra de la instrucción enviando inspectores a visitar las escuelas y concediéndoles subvenciones pecuniarias. No sólo el condado nombra a menudo un superintendente de condado, sino que hay en algunos Estados colegios de condado, y en la mayoría de los Estados consejos de condado encargados de la educación y hasta un consejo de comisarios de Estado[241]. Inútil será añadir que las escuelas son más numerosas y mejores en los Estados del Norte y del Oeste que en los del Sur. En los antiguos días coloniales, los comisarios ingleses de las plantaciones extranjeras pidieron a los gobernadores de Virginia y de Connecticut noticias acerca del estado de la educación en sus colonias, y el primero respondió: «Gracias a Dios, no hay ni escuelas gratuitas ni imprentas; yo espero que no tendremos eso ni en cien años todavía[242]; el otro dijo: «Una cuarta parte de los ingresos anuales de la colonia se destina al sostenimiento de las escuelas para la educación de nuestros hijos». Esta disparidad se ha prolongado y acentuado en el Sur, mientras existió la esclavitud. Ahora que la esclavitud ha desaparecido, el Sur hace rápidos progresos. Pero la proporción de analfabetos, especialmente entre los negros, claro es, aún muy alta[243].

Haré notar que de las funciones generales antes descriptas, tres (la policía, la caridad y la beneficencia) son menos complicadas y menos costosas que en Inglate-

---

239 Se ha tratado mucho, sin embargo, de las cuestiones sanitarias en las ciudades. Cleveland se reputa como la ciudad del mundo en que la mortalidad es más baja.

240 Aunque el distrito escolar coincida frecuentemente con el township, tiene por lo general administradores distintos (fuera de Nueva Inglaterra), y cuando coincide, está a menudo subdividido en distritos más pequeños.

241 En algunos Estados, varios distritos se ponen de acuerdo para tener una escuela superior hacia el centro de los mismos.

242 El gobernador, Sir William Berkeley, formaba, sin embargo, parte del grupo de virginianos, que se suscribieron en 1860 para hacer construir en Virginia «un colegio de estudiantes de las artes liberales y de las ciencias». En cuanto a la enseñanza primaria, decía que Virginia seguirá «el mismo camino que en Inglaterra, donde, fuera de los towns, cada cual enseña a sus hijos lo que él sabe. Tenemos 48 parroquias, y nuestros ministros están bien pagados, y todo el mundo piensa que ellos harían mejor si rogasen más y predicasen menos». — *The College of William and Mary*, por el Dr. H. B. Adams

243 El tanto por ciento de personas que no sabían leer en toda la población de los Estados Unidos era, en 1880, de 13,4. El promedio menos alto es de Iowa (2,4), el más alto en Carolina del Sur (48,2) y en Luisiana (45,8). El tanto por ciento de personas que no saben escribir era, en todos los Estados Unidos, 17; el más bajo en Nebraska (3,6), el más alto en Carolina del Sur (55,4) y Alabama (50,9).
Hace algún tiempo que se propuso en el Congreso reducir el superávit de los Estados Unidos, distribuyendo sumas entre los Estados, destinadas a la educación en proporción a la necesidad sentida de escuelas, esto es, con relación a los analfabetos. La economía política, así como la ley constitucional, se oponían a esta medida, que tropezó con calurosa resistencia.

rra y en la mayor parte de la Europa occidental y central. Así ha sido más fácil confiar su dirección a la misma autoridad local, reduciendo a un pequeño número los funcionarios ejecutivos especiales. La educación es casi la única materia que se ha estimado necesario encomendar a cuerpos especiales. Sin embargo, aún en América la complejidad creciente de la civilización y el desarrollo de la tendencia a pedir el auxilio del Gobierno para satisfacer necesidades que antes no se habían sentido, o a las cuales hacía frente con sus propios recursos, agrandan la esfera y multiplican las funciones del gobierno local.

VII. ¿Hasta qué punto ha penetrado el espíritu de los partidos políticos en el gobierno local rural? Yo mismo he planteado esta cuestión más de cien veces en mis viajes por América, y, sin embargo, me es difícil dar una respuesta general, porque hay en este punto una gran diversidad, no sólo entre los diferentes Estados, sino entre las diferentes partes de un mismo Estado. Diversidad debida, a veces, al carácter de la población; otras, a la variable intensidad del espíritu de partido; otras, a la mayor o menor coincidencia entre el territorio del gobierno local y los distritos electorales para designar los senadores del Estado o los representantes. En reuniones parece ser que los funcionarios del condado se eligen a menudo a causa de sus ideas políticas, no porque ellos hayan de ocuparse de cuestiones políticas ni porque ejerzan un gran influjo en las elecciones federales o del Estado, sino porque son un medio de pagar servicios políticos o de conquistar adhesiones, ya que se trata de funciones retribuidas, Cada uno de los grandes partidos reúne de ordinario la convención del condado, y hace su «lista de condado», produciendo el desastroso resultado de mezclar la política nacional en cuestiones enteramente extrañas a esta política y de dificultar el acceso a las funciones administrativas del condado de los buenos ciudadanos que no pertenecen a la clase de los políticos de oficio. Sin embargo, los candidatos de los partidos rara vez son malas personas, y al votar el candidato presentado por su partido, el elector ordinario tiene menos probabilidades de votar a ciegas que cuando se trata de elecciones generales o del Estado. En los townships y en los distritos escolares rurales el espíritu del partido es mucho menos activo. Las funciones son a menudo gratuitas, y los electores conocen mejor los méritos personales de sus candidatos que los de los politicastros que asaltan las instituciones del condado.[244] Los Rings y los Bosses, de que hablaré más adelante, no son desconocidos ni aun en los distritos rurales de Nueva Inglaterra. Las elecciones de los comités escolares están a menudo influidas por los compromisos de partido. Pero en general el township y su gobierno se mantienen fuera del torbellino político; sus puestos se ocupan por hombres honrados y bastante competentes.

VIII. La complejidad aparente del sistema de gobierno local que yo he descripto en el capítulo anterior se debe por completo a las diferencias que existen entre los Estados. En cada Estado, ese sistema es extraordinariamente sencillo si se lo compara con el de Inglaterra. Hay pocas subdivisiones locales, pocas autoridades; unas y otras se superponen rara vez. No se ha estimado preciso crear una tercera división local y una tercera autoridad, entre el township y el condado, y nada hay análogo a la unión de parroquias inglesas para el sostenimiento de los pobres, o a los distritos de pobres con su propio consejo. La manera de percibir los impuestos es singularmente sencilla. En la mayoría de los Estados, el ciudadano recibe una sola hoja de contribuciones, y paga de una vez al mismo funcionario sus impuestos

---

[244] A veces, la lista de candidatos de un partido contiene un espacio en blanco, donde el elector debe inscribir los nombres do los candidatos para las funciones del township por quienes vota.

locales; y además paga los impuestos que debe al Estado, es decir, todos los impuestos directos que le han sido reclamados. El Estado no tiene que sostener un personal de recaudadores especiales, porque se sirve de los funcionarios locales, que están encargados de la tarea puramente local. El contribuyente no experimenta le molestia de verse invitado varias veces a pagar con su dinero[245]. La sencillez y la actividad del gobierno local no provienen de que el township y el condado tengan menos funciones que en Europa y dejen más al Estado. Por el contrario, la esfera del gobierno local es muy vasta en América[246], sobre todo en las regiones que son realmente americanas y democráticas, es decir, en Nueva Inglaterra y en el Noroeste. Cuando los europeos critican los defectos de la legislatura y las faltas del Congreso, los americanos se dan por satisfechos con mostrar la buena administración rural que les permite soportar tranquilamente los defectos de los órganos superiores del gobierno; defectos que serían menos tolerables en un país donde el gobierno nacional se ocupe directamente con los negocios locales, donde las autoridades locales esperen la iniciativa del Gobierno.

De los tres o cuatro tipos o sistemas de gobierno local que he descripto, el del township, con su Asamblea primaria popular, es, sin duda, el mejor; es el más instructivo para los ciudadanos que en él participan. La asamblea de town no ha sido sólo la fuente, sino además la escuela de la democracia[247]. La acción de una tan pequeña unidad necesita, sin embargo, ser completada, y quizá también vigilada, por el condado, y en este respecto puede afirmarse que el sistema mixto de los Estados del Centro ha contribuido a crear un tipo perfecto. Su tipo ha evolucionado desde hace algunos años en los Estados Unidos, asimilándose algo de cada sistema[248]. Al adoptar el sistema de township de Nueva Inglaterra, los Estados del Noroeste han tomado también algunos rasgos del sistema de condados de los Estados del Centro. Los Estados del Centro han dado al town una gran fuerza y vitalidad, tales como jamás habían tenido en esas regiones. Algunos Estados del Sur están en camino de introducir el sistema de township, y otros le seguirán sin duda a medida que la población aumente y que la educación se difunda más. Es posible que a mediados del siglo XX no haya en toda la nación más que un sistema, cuyas líneas generales serán uniformes. Semejante sistema tendrá el township por base, y ese condado será el órgano llamado a ocuparse de las cuestiones que son demasiado vastas para confiadas a la administración del township, y que, sin embargo, no sería prudente dejar a la atmósfera malsana de la capital del Estado.

---

245 A veces, sin embargo, los impuestos de la ciudad y el impuesto escolar local se pagan separadamente. Algunos Estados permiten pagar todos los semestres o todos los trimestres, y varios conceden un descuento a quienes los pagan adelantados.

246 Las funciones son quizá menos numerosas que en Inglaterra, pero es porque bastan menos para las necesidades locales. Las autoridades locales tienen una muy gran competencia para encargarse de todas las funciones nuevas que resulten necesarias o que el Estado las confíe.

247 En Rhode Island, los towns han hecho el Estado.

248 Esta tendencia es sobre todo visible en los sistemas de administración de la escuela. La Asociación de maestros nacionales de los Estados Unidos ha preparado recientemente un informe muy concienzudo acerca de los diversos sistemas existentes, y los Estados más progresivos están alerta para aprovecharse de la experiencia de los demás.

15. Gobierno de las ciudades

El desenvolvimiento de las grandes ciudades ha sido uno de los cambios más significativos y menos felices del carácter de la población de los Estados Unidos durante el siglo que se ha desarrollado, a partir de 1787. En el censo de 1790 figuraban seis ciudades de más de 8.000 habitantes y una sola con más de 40.000. En 1880 había 286 que pasaban de 8.000, 40 de más de 40.000, 28 de más de 100.000; según el censo de 1890, 443 pasan de 8.000, 76 de 40.000 y 28 de 100.000. La proporción de habitantes que viven en ciudades de más de 8.000 almas, con relación a la población total, era, en 1790, de 3,35 por 100; en 1840, de 8,52; en 1880 de 22,57, y en 1890, de 29,12. Y, el cambio, ha continuado acentuándose con una rapidez creciente, a pesar de la extensión enorme de la colonización en las vastas regiones del Oeste. Inútil será decir que la riqueza del país se ha acumulado en las grandes ciudades en una proporción aún mayor y siempre en aumento. El Gobierno, pues, de esas ciudades es una materia de gran importancia en América, no siendo posible prescindir de ella en una discusión de política trasatlántica. No puede, sin embargo, prescindirse en este estudio de dos dificultades. La primera estriba en que el funcionamiento actual del gobierno municipal de los Estados Unidos está íntimamente ligado con el sistema de los partidos, hasta tal punto, que no es fácil comprenderlo o juzgarlo sin comprender ese sistema, cuya descripción, no obstante, tengo que reservar para más adelante. La otra dificultad consiste en que las leyes que regulan el gobierno municipal son todavía más diferentes unas de otras que aquellas de las que yo he inducido la descripción que he hecho del gobierno de los Estados y del gobierno local rural. Porque no sólo cada Estado tiene su sistema de leyes para el gobierno de las ciudades, sino que, en Estado, éstas no están reorganizadas de una manera uniforme. Mientras tanto, las grandes ciudades no están gobernadas lo mismo que las pequeñas, y dos grandes ciudades no tienen la misma organización. Es imposible hacer una descripción general de las disposiciones legales sobre las municipalidades americanas, como podría hacerse respecto de los Gobiernos municipales ingleses después de la adopción de *Municipal Corporation Acts.* He aquí por qué yo me veo obligado a no indicar más que un pequeño número de rasgos comunes a la mayoría de los gobiernos de las ciudades, y a elegir de vez en cuando ejemplos en la constitución y en la historia de algunas de las principales municipalidades.

La historia de las ciudades americanas, aunque interesante e instructiva, es corta; de las diez más grandes ciudades actuales solo cuatro —Baltimore, Nueva Orleans, Nueva York y Filadelfia— eran corporaciones municipales en 1720[249]. Cada

---

249 El término «ciudad» *(city)* designa en América lo que en Inglaterra se llama el burgo municipal *(municipal borough),* y no tiene nada que ver ni con la extensión ni con su antigüedad. La constitución o sistema de gobierno de una ciudad, el cual es siempre dado por una ley del Estado, general o especial, se denomina su carta.

ciudad ha recibido su forma de gobierno, del Estado en el cual se halla situada, y esta forma ha sido modificada repetidamente. En un principio, cada ciudad obtenía una carta especial; ahora, en casi todos los Estados hay leyes generales, según las cuales una población de una cierta densidad y número puede ser incorporada. Sin embargo, como ya hice notar, aún se hacen a menudo bastantes leyes especiales para ciertas ciudades, sobre todo, para las más grandes.

Aunque los gobiernos de las ciudades americanas se parezcan, en general, a las municipalidades inglesas, que fueron su modelo[250], su estructura actual revela que han sido influidas por las de los Gobiernos de los Estados.

En todas las grandes ciudades encontramos:

Un alcalde; jefe del ejecutivo, elegido directamente por los electores de la ciudad;

Ciertos funcionarios o consejos ejecutivos, algunos elegidos directamente por los electores de la ciudad, y otros nombrados por el alcalde o elegidos por la legislatura de la ciudad;

Una legislatura, compuesta de ordinario de dos Cámaras; pero a veces de una sola, elegida directamente por los electores de la ciudad;

Jueces ordinariamente elegidos por los electores de la ciudad, pero a veces nombrados por el Estado.

Todo lo cual no es otra cosa que el sistema de gobierno de un Estado, aplicado a la más pequeña esfera de una ciudad. El alcalde viene a ser el gobernador; los funcionarios y consejos se corresponden con los diversos consejos y funcionarios del Estado (de que hablamos en el capítulo VI), elegidos en la mayoría de los casos por el pueblo; los aldermen y el consejo comunal (como generalmente se les llama) se corresponden con la asamblea y el Senado de los Estados; los funcionarios judiciales electivos de la ciudad tienen sus analogías con los del Estado[251].

Unas palabras sobre cada una de estas autoridades municipales. El alcalde *(mayor)*, es con mucho la figura más importante en los gobiernos de ciudad. Mucho más que el alcalde de un burgo inglés o irlandés, o el preboste importante de uno escocés. Desempeña su cargo a veces por un año[252], pero ahora más frecuentemente por dos[253], tres o cinco[254] años. En algunas cuidados no es reelegible. Es elegido directamente por el pueblo de toda la ciudad, y de ordinario no es miembro de la legislatura de la ciudad[255]. Tiene en casi todas partes el veto respecto de todas las ordenanzas aprobadas por la legislatura, pero pudiendo ser vencido por ésta mediante una mayoría de dos tercios.

---

[250] Naturalmente, las municipalidades americanas jamás han sido, después de la Revolución, corporaciones cerradas, como los burgos ingleses antes de la ley de 1835.

[251] Los gobiernos municipales americanos están naturalmente sometidos a tres reglas generales; no tienen otros poderes que los que les confiere el Estado; no pueden delegar sus poderes, y, por último, su legislación y su acción están por lo general sometidas a la Constitución y a los estatutos, tanto de los Estados Unidos como del Estado a que pertenecen.

[252] Generalmente en las ciudades de segunda categoría y en Boston.

[253] Nueva York, Brooklyn, Chicago, Baltimore, San Francisco, Cincinnati, y por lo común, en las grandes ciudades.

[254] Filadelfia, San Luis.

[255] En Chicago y en San Francisco, el alcalde tiene asiento en la legislatura.

En muchas ciudades el alcalde nombra algunos de los jefes de los departamentos y de los consejos administrativos, pero de ordinario es preciso la aprobación de la legislatura o de una rama de la legislatura[256]. Algunas cartas recientes de ciertas ciudades llegan hasta hacerle responsable de todos los departamentos en general (sometido a la intervención legislativa en cuanto a los gastos), y, siendo por consiguiente, posible acusarla por mala gestión. Recibe un sueldo que varía con la importancia de la ciudad, y que a veces llega hasta 10.000 dólares, sueldo asignado a los jueces del tribunal federal supremo. En su calidad de jefe del Ejecutivo, el alcalde tiene el deber de mantener el orden, de reprimir los desórdenes y, si fuera necesario, puede convocar las milicias[257]. Prácticamente puede no poner una ley en vigor más que cuando lo juzgue necesario; así, por ejemplo, es muy dueño de hacer ejecutar las leyes y reglamentos sobre el cierre de las tiendas en domingo.

La parte práctica de la administración corre a cargo de un cierto número de departamentos, a veces bajo la dirección de un jefe; otras, constituidas como consejos o comisiones. Las más importantes de éstas se eligen directamente por el pueblo, por término de uno, dos, tres o cuatro años. Algunas, sin embargo, se eligen por la legislatura de la ciudad; otras por el alcalde, con la aprobación de la legislatura o de la cámara superior. En la mayoría de las ciudades, los jefes generales del Ejecutivo son independientes entre sí; obran sin lazo común, salvo su dependencia financiera respecto de la legislatura de la ciudad con la cual se comunican, no tanto directamente, cuánto a través de sus comités; por otra parte, cada uno de ellos tiene su cargo, una zona de la administración con la cual se siente inclinado a especular.

La educación se ha considerado generalmente como una materia distinta en la cual no están autorizados para intervenir, ni el alcalde, ni la legislatura de la ciudad. Está aquella confiada a un consejo de educación *(Board of Education),* cuyos miembros son elegidos separadamente por el pueblo o, como en Brooklyn, nombrados por el mayor; el consejo impone (aunque no sea quien la recaude) una contribución distinta, especial, y tiene a sus órdenes su personal ejecutivo[258].

La legislatura de la ciudad, ordinariamente se compone de una Cámara en las pequeñas ciudades; de una o de dos en las grandes, llevando la alta generalmente el nombre de *Board of Aldermen, y* la baja el de *Common Council*[259]. Todos son elegidos

---

256 La carta de Brooklyn permite al alcalde nombrar los jefes de los departamentos sin anuencia del consejo, a fin de poderle exigir responsabilidad por esos nombramientos. En Nueva York se ha adoptado en 1884 una medida análoga.

257 Se puede formar una idea de la complejidad que resulta de la costumbre de otorgar cartas especiales a las ciudades, o de hacer leyes especiales para cada una de ellas, si se tiene en cuenta que en Ohio, por ejemplo, las funciones del alcalde varían notablemente en las seis grandes ciudades del Estado. Hay funciones que solo tiene el alcalde de Cincinnati, y no las otras ciudades del Estado. Otras las tienen todas las ciudades menos en Cincinnati; otras en Cincinnati y Toledo sólo; otras en Cleveland, Toledo, Columbia, Dayton y Springfield; otras en Cleveland y Toledo sólo; otras en Cleveland sólo; otras sólo en Toledo; otras en Columbia y en Dayton. Estas diferencias son el resultado, no de ordenanzas hechas por las ciudades mismas, sino de la legislación del Estado.

258 En este sistema hay muchos puntos de semejanza con el Gobierno de las ciudades inglesas, especialmente con el de Londres. Los consejos comunales ingleses eligen ciertos funcionarios y forman comités para el despacho de los asuntos. En Londres, los sheriffes y el chambelán se eligen por los *liverymen.* Nótese, sin embargo, que en ningún *borough* ni en ninguna ciudad inglesa encontramos una legislatura bicameral, ni (salvo en Londres, como hemos dicho), funcionarios electivos por sufragio popular, ni un alcalde con veto respecto de la legislación del concejo.

259 Algunas grandes ciudades, sin embargo, sólo tienen una Cámara (por ejemplo, Nueva York, Brooklyn, Chicago, con sus 36 aldermen y San Francisco con sus 12 inspectores).

por los ciudadanos, generalmente por barrios; pero la Cámara alta es a veces elegida por distritos o bien por escrutinio de lista *(general ticket)*, esto es, formando la ciudad toda un distrito[260]. De ordinario, el consejo municipal es elegido por un año, a lo sumo por dos, y a menudo la Cámara alta se elige por un período más largo[261].

Los consejos no son retribuidos en las ciudades pequeñas, pero lo son algunas veces en las grandes[262]. El consejo o los consejos votan las leyes de la ciudad, es decir, las ordenanzas, los reglamentos locales, los gastos de la ciudad; pero en varios casos, el alcalde tiene el veto. Salvo en algunas ciudades gobernadas según cartas muy recientes, los consejos ejercen cierta intervención, a lo menos respecto de los funcionarios inferiores. Los comités son los que directamente la ejercen a la manera como esto se hace en las legislaturas de los Estados y en la de la nación. Se ha adoptado en todas partes este método porque es el más cómodo; pero la experiencia muestra que tiene el inconveniente del secreto y de la irresponsabilidad, y que separa unos de los otros los departamentos.

Los jueces de la ciudad forman parte del gobierno municipal, únicamente en el sentido de que, en la mayoría de las grandes ciudades, se eligen por los ciudadanos como los demás funcionarios principales. De ordinario hay varios jueces superiores, elegidos por un período de cinco o más años, y un gran número de jueces del tribunal de policía[263], elegidos por menos tiempo. En ocasiones, sin embargo, el Estado ha tenido la prudencia de reservarse el nombramiento de los jueces. Así ocurre en New Haven, Connecticut (población en 1890, 81.298):

«Los condestables, los jueces de paz y un scheriff se eligen por los ciudadanos, pero los tribunales de la ciudad deben su existencia directamente a la legislatura del Estado. He aquí ahora como se eligen los jueces: los delegados de New Haven que pertenecen al partido dominante en la legislatura se reúnen en *caucus, y* presentan dos candidaturas del mismo partido político: una para el puesto de juez y otra para el de juez suplente en el tribunal de la ciudad de New Haven. Su elección se aprueba por su partido, sometiéndose los candidatos a la aceptación de éste. Como la legislatura es ordinariamente republicana y la ciudad de New Haven es invariablemente demócrata, resulta que las funciones judiciales no las tienen la mayoría de los «hambrientos e impacientes», y que los towns republicanos del país ejercen cierta intervención en la ciudad demócrata»[264].

No hace falta decir que todos los funcionarios, desde el alcalde y los jueces para abajo, se eligen como los funcionarios del Estado, por sufragio universal. De

260 En algunas ciudades, entre las cuales figuran Chicago (respecto de los magistrados de policía y los directores de escuelas) y Filadelfia, se ha adoptado, hasta cierto punto y en un cierto sentido, el régimen de representación de las minorías, mediante el voto limitado, por virtud del cual el elector vota dos candidatos cuando hay que elegir tres. En Nueva York se intentó este sistema, pero el tribunal de apelación de Estado lo declaró inconstitucional. Por lo que yo he podido advertir en Filadelfia, el sistema ha favorecido a los *politiciens* que pueden contar con masas de electores bien ordenadas.

261 A veces la ley exige que el consejero resida en el distrito que represente.

262 Boston y Cincinnati no dan sueldo; San Luis paga a los miembros de los dos consejos 300 dólares al año; Baltimore, 1.000 dólares; Nueva York los paga; Brooklyn, no. La liga municipal de Reformas de Filadelfia pide que los consejeros sean retribuidos.

263 A veces, los jueces se presentan por el alcalde.

264 Durante el periodo de sesiones de la legislatura de Marzo de 1885, se dio la respuesta siguiente al partido demócrata, que reclamaba para los miembros de su partido los puestos de Juez en el tribunal de la ciudad:

ordinario se hace que coincida su elección con la de los funcionarios del Estado, y a veces, además, con la de los miembros del Congreso, evitando así gastos y molestias. Pero semejante sistema confunde al elector en la elección, porque le obliga a parar su atención a la vez en un gran número de puestos, y fortifica la tendencia, ya bastante acentuada, a votar los funcionarios, teniendo presente la filiación política. He ahí por qué se ha producido recientemente, en ciertas ciudades, un movimiento en favor de una fecha distinta para las elecciones municipales, y para las del Estado y de la Unión, a fin de que los ciudadanos puedan elegir libremente sus consejeros, sin preocuparse con los intereses del partido[265].

Actualmente, en todos los Estados, cada partido propone sus candidatos y vota por ellos, aunque aquellos que no son leales con su partido no sean tan censurados como cuando se trata de las elecciones del Estado o de la Nación. Cuando los dos grandes partidos proponen candidatos poco honorables, los hombres honrados de los dos partidos se entienden a veces para hacer una lista independiente, lo que se llama «la lista de ciudadanos». A veces, la tentativa alcanza buen éxito. Sin embargo, aunque los principios republicanos y los demócratas no tengan absolutamente relación alguna con la marcha de los negocios de la ciudad; aunque el único objeto de la elección de un interventor o verificador de la ciudad sea encontrar hombres honrados, habituados a los negocios, las cuatro quintas partes de los electores no piensan para nada en las condiciones personales de los candidatos, y vota no más que por el propuesto por su partido.

Las funciones del gobierno de una ciudad pueden clasificarse en tres grupos, a saber:

a) Las que le delegue el Estado en virtud de sus poderes coercitivos y administrativos, y que comprenden la policía, el otorgamiento de licencias, la vigencia de las leyes que se refieren a la falsificación y a los explosivos.

b) Las que dependan de leyes generales, pero que están encomendadas a los gobiernos locales, y sometidas a una reglamentación local, v. gr., la educación y el sostenimiento de pobres.

c) Las que no tienen ningún carácter político, que son meras cuestiones de negocios, tales como las de arreglo del pavimento y limpieza de calles, conservación de alcantarillado, aguas, alumbrado.

Con respecto al primero, y también un poco en cuanto al segundo de esos grupos, puede decirse que la ciudad es realmente una entidad política; con relación

«Los demócratas poseen todos los demás puestos de New Haven. Es justo, pues, que los republicanos tengan el tribunal de la ciudad». Esta razón pareció concluyente a los dos partidos. Parecía que la discusión de ese asunto debía fundarse en otros principios más elevados, y sería de desear que los jueces que desempeñan bien sus funciones pudieran conservar indefinidamente sus puestos, sin necesidad de afiliarse a ningún partido. Pero en el estado actual de la moralidad de los partidos, los arreglos actuales son sin duda los más prácticos. No hay que decir que los distritos rurales son en general más dignos de tener el poder político que las grandes ciudades. Si los jueces de la ciudad fuesen elegidos en la localidad, según el escrutinio de lista, los candidatos triunfantes deberían sin duda su éxito a los elementos populares, que son la fuente que surte la clase de los criminales —lo que pondría al juez en una situación poco despejada»— . M. C. H. Levermore, en su interesante estudio: *Town and City Government of New-Haven*, p. 77.

[265] Por otra parte, hay ciudades que esperan atraer más electores, y, por tanto, obtener una elección mejor, haciendo a un mismo tiempo las elecciones municipales y las del Estado. He ahí lo que se ha hecho recientemente en Minneapolis.

al tercero, puede más bien comparársela a una sociedad o compañía de negocios, en la cual los contribuyentes son accionistas que hacen que funcionarios de la ciudad hagan lo que cada uno podría hacer por sí mismo, pero gastando mucho más dinero y con más trabajo. La legislación americana no presenta ninguna diferencia entre esas tres series de funciones, y las confía a funcionarios y a una legislatura, elegidos por gentes de las cuales una parte no paga contribuciones directas. La enseñanza pública, sin embargo, está la mayoría de las veces separada del gobierno general de la ciudad, y confiada a una autoridad distinta[266], y en algunas ciudades, la inspección de la policía no está en manos de ese gobierno, sino en las de un consejo distinto[267]. El ejemplo más notable es el de Boston, donde una ley de Massachusetts, de 1885, confía el departamento de policía y el poder de otorgar licencias, de reglamentar y suprimir la venta de bebidas alcohólicas, a un consejo especial de tres personas, nombrado por cinco años por el gobernador y por el Consejo de Estado. La ley ordena que los dos partidos políticos estén representados en ese Consejo. – Esta disposición figura a menudo en las cartas recientes–. La ciudad paga, a petición del Consejo, todos los gastos del departamento de policía. En Nueva York, los comisarios jefes de policía los nombra el alcalde; mas «para que este departamento esté fuera de la acción de la política» existe una inteligencia tácita, en virtud de la cual, el alcalde, que es ya un hombre de partido, debe nombrar dos comisarios demócratas y dos republicanos[268]. El puesto de *policeman* es un «despojo» de orden inferior; pero, al fin, despojo que los partidos se reparten en porciones iguales.

En las ciudades, como en los distritos rurales, se gravan con el impuesto los bienes muebles como los inmuebles; y los impuestos de la ciudad se cobran al mismo tiempo que los del Estado y del condado por el mismo recaudador. Hay, naturalmente, numerosas diferencias en los métodos de repartimientos de los diferentes Estados y de las distintas ciudades, y en los impuestos secundarios que se adicionan al impuesto sobre la propiedad. Los bienes inmuebles y los bienes muebles de ordinario se estiman por debajo de su valor real[269]: éstos, porque los propietarios no los declaran; aquéllos, porque los tasadores de la ciudad quieren hacer recaer sobre su localidad una parte tan pequeña como les sea posible de la carga del condado o del Estado; sin embargo, tropiezan en semejante tentativa patriótica con los Consejos de igualación del condado o del Estado.

Los impuestos son, de ordinario, mucho más elevados en las grandes ciudades que en los distritos rurales o en las pequeñas municipalidades, y existe también una tendencia entre los ricos a emigrar de la ciudad hacia los alrededores, para librarse del cobrador de la ciudad. A veces, sin embargo, la ciudad los vuelve a recoger, llevando más allá sus límites e incorporando los alrededores; otras veces se van más lejos por ferrocarril, y contribuyen a la prosperidad de ciertos grupos rurales que están a veinte o treinta millas de la ciudad. Y resulta la consecuencia desastrosa, no sólo de que los impuestos son más pesados para los que quedan, sino también que la obra filantrópica y política de la ciudad pierda la participación de aquellos

[266] A veces, sin embargo, como en Baltimore, la legislatura de la ciudad nombra el Consejo de Educación. Desgraciadamente, en algunas ciudades, la educación se comprendo en «la política», con gran detrimento de la independencia y aun de la calidad de los maestros.

[267] Tal ocurre en Baltimore.

[268] En 1892 había tres, de los cuales dos pertenecían al partido dominante.

[269] En Nueva York, la estimación de la propiedad inmueble hecha por los tasadores es igual –se dice– al 60 por 100 de su valor real; en Chicago es igual al 20 o 30 por 100 de dicho valor. *(City Government of Philadelphia,* p.323).

que en ella deberían tomar parte. Porque no se vota más que en un sitio: en aquel donde se reside y donde se paga el impuesto sobre los bienes inmuebles. Allí donde un ciudadano no vota, tampoco es elegible para las funciones locales, y no se le reconoce el derecho a tomar parte en las luchas políticas de la localidad.

Acaso se comprenda mejor el sistema más reciente del gobierno de las ciudades, si se presenta un resumen del sistema municipal de dos ciudades donde éste fue reformado recientemente. Esas dos ciudades habían sido muy mal administradas, por razones que expondré a continuación, y se había intentado emplear medios violentos. En una de ellas, San Luis, se hizo una nueva carta, conforme en su conjunto a las ideas de los reformadores municipales. En la otra, Boston, se introdujo un cierto número de reformas especiales en una carta de 1854.

Comenzaré por esta última, que es la más antigua[270]:

«Boston (población en 1890, 448.477) está dividida en veinticuatro barrios y en doce distritos de aldermen, y cada barrio está subdividido en pequeños distritos electorales de unos 500 electores cada uno. Las elecciones municipales se celebran todos los años a principios de Diciembre.

El alcalde se elige por un año por el pueblo de la ciudad; recibe 10.000 dólares al año; nombra, con la aprobación del Consejo de aldermen, los principales funcionarios y los *Boards* —salvo el de policía y los comisarios de vías— y puede destituirlos si dieran motivo para ello. Convoca los jefes de los departamentos, a lo menos una vez al mes, para consultarles. Todas las ordenanzas, decretos, resoluciones, votos del Consejo de la ciudad, las decisiones de una rama de la legislatura o del comité escolar que entrañan un gasto, se someten a su aprobación, y si las rechaza, son nulas, a menos que no sean reafirmadas por una votación de dos tercios de mayoría.

El alcalde puede oponer su veto a los artículos especiales del bill de créditos generales. Los departamentos le remiten sus presupuestos, que somete al Consejo con su informe. Todos los gastos a cargo del Tesoro de la ciudad y los contratos sobre suma superior a 4.000 dólares deben ir acompañados, de su aprobación escrita[271]. Nótese que no es miembro de ninguna de las ramas de la legislatura.

La legislatura que lleva el nombre colectivo de *City Council* —Consejo de Ciudad— se compone de dos Cámaras, a saber: el *Board of Aldermen* —Consejo de Aldermen—, elegidos a razón de uno por cada uno de los doce distritos, y el *Common Council* —Consejo Comunal—, de setenta y dos miembros, tres por cada barrio. Todos son elegidos anualmente, y no pueden ocuparse más que con cuestiones legislativas, el presupuesto inclusive.

Los departamentos ejecutivos son los siguientes:

1) *Elegidos por el pueblo.* — Tres comisarios de vías, uno cada año por tres años, con la facultad de trazar calles y de hacer la estimación de los daños. Cuando la alineación de una calle que va a abrirse pase de 10.000 dólares, se necesita la aprobación del Consejo.

---

270 El pasaje que sigue está tomado del estudio de James M. Bugbee: *City Government of Boston* en la *J. H. U. Studies,* 5.a serie (Baltimore, 1887).

271 El alcalde tiene toda una serie de atribuciones de segundo orden. «Puede verse en la última edición de los reglamentos municipales, que nadie puede subir a un árbol, ni arrojar piedras, ni acostarse sobre la hierba de las praderas municipales sin permiso especial del alcalde».

2) Nombrados por el alcalde y por la aldermen.

a) Un inspector de calles, encargado del pavimento, de las reparaciones y del riego de las calles.

b) *Servicio de incendios.*— Tres comisarios, nombrados por tres años.

c) El jefe del departamento, encargado de la inspección de edificios, nombrado por tres años.

d) *Administradores del impuesto de pobres.*— Cuatro por año, nombrados por tres años[272]. Conceden auxilios domiciliarios y administran los fondos que la ciudad otorga para tal objeto. No tienen sueldo.

e) *Consejo de los establecimientos públicos.*— Tres comisarios —substituidos en 1889 por nueve directores—, encargados de la administración de los asilos de pobres, de las casas de corrección o de trabajo, de las penitenciarías, de los asilos de niños pobres y del hospital de locos. Nombrados por tres años. Sin sueldo. En esos establecimientos se recogen y socorren los pobres.

f) *Junta del hospital de la ciudad.*— Cinco personas, nombradas por cinco años.

Biblioteca pública, sostenida con créditos que vota el Consejo; cinco administradores, nombrados por cinco años. Sin sueldo.

h) *Administración de parques.*— Tres comisarios, nombrados por tres años. Sin sueldo[273].

i) *Administración de las aguas.*— Junta de tres miembros que inspecciona los depósitos y el centro de distribución de aguas, y que fija el precio de éstas. Nombrada por tres años.

j) *Departamento de tasadores.*— Cinco de estos principales, encargados de evaluar los muebles e inmuebles y de fijar la parte de impuestos que corresponde a la ciudad, al condado y al Estado. Nombrados por tres años.

k) *Cobrador del township.*— Que cobra los impuestos fijados por los tasadores. Nombrado por tres años.

3) *Los funcionarios siguientes los nombra el alcalde y los aldermen.*— Por cinco años: cinco comisarios del cementerio de Ce-dar Grove —sin sueldo—; por tres años: tres llevadores de los registros electorales, seis comisarios de la caja de amortización —sin sueldo—; por un año: dos archiveros —sin sueldo—, cinco directores de los pasos de barcas —sin sueldo—; cinco administradores del cementerio de Mount Hope —sin sueldo—, un tesorero de la ciudad, un verificador de la ciudad; un consejero legal de la corporación, un *solicitor* de la ciudad, un inspector de edificios públicos, un arquitecto de la ciudad, un inspector de calles y del alumbrado, un inspector de alcantarillado, un inspector de la imprenta, un inspector del *Faneuil Hall,* un inspector de puentes, un geómetra de la ciudad, un secretario al servicio de

[272] Los administradores se elegían primero por el pueblo y luego por el Consejo. Como en ambos casos hubo hombres que no obraron correctamente, en 1884 se adoptó el sistema actual.

[273] Esta Junta inspecciona los parques de los suburbios, pues los parques municipales y el jardín público —al propio tiempo que las plazas— del interior de la ciudad, correa a cargo de un inspector especial designado aparte.

las aguas, un funcionario del estado civil, un inspector de puertos y diez adjuntos, una comisión para inspeccionar ciertos puentes, un inspector de substancias alimenticias, un inspector de la leche y del vinagre, un verificador —y cuatro verificadores adjuntos— de pesas y medidas; novecientas sesenta y ocho personas encargadas de las elecciones y sus delegados.

Los funcionarios citados (cuando son remunerados), reciben un sueldo fijado por el Consejo. Los siguientes, nombrados ahora anualmente por el alcalde y por los aldeanos, cobran honorarios:

Un inspector de cales, un inspector del petróleo, quince inspectores del heno prensado, un funcionario que elige los aros y duelas, tres inspectores de cercados, seis guardas campestres y guardianes de forrajes, tres inspectores del mármol, nueve verificadores de las balanzas para pesar el heno, cuatro medidores de cuero superior, quince medidores de maderas y cortezas, veinte medidores de granos, tres pesadores de bueyes, treinta y ocho pesadores de hulla, cinco pesadores de calderas y de máquinas pesadas, cuatro pesadores de lastre, y ciento cincuenta alguaciles.

Además de esos funcionarios, hay un secretario de la ciudad, un secretario de los comités, elegido por las dos asambleas del Consejo de la ciudad reunidas, un secretario del Consejo del común, elegido por esta asamblea, y muchos funcionarios del condado elegidos por los ciudadanos del condado de Suffolk, en donde esta Boston, ciudad que comprende casi toda la población del condado. Los jueces del condado no son, sin embargo, elegidos sino que, como todos los de Massachusetts, son nombrados por el gobernador y por el Consejo, con el derecho a conservar sus puestos *quam diu se bene gesserint.* Aparte los funcionarios elegidos y de aquellos que reciben honorarios, el alcalde y los aldermen, nombran ciento sesenta y siete personas, de la cuales, sesenta y cinco son nombradas por un año, sesenta y una reciben sueldo, y cuarenta y una sirven sin remuneración. En la administración actual de la ciudad hay cuarenta departamentos o centros diferentes, la mayoría de los cuales ocupan un gran número de funcionarios subalternos y obreros. «Esta multiplicidad de departamentos y de funcionarios impone a la ciudad gastos muy superiores a los sueldos que reciben los funcionarios inútiles»[274], y permite además conceder numerosos favores a los electores del partido dominante. Esos favores están en parte limitados, pues sólo para las funciones de carácter subalterno, por la ley de Massachusets de 1884, sobre los servicios civiles, cuya aplicación se ha confiado a una Comisión de dichos servicios.

El comité escolar, compuesto de veinticuatro miembros, está aparte del resto del gobierno de la ciudad: se elige en escrutinio de lista, en toda la ciudad, por un período de tres años, y ocho de los miembros cesan todos los años.

El departamento de policía también es distinto; ha sido confiado, según ya dije, por una ley de 1885, a un Consejo de policía, nombrado por el gobernador y por el Consejo, y compuesto por tres ciudadanos de Boston, con la facultad de «nombrar, establecer y organizar» la policía, conceder licencias, reglamentar y restringir la venta de bebidas alcohólicas[275]. En caso de desorden, el alcalde puede ponerse al frente de la policía».

---

[274] Informe de la comisión de 1884.

[275] En las ciudades y towns de Massachusetts, la cuestión de la licencia y de la venta de licores se somete todos los años al voto popular (V. la nota del cap. LXVI, tomo siguiente). Ahora en Boston y en la mayoría de las ciudades se conceden licencias. El ingreso anual que las municipalidades obtienen de las licencias se eleva en Boston a más de 500.000 dólares.

Este sistema reformado, que se considera en general como un progreso respecto del precedente, no ha dado resultados completamente satisfactorios. Se advierte que los aldermen tienen aún demasiado poder ejecutivo, y que ejercen una intervención exclusiva en los nombramientos del alcalde. El funcionamiento de la policía bajo la inspección de un Consejo nombrado por el Estado, se ha estimado defectuoso. La venta de licores no está mejor reglamentada, y la ciudad considera poco aceptable un consejo de policía que no es responsable ante ella.

La ciudad de San Luis —población en 1890,451.700— está gobernada con arreglo a una carta preparada, según una disposición de la última convocatoria de Missouri (1875), por un consejo de trece *freeholders,* elegida por el pueblo de la ciudad y del condado de San Luis, y que fue por fin adoptada y ratificada por un voto del pueblo en 22 de Agosto de 1876[276].

San Luis está dividido en veintiocho barrios y en doscientas cuarenta secciones electorales. Las elecciones se someten a una reglamentación severa, que en general impide los fraudes; se hacen sin ruido, porque todas las tabernas se cierran hasta media noche.

El alcalde se elige por el pueblo por cuatro años; tiene un sueldo de 5.000 dólares; no es miembro de la asamblea de la ciudad, con la cual se comunica por medio de mensajes. Tiene el derecho de devolver a la asamblea las leyes que ha votado, y que puede ésta discutir de nuevo y aprobar por mayoría de dos tercios. Recomienda medidas a la asamblea; le somete los informes de los jefes de los departamentos, y tiene además un gran número de funciones ejecutivas secundarias. Nombra el personal de una porción de funciones importantes, pero de acuerdo con el consejo. Para protegerle contra la presión de aquellos a quien debe su elección, se ha dispuesto que los nombramientos se harán por él al principio del tercer año de su mandato, y por un período de cuatro años.

La asamblea se compone de dos Cámaras. El Consejo tiene trece miembros elegidos por cuatro años en escrutinio de lista; cada año cesa la tercera parte. La Cámara de delegados tiene veintiocho miembros, uno por distrito. Cada miembro de la asamblea cobra un sueldo de 300 dólares al año, además de los gastos que hubiere tenido que hacer en el servicio de la ciudad. La asamblea tiene de una manera general la facultad de hacer las leyes y el derecho de inspeccionar todos los departamentos, pero su poder de contraer empréstitos y de fijar impuestos está limitado.

Los departamentos administrativos son los siguientes: trece funcionarios elegidos por el pueblo, a saber: el interventor, el tesorero, el verificador, el registrador, el recaudador, el marshal, el inspector de pesas y medidas, el presidente de la Junta de tasadores, el coroner, el sheriff, el actuario municipal, el administrador público, el Presidente de la Junta de obras públicas.

Hay veinte consejos o funcionarios nombrados, en su mayoría por cuatro años, por el alcalde, con la aprobación del Consejo, y son los siguientes: La Junta de mejoras públicas, compuesta del comisario de calles, del de aguas, del de puertos, del de parque y del de las alcantarillas, el tasador y el cobrador de impuestos de

[276] Este es un resumen de un interesante estudio de M. Marshall S. Snow (profesor de historia en la Universidad de Washington. San Luis) sobre el *City Government of St. Louis* en *J. H. U. Studies.* 3.a Serie.

aguas, el comisario de edificios públicos, el comisario de salud pública, el inspector de calderas, el consejero judicial de la ciudad, el comisario jurado, el llevador del registro electoral, el attorney de la ciudad, dos jueces del tribunal de policía, el administrador de workhouse, el comandante de bomberos, el inspector del gas, los tasadores, varios empresarios de la ciudad y funcionarios subalternos.

Los cuatro comisarios de policía que tienen a su cargo el orden público en San Luis, con el alcalde, son nombrados por el gobernador de Missouri, para que su departamento se mantenga «fuera de la política de la ciudad». En 1886 la policía se componía de 593 hombres, sin contar 200 guardias privados, pagados por sus patronos; pero con uso de uniforme, y después de haber prestado juramento ante el consejo de policía.

El consejo escolar de la ciudad se compone de 28 miembros, uno por barrio o distrito, elegidos por tres años, un tercio cada año. Es independiente del alcalde y de la asamblea; elige su personal y todos los maestros; administra los fondos considerables de las escuelas, y cobra un impuesto escolar, que se recauda por el cobrador de la ciudad.

Se estima que lo que ha dado fuerza a esta carta «es la larga duración de las funciones municipales; las sabias medidas a las cuales se ha recurrido para que los votos se cuenten honradamente, y que los partidos sean irreprochables en las elecciones; la intervención de la administración financiera y la limitación de la facultad de contraer empréstitos, el hecho de que las funciones importantes para que el alcalde nombra no vaquen sino al principio del tercer año de su mandato; de suerte que está demasiado lejos para que sirvan de recompensa de servicios políticos prestados en la campaña electoral, y para que puedan viciar la elección[227].

En suma: la carta funciona bien. La ciudad está muy bien administrada y goza de buen crédito. Sin embargo, el lector europeo se sentirá más bien sorprendido, al ver que las funciones electivas son tan numerosas, y que los funcionarios importantes no conservan su puesto sino durante un corto período de tiempo. Advertirá que, aun en la América democrática, se ha estimado peligroso dejar la intervención de la policía de la ciudad en las manos poco delicadas de los políticos de oficio. Y comparará lo que se podría llamar el carácter político de toda la Constitución de la ciudad, con el sistema más sencillo, menos ambicioso, pero también menos democrático, que se ha conceptuado suficiente para la administración de las ciudades europeas.

---

[277] Snow: ob. cit.

16. Funcionamiento de los gobiernos de las ciudades

Para formarse una idea del valor práctico del gobierno de una ciudad, puede examinársele desde los dos puntos de vista siguientes: ¿Qué es lo que proporciona al pueblo? y ¿qué cuesta al pueblo? Nos falta espacio para examinar en detalle la primera de esas dos cuestiones, mostrando lo que cada ciudad hace y lo que deja de hacer por sus habitantes; y he ahí por qué tendré que darme por contento con decir que en los Estados Unidos se quejan las gentes constantemente de que las calles tienen mal suelo, y están mal cuidadas, de que no se observan con rigor las leyes que prohíben el juego y la embriaguez; en algunos sitios, las gentes se quejan también de las medidas sanitarias y de la conservación de los edificios públicos y de los parques. Parece ser que en las grandes ciudades la administración no satisface tanto como en las ciudades de Glasgow, Manchester, Dublin, Hamburgo o Lyon.

La acusación siguiente contra el Gobierno de Filadelfia es excepcionalmente severa, y aunque resulte fundada para esta ciudad, no debe aplicarse a todas. Una Memoria presentada a la legislatura de Pensilvania, en 1883, por un cierto número de ciudadanos principales de la ciudad de los cuákeros, contenía estos párrafos:

«Los asuntos de la ciudad de Filadelfia han caído en el estado más deplorable. Las sumas necesarias para pagar anualmente los intereses de la deuda y los gastos corrientes son tan elevadas, que la tasa del impuesto no puede ya subir más.

Durante ese tiempo se han abandonado de tal manera las calles, que son una vergüenza y son una deshonra para la ciudad. Es cosa corriente que Filadelfia es la ciudad de peor suelo y la más sucia del mundo civilizado.

El agua es tan mala, que el invierno último, durante varias semanas, ha sido no solo repugnante y mal sana como bebida, sino que hasta sucia para el uso del baño.

Durante varios meses, se ha renunciado a regar las calles, y no se ha intentado tal cosa hasta el día en que algunos ciudadanos, amantes del bien público, han hecho lavar, a su costa, cierto número de calles principales.

El sistema y el estado de las alcantarillas son notoriamente malos; lo son lo bastante para ser peligrosos para la salud pública y nauseabundos para los habitantes.

Las obras públicas se han ejecutado tan mal, que ha sido preciso rehacer construcciones apenas terminadas. Otros edificios se han construido muy caros, y se les ha dejado caer en ruinas antes de terminarlos.

La incapacidad, el despilfarro, las calles sucias y mal pavimentadas, el agua malsana y repugnante, una administración abandonada y costosa, he ahí lo que ha dado de sí durante varios años el gobierno de la ciudad».

Desde todos los puntos de vista comprendidos en el informe, Filadelfia era, sin duda, en esa fecha —pues su gobierno ha experimentado después varias reformas—, una de las ciudades americanas peor administradas.

Quién hubiera interrogado a uno de los buenos ciudadanos de Baltimore, de Cincinnati, Nueva Orleans, Nueva York, Chicago, San Francisco, habría oído expresar entonces —y seria quizá lo mismo ahora— las mismas quejas: ya respecto de la condición exterior de la ciudad, ya respecto de la policía: lo que prueba que el fin para el cual se ha creado el gobierno municipal no ha sido logrado sino parcialmente.

La otra cuestión, la de los gastos, es fácil estudiarla. La deuda y los impuestos de las ciudades americanas han aumentado con una rapidez extraordinaria y han alcanzado una cifra poco tranquilizadora.

Un cuadro del aumento de la población, de las evaluaciones, de los impuestos y de la deuda en quince de las más grandes ciudades de los Estados Unidos, desde 1860 a 1875, nos ofrece estos resultados:

Aumento de la población	70,5	por 100
Id. del valor imponible	156,9	por 100
Id. de la deuda	270,9	por 100
Id. de los impuestos	362,2[278]	por 100

Si consideramos algunos casos especiales, veremos que la deuda sube de esta manera:

		Dollars.		Dollars
Filadelfia	1867	35.000.000	1887	64.000.000
Chicago	1867	4.750.000	1887	13.466.000
San Luis....	1867	5.500.000	1887	16.500.000
Pittsburgo..	1867	3.000.000	1887	13.000.000[279]

Una gran parte de esta deuda está representada, sin duda, por obras que quedan, pero en una gran parte nada la representa; se debe tan sólo al despilfarro y a las malversaciones de parte de las autoridades municipales.

Desde el punto de vista de los gastos corrientes, Nueva York, ha gastado en 1884, en las necesidades ordinarias de la ciudad, sin incluir el interés de la deuda, el fondo de amortización y el sostenimiento del poder judicial, la suma de 20.232.786 dólares; esto es, 16,76 por habitante (censo de 1880). En Boston, el mismo año, los gastos de la ciudad fueron de 9.909.019 dólares = 27,30 por habitante (censo de 1880). En 1889, los gastos ordinarios de Nueva York se elevaron a 48.937.694 dólares, (32, d. 30 por habitante), los de Boston llegaron a 16.117.043 dólares, (35 d. 94 por habitante)[280].

[278] *Municipal Development of Philadelphia,* por MM. Allinson y Penrose, p. 275.

[279] Articulo «Ciudades» (por M. S. Stern) en *Atner. Cyclop, of Polit. Science.* Allí se dice: «Lo que cuestan la apertura y las reparaciones de las calles y la instalación de las alcantarillas en las calles, no está comprendido en esas grandes sumas, percibidas todos los años, ni en esa deuda siempre en aumento, porque el precio de esas obras se paga por un impuesto distribuido directamente sobre los terrenos, y jamás figura entre los gastos ordinarios de la ciudad».
En Nueva York, la deuda consolidada total era, en Diciembre de 1901, de 97.857.230 dólares.

[280] Esas sumas de 1890 (resultados del censo) comprendían todos los gastos ordinarios; pero no comprendían las sumas correspondientes al interés y a la amortización de la deuda municipal.

En el gobierno de las ciudades es donde los Estados Unidos han fracasado principalmente. Las imperfecciones del gobierno nacional no perjudican gran cosa al bienestar del pueblo. Los defectos de los gobiernos de los Estados son insignificantes cuando se les compara con la corrupción, el despilfarro, la mala gestión que puede echarse en cara a la administración de la mayoría de las grandes ciudades. Porque esos males no son especiales de una o dos ciudades. Sin duda, los europeos que hablan de América cometen a menudo el error de creer que los vicios políticos de Nueva York los hay en todas partes. Pero también se comete a menudo el error de suponer que no los hay en ninguna otra parte. En Nueva York se han manifestado esos vicios en una gran escala. Son «grandes como montañas, visibles, palpables». Pero no hay una ciudad de más de 200.000 habitantes donde los gérmenes venenosos no tengan ya plantas vigorosas; y en algunas de las pequeñas, hasta 70.000 habitantes, no hace falta un microscopio para ver cuánto han crecido. Aun en las ciudades de tercer orden, a veces se pueden discernir fenómenos análogos; pero allí, como alguien ha hecho notar, el negro tupido de Nueva York o de San Francisco toma un tinte gris e inofensivo.

Los males que se advierten doquiera que hay una inmensa población reunida en ciudad, deben tener causas generales muy difundidas: ¿cuáles son esas causas? Para exponerlas completamente sería preciso explicar aquí el sistema de los partidos, que se encontrarán en otro volumen, porque eso sistema de los partidos es el que ha, si no creado, por lo menos agravado grandemente los males, y el que le ha impuesto un carácter particular[281]. Me veo en la precisión, pues, de limitarme aquí a una corta enumeración de las principales causas de la enfermedad, y de los principales remedios que se han propuesto o aplicado. No hay asunto de política que los publicistas americanos más capacitados hayan estudiado con tanto cuidado en estos últimos años; he ahí por qué lo mejor que yo puedo hacer es presentar los hechos salientes en los términos mismos que han empleado esos escritores, cuya responsabilidad comprometían con sus palabras.

Los comisarios nombrados en Nueva York en 1876, para «preparar un sistema de gobierno para las ciudades del Estado de Nueva York», resumían los males en estos términos[282].

«1.° Aumento de la deuda municipal permanente. En Nueva York era, en 1840, de 10.000.000 de dólares; en 1850, de 12.000.000; en 1860, de 18.000.000; en 1870, de 73.000.000; en 1876, de 113.000.000[283].

---

281 V. parte III, especialmente capítulos LXII y LXLII. Véase, además, en los capítulos sobro el Tammany Ring, en la ciudad de Nueva York, y el Ring del gas en Filadelfia. El estudio detallado que doy en esos capítulos de los fenómenos de la mala administración municipal en las grandes ciudades de los Estados Unidos, me dispensa de exponerlos aquí.

282 Esta comisión, de la que era presidente M. W. M. Evarts (luego senador por Nueva York), comprendía alguno de los hombres más capaces de Nueva York, y su informe, presentado el 6 de Marzo de 1877, se considera ya clásico. La mayoría de las indicaciones que contiene pueden aplicarse a las grandes ciudades, hoy como en 1876.

283 Los comisarios de Nueva York dicen: «La cifra y el aumento rápido de esta deuda no son menos notables que los pobres resultados que pueden presentarse para justificar esos enormes gastos. Esas sumas eran suficientes para hacer todas las obras públicas necesarias durante todo un siglo en una gran metrópoli, y para adornarla con los esplendores de la arquitectura y el arte. En lugar de eso, hay puertos, muelles que no tardarán en caer en ruinas; calles con mal piso, alcantarillas insuficientes, que funcionan mal y en mal estado; edificios públicos mezquinos y demasiado pequeños. Nada casi hay que esté a satisfacción de los ciudadanos, salvo el acueducto

2.° Aumento excesivo de los gastos anuales ordinarios; en 1896, los impuestos eran inferiores al 1/2 por 100 del valor de la propiedad imponible; en 1850, eran de 1,13 por 100; en 1860, de 1,69 por 100; en 1870, de 2,17 por 100; en 1876, de 2,67 por 100... El aumento de los gastos anuales desde 1850, comparado con el aumento de la población, es de más de 400 por 100, y comparado con el aumento de la propiedad imponible, pasa de 200 por 100».

He aquí ahora las causas que indican:

1.° Consejos y funcionarios administrativos incompetentes e infieles.

«Un gran número de funciones importantes han sido desempeñadas por hombres que eran casi incapaces de cumplirlas... Esos personajes, indignos de la confianza pública, se procuraron sus puestos por sus propios esfuerzos. Sus conciudadanos no les habrían otorgado voluntariamente sus sufragios. Movidos por la esperanza de lucros ilícitos, gastan sumas considerables para apoderarse de esos puestos, y prometen por adelantado a sus partidarios su protección y plazas. Después hay que mantener esas indignas promesas y hay que realizar las ganancias previstas. Para eso es para lo que se despide a los antiguos empleados, a pesar de su experiencia, y para lo que se crean puestos nuevos, a fin de dar satisfacción a una muchedumbre de amigos y de partidarios. Es indispensable pactar contratos beneficiosos y emprender obras inútiles. Las sumas necesarias para esos objetos ilegítimos, forman parte de los cálculos de presupuestos, según los cuales se fija el tanto de impuesto hasta ocupar el primer lugar en las aplicaciones de los créditos: pues sólo después que se han votado esos créditos se trata de las necesidades reales del público. Pronto se advierte que esas peticiones ilegales, unidas a las sumas requeridas para las necesidades del público, entrañarán una cifra bastante elevada para disgustar al pueblo y excitar la indignación, si se reclamasen todas bajo forma de impuestos. Para evitar esas consecuencias es por lo que los autores de esos proyectos de gastos buscan pretextos a fin de realizar empréstitos en dinero con el objeto, afirman, de hacer obras extraordinarias: y se reducen los impuestos a una cifra que no suscita la indignación del pueblo, y para procurarse las sumas que faltan se emite un cierto número de obligaciones... Sin embargo, ese cuadro no basta para darnos una idea exacta de los complicados sistemas do explotación que de tiempo en tiempo han arruinado nuestras principales ciudades bajo el nombre de gobierno de las ciudades; pero al fin indica una tendencia que reina en todas nuestras ciudades, y que será cada vez más fuerte si no tropieza con algún obstáculo. No hay miedo de exagerar, si afirmamos que más de la mitad de las deudas actuales de las ciudades provienen del gobierno corrompido e intencionalmente malo que hemos descrito».

2.° La introducción de la política del Estado y de la Nación en los asuntos municipales.

«La formación de partidos políticos generales que tienen ideas diferentes sobre los principios y los métodos de la política do los Estados, es una cosa útil o por lo menos inevitable. Pero es raro que se susciten, a propósito de la dirección de los asuntos municipales, cuestiones de orden político, o aunque sean cuestiones propias

y sus dependencias y el parque. Y, por otra parte, no puede decirse que esas obras sean el resultado de la deuda pública porque los gastos que han ocasionado deberán ser en gran parte amortizados. De hecho, la mayoría de la deuda de la ciudad representa una suma considerable malgastada o gastada inútilmente».

para dividir a las gentes honradas. Las gentes honradas están perfectamente de acuerdo cuando se trata de saber si se debo disminuir la deuda municipal, impedir los gastos excesivos y confiar los asuntos municipales a funcionarios competentes y fieles. ¿Por qué confiar la intervención de las obras públicas de una ciudad a un demócrata más bien que a un republicano, o viceversa? Es como si se nombra a una persona director de una compañía de negocios por pertenecer a uno o a otro de los dos grandes partidos. Los ciudadanos honrados no lograrán tener un buen gobierno municipal sino obrando de acuerdo. Las divisiones políticas les separan en dos campos desde el primer momento, y les impide a unos y a otros alcanzar su fin. Este obstáculo que desune a los buenos ciudadanos, paraliza todos los esfuerzos que hagan para tener un buen gobierno municipal...

Los puestos y el poder que se obtienen en los vastos campos de la política de la Nación y de los Estados son grandes recompensas, que estimulan a los más ambiciosos. Ahora bien; en esos campos de la política, la elevación personal no se efectúa sin el cumplimiento de grandes obras, y no se puede alcanzar ni uno ni otro de esos dos fines sin el éxito del partido político al cual se está unido. La lucha así iniciada se transforma en una batalla general, en la cual cada parte sabe muy bien que no puede conceder a la otra la menor ventaja. Si una trata de ganar para sí las funciones municipales, la otra está obligada a aceptar la lucha en el mismo terreno. Es indudable que ninguna de las dos puedo resistir a esa tentación. Los hombres que ocupan los primeros lugares en la Nación tienen, pues, el interés directo do mantener siempre sus fuerzas en orden de batalla, y esas fuerzas es preciso conducirlas, entre otros medios, por la distribución de los puestos de que se dispone, cuando se está al frente de los asuntos locales. Al lado de ese pequeño número de jefes de partido, hay una clase importante de individuos que son honrados y devotos del bien público, pero se sienten inclinados por hábito y por temperamento a mezclar la política en los negocios de la ciudad. Gozan tanto con las luchas de partido, son tan devotos de aquellos cuyos triunfos y derrotas comparten en el juego de la política, que acaban por perder de vista el objeto para el cual existen los partidos, habiendo un gran número de ellos que se dedican por entero a la política, abandonando sus trabajos ordinarios, sin tener, por último, con qué vivir, como no sea con los puestos de que sus jefes disponen. Con éstos se mezclan un gran número de personas, para quienes la política no es más que un medio de ganarse la vida o de hacer fortuna. Estos toman parte en las luchas políticas sin entusiasmo; a menudo también sin interesarse por el bien público, y se esfuerzan por organizar abiertamente los elementos viciosos de la sociedad, y por formar grupos bastante fuertes para vencer en unas elecciones muy disputadas, para dominar a los jefes políticos, y para conseguir que se les dé una buena parte de los puestos municipales, o bien lograr la inmunidad ante los jueces...

Los demás ciudadanos, que forman la mayoría de las clases acomodadas, no gustan de comprometerse en lo que llaman «el vil oficio» de la política, o bien, no esperan hacer gran cosa, ante intereses tan potentes entre sí opuestos, y así se limitan a votar con sus partidos respectivos... Por medio de los grandes partidos políticos, organizados y funcionando según se ha dicho, es como se eligen desde hace tiempo nuestros funcionarios municipales. No debe, pues, sorprender que nuestros asuntos locales se encuentren en tan mal estado».

3.° El hecho de que la legislatura se ha apoderado de la intervención directa en los asuntos locales:

«La intervención legislativa ha producido necesariamente el abandono de uno de los principios fundamentales del gobierno republicano —la autonomía de las municipalidades...— Los representantes de la legislatura central —del Estado— no tienen bastante tiempo para ocuparse con los asuntos locales de las municipalidades... No conocen suficientemente los detalles... Cuando un bill local está a estudio por parte de una legislatura, los representantes de la localidad en cuestión están exclusivamente encargados de defenderlo y de explicarlo; a veces, y gracias a una inteligencia especial, o bien, lo que es más frecuente, tácita, los bills locales se votan según el sistema del auxilio mutuo. De este modo, las funciones legislativas resaltan delegadas en los representantes locales, que se entienden a menudo con los elementos perversos de sus colegios electorales, y hacen recaer la responsabilidad de sus fracasos sobre la legislatura. Pero, lo que aún importa más, es que los representantes legislativos no experimentan, respecto de sus electores, el interés personal o el sentimiento de responsabilidad indispensables para administrar de un modo inteligente los asuntos locales. Sin embargo, esos legisladores, que están a una distancia de un centenar de millas, destruyen con sus votos las decisiones de los cuerpos gobernantes de las diversas partes del Estado, y no toman para nada en cuenta los deseos de sus electores... Para formarse una idea de la extensión del mal que resulta del hecho de que la legislatura se ocupe con una multitud de asuntos locales, de los cuales algunos son buenos y la mayoría malos, bastará elegir al azar las leyes de un año cualquiera, y ver los asuntos a que se refieren. De 808 leyes votadas en 1870, por ejemplo, 212 se refieren a las ciudades y villages; de ellas, 94 a las ciudades y 36 a la ciudad de Nueva York sola. Hay un mayor número para Brooklyn. Esas 212 leyes ocupan más de las tres cuartas partes de las 2.000 páginas de las leyes de este año... La multiplicidad de leyes de ese género sobre el mismo asunto es en sí un mal muy grande.

¿Cuál es la ley relativa a lo que interesa más a nuestras principales ciudades? He ahí lo que sólo los jurisconsultos de profesión pueden saber después de larga y concienzuda investigación; y en muchos casos, los mismos hombres de ley no aciertan. He aquí lo que dice el Chief Justice Church: «Sería muy imprudente decidirse de una manera categórica sobre las leyes que se refieren a las obras públicas de las ciudades de Nueva York y de Brooklyn. Esas leyes han sido modificadas, derogadas y rehechas tantas veces y tan completamente, que es difícil saber qué leyes están en vigor en un momento dado. La incertidumbre que resulta de esas leyes múltiples y contradictorias es una fuente de procesos incesantes, con todos los gastos públicos y privados que entrañan... Pero no es esto lo peor. Quizá es verdad que los buenos ciudadanos han sido los primeros en intentar la intervención do la legislatura en los asuntos locales de nuestras principales ciudades, a fin de provocar reformas, de obtener un buen gobierno y de contrabalancear los proyectos de funcionarios corrompidos. La idea de que la acción legislativa era el mejor remedio fue un gran error. Los *rings* corrompidos que por tal manera se quería hacer fracasar, presto advirtieron que les era muy fácil vencer las tentativas pasajeras y poco hábiles de los ciudadanos desinteresados. El traspaso de la intervención de los recursos municipales de las localidades a la capital del Estado, produjo sencillamente un traslado análogo de los procedimientos y del arte de la corrupción, y, como consecuencia, la fortuna de nuestras principales ciudades pasó a ser el objeto de tráfico posible de la legislatura. La corrupción municipal, relegada antes a los territorios de las ciudades, rompió todas las fronteras y se difundió por todas las partes del Estado. Las ciudades se vieron obligadas a comprar terrenos para hacer parques y plazas, porque los propietarios querían venderlos; se vieron forzadas a nivelar y a poner pavimento a calles sin habitantes, y a hacer alcantarillas en esas calles, únicamente para que empresarios corrompidos pudieran subastarlas. Las ciudades tuvieron que comprar, a cargo del público, y a precios extraordinarios, propiedades necesarias para hacer calles y avenidas, que no servían sino para dar precio a los propietarios vecinos. Se hicieron leyes que suprimían un puesto y creaban otro con la misma función, sólo para traspasar el sueldo de un hombre a otro hombre; se hicieron también leyes que modificaban las funciones de ciertos funcionarios, tan sólo para distribuir de nuevo favores y para prolongar la duración de ciertas funciones, cuyos titulares no habían sido ni reelegidos ni nombrados por segunda vez sin acudir a ese expediente».

Esta última fuente de males proviene, sin duda, de que se ha abandonado el principio de la intervención popular local y de la responsabilidad, que es la baso de los gobiernos de los Estados y de los gobiernos locales rurales. Semejante abandono ha tenido el castigo merecido. Pero los males resultantes de todo esto han sido notablemente agravados por los vicios de las legislaturas en ciertos Estados, en el de Nueva York y en el de Pensilvania, por ejemplo. Las dos primeras causas se deben, sobre todo, al que se llama el sistema de los despojos —*Spoils system,*— según el cual las funciones se convierten en recompensas de servicios políticos, y todo el mecanismo del gobierno de partido sirve, ante todo, para procurarse puestos y conservarlos. Ahora bien; el sistema de los despojos, con el mecanismo de los partidos que no cesan de engrasar y de hacer funcionar a alta presión, es un sistema mucho más potente y más pernicioso en las grandes ciudades que en los distritos rurales. Porque en las grandes ciudades hay una multitud ignorante, compuesta sobre todo de emigrantes recientes, poco habituados al selfgovernment; hay un gran número de electores que no pagan contribuciones directas, y que, por tanto, no tienen interés en que los impuestos sean moderados, y la administración económica; hay ciudadanos capaces por completo absorbidos por sus propios negocios, ciudadanos cultos que experimentan gran repugnancia hacia la vulgaridad de la política diaria, y esos dos grupos no quieren sacrificar su tiempo, sus gustos y su bienestar para luchar con los viles directores políticos de oficio o con ruidosos demagogos. En las grandes ciudades, las fuerzas que atacan y que pervierten al gobierno democrático son particularmente numerosas, y las que le protegen están muy mal colocadas para oponer una resistencia real. Satán ha situado en sus puertos baterías frente al lado donde están las fortificaciones más débiles.

Además de esas tres causas, sobre las cuales insisten los comisarios, y cuyos efectos se hacen sentir en las grandes ciudades de algunos otros Estados, al modo que en Nueva York, aunque en menos grado, hay en la estructura de los gobiernos municipales lo que pueden llamarse los defectos mecánicos, de los cuales puede dar idea lo dicho o expuesto en el anterior capítulo. Son precisos métodos para determinar la responsabilidad pública sobre los funcionarios o sobre las asambleas que gobiernan la ciudad. Si el alcalde vende su patronato, puede hacer recaer una parte de la censura sobre los aldermen o sobre cualquier otro consejo que apruebe sus propuestas, alegando que habría elegido mejores candidatos si hubiera supuesto que los aldermen aprobarían su elección. Si no ha conseguido que los departamentos despachen los trabajos que les están encomendados, puede afirmar que la legislatura de la ciudad ha entorpecido su acción, y no ha querido votar los reglamentos necesarios. Cada una de las Cámaras, si hay dos, puede dar como excusa la acción de la otra, o de sus propios comités, y la responsabilidad está de tal manera dividida entre los numerosos miembros de la Cámara, aunque sólo haya una, que no recae sobre nadie. Los diversos centros o los diversos funcionarios no tienen casi relaciones entre sí[284], y los que se elijen directamente por el pueblo se consideran independientes del alcalde y de la legislatura. La multiplicidad de los puestos electivos divide la atención del pueblo y priva al voto en la elección de su eficacia como censura o como elogio[285].

Es relativamente fácil descubrir las causas del mal Gobierno municipal. Pero era más difícil mostrar cómo se podría hacer desaparecer osas causas, aunque todos los reformadores están de acuerdo sobre ciertos remedios. Lo que casi parecía imposible era decidir a los hombres que habían producido esos males, aprovechándose de ellos, beneficiándose con ellos, que además estando más habituados que los más honrados que ellos, no veían lo malo, del caso, a aceptar las medidas necesarias para poner fin a su poder abusivo y a sus lucros ilícitos. A las bandas de *politiciens* de la ciudad y a sus aliados en la legislatura del Estado, era a quienes era preciso pedir reformas y arrancar el consentimiento de su propia destrucción. Resultaba, en verdad, muy inútil tender un lazo a la vista de esos pájaros.

He aquí los remedios propuestos por la comisión de Nueva York:

a) Prohibición a la legislatura del Estado de hacer leyes especiales para los gobiernos municipales y para la marcha de los asuntos municipales[286].

b) Fijación de las elecciones municipales para una época distinta de la de las elecciones del Estado o de la Nación. En el curso de estos últimos años se ha vuelto sobre esta proposición, que parece tener algunas probabilidades de ser adoptada (1892).

c) La atribución del poder legislativo de las municipalidades a dos cuerpos: —un consejo de los aldermen, elegido por sufragio universal, que sería el consejo común de cada ciudad; y un consejo de hacienda, de seis a quince miembros, elegido por los electores que paguen con dos años de antelación un impuesto anual sobro bienes evaluados en 500 dólares, por lo menos, o un alquiler por la habitación que ocupen de 250 dólares, cuando menos[287]—. Este consejo de hacienda debería tener en la práctica la intervención exclusiva en la fijación de impuestos, así como en los gastos de cada ciudad, y debería inspeccionar los empréstitos; en ciertas ocasiones sería preciso una mayoría de dos tercios.

---

[284] En Filadelfia se ha notado que había cuatro autoridades distintas e independientes con derecho a abrir zanjas en las calles, y que nadie tenía el encargo especial de ponerlas luego en buen estado.

[285] M. Seth Low dice: «Cuando se multiplican los puestos electivos importantes, no por eso se aumenta la intervención popular, sino que, por el contrario, se disminuye ésta. La expresión de la voluntad popular en la elección se parece a un golpe fuerte que da una máquina de potencia enorme. Puede dar con bastante fuerza para hacer caer a un funcionario, por poderoso que sea. Pero así como en mecánica es preciso dividir la fuerza para hacer trabajos delicados, así el pueblo, que está obligado, cuando expresa su voluntad, a elegir entre una multitud de funcionarios poco importantes, pierde una parte de su poder». *Adress on Municipal Government,* Febrero 1884.

[286] La Constitución de muchos Estados ordena ahora que las ciudades se incorporen por leyes generales. La prohibición de hacer leyes especiales ha dado, en general, buenos resultados, aunque a veces se haya conseguido eludirlas. (V. antes capítulos IX y X.

[287] Esto debía aplicarse a las ciudades que tuvieran una población de más de 100.000 almas. En las ciudades menos importantes, el alquiler debería elevarse a 100 dólares, lo menos, y sin mínimum prefijado para la propiedad imponible.

d) Prohibición a la municipalidad de tomar a préstamo más de determinada suma; obligación de obtener la aprobación del alcalde, de una mayoría de dos tercios do la legislatura del Estado y del consejo de hacienda, para contratar un empréstito que no pudiera garantirse con los ingresos corrientes previstos.

e) Extensión de las facultades del alcalde en materia de intervención general de los asuntos y en la de nombramientos; alcalde separable por el gobernador con razones suficientes.

Para introducir esas reformas era preciso reformar la Constitución del Estado de Nueva York; la comisión preparó una serie de enmiendas que fueron sometidas a la legislatura del Estado. Pero los pájaros vieron el lazo, y se cuidaron mucho de someter esas enmiendas al pueblo. De hecho, el informe quedó letra muerta; pero en las cartas legislativas recientes de diversas ciudades, y sobre todo de Brooklyn, como veremos en el próximo capítulo, se adoptaron, y con muy buen resultado, algunas do las indicaciones de la comisión. La más original, sin embargo, la que dio margen a las críticas más hostiles, la que pedía la creación del consejo elegido por electores que pagasen cierto alquiler o tuvieran una cierta propiedad, jamás se aplicó a ninguna ciudad. Se considera antidemocrática; los hombres prácticos dicen que sería inútil someterla al voto popular[288].

Sin embargo, todavía hay quienes le defienden y recuerdan el ejemplo de Australia, donde se dice que el sistema funciona con éxito.

Entre las demás reformas del gobierno de ciudad que en América se piden, citaré las siguientes:

a) La reforma del servicio civil, esto es, el establecimiento de los exámenes a que se deberá someter al aspirante a los puestos de la ciudad, y la reglamentación, según la cual estos puestos serían concedidos por un término fijado de antemano, mientras el nombrado fuese digno de ello, en vez de dejar al funcionario a merced de un jefe de partido, que puede separarlo para dar su puesto a uno de sus partidarios o amigos personales.

b) La prolongación del término del mandato del alcalde y de los jefes de los departamentos, a fin de darles una posición más segura y disminuir la frecuencia de las elecciones. Esta reforma se ha introducido en algunas cartas recientes.

c) La atribución al alcalde de un poder casi autocrático, y restringir la acción de la legislatura de la ciudad a la tarea puramente legislativa y al voto de

[288] Sin embargo, se han aceptado las indicaciones de la comisión sobre un punto (Informe, p. 33), aplicando en las cartas de village de Nueva York, y aun en las de algunas ciudades pequeñas, el principio según el cual nadie debe votar una proposición enderezada a establecer un impuesto o a aplicar ninguna, si a la vez no está obligado a pagar una parte de dicho impuesto. La comisión ha rechazado la acusación de que esto fuese contrario al espíritu del sufragio universal, con estas palabras; «No hay procedimiento más seguro para desacreditar el sufragio universal y preparar su abolición, que el que consiste en adulterarle, aplicándole a cosas para las cuales no fue hecho, o pidiéndole servicios que es incapaz de prestar... Esperar la economía en asuntos financieros, de su acción en las grandes ciudades, donde quizá la mitad de los habitantes no tienen interés en esos asuntos, es someter el principio del mismo a una presión demasiado fuerte. Todos los amigos del sistema deberían ponerse de acuerdo para substrarse a esos peligros». Pág. 40.

los créditos. Esta reforma se encuentra también en las cartas recientes, en particular en la de Brooklyn, y, en definitiva, produce buenos resultados. Se trata, naturalmente, de un remedio expuesto. Si el pueblo tiene suficiente clarividencia para elegir un hombre capaz y honrado, no hay inconveniente en darle todo el poder que se quiera; el poder estará siempre mejor en sus manos que en las de los consejos de la ciudad. Pero si los electores son apáticos y dejan triunfar a una mala persona, todo puede marchar de mala manera desde el día siguiente de la elección. No digo que «todo esté perdido», porque se han visto gentes malas a quienes el poder y la responsabilidad han dado un carácter más serio y sentimientos más nobles. El proverbio griego «el oficio revelará al hombre», se ha tomado de ordinario en mal sentido. El proverbio alemán «el oficio despierta la inteligencia» *(Amt gibt Verstand)*, presenta la naturaleza bajo una luz menos desfavorable, y la experiencia de los americanos muestra que a menudo eso es cierto.

d) La elección de la legislatura de la ciudad o de una de las dos Cámaras o de un comité escolar por escrutinio de lista y no por distritos. Cuando los aldermens o los miembros del consejo se eligen por los ciudadanos de un pequeño distrito local, se sobrentiende en los Estados Unidos que aquéllos residen en el distrito, y en su virtud, la elección de los buenos ciudadanos tiene un horizonte muy limitado. Y resulta que los elegidos consideran que su primer deber es conseguir todo lo que puedan para su propio distrito; no se preocupan nada del interés general de la ciudad, y cuando se trata de las adjudicaciones de obras públicas, hacen una especie de comercio de cambios con los representantes de los otros distritos. He ahí por qué es preferible el escrutinio de lista.

e) La limitación del derecho de establecer impuestos y de contraer empréstitos, teniendo en cuenta la evaluación de la propiedad imponible de la ciudad. Se han introducido restricciones de ese género en las ciudades, en los condados y con respecto a otras autoridades locales. Ordinariamente, los resultados han sido buenos, pero no en todas partes, porque siempre es posible burlar las leyes. La Comisión de Nueva York dice: «Es fácil eludir la prohibición aparente que se aplica al impuesto, y a la limitación do la deuda, aumentando las evaluaciones de los tasadores. Esas restricciones no tienen por objeto impedir el despilfarro o la distracción de los fondos públicos; sólo limitan las sumas de éstos que están sujetas a las irregularidades. Esas medidas tendrán por efecto inmediato dejar a las ciudades sumas suficientes para sus obras»[289].

MM. Allinson y Penrose hacen las siguientes consideraciones:

Se ha dispuesto por la Constitución de 1874 que la deuda de una ciudad, de un burgo, de un township o de un distrito escolar, jamás puede exceder del 7 por 100 del valor de la propiedad imponible, según las evaluaciones de los tasadores. Esta cláusula tiene por objeto impedir recargar la propiedad de un individuo, en interés público, en más de 7 por 100. En la práctica, los resultados de esa cláusula han sido malos. En todas las ciudades del Estado, excepto en Filadelfia, la ciudad forma parte

[289] Otra desventaja consiste en que esa restricción puede a veces forzar a una municipalidad a hacer por trozos obras públicas que costarían menos caras hechas de una vez. (V. capítulo VIII).

del gobierno del condado. El condado tiene la facultad de contraer empréstitos hasta el 7 por 100: lo mismo ocurre con la ciudad, lo mismo con el distrito escolar y lo mismo con el distrito escolar del barrio: lo cual hace un total de 28 por 100, para la suma que la ley de 1874 permite tomar a préstamo. Pero todavía hay otra causa de fracaso, especial a Filadelfia. A fin de eludir la disposición de la Constitución, que prohíbe contraer deudas superiores al 7 por 100 de las evaluaciones, el valor fijado por los tasadores se ha aumentado considerablemente en casi todas las ciudades del Estado: en ciertos casos, y aunque la cosa parezca increíble, se ha aumentado en 1.000 por 100. Es, por tanto, evidente que las disposiciones constitucionales de ese género no pueden proteger a los ciudadanos contra un aumento ilegal de la deuda municipal». *Philadelphia, a History of Municipal Development* (1887), p. 276.

Sin embargo, a menudo se encuentran ahora, en las Constituciones, restricciones de ese género, y, hasta donde yo he podido darme de ello cuenta, han disminuido los males contra los que se dirigían.

No hace falta que yo intente discutir la cuestión interesante de los resultados que se pueden obtener permitiendo a los gobiernos de las ciudades proporcionar agua, gas, electricidad, y quizá hasta administrar loa tranvías de las calles. Las ciudades americanas acumulan en tal respecto un tan gran número de indicaciones, que no hay más remedio que tratarlas detenidamente, no estando, por lo demás, los hombres experimentados de acuerdo aún sobre las conclusiones generales de esta encuesta[290]. Las objeciones que se oponen a que esas funciones se confíen a los hombres que gobiernan la mayoría de esas municipalidades, son muy claras. Puede verse la explicación de un grupo de esas objeciones en un capítulo ulterior dedicado al *ring* del gas de Filadelfia.

Sin embargo, hay reformadores suficientemente confiados, para creer que, cuando los consejos de la ciudad obtienen funciones que tienen un gran interés para los ciudadanos, éstos no dejan de ejercer una intervención o inspección más activa y despierta, y de arrojar a los *politiciens* del poder. No debe olvidarse que, si se deja esta función a las compañías privadas, se está expuesto a males tan visibles como los que resultan de una mala administración. En efecto, cuando esas compañías prosperan y se entienden, se aprovechan de su riqueza para influir en las autoridades municipales, y se las ha visto distribuir sumas de dinero a un gran número de electores para corromperlos y para conservar así su monopolio. La corrupción de los gobiernos de las ciudades produce además otro mal efecto, que no es de los de menor importancia, y es que los ciudadanos que se quejan de los precios elevados que obligan a pagar las compañías para procurar una cantidad suficiente de agua, o de gas, prefieren a menudo soportar esas molestias y cerrar los ojos sobre la falta de honradez de algunas compañías, antes de correr el riesgo de dar a los *rings* de las grandes ciudades un aumento de puestos y de materias para la especulación que ofrecen o proporcionan las empresas de agua o de gas.

La cuestión del gobierno de las ciudades es la que preocupa más a los publicistas prácticos, porque todos están conformes en que es el punto más débil del gobierno del país. La adaptabilidad de las instituciones al pueblo y a sus condiciones, que los extranjeros reflexivos llegan a admirar en los Estados Unidos, y la consiguiente satisfacción por parte del pueblo ante esas instituciones, que contrasta

[290] De 160 ciudades cuya población pasa de 20.000 habitantes, 59 dejan el cuidado de procurar agua a compañías privadas, y en 101 lo hace la municipalidad.

tan fuertemente con el descontento de los europeos respecto de las suyas, es cosa que no puede observarse en la administración municipal. Donde quiera que hay una gran ciudad, se oyen quejas violentas; y los americanos, que se estiman como un modelo para el Viejo Mundo en todos los respectos, estudian con cuidado los modelos del Viejo Mundo en ese punto, sobre todo los que proporcionan las ciudades de la Gran Bretaña. La mejor prueba de que no están satisfechos, es que cambian con frecuencia de método y de sistema. Lo que Dante decía de su propia ciudad, puede decirse de las ciudades americanas: se parecen al enfermo que no puede encontrar descanso en su lecho, y quiero hallar alivio volviéndose, ya de un lado, ya de otro. De vez en cuando el enfermo parece mejorar en virtud de un remedio violento, tal como la promulgación de una nueva carta o la expulsión de una cuadrilla de pillos en el momento de las elecciones. Pronto, sin embargo, se descubren los puntos débiles de la carta; la legislatura vuelve a hacer leyes especiales; el celo cívico se enfría y permite a los malos ciudadanos deslizarse hasta los puestos más importantes: las cuestiones federales hacen olvidar en las elecciones municipales lo que en ellas debería tenerse siempre en cuenta como la cuestión única, es decir, el carácter y la inteligencia de los candidatos para las distintas funciones. Todo eso es para desanimar. Sin embargo, los que estudian la historia municipal de estas últimas décadas, reconocen que se hacen progresos hacia una situación mejor desde veinticinco años ha. Los pícaros son menos audaces. Los buenos ciudadanos son más activos. El espíritu de partido puede todavía dominar y pervertir la política municipal, pero se advierte más claramente el mal que hace, y el número de ciudadanos que lo combaten aumenta de día en día. En el aumento de ese número y en el desenvolvimiento de un sentimiento más fuerte de los deberes cívicos, más aún que en un cambio del mecanismo, es donde se encontrará —así debe esperarse— la reforma del gobierno de las ciudades.

17. Un punto de vista americano sobre el gobierno municipal en los Estados Unidos[291]

Por el honorable seth low, presidente del Colegio de Colombia, en Nueva York, y ex-alcalde de la ciudad de Brooklyn.

Una ciudad de los Estados Unidos es una cosa completamente distinta de una ciudad, en el sentido técnico de la palabra, y tal como se emplea en Inglaterra. En Inglaterra, una ciudad es ordinariamente un lugar que ha tenido o aun tiene un obispo[292]. El jefe del Gobierno de la ciudad en Inglaterra es el alcalde —*mayor*—; pero muchos burgos que no son ciudades tienen también su alcalde. En los Estados Unidos una ciudad es un lugar que ha recibido de la legislatura de un Estado una carta que le confiere el título de ciudad. En América no hay nada que corresponda al burgo inglés. Si en los Estados Unidos se penetra en un lugar que tiene un alcalde, puede estarse casi seguro de que es una ciudad; sin embargo, hay a veces *villages* incorporados que tienen un alcalde.

Los europeos que estudien la política y que deseen comprender el problema del gobierno de las ciudades o cualquier otro relativo al gobierno en los Estados Unidos, deben, ante todo, colocarse, si pueden, en punto de vista enteramente opuesto al que les es natural. Y no es aplicable esto menos a los estudiantes ingleses que a los del continente. En Inglaterra, como en el continente, el Gobierno procede, desde hace siglos, de las clases sociales superiores. Hasta estos últimos años, los pueblos de Europa han aceptado, casi sin protesta, la idea de que es preciso clases directoras y que la gran mayoría de los hombres debe ser gobernada. La Revolución francesa ha modificado, sin duda, en todas partes esta idea, sobre todo en Francia; pero aun en Francia, el sentimiento público es todavía en este punto la resultante de una oposición de opiniones. En los Estados Unidos, esta idea no existe, y, lo que importa más, jamás ha existido. No se admite en los Estados Unidos ninguna distinción entre las clases directoras y las dirigidas, y el problema del gobierno aquí no es más que un esfuerzo de parte de la sociedad en masa, para aprender por si misma el arte de gobernar. Cuando se tiene esta idea en cuenta, se comprende con facilidad que la ola de la inmigración a los Estados Unidos constituya una causa de perturbación. Los inmigrantes vienen de varios países, y pertenecen en gran parto a las clases que han sido gobernadas desde hace siglos, en los países de origen. Una vez en América, no tardan en ser ciudadanos de una sociedad que está encargada de gobernarse así propia. Por bien dispuestos que en general estén, no están acostum-

[291] Este capítulo es propiedad del autor Seth Low, 1888.

[292] En Escocia, donde no ha habido obispos desde la revolución, Edimburgo, Glasgow, Aberdeen, y desde 1889, Dundee, se designan como ciudades. En Inglaterra se llama a Westminster una ciudad; pero allí hubo durante algún tiempo un obispo.

brados a gobernarse por si, y no siempre participan de la idea que encierra la Constitución de los Estados Unidos. Este elemento extraño se establece, en su mayoría, en las ciudades.

Se calcula que hay en la ciudad de Nueva York un 80 por 1.000 de habitantes nacidos en el extranjero o que descienden de padres extranjeros. Así, en una ciudad como Nueva York se plantea el problema del estudio y de la aplicación del arte del gobierno a una población que no tiene la experiencia de esto. En muchas de las ciudades de los Estados Unidos, en casi todas quizá, la población no sólo no tiene la experiencia de hecho del selfgovernment, sino que no es ni homogénea. Por estas razones, una ciudad americana se encuentra frente a la necesidad de instruirse en el arte del gobierno numeroso y que aumenta rápidamente, y está además obligada a asimilarse al propio tiempo elementos muy diversos para nacer un gobierno americano. Una sola de esas operaciones implicaría ya sus dificultades; cuando hay que realizar las dos, el problema se hace aún más difícil para cada una de ellas. Juntas como aparecen en las ciudades americanas, imponen a éstas la resolución de un problema que no conocen las ciudades del Reino Unido o de Europa.

La ciudad americana ha tenido que resolver problemas que no conocen las ciudades del Viejo Mundo. Con excepción de Boston, de Filadelfia, de Baltimore» de Nueva Orleans y de Nueva York, no hay ninguna ciudad americana importante cuyo origen se remonte a los comienzos de la colonización del país. Las ciudades americanas han aumentado con una rapidez do que no hay ejemplo en el Viejo Mundo. Londres, por la amplitud de su crecimiento, pero no en las mismas proporciones; Berlín, desde 1870, y Roma, durante los últimos años, son quizá las únicas ciudades de Europa que han tenido que contar con eso crecimiento rápido en un grado casi equivalente. Pero Londres, Berlín y Roma son la residencia del Gobierno nacional, que los ha ayudado y guiado más o menos en el desenvolvimiento. En todas esas ciudades había un medio rico antes del comienzo de un grande y rápido crecimiento. En América ha sido preciso hacer de nada y en algunos años una gran ciudad. Ni ha habido un medio de riqueza para servir de cimiento al edificio que de año en año aumentaba. En tales condiciones, ha habido por necesidad que acudir al crédito público, y se ha abusado de él. La ciudad de Brooklyn *y* la de Chicago, que tienen cada una un millón de habitantes (1892), no tienen cincuenta años de existencia[293]. Durante ese corto período, todo ha tenido que levantarse en terrenos que poco nace eran campos. Las casas donde se habita, las obras necesarias para la distribución de las aguas, las calles y el pavimento de éstas, las alcantarillas, todo lo que constituye la parte permanente de una ciudad, todo ha sido hecho a medida que ésta aumentaba, de año en año, con una rapidez extraordinaria. A esa obra hay que añadir las escuelas públicas, los parques públicos, y para Brooklyn, el gran puente que la ha unido con la ciudad de Nueva York, y al que Brooklyn ha contribuido con dos terceras partes. Desde ese punto de vista, me parece que no sorprenderán tanto los numerosos defectos que pueden, con razón, observarse en las ciudades americanas, como el poco tiempo que ha sido necesario para obtener tan maravillosos resultados. La necesidad de hacer tantas cosas tan de prisa, ha sido desfavorable para la ciudad americana de dos maneras. Primeramente se ha visto obligada a gastar de prisa, para obtener resultados, cuya urgencia era evidente. En casos análogos es en los que precisamente los hombres de negocios más experimentados cometen errores graves, estando expuestos a los gastos locos y al despilfarro. Los

[293] Chicago tiene más de 1.000.000, y Brooklyn más da 900.000.

americanos sinceros reconocen que sus ciudadanos han tenido que sufrir no poco por ese lado, no sólo porque sus elegidos y sus funcionarios han hecho gastos locos, sino porque no han sido honrados. Sin embargo, para reducir tal censura a las proporciones justas, es preciso tener en cuenta las condiciones generales en las cuales se han encontrado para realizar sus obras. La segunda desventaja que tienen que sufrir las ciudades americanas, a consecuencia de ese estado de cosas, ha sido la imposibilidad de hacer frente a los gastos ordinarios, en el momento en que gastaban sobre el porvenir para realizar las obras de índole permanente. Cuando las ciudades americanas hayan pagado las obras permanentes que se han acumulado durante los cincuenta últimos años, y en su virtud, no tengan que ocuparse más que con las necesidades comentes de la vida de la población, puede ser, hay que esperarlo, que se realicen grandes progresos en todos esos particulares. En otras palabras, el tiempo es un elemento necesario en la formación de una gran ciudad, como pasa en toda obra de carácter duradero y grande. Las ciudades americanas se las juzga según su tamaño, más bien que según el tiempo que les ha sido necesario para llegar a su actual desarrollo. No se puede desconocer que habrían podido producir mejores resultados con el dinero gastado, si se hubiera tenido al frente hombres perfectamente honrados y de buen juicio. Mas para apreciar con crítica inteligente las ciudades americanas, con los defectos en el respecto material, todos esos diversos elementos que entrañan dificultades deben ser tomados en cuenta.

Hay otro particular, sobre el cual puede afirmarse que la ciudad americana no ha sido todo lo que podía esperarse: en general, no ha tenido suficiente previsión. Habría sido relativamente fácil conservar en todas las ciudades pequeñas parques públicos y embellecerlas, si se hubiera sabido apreciar su utilidad y si se hubiera sabido prever el desenvolvimiento que esas ciudades habían de tener. Las ciudades del Oeste merecen quizá menos censuras en este respecto que las que están en la costa del Atlántico. Pero si se debe lamentar muy vivamente que los americanos no se hayan mostrado en esto previsores, no han hecho en esto sino repetir lo ocurrido en Europa. En vez de prever con amplitud, y muy por adelantado, las necesidades del porvenir, embellecen las ciudades demoliendo y reemplazando dondequiera lo que ya existe. En América, esos resultados desastrosos han tenido dos causas sobre todo: primeramente, las ciudades no han sido capaces de prever el desenvolvimiento extraordinario que las esperaba; y en segundo lugar, la población ha aumentado precisamente en el sentido hacia el cual no se suponía que aumentaría.

Un ejemplo muy interesante de este último factor nos lo ofrece la ciudad de Washington. Se colocó el Capitolio del lado de Levante, con la idea de que la población se inclinaría hacia esa dirección. De hecho, la ciudad de Washington aumentó hacia el Oeste; de suerte, que el Capitolio da hoy su espalda a la ciudad y mira hacia un distrito que está casi deshabitado.

El detalle que probablemente produce en el extranjero la impresión más desfavorable en la mayoría de las ciudades americanas, os probablemente el suelo defectuoso de las calles y la falta de limpieza. La comparación con las ciudades europeas en estos respectos es inmensamente desfavorable a la ciudad americana. Pero en este punto debe notarse que las ciudades europeas no están bien tenidas y con buen suelo sino desde hace unos treinta años. Por miserable que actualmente sea la condición y estado de las calles en la mayoría de las ciudades americanas, no hay peligro de equivocación, si afirmamos que eran mucho peores hace diez años. Esta situación entraña varias causas que producen dificultades de que están libres las ciudades europeas. Primeramente, el hielo penetra a mayor profundidad en América y gasta más el pavimento de cualquier clase que sea. Además, las calles se abren con más frecuencia que en Europa para la instalación de las tuberías de gas o de vapor o de hilos telegráficos. Pero, aparte de estas dificultades accidentales, la causa principal es la falta de créditos suficientes para poner las calles en perfecto estado y para conservarlas, en el respecto del suelo y del riego. Ya he indicado más arriba la razón de todo esto.

Todas las perturbaciones, sin embargo, que han acompañado al desenvolvimiento de las ciudades de los Estallos Unidos no se deben a aquellas causas. Las ciudades son de origen relativamente reciente en los Estados Unidos, como las formas de gobierno. La ciudad de Boston, por ejemplo, en el Estado de Massachusetts, no obtuvo su carta hasta 1822, no obstante haberse fundado la colonia hace doscientos cincuenta y tantos años. La ciudad de Brooklyn recibió su carta del Estado de Nueva York en 1835. En otras palabras, la transición del gobierno de aldea o de town, al de ciudades, se efectuó a medida que las pequeñas localidades se convertían en grandes comunidades. Esto nos obliga a fijarnos en otra distinción entre las ciudades de los Estados Unidos y las de Europa. Las grandes ciudades de Inglaterra y de Europa tienen, con pocas excepciones, sus raíces en un pasado lejano. Muchos de sus privilegios y de los derechos que les otorgan sus cartas fueron arrancados a la Corona durante el feudalismo. Algunos de esos privilegios aún persisten, y contribuyen a la riqueza, a la fuerza y al influjo de la municipalidad. La carta de una ciudad americana no tiene ningún prestigio, y no inspira ningún sentimiento especial. No es más que el instrumento legal que da a la comunidad la autoridad para actuar como corporación, y que define las funciones de sus funcionarios. El motivo para pasar del gobierno de town al gobierno de ciudad, ha sido, en general, el mismo en todas partes: adquirir una cierta rapidez en la acción y aprovechar el crédito de la comunidad para proveer adecuadamente a su desenvolvimiento. La asamblea de town, en que todo ciudadano toma parte, sirve a su fin admirablemente en comunidades de poca población, donde la dirección de la labor pública no tiene una gran amplitud. Pero en todos los Estados, la precisión de atender eficazmente a las necesidades de su propio desenvolvimiento ha impulsado a las comunidades, ya crecidas rápidamente, a reclamar los poderes de una corporación, para administrarse con un gobierno de ciudad. Así se ha empezado por el town, y, naturalmente, la primera idea que los americanos se han formado de la ciudad no es otra que la que tenían del town o de la aldea, como las divisiones locales de la República.

Ahora bien; las cartas se hicieron como si las ciudades fueran pequeños Estados. Los americanos aprenden ahora, después de varios años de una amarga experiencia, que aquéllas son, más que pequeños Estados, grandes corporaciones. Muchas de las faltas que ha señalado el progreso do las ciudades americanas hasta el día provienen de esta falsa concepción. El fin esencial era crear un gobierno de ciudad donde ningún funcionario tuviera poder para hacer demasiado daño. El resultado natural de éste ha sido la creación de una situación donde ningún funcionario puede hacer mucho bien. Entretanto, las gentes sin escrúpulos se han juntado con un fin poco honrado, y la organización de la ciudad les ha ayudado a hacer caer la responsabilidad de unos en otros. Varias cartas recientes parten de la idea, mucho más exacta, según la que, las ciudades son, ante todo, desde el punto de vista de su capacidad orgánica, grandes corporaciones. Fácilmente se comprende que esta teoría produce muchos mejores resultados. Los americanos son suficientemente diestros en la administración de las grandes empresas para comprender que en las de ese género es preciso otorgar a un hombre el poder de dirigir los asuntos y el derecho de elegir sus principales colaboradores; saben que el poder y la responsabilidad deben ir juntos desde lo alto hasta abajo en la escala, en toda organización de negocios que ha de marchar bien. Por consiguiente, cuando se llegó a comprender que una ciudad es una corporación de negocios más bien que una parte integrante del Estado, cesó la oposición a que el poder y la responsabilidad estén reunidas en las mismas manos. La carta de la ciudad de Brooklyn es probablemente el tipo más avanzado que puede señalarse de esta manera de pensar.

En Brooklyn la parte ejecutiva del gobierno de la ciudad está representada por el alcalde y por los diversos jefes de los departamentos. La parte legislativa está compuesta de un Consejo común —*Common council*— de diez y nueve miembros, de los cuales doce se eligen por tres distritos, cada uno de los cuales designa cuatro aldermen; y los otros siete aldermen se eligen por toda la ciudad en escrutinio de lista. El pueblo elige, además del Consejo de los aldermen, tres funcionarios de la ciudad: el alcalde, que es el jefe real y nominal de la ciudad; el interventor, que es en la práctica el tenedor de libros de la ciudad, y el verificador, cuya intervención es indispensable para todos los pagos, pequeños o grandes, de la ciudad. El alcalde nombra por sí, sin la aprobación del Consejo los jefes ejecutivos de los departamentos. Nombra, por ejemplo, el comisario central, el jefe de bomberos, el comisario de sanidad, el inspector de obras de la ciudad, el Consejo judicial de la ciudad, el tesorero, el recaudador y, en general, todos los encargados de funciones ejecutivas. Esos funcionarios nombran a su vez sus subordinados; de suerte, que el principio de la responsabilidad se aplica por completo desde lo alto hasta la base en el gobierno municipal. El alcalde nombra también el Consejo de tasadores, el Consejo de educación y el de elecciones. Los funcionarios ejecutivos designados por el alcalde son nombrados por dos años, esto es, por la duración de su mandato. El alcalde se elige en las elecciones generales del mes de Noviembre; entra en funciones el 1.° de Enero siguiente, y durante un mes los departamentos ejecutivos siguen en manos de las personas nombradas por su antecesor. El 1.° de Febrero, el nuevo alcalde nombra los jefes de los departamentos, y como no están en sus cargos sino mientras dura su mandato, cada alcalde puede rodearse de un personal administrativo cuyas ideas estén de acuerdo por completo con las suyas. Cada uno de esos grandes departamentos ejecutivos se confía a un solo jefe, porque la carta responde por entero a la teoría, según la cual, la tarea ejecutiva debe encomendarse a un solo hombre. Si hay Consejos de funcionarios ejecutivos en Brooklyn, es porque el trabajo que se les confía tiene un carácter discrecional más bien que ejecutivo. Esos Consejos son también nombrados por el alcalde sin la aprobación del Consejo de los aldermen, pero por un período que no termina con el mandato del alcalde; de suerte, que un alcalde no puede nombrar todos los miembros a no ser que sea elegido dos veces por el pueblo. En otras palabras, la carta de Blooklyn, ciudad de 900.000 almas, deja al alcalde la entera responsabilidad de la dirección del gobierno de la ciudad, en lo ejecutivo, y al hacerlo responsable, no vacila en concederle todas las facultades necesarias para el desempeño de sus deberes.

Esta carta comenzó a producir sus efectos el 1.° de Enero de 1882. Se advirtió pronto que tenía las ventajas y los inconvenientes previstos. Si los funcionarios ejecutivos son enérgicos, pueden hacer mucho; si son débiles, pueden frustrar todas las esperanzas. La comunidad, sin embargo, está de tal manera segura de que esta carta es un progreso respecto de todos los demás sistemas aplicados, que ninguna voz se ha levantado para condenarla. Entraña un notable efecto, especialmente satisfactorio. Permite comprender fácilmente al ciudadano más sencillo que el carácter del gobierno de la ciudad depende por completo durante dos años del hombre que se elija para las funciones de alcalde. Como consecuencia de esto, el número de electores ha sido más considerable en las elecciones de alcaldes que en las de gobernadores del Estado.

El gobierno de la ciudad se aprovecha directamente de un hecho que provoca y mantiene vivo el sentimiento público, y que tiende a aumentar el interés que todos los ciudadanos sienten por los asuntos de la ciudad. A falta de un pasado histórico que mantenga el calor de los ciudadanos ante los millares de recién llegados que aparecen en cada elección nueva, el efecto señalado tiene mucho valor. Puede hasta aceptarse que ahora se vota con más inteligencia que otras veces. El resultado es tan importante y, sin embargo, tan sencillo, que puede darse de él una idea aun a las gentes que habitan la ciudad desde hace poco tiempo. Las mismas influencias deciden a los hombres que tienen un valor real a aspirar al puesto de alcalde, porque la carta da a este el poder y los medios de hacer algo. Se dirige a lo que hay de mejor en el hombre, y le expone al propio tiempo a los ataques de la crítica si no obra bien.

Cuando tuvo que poner en vigor esta carta, en su calidad de primer alcalde a quien esos poderes se confiaron, el autor adoptó dos principios que estimó como esenciales para el éxito. Primeramente, resolvió hacer a cada jefe de departamento responsable de lo que en el mismo se hiciera; y, en segundo lugar, tomó la determinación de no usar jamás del derecho de nombrar, sino respecto de aquellos nombramientos a que la carta le obliga de una manera expresa. Esta actitud respecto de los por él nombrados, tuvo por efecto dejarlos completamente libres en la elección de sus subordinados. Y como eran libres, podía hacérseles enteramente responsables de los resultados. Además, como no experimentaban la presión del alcalde, eran mucho más fuertes para resistir a las recomendaciones que se les dirigían por otros que en otro caso lo habrían sido. La actitud del alcalde, en el asunto de los nombramientos, tuvo además el efecto de conquistarle, en un grado extraordinario, la confianza de la comunidad, sin que el espíritu de partido se mezclase. Los temores que había podido suscitar el eco de las grandes facultades concedidas al alcalde por la carta, se apagaron inmediatamente.

Las funciones del alcalde bajo esta carta pueden considerarse desde tres puntos de vista: primero, en su relación con la tarea ejecutiva de la ciudad; segundo, en su relación con el Consejo común o legislatura local; tercero, en su relación con la legislatura del Estado.

El acertado uso del poder de hacer nombramientos en la elección adecuada de los jefes de los departamentos, asegura naturalmente el éxito de una administración de ciudad, en el respecto ejecutivo. Una vez nombrados los jefes de los departamentos, el autor tenía la costumbre de reunirse en la oficina del alcalde con todos los designados, una vez por semana, excepto en el verano, durante las vacaciones. Esta reunión tenía varias ventajas. Las actas de la última reunión del Consejo común se sometían al estudio previo de esta reunión antes del informe respectivo, y el alcalde se enteraba, desde luego, de la opinión del funcionario a quien la decisión del Consejo podía interesar más directamente. Cuando se presentaba una cuestión de interés general para la ciudad, todos los miembros de la reunión la discutían, prestando así al alcalde el concurso de su experiencia y de su juicio. Esas reuniones semanales tenían para el alcalde una gran importancia, y le permitían decidir la línea de conducta que debía seguir ante las cuestiones que suscitaba el Consejo común durante el período de su mandato, porque todas las resoluciones de este cuerpo, para ser ley, deben ser examinadas por el alcalde que las aprueba o les opone su veto.

Esas reuniones de los funcionarios ejecutivos de la ciudad eran, además, útiles desde otros puntos de vista. Permitían a todos los jefes de los departamentos conocerse personalmente, y transformaban el mecanismo del gobierno de la ciudad, antes compuesto por departamentos independientes y distintos, en una organización que funcionaba con completa armonía y persiguiendo fines definidos. La inspección del alcalde en la labor ejecutiva se ejercía mediante los informes que debían remitirle cada trimestre los grandes departamentos. En una ciudad americana se reciben a diario, en las oficinas del alcalde, quejas respecto de tal o cual cuestión de interés para los ciudadanos. Inmediatamente se acusaba recibo de las quejas a las personas que las formularan, si llegaban por correo, y se enviaban desde luego tales quejas al departamento respectivo, el que tenía que proceder en consecuencia o dar sus explicaciones. La respuesta se enviaba a la oficina del alcalde, y se comunicaba sin pérdida de tiempo al autor de la queja. Si cabía remedio para el caso, este procedimiento permitía aplicarlo con rapidez; si no se podía, el ciudadano tenía, por lo menos, la satisfacción de saber por qué. La multiplicidad y el carácter de esas quejas ofrecía todos los días al alcalde ocasión de dar se cuenta del trabajo y del estado de los departamentos. Gracias a esos procedimientos, el alcalde estaba casi tan enteramente al tanto de la labor de cada departamento de la ciudad, como lo está el jefe de una gran casa de comercio de los diversos ramos de sus negocios. Aún podría llevarse más allá la comparación. El alcalde podía hacer efectivos el poder y el influjo de su oficio, y hacer desaparecer abusos, y perfeccionar los métodos con la misma rapidez y eficacia.

Las funciones del alcalde en relación con el Consejo común de la ciudad, se refieren principalmente a la obligación que le impone la carta de aprobar o de desaprobar todas las resoluciones tomadas por ese Cuerpo. El veto del alcalde es fatal para una ley, a menos que resulte destruido por una mayoría de dos tercios de los miembros del Consejo. Durante los cuatro años en que el autor fue alcalde, el Consejo común tuvo ideas políticas contrarias a las suyas, tres; en la proporción de catorce a cinco durante la mitad de este tiempo. A pesar de eso, el veto sólo fue anulado dos veces en los cuatro años. Dos influjos contribuyeron, quizá, a ese resultado. Primero, el cuidado con el cual, después de oír el informe de los funcionarios nombrados por él, el alcalde tomaba sus posiciones; y segundo, la negativa del alcalde a usar en manera alguna de su facultad de hacer nombramientos. La oposición de los partidos contrarios desapareció ante un hombre que jamás persiguió su propio interés y que se mantenía fuera de los partidos. Esas mismas influencias llevaron al Consejo a obrar casi siempre de acuerdo con el alcalde y a aceptar sus proposiciones. La armonía entre el Ejecutivo y la legislatura de la ciudad no fue menos perfecta durante ese tiempo, con gran ventaja de la ciudad, que la que existía entre los varios departamentos ejecutivos.

Las relaciones del alcalde con la legislatura del Estado alcanzaron una importancia muy grande. La carta de una ciudad es obra de la legislatura, y depende por completo de la acción de la misma. Del propio modo que ninguna ley impide a la legislatura redactar la carta, así no hay en la carta una sola cláusula, por insignificante que sea, que la legislatura no pueda cambiar. En el Estado de Nueva York no hay ley general sobre el gobierno de las ciudades, y la costumbre de intervenir en los detalles de la administración se ha convertido en ella en una segunda naturaleza. Mientras duró su mandato, el autor se vio obligado a oponerse en Albany, residencia de la legislatura del Estado, a los proyectos de ley que concedían un aumento de sueldo a los agentes de policía y a los bomberos, sin preocuparse con la situación financiera de la ciudad ni con los demás gastos obligatorios para éstas. La legislatura intentó también otra vez separar de sus puestos, por medio de una ley, a algunos funcionarios que habían sido nombrados conforme a la carta. Intentó, además, crear puestos nuevos e inútiles, y el alcalde entendió que no era el menor de sus deberes proteger a la ciudad contra las leyes poco prudentes y perjudiciales del Estado. Por virtud de una circunstancia curiosa, la mayoría de esos proyectos de ley procedían de los miembros de la legislatura elegidos para representar los diferentes distritos de la ciudad misma. Las mismas influencias que se dejaban sentir con fuerza en la administración del Consejo común, en Brooklyn, se sentían igualmente en la legislatura de Albany. He ahí por qué, aunque durante uno o dos años el poder de realizar cambios haya estado en Albany en manos del partido que representaba una política contraria, ninguna de las leyes rechazada por el alcalde, durante el período, pasó a ocupar un lugar en la colección legislativa. La ciudad misma se ve a veces obligada a pedir leyes para ampliar sus poderes, en razón de que los poderes concedidos a una ciudad están estrictamente limitados y definidos por la carta o determinados por leyes especiales de la legislatura. En su virtud, cuando es necesario atender a una situación imprevista, que exige medios o poderes extraordinarios, es preciso obtener autorización a este efecto de la legislatura del Estado. El autor ha podido advertir que esa actitud general, de que ya ha tratado, producía también en ese caso buen efecto; así casi todos los bills pedidos en interés de la ciudad fueron aprobados, y esto, tanto por obra de las legislaturas que sentían políticamente simpatías por la administración, como por las que representaban una política antagónica. No exageraría, sin embargo, si dijese que las mayores inquietudes que he experimentado durante el desempeño de mis funciones han tenido por causa las incertidumbres y las dificultades de esta lucha anual, en la cual se trataba, de una parte, de defender los intereses de la ciudad, y de la otra, de protegerla contra los males que pudiera producirla el poder legislativo del Estado.

Imitando la carta de Brooklyn, la ciudad de Filadelfia obtuvo, aún más recientemente, una nueva carta que se separó mucho, y en el mismo sentido, de los antiguos métodos. Boston y Nueva York han seguido, en parte, el mismo camino, con gran ventaja de las dos ciudades, pero ni una ni otra han ido tan allá como Brooklyn y Filadelfia. Varias pequeñas ciudades han conseguido cartas análogas. No debe suponerse que esta nueva forma de cartas de las ciudades sea tan sólo el resultado do una idea abstracta. Es el producto de varias experiencias penosas. Cuando los habitantes de una ciudad advirtieron que no tenían, de hecho, el buen gobierno que deseaban, no se les ocurrió la idea desde luego de que el mal provenía, en gran parte, de la forma de su carta, o bien si se les ocurrió, el primer esfuerzo realizado para remediarlo, la arrastraba a peores errores. A partir del principio do que para tener garantías seguras, era preciso dividir el poder, hubieron de recurrir a todos los expedientes que podían producir tal resultado. Crearon, por ejemplo, consejos de policía y consejos de bomberos, que se componían ya de tres ya de cuatro, siendo conocidos estos últimos en el lenguaje americano como los sin partido[294]. Se suponía que un sólo individuo podía verse inclinado a hacer un uso desleal de su departamento en interés del partido a que pertenecía, y que, asociándole con otros de partidos diferentes, semejante inclinación resultaría contenida. Ahora bien; lo que ocurrió fue que depilo el momento que no pudo ser objeto de censura una persona dada, el espíritu de partido se apoderó de todos los departamentos. Cuando se piensa que en el gobierno de los Estados Unidos, departamentos administrativos inmensos, como el Tesoro y las comunicaciones postales, se han confiado siempre a un solo individuo, parece extraño que, con sus ciudades, los americanos hayan vacilado tanto en adoptar idéntico principio. Lo cual probablemente se explica porque la ciudad ha surgido, según ya se indicó más arriba, a consecuencia del desenvolvimiento del town. En el town, la teoría de la división de los poderes ha sido aceptada como base substancial del Gobierno, habiendo resultado bien en las pequeñas comunidades. La aplicación de ese mismo sistema a las grandes ciudades del país, que crecen rápidamente, ha provocado, al igual que cualquier otro elemento, los resultados poco satisfactorios que se señalan en el desenvolvimiento de muchas ciudades americanas.

Para el objeto del presente capítulo, no es necesario insistir más en esta idea. Nos hemos detenido un instante en ella para mostrar que todo ese grupo de dificultades que han tenido que vencer las ciudades americanas a causa de sus imperfectas cartas, no son irremediables. El cambio de carta ha sido seguido accidentalmente de un efecto lamentable. La carta de la ciudad ha sido la obra de la legislatura, y, por consiguiente, queda por entero sometida a la acción de la legislatura. Los numerosos llamamientos dirigidos a la legislatura para conseguir de ella enmiendas de todo género, han creado en las legislaturas de algunos Estados, quizá de todos, el hábito de intervenir constantemente en los asuntos de la administración local. Esta intervención que a menudo proviene del deseo sincero de librar a una ciudad de males graves, ha disminuido considerablemente el sentimiento de la responsabilidad en los funcionarios locales y en los ciudadanos mismos. Uno de los mejores efectos de la carta de Brooklyn es que ha contribuido a crear en esta ciudad un verdadero espíritu de autonomía —*home rule*—, pronto a protestar contra toda injerencia de parte del Estado en las materias locales.

Queda por decir que existe un problema orgánico en relación con las cartas de las ciudades, el cual parece hoy más lejano que nunca en su solución en América, y es el referente a la rama legislativa del gobierno de la ciudad. En algunas ciudades la función legislativa está representada por dos cuerpos o cámaras conocidas con diferentes nombres en las varias ciudades, y que ofrecen los mismos caracteres generales que una legislatura de Estado con sus Cámaras baja y alta. Los ejemplos más notables de este género son los que proporcionan la ciudad de Boston y la ciudad de Filadelfia. En todas las ciudades del Estado de Nueva York la rama legislativa se compone de una sola Cámara, llamada indiferentemente el Consejo de los aldermen o el Consejo común. Pero que esos cuerpos se compongan de una o dos Cámaras, desde el momento en que una ciudad ha llegado a ser grande, han dejado de dar resultados satisfactorios. Originariamente, estos cuerpos recibían muy amplios poderes, a fin de realizar plenamente la idea del selfgovernment. En general, han abusado tanto de estos poderes, que en casi todas partes ha sido grande-

[294] Sin partido, o independientes, quiere decir, prácticamente, que los dos grandes partidos están representados en ellos igualmente.

mente restringida la esfera de su autoridad. En la ciudad de Nueva York la tendencia ha llegado hasta el punto de privar al Consejo común de todas las funciones importantes que antes tenía, salvo el poder especial de conceder franquicias públicas. Plasta qué extremo han abusado los Consejos de este poder, es cosa desgraciadamente bien sabida. Los poderes por tal manera suprimidos al Consejo común, se han confiado ordinariamente a Consejos compuestos de los más altos funcionarios de la ciudad. Aun en la ciudad de Nueva York el alcalde ha sido casi siempre un hombre de buena reputación y de algún talento. En general, se advierte en las ciudades americanas que, cuanto mayor es la circunscripción electoral, ante la cual se presenta un candidato, y cuanto más importante es la función, más hombre de valer debe ser el candidato.

Cuál será el resultado de las dificultades que suscita el cuerpo legislativo de las ciudades, es imposible decirlo. Parece que se pretende ensayar en algunos sitios el gobierno de las ciudades sin legislatura local. Pero hay tantas cuestiones dependientes naturalmente de ese cuerpo legislativo, que, hasta hoy, nadie se ha atrevido defender esa idea extrema. He ahí por qué puede decirse, con razón, que eso gran problema orgánico no ha sido resuelto en el gobierno municipal de los Estados Unidos. He ahí lo que muestra de una manera palmaria la exactitud de la idea americana, de lo peligroso que es en las comunidades totalmente democráticas, dar al cuerpo legislativo supremacía sobre el ejecutivo.

Hasta aquí se han señalado los defectos de la ciudad americana, procurando presentar las dificultades peculiares con que la misma ha tenido que luchar. Debe decirse ahora que, no obstante todas esas dificultades, en general la ciudad americana no va de mal en peor. Hay razones substanciales para creer que existe, aun en las grandes ciudades, una tendencia general hacia el mejoramiento. Casi en todas partes, la vida y la propiedad gozan de mayor seguridad que antes. Ciertamente, la seguridad no ha disminuido como consecuencia del aumento o desarrollo de las ciudades, como hubiera podido esperarse. Habría sido imposible conseguir unas elecciones honradas en Nueva York o Brooklyn hace menos de veinte años. Hoy, y desde hace diez años, con el sistema actual, todas las elecciones son en definitiva honradas. El estado sanitario de nuestras ciudades no empeora; antes, al contrario, en general mejora. De suerte que, en rigor y de un modo fundamental, el progreso, aunque lento, es constante en el sentido de la mejora de las cosas. No es extraño que un pueblo que hace una experiencia de gobierno de ciudad, respecto de la cual no hay precedente, intente, al buscar métodos verdaderamente honrados y prácticos, ensayos costosos y desgraciados.

El progreso no se consigue sino de esa manera. Pero es probable que dentro de diez años los americanos mismos resulten tan sorprendidos, al saber algunos de los escándalos de la época actual, en el gobierno de las ciudades, como ahora lo son ante los esfuerzos que se hacían hace veinticinco años, aun en la ciudad de Nueva York, para crear un cuerpo de bomberos voluntarios, y conseguir así ponerse en situación de dominar los incendios.

A medida que las ciudades americanas se hacen más estables y se procuran los materiales necesarios para su funcionamiento, se aproximan más y más a las condiciones físicas en que se encuentran las ciudades europeas. Puede, pues, razonablemente esperarse que el suelo mejore, y que el estado de las calles sea más satisfactorio. Las ciudades americanas tienen, en general, más agua que las ciudades europeas, y son más emprendedoras a fin de proporcionarse lo que en Europa podría llamarse el lujo de la vida de la ciudad, lujo por tal modo común en América, que se estima casi como cosa necesaria. Es esto especialmente verdad de todo cuanto se refiere al empleo de la electricidad. Hay, por ejemplo, más hilos telefónicos en Nueva York y en Brooklyn que en todo el Reino Unido.

Para dar un ejemplo de otro género de dificultades con que tropieza el Gobierno de las ciudades americanas, bastaría añadir que los obstáculos para colocar esos hilos bajo tierra son mucho mayores que en las ciudades europeas. Los hilos se multiplican constante y rápidamente, lo que explica el que, apenas colocados algunos bajo tierra, los que se han tendido al aire durante ese período parecen tan numerosos como antes de comenzar los trabajos subterráneos. Puede, pues, decirse con justicia, que si las ciudades americanas merecen censuras severas, también merecen grandes elogios.

Todos admiten que el sufragio universal tiene defectos que en las ciudades resultan más evidentes. No se puede negar que muchos de los problemas de las ciudades americanas provienen de ese factor, sobre todo, porque la masa electoral recibe de continuo inmigrantes extranjeros, a quienes sólo el tiempo es capaz de armonizarlos con el régimen americano. Pero, porque haya espuma en la superficie de un líquido en ebullición, no se sigue que la materia sea en sí mala. El sufragio, tal cual existe en los Estados Unidos, no sólo es un gran elemento de seguridad en nuestra época y durante la generación actual, sino también la fuerza educadora más potente, a la cual han podido someterse las masas de hombres. En un país donde la riqueza no es una cosa hereditaria que obligue al poseedor a interesarse por sus vecinos, difícilmente se concibe cuál sería el estado de la sociedad si el sufragio universal no forzase a aquellos que poseen a considerar, hasta cierto punto al menos, el bienestar de toda la comunidad.

Es probable que ningún otro sistema de gobierno hubiera tenido mejor éxito en las condiciones en que se encontraban las ciudades americanas. Puedo decirse, en defensa de las instituciones americanas, que, aun en las ciudades, se prestan con muy poco rozamiento, al crecimiento y desarrollo de la ciudad misma y a la asimilación pacifica de las poblaciones nuevas o extranjeras. Sean cuales fueran los defectos que hayan acompañado al progreso de esas ciudades, los que conocen su historia no negarán que, desde que el problema ha revestido su forma actual, se han hecho progresos y progresos visibles, de un período de diez años a otro. El problema será siempre muy difícil de resolver; pero, a pesar de tales dificultades, hay razones de todo género para estar lleno de esperanza.

APÉNDICE

Extractos de la Constitución del Estado de California[295]

Adoptada en Convención en Sacramento, el 3 de Marzo de 1879: sometida al pueblo y ratificada por él el 7 de Mayo de 1879.

Preámbulo y declaración de derechos

Preámbulo

Nosotros, el pueblo del Estado de California, reconocido ante Dios Omnipotente por nuestra libertad, para asegurarnos sus beneficios y perpetuarlos, establecemos la siguiente Constitución:

Artículo primero

Declaración de derechos

Sección 1.ª Todos los hombres son naturalmente libres e independientes y tienen ciertos derechos inalienables, entre los cuales están los de gozar de la vida y de la libertad y defenderlas; adquirir, poseer y proteger la propiedad; buscar y procurarse la seguridad y la felicidad.

Sección 2.ª Todo poder político reside en el pueblo. El Gobierno está instituido para la protección, la seguridad y el beneficio del pueblo, y tiene éste el derecho a alterarlo o reformarlo siempre que el bien público lo exija.

Sección 3.ª El Estado de California es una parte inseparable de la Unión Americana, y la Constitución de los Estados Unidos es la ley suprema del país.

Sección 4.ª El libre ejercicio de un culto y el derecho de profesar una religión serán garantizados a perpetuidad, sin distinción ni preferencias en este Estado, y nadie será declarado incapaz de ser testigo o jurado a causa de su creencia religiosa; pero la libertad de conciencia que aquí se garantiza no será interpretada de manera que excuse actos licenciosos, o justifique prácticas incompatibles con la paz o la seguridad del Estado.

Sección 5.ª El privilegio del *writ of habeas corpus* no se suspenderá, a menos que, en caso de rebelión o de invasión, la seguridad del Estado requiera esta suspensión.

Sección 6.ª Toda persona tendrá la facultad de presentar fianza bastante, salvo en caso de crimen cuando las pruebas sean evidentes o las presunciones grandes. No se exigirá una fianza excesiva ni se impondrán multas excesivas; no podrán imponerse penas crueles o extraordinarias. Los testigos no serán entretenidos demasiado tiempo y no serán encerrados en el local en que están recogidos los criminales.

---

[295] Tomo estos extractos (no pudiendo encontrar espacio para el documento entero), de la edición oficial de 1887, que contiene las enmiendas posteriores a 1879.

Sección 7.ª El derecho a ser juzgado por un jurado se garantiza a todos y se mantendrá inviolable; pero en las acciones civiles, las tres cuartas partes del jurado pueden pronunciar veredicto. El juicio por jurados puede suprimirse en todos los asuntos criminales que no tengan la gravedad de un delito capital, con el asentimiento de las partes, expresado en audiencia pública, y en los asuntos civiles, con el asentimiento de las partes, manifestado de la manera prescrita por la ley. En las acciones civiles, y en los casos de delito, el jurado puede componerse de doce miembros o de cualquier número menor, y aceptado por las partes en audiencia pública.

Sección 8.ª Todo ciudadano puede hablar libremente, escribir y publicar sus opiniones sobre todas las cuestiones; pero es responsable del abuso de este derecho: y no podrá dictarse ley alguna para restringir o disminuir la libertad de la palabra o de la Prensa. En todas las acciones promovidas por difamación escrita, podrá probarse la verdad ante el jurado, y si a éste le parece que lo que se persigue como calumnioso es verdad, que ha sido publicado con buena intención y con un fin legítimo, la parte será absuelta, y el jurado tendrá la facultad de decidir sobre el derecho y el hecho. Las deferidas al Tribunal por el gran jurado o las denuncias hechas por publicaciones en periódicos, serán juzgadas en el condado donde esos periódicos tengan sus oficinas o en el condado donde la parte que se cree ofendida resida en el momento de la publicación de que se trate, a menos que el lagar del proceso no se cambie por razones suficientes.

Sección 10. El pueblo tendrá derecho de reunirse libremente para discutir acerca del bien común, dar instrucciones a sus representantes y dirigir peticiones a la legislatura a causa de agravios.

Sección 11. Todas las leyes generales tendrán una aplicación uniforme.

Sección 12. El poder militar estará subordinado al poder civil. En tiempo de paz no se sostendrá ejército permanente por este Estado, y jamás en tiempo de paz un soldado será alojado en una casa sin el consentimiento del propietario. En tiempo de guerra tampoco, a no ser de la manera que la ley prescriba.

Sección 13. En las acciones criminales, y ante todo Tribunal, la parte acusada tendrá el derecho a ser juzgada pronto y públicamente; tendrá derecho a las comunicaciones del Tribunal para exigir la presencia de los testigos de descargo, y podrá comparecer y defenderse en persona o por abogado. Nadie será preso dos veces por el mismo delito, ni estará obligado en caso alguno a ser testigo contra sí propio; nadie será condenado a muerte, privado de la libertad o de la propiedad, sin proceso legal. La legislatura tendrá la facultad de dictar reglamentos para recibir a presencia del acusado y de su abogado la deposición de testigos en los asuntos criminales, fuera de los casos de homicidio, cuando hay motivo para creer que el testigo, por imposibilidad o por otras causas, no asistirá al proceso.

Sección 14. La propiedad privada no podrá ser expropiada ni perjudicada por utilidad pública, si una justa y previa indemnización no fuese dada al propietario o al Tribunal para entregarla a éste; ninguna corporación, salvo la municipal, podrá arrogarse un derecho de paso, ante do haber entregado por ello al propietario una plena compensación en dinero, o de haber entregado al Tribunal esta misma suma para que sea entregada al propietario, sin tener en cuenta los beneficios provenientes de las mejoras propuestas por esas corporaciones. Esas indemnizaciones se fijarán por un jurado, a menos que se prescindiera de esto, como de los demás asuntos civiles, de la *Court of record,* según disponga la ley.

Sección 15. Nadie podrá ser preso por deudas en una acción civil, ni durante el proceso, ni después, salvo en el caso de fraude, ni en las acciones civiles, por daños, a menos que no se trate de atentados voluntarios a la persona o a la propiedad; y nadie podrá ser preso en tiempo de paz por una multa impuesta siendo miembro de la milicia.

Sección 16. No se dictará ningún *bill of attainder,* ni ninguna ley *expost facto,* ni ninguna ley disminuyendo las obligaciones de los contratos.

Sección 17. Los extranjeros de raza blanca o descendientes de africanos, que reúnan las condiciones para ser ciudadanos de los Estados Unidos, según las leyes de naturalización a la sazón vigentes, tendrán, mientras sean residentes *bone fide* de este Estado, los mismos derechos, en cuanto a la adquisición, la posesión, el goce, la transmisión y la herencia de la propiedad, que los ciudadanos de nacimiento.

Sección 18. Jamás serán toleradas en este Estado, ni la esclavitud ni la servidumbre involuntaria, a menos que sea a título de pena por un crimen.

Sección 19. El derecho de los individuos está al abrigo de secuestros y pesquisas injustificadas en su persona; sus casas, sus papeles y sus bienes no serán violados, y ningún mandato será librado sino en virtud de fuertes presunciones, apoyadas por un juramento o por una afirmación que indique de una manera particular el sitio donde podrá efectuarse la pesquisa y las personas o las cosas sobre que actuar.

Sección 20. La traición contra el Estado consiste en hacer guerra contra él, juntarse a sus enemigos, prestarles apoyo y auxilio. Nadie será condenado por traición, sino ante testimonio de dos personas que hayan visto el mismo comienzo do ejecución o ante confesión en audiencia pública del Tribunal.

Sección 21. No se concederán jamás privilegios o inmunidades especiales que no puedan ser retirados o modificados por la legislatura, y no se concederá a ningún ciudadano ni a ninguna clase de ciudadanos privilegios o inmunidades sino en las mismas condiciones que puedan otorgarse a los demás ciudadanos.

Sección 22. Las cláusulas de esta Constitución son imperativas y prohibitivas, a menos que por sus términos expresos se declare otra cosa.

Sección 23. La enumeración de estos derechos no debe ser interpretada como limitativa o denegatoria de los demás derechos que el pueblo se reserva.

Sección 24. No se exigirá ninguna propiedad a nadie para votar o desempeñar funciones públicas.

Artículo IV
Departamento legislativo

Sección 25. La Legislatura no dictará leyes locales o especiales en ninguno de los casos que a continuación se enumeran, a saber:

1.° Para regularla jurisdicción y las funciones de los jueces de paz, de los de policía y de los *constables.*

2.° Para la represión de crímenes y delitos.

3.° Para regular el procedimiento de los Tribunales de justicia.

4.° Para introducir cambios en la jurisdicción en materia de acciones civiles o criminales.

5. ° Para conceder el divorcio.
6. ° Para cambiar el nombre de personas o localidades.
7. ° Para autorizar el trazado, apertura, modificación, sostenimiento o abandono de caminos, calles, avenidas, terrenos comunales, parques, cementerios o propiedades públicas no pertenecientes al Estado.
8. ° Para convocar y reunir los grandes y pequeños jurados y para atender a su indemnización.
9. ° Para regular los asuntos del condado y del tonwship y la elección de los funcionarios de los mismos.
10. Para la distribución y cobro de impuestos.
11. Para reglamentar las elecciones o para designar los lugares de la votación, salvo la organización de nuevos condados.
12. Referentes a las propiedades de las personas muertas, de los menores o de otras personas legalmente incapacitadas.
13. Para ampliar el término de la percepción de los impuestos.
14. Para dar validez a contratos, testamentos u otros actos sin valor.
15. Para reembolsar el dinero ingresado en el Tesoro del Estado.
16. Para anular o extinguir, en todo o en parte, las deudas, las responsabilidades o las obligaciones de una Corporación o de un individuo respecto del Estado o de una Corporación municipal de éste.
17. Para emancipar a un menor y autorizarle a vender o anular o gravar su propiedad.
18. Para legalizar, salvo aquellos que sean contra el Estado, los actos no autorizados o sin valor de cualquier funcionario.
19. Para conceder a una Corporación, asociación o individuo un derecho, inmunidad o privilegios especiales o exclusivos.
20. Para eximir de impuestos a la propiedad.
21. Para cambiar la residencia del gobierno del condado.
22. Para restituir su ciudadanía a personas condenadas con penas infamantes.
23. Para regular la tasa del interés.
24. Para autorizar la creación, ampliación o disminución de las fianzas.
25. Para otorgar cartas o privilegios de barcas de paso, puentes o caminos.
26. Para perdonar multas, penas o embargos.
27. Para atender a la dirección de las escuelas comunes.
28. Para ampliar o para establecer el poder o las funciones de los funcionarios en los condados, ciudades, ciudades-condados, tonwships y distritos escolares, en las elecciones.
29. Respecto de tarifas de los derechos o el sueldo de los funcionarios.
30. Para modificar la ley de descendencia y de sucesión.
31. Para autorizar la adopción o la legitimación de hijos.
32. Para la prescripción de acciones civiles o criminales.

33. En todos los demás casos en que se pueda aplicar una ley general.

Sección 26. La Legislatura no podrá autorizar loterías ni empresas de beneficencia para ningún objeto, y dictará leyes para prohibir en el Estado la venta de billetes de toda clase de loterías o de empresas de la misma especie. La Legislatura dictará leyes para reglamentar o prohibir la compra o la venta de acciones del capital de una compañía, en los Bancos, Bolsas o mercados, colocados bajo la dirección de una sociedad. Todo contrato para la venta de acciones de un capital de una compañía o de una sociedad, sea al contado, sea a plazos, será nulo, y la suma pagada a consecuencia de esos contratos podrá ser rescatada por la parte que la haya pagado, por medio de una acción judicial ante tribunal competente.

Sección 25. Toda persona que trate de influir en el voto de un miembro de la Legislatura, por corrupción o promesa de una recompensa, intimidación o cualquier otro medio deshonroso, será reo de *Cobbyng*, que la presente Constitución declara crimen, y la Legislatura hará leyes para la represión de este crimen. Todo miembro de la Legislatura que hubiera votado o procedido en un asunto a él confiado, por la Legislatura, en virtud de recompensa o promesa de recompensa, será culpable de crimen, y si resultase convicto, además de las penas que podrán serle impuestas según la ley, será privado de sus derechos electorales, y jamás podrá ocupar una función o empleo público. Toda persona podrá ser obligada a declarar en una encuesta legal o en una pesquisa judicial contra un acusado de haber cometido el delito de corrupción o de haberse dejado influir en su voto, en su actitud, como miembro de la Legislatura, por una recompensa o por una serie de recompensas. No le será permitido negar su deposición bajo pretexto de que puede comprometerle o padecer su honra. Pero semejante declaración no podrá ser utilizada contra él en una persecución judicial, salvo en el caso de falso testimonio.

Artículo XII
Corporaciones

Sección 1.ª Las Corporaciones pueden constituirse según las leyes generales; pero no en virtud de una ley especial. Todas las leyes actualmente en vigor en este Estado, y relativas a las corporaciones y las que puedan dictarse en virtud de lo dispuesto en esta sección, pueden modificarse cuando se juzgue oportuno, o derogarse.

Sección 2.ª Los impuestos de las corporaciones serán garantizados por la responsabilidad individual de los asociados o por otros medios que la ley indique.

Sección 3.ª Todo accionista de una Corporación o de una sociedad por acciones será individual y personalmente responsable de las deudas y compromisos contraídos por ella durante el tiempo en que fuere accionista, según una proporción establecida con arreglo a la relación que exista entre el tanto de las acciones que posee y el capital suscripto de la corporación o sociedad. Los directores o administradores de una corporación o de una sociedad por acciones serán conjunta e individualmente responsables para con los acreedores y los accionistas por todos los bienes malversados o mal empleados por los agentes de esas corporaciones o de las sociedades por acciones durante el tiempo que estuvieren en funciones.

Sección 4.ª La palabra corporación, a los efectos de este artículo, debe entenderse como comprensiva de todas las sociedades y de todas las compañías por acciones que tengan algún poder o privilegio que no tienen los individuos o las sociedades, y todas las corporaciones tendrán el derecho de perseguir, y podrán ser llevadas ante todos los tribunales, en los mismos casos que los individuos.

Sección 5.ª Las Cámaras no tendrán la facultad do dictar leyes para conceder un privilegio a un Banco; pero pueden constituirse corporaciones o compañías con ese objeto, según las leyes generales. Ninguna corporación, compañía ni individuo podrá emitir y hacer circular como dinero más que la moneda legal de los Estados Unidos.

Sección 6.ª Todos los privilegios, concesiones, franquicias existentes, ya especiales, ya exclusivas, bajo las cuales no se haya constituido una organización verdadera y *bona fide,* y cuyos negocios no hayan comenzado realmente en el momento de la adopción de esta Constitución, no tendrán, a partir de este momento, valor alguno.

Sección 7.ª La Legislatura no otorgará ninguna franquicia o privilegio, y no rehabilitará las franquicias o privilegios caducados de las corporaciones existentes o de las que podrán crearse conforme a las leyes del Estado.

Sección 8.ª El ejercicio del derecho de dominio eminente jamás será limitado o interpretado de modo que pueda impedir a la Legislatura recoger la propiedad o suprimir la franquicia a las compañías incorporadas, y obligarlas a someterse a los usos comunes, así como la propiedad del individuo. El ejercicio del derecho de policía del Estado no será jamás limitado o interpretado de modo que permita a las corporaciones llevar sus asuntos desconociendo los derechos de los individuos o dañando la prosperidad del Estado.

Sección 9.ª Ninguna corporación se comprometerá en más negocio que aquel que esté expresamente autorizado por su carta, o por la ley según la cual haya sido o pueda ser organizada; no podrá tampoco conservar por más de cinco años otros inmuebles que los que puedan serle necesarios para sus negocios.

Sección 10. La Legislatura no dictará ley alguna autorizando el arriendo o la enajenación de una franquicia de modo que se libre esta franquicia, o la propiedad que esta franquicia permita tener, de las responsabilidades del arrendador, o del que ha hecho la enajenación, o del concesionario, responsabilidades contraídas durante la operación, el uso o goce de dicha franquicia o de cualquiera de los privilegios que otorga.

Sección 11. Ninguna corporación emitirá acciones u obligaciones como no sea a cambio de dinero ingresado, de trabajo efectuado o de propiedad realmente recibida, y todo aumento ficticio del capital o de las deudas será nulo. El capital y el importe de las obligaciones de una corporación no se aumentarán sino conforme a las leyes generales; tampoco podrán serlo sin el consentimiento de las personas que posean la mayor parte del capital, dado en una reunión celebrada al efecto, y anunciada con sesenta de antelación, según lo dispuesto por la ley.

Sección 12. En todas las elecciones de directores o de administradores de una corporación, todo accionista tendrá derecho de votar en persona o por procurador, con tantos votos como acciones posea. Podrá distribuirlos entre tantas personas como directores o administradores tenga que elegir, o reunirlos para un mismo candidato, y darle, por tanto, un número de votos igual a la suma del número de directores que tenga que elegir con el número de acciones que posee, o bien aún, distribuirlos según el mismo principio, entre tantos candidatos como juzgue prudente designar. Los directores o administradores no serán elegidos de ninguna otra manera; los miembros de las sociedades cooperativas de agricultura, de comercio o de industria podrán votar en todas las cuestiones relativas a esas sociedades según lo dispuesto por la ley.

Sección 13. El Estado no podrá en manera alguna prestar su crédito; no podrá suscribirse para el capital de ninguna compañía, corporación o sociedad, ni interesarse en ella.

Sección 14. Toda corporación, salvo las asociaciones de educación, religiosa y benéfica, organizada en este Estado y dedicada a negocios, tendrá una oficina en funciones, en el Estado, para la dirección de los mismos. Las transferencias de capital serán hechas en ella; se llevarán libros que podrán inspeccionar todas las personas interesadas en la corporación, así como las comisiones legislativas; se consignará en él el importe del capital suscripto, el nombre de los suscriptores, el de los accionistas, el importe respectivo de sus acciones, el del capital ingresado, las transferencias de capital, el importe del activo y del pasivo, el nombre y dirección de los agentes.

Sección 15. Ninguna corporación, organizada fuera de los límites de este Estado, será autorizada para tener en el Estado asuntos en condiciones más favorables que las que constan en las leyes para las corporaciones análogas organizadas según dichas leyes del Estado.

Sección 16. Se puede perseguir a una corporación o compañía en el condado donde se hubiera hecho el contrato, o bien allí donde deba ser ejecutado, o bien donde radican las obligaciones o las responsabilidades, o donde se hubiera cometido el daño. Se puede también perseguirla en el condado donde se halle la casa más importante de los negocios, y el tribunal tiene la facultad de cambiar el lugar del juicio como en cualquier otro caso.

Sección 17. Todas las compañías de ferrocarriles, de canales o de otros medios de transporte se declaran asimiladas a los portadores ordinarios, y sujetos a la intervención legislativa. Toda sociedad o compañía de transporte, organizada según las leyes de este Estado, tendrá el derecho de enlazar en la frontera con los ferrocarriles de los otros Estados. Toda compañía de ferrocarriles tendrá el derecho de atravesar con su vía cualquier otra vía, cruzarla, enlazar con ella, y deberá recibir y transportar sin retraso ni distinción, los pasajeros y la carga y los coches de otra compañía.

Sección 18. Ningún presidente, director, agente o empleado de una compañía de ferrocarriles o de canales estará interesado, ni directa ni indirectamente, proporcionando material o provisiones, o participando en el transporto como portador ordinario, de mercancías o viajeros, en la explotación poseída, arrendada, dirigida o explotada por esa compañía. No podrá tener otro interés en la empresa de transporte que el que implique naturalmente la propiedad de una parte del capital.

Sección 19. Ninguna compañía concederá permiso gratuito, pases o billetes a precio reducido a una persona que ocupo puesto de honor, de confianza o remunerado en el Estado; la aceptación de semejante permiso o billete por un miembro de la Legislatura o funcionario público que no sea el comisario de ferrocarriles, entrañará la pérdida de su empleo.

Sección 20. Ninguna compañía de ferrocarriles, ni ningún otro portador ordinario, se unirá ni celebrará contrato con los propietarios de naves que dejan un puerto de este Estado, o lleguen a él, o con un portador ordinario, si según dicha unión o contrato, los beneficios de aquel que efectúe el transporte deban ser distribuidos con quien no las hace. Siempre qué una compañía de ferrocarriles, con el objeto de hacer competencia a otro portador, reduce las tarifas de transporte de mercancías o de viajeros, esas tarifas reducidas no podrán aumentarse sin el consentimiento de la autoridad gubernativa, que tendrá la facultad de regular los precios de asientos y fletes.

Sección 21. No se hará ninguna distinción en los gastos y facultades de los transportes, por las compañías de ferrocarriles o por cualquier otra compañía do transportes, entre las localidades o las personas, o en las facilidades del transporte de las mismas categorías do mercancías o de viajeros en el interior de este Estado, provenientes o destinadas a otro Estado. Las personas o las mercancías transportadas por una compañía de ferrocarriles, o por cualquier otra compañía o individuos, podrán ser depositadas en cualquier estación, lugar de desembarque o puerto, a precios que no sean superiores a los de transporte de personas o mercancías de la misma clase, que vayan en la misma dirección, a una estación o sitio de desembarque o puertos más lejanos. Podrán expedirse billetes de excursión o do abono a precios especiales.

Sección 22. El Estado se dividirá en tres distritos tan iguales en población como sea posible. En cada uno de sus distritos será elegido por los electores que reúnan las condiciones requeridas, y en la época ordinaria de la elección del gobierno, los comisarios de ferrocarriles cuyo sueldo se fijará por la ley, y cuyas funciones duran cuatro años, a partir del primer lunes de Enero después de la elección. Los comisarios deberán ser electores de este Estado y del distrito donde hayan de ser elegidos; no estarán interesados en ninguna compañía de ferrocarriles o sociedad de transporte, sea como accionistas, censores, agentes, abogados o empleados. Las decisiones de la mayoría de esos comisarios serán consideradas como decisiones de la comisión en pleno. Esos comisarios podrán, y será función propia de su cargo, fijar las tarifas de los gastos de transportes de viajeros y de mercancías por ferrocarriles o por otras compañías de transporte; deberán publicar de tiempo en tiempo esas tarifas, así como las modificaciones que en ellas se introduzcan; examinarán los libros, los registros y los papeles de todas las compañías de ferrocarriles y de transporte; y en su virtud, tendrán las facultad de imponer las correcciones necesarias; deberán oír y decidir la reclamaciones hechas contra las compañías de transporte, citar a los individuos, reclamar los documentos, pedir juramento, recibir declaraciones, castigar la desobediencia a sus órdenes y correcciones, de la misma manera y en la misma medida que las *Courts of record,* hacer ejecutar sus decisiones y reprimir los abusos por medio de los tribunales. Dichos comisarios prescribirán un sistema uniforme de teneduría de libros a todas las sociedades y compañías. Toda compañía de ferrocarriles o sociedad de transportes que dejase o se negase a conformarse con las tarifas establecidas por los comisarios, que tenga tarifas más elevadas, que no lleve sus libros según el sistema prescripto por la comisión, será condenada a pagar una multa que no pase de 20.000 dólares por cada falta. Todo agente o empleado de esas compañías o corporaciones que pidiese o cobrase un sueldo superior al fijado, o que de algún modo violase los reglamentos de esta sección, pagará una multa que no pasará de 5.000 dólares, o sufrirá prisión en el condado durante un año a lo sumo. En toda contienda civil o criminal, la tarifa de precios de asientos y de fletes, fijada por la comisión, será considerada como indiscutiblemente justa y razonable, y en toda acción intentada contra una corporación o compañía para obtener indemnización por las pérdidas causadas por tarifas excesivas, él recurrente, además de la indemnización del daño, podrá obtener una indemnización ejemplar a discreción del juez o del jurado. La comisión hará todos los años al gobernador un informe sobre su administración y sobre los hechos que se consideren importantes. Nada impedirá en esta sección que un individuo pueda proceder en justicia contra una corporación o compañía. La Legislatura podrá por mayoría de dos tercios de los miembros de cada Cámara, separar a uno o varios comisarios de sus funciones por abandono de puesto, por corrupción o incapacidad; y siempre que por una causa cualquiera se produzca una vacante en la Comisión, el gobernador la proveerá, nombrando una persona capaz, que desempeñará sus funciones hasta la terminación del periodo y hasta que su sucesor elegido haya tomado posesión.

Sección 24. La Legislatura dictará todas las leyes necesarias para la ejecución de las disposiciones contenidas en este artículo.

Artículo XIII
Rentas e impuestos

Sección 1.ª. Toda propiedad situada en el Estado y no exenta de impuestos, según las leyes de los Estados Unidos contribuirá con el impuesto, en proporción a su valor, según dispongan las leyes. La palabra «propiedad», para los efectos de este artículo y sección, comprende el dinero, los créditos, las obligaciones, las acciones, los derechos, las franquicias y todos los demás objetos y cosas reales, personales y mixtas susceptibles de propiedad privada; las cosechas de pie, las propiedades destinadas exclusivamente a las escuelas públicas y las que pertenezcan a los Estados Unidos, a este Estado o a una corporación municipal o de condado en este Estado, estarán libres de impuestos. La Legislatura, salvo en el caso de créditos garantidos por hipoteca —o *trust deed*—, podrá conceder una reducción de las deudas debidas por personas que residen *bona fide* en el Estado.

Sección 2.ª La tierra y las mejoras que en ella hubieran hecho tributarán por separado; las tierras cultivadas y sin cultivar de la misma cualidad y análoga situación tributarán por el mismo valor.

Sección 3.ª Toda extensión de terreno de más de 640 acres, y que haya sido dividida por el gobierno de los Estados Unidos, se distribuirá en secciones y fracciones de sección para los efectos de la fijación del impuesto. La Legislatura regulará por una ley la evaluación, por pequeñas extensiones, de todas las tierras no divididas por los gobiernos de los Estados Unidos.

Sección 4.ª Una hipoteca un *deed of trust,* contrato o cualquiera otra obligación por la cual se garantice una deuda, serán consideradas y tratadas, en cuanto a la distribución y a la imposición, como un interés de la propiedad a quien sirve de garantía. Excepto para las compañías de ferrocarriles y para otras corporaciones casi públicas, en los casos en que una deuda esté así garantida, el valor de la propiedad que es objeto de una hipoteca, de un *deed of trust,* contrato u obligación, menos el valor de esta garantía, será asentado al propietario y tributará; el valor de la garantía se asentará al propietario de este título, y contribuirá a su nombre en el condado, la ciudad y el distrito en que esté situada la propiedad que sirve de garantía. Los impuestos así determinados recaerán sobre la propiedad y sobre la garantía, y podrán ser pagados por una de las partes. Si son pagados por el poseedor de la garantía, el impuesto sobre la propiedad se convertirá en una parte de la deuda así garantida; si el poseedor de la propiedad paga el impuesto de la garantía, equivaldrá a un pago por lo debido. Se sobrentiende que si esta suma garantida o esta deuda se pagase por él o los deudores después de la distribución y antes del cobro de los impuestos el importe de estos impuestos puede ser también retenido por él o los deudores, y será calculado según los impuestos del año anterior.

Sección 5.ª Todo contrato por el cual un deudor se compromete a pagar un impuesto o tasa sobre el dinero prestado sobre una hipoteca, o sobre otra hipoteca, o sobre cualquier otra prenda, serán nulos y sin efecto en cuanto al interés que pueda ser indicado y en cuanto a las tasas e imposiciones.

Sección 6.ª— El poder de imponer contribuciones jamás podrá ser abandonado o suspendido por una concesión o un contrato en que el Estado sea una de las partes.

Sección 7.ª— La Legislatura podrá regular por una ley el pago por ingresos parciales de los impuestos sobre la propiedad inmueble.

Sección 8.ª— La Legislatura, mediante una ley, pedirá a todos los contribuyentes del Estado que hagan y entreguen, bajo juramento, todos los años, una declaración al tasador del condado, indicando específicamente toda la propiedad real y personal que posean o que administren a medio día el primer lunes de Marzo.

Sección 9.ª— Un consejo de igualación del Estado, compuesto de un miembro por distrito congresional de este Estado tal cual existían en 1879, será elegido por los electores de los distritos respectivos en la elección general que se hará en 1886 y en cada elección del Gobierno siguiente. Sus funciones durarán cuatro años, y consistirán en igualar la evaluación de la propiedad imponible de los diferentes condados del Estado para los impuestos. El interventor del Estado será *ex oficio* miembro del consejo. Los consejos de los inspectores de los diferentes condados del Estado constituirán consejos de igualación para sus condados respectivos, y deberán igualar la evaluación de la propiedad imponible en el condado para los impuestos; se previene que esos consejos de igualación y evaluación del condado reciben por la presente la autorización y el poder conforme a las reglas de notificación que los consejos del condado puedan formular respecto de la acción del consejo del Estado, de aumentar o disminuir toda la imposición hasta igualar la imposición de la propiedad contenida en la lista y armonizarla con el valor real en dinero de la propiedad contenida en la misma. Se previene que ningún consejo de igualación podrá evaluar una hipoteca, contrato u otra igualación por la cual una deuda se garantiza, el dinero o los créditos solventes por más del valor indicado por los títulos. El presente consejo de igualación del Estado continuará ejerciendo funciones hasta que su sucesor, como aquí se previene, sea elegido e investido con aquéllas. La Legislatura podrá dividir el Estado en cuatro distritos, tan iguales como sea posible en población, y hacer los reglamentos para la elección del citado consejo de igualación. (Enmienda adoptada el 4 de Noviembre de 1884).

Sección 10.— Toda propiedad, salvo lo que en esta misma sección se dispone, contribuirá en el condado, en la ciudad, ciudad-condado, town, township o distritos en que esté situada, do la manera prescripta por la ley. La franquicia, el camino, la vía, los rails y el material móvil de todos los ferrocarriles construidos sobre varios condados de este Estado serán sometidos por el consejo de igualación del Estado al impuesto según su valor real, el cual será distribuido entre las ciudades, los condados y ciudades-condados, towns, townships y distritos donde se encuentran esos ferrocarriles y en proporción al número de millas construidas en esos condados, ciudades, ciudades condados, towns, townships y distritos.

Sección 11.— Se podrá hacer pagar el impuesto sobre la renta a personas, corporaciones, sociedades por acciones o compañías residentes en este Estado o que tengan negocios en él o que los tengan en varios otros Estados, en los casos y las maneras pres-criptas por la ley.

Sección 12.— La Legislatura atenderá a la determinación y percepción de una capitación anual no inferior a dos dólares sobre todos los habitantes varones de este Estado que tengan más de veintiún años y menos de sesenta, con excepción de los pobres idiotas, locos e indios no sometidos al impuesto. Este impuesto ingresará en las cajas de las escuelas del Estado.

Sección 13.— La Legislatura votará todas las leyes necesarias para asegurar la ejecución de las disposiciones de este artículo.

Artículo XIV
El agua y los derechos sobre el agua

Sección 1.ª— El uso del agua ahora apropiada o que pueda apropiarse con destino a la venta, al arriendo o la distribución, se declara aquí como de uso público y sometido a la reglamentación y a la intervención del Estado según prescribe la ley. Se previene que las tarifas de abono y la retribución que haya de percibir toda persona, compañía o sociedad de este Estado que proporcione el agua para el uso público en una ciudad o en un condado a una ciudad o burgo o a sus habitantes, se fijarán todos los años por el consejo de los inspectores, por el de la ciudad y el condado, el de la ciudad o del town o por cualquier otra autoridad de esas ciudades, condados-ciudades o towns, mediante reglamento y según la manera como las demás ordenanzas, actos legislativos o decisiones, se voten por esas autoridades, y no tendrán vigor sino durante un año. Esas ordenanzas o resoluciones serán tomadas en el mes de Febrero de cada año y entrarán en vigor el primero de Julio siguiente. Todo consejo o autoridad que deje en la época indicada de dictar los reglamentos o decisiones para fijar las tarifas de abono al agua, serán sometidos a un proceso perentorio a fin de responder a toda acción promovida a instancia de cualquier interesado y a los demás castigos y penas que la Legislatura pudiera dictar. Toda persona, compañía o corporación que perciba en una ciudad, condado-ciudad o town de este Estado, tarifas de abono de agua distintas de aquellas que hubiesen sido fijadas, perderá sus franquicias y sus establecimientos en favor de la ciudad, condado-ciudad o town donde esas tarifas sean percibidas.

Sección 2.ª— El derecho a cobrar tarifas de abono o retribuciones por haber proporcionado el agua a un condado a una ciudad a un town, a sus habitantes, constituye un privilegio, y no puede ser ejercido sino previa autorización legal y según lo dispuesto por la ley.

Artículo XV
Orillas de los puertos, etc.

Sección 1.ª Se declara existente en este Estado el dominio público eminente de todas las riberas de las aguas navegables del mismo.

Sección 2.ª Ningún individuo, sociedad o corporación que reclame o posea las riberas de un puerto, de una bahía, de la entrada de un estuario o de cualquier otra agua navegable del Estado, o las tierras hasta donde llegue la marea en esas mismas riberas, podrá negar el derecho de paso para llegar a esta agua, siempre que fuese necesario para un uso público, ni impedir o dificultar la navegación sobre estas aguas. La Legislatura dictará leyes para dar a esta cláusula la interpretación más liberal, de modo que el acceso a las aguas navegables de este Estado sea siempre posible a sus habitantes.

Sección 3.ª Ninguna tierra adonde llegue la marea a menos de dos millas de toda ciudad incorporada o town de este Estado, y fronteriza con las aguas de un puerto, de una bahía, de una entrada a propósito para la navegación, podrá ser objeto de concesiones, ni vendida a sociedades o corporaciones.

Artículo XVI
Deuda del estado

Sección 1.ª La Legislatura no podrá en manera alguna contraer una deuda o deudas, compromiso o compromisos que aisladamente o juntos a las deudas o compromisos anteriores excedan de la suma de 300.000 dólares, salvo en casos de guerra, para rechazar una invasión o para reprimir una insurrección, o a menos que el empréstito no sea autorizado por la ley para, un fin único o para un trabajo expresamente especificado en la ley. Esta ley indicará las vías y medios, que no sean empréstitos, para pagar el interés de esta deuda o compromiso el día del vencimiento, o para pagar el capital en los veinte años. Esta ley persistirá mientras el interés y el capital no sean pagados. Ninguna ley semejante entrará en vigor si no ha sido sometida al pueblo en una elección general y no ha obtenido la mayoría de los sufragios expresados. Todas las sumas cobradas conforme a esta ley no se aplicarán sino al objeto que en ella se indique expresamente, o al pago de la deuda, así creada; esta ley será publicada por lo menos en un periódico por condado o por ciudad-condado, si lo hay en toda la extensión del Estado, y durante los tres primeros meses que precederán a la elección en que debe ser sometida al pueblo. La Legislatura podrá, en cualquier momento, después de la aceptación de semejante ley por el pueblo, derogarla si no se hubiese contraído ninguna deuda en virtud de la misma.

Artículo XVII
Exención de la tierra y homestead

Sección 1.ª La Legislatura protegerá por una ley contra el embargo o secuestro una cierta parte de la casa y de las demás propiedades de los jefes de familia.

Sección 2.ª La posesión por individuos o corporaciones de grandes extensiones de terreno sin cultivarlas ni mejorarlas, es contraria al interés público, y deberá dificultarse por todos los medios no incompatibles con el derecho de propiedad privada.

Sección 3.ª Las tierras pertenecientes a este Estado y que puedan ser cultivadas, no serán cedidas sino a individuos que se establezcan en ellas realmente, y esas concesiones no deberán exceder de 320 acres por concesionario. Serán concedidas según las condiciones proscriptas por la ley.

Artículo XIX
Los chinos

Sección 1 .ª La Legislatura dictará los reglamentos necesarios para la protección del Estado, de los condados, ciudades y towns contra las cargas y los males provenientes de la presencia de extranjeros que son o puedan ser vagabundos, mendigos, criminales o inválidos atacados de enfermedades contagiosas o infecciosas, contra los extranjeros peligrosos por otras razones y perjudiciales al bienestar y a la tranquilidad del Estado; dictará también reglamentos para establecer las condiciones en las cuales esas personas podrán residir en el Estado y para indicar los medios de alejarlas del mismo si dejan de cumplirlas o se niegan a ello: previniendo que nada de lo que se contiene en esta sección se interpretará como limitando el poder de la Legislatura de dictar leyes de policía u otros reglamentos que fueren necesarios.

Sección 2.ª Ninguna corporación actualmente existente, o que desde ahora se forme conforme a las leyes de este Estado, empleará después de la adopción de esta Constitución, ya directa, ya indirectamente y por ningún título, chinos o mongoles. La Legislatura dictará las medidas necesarias para asegurar la ejecución de esta cláusula.

Sección 3.ª Ningún chino será empleado en ningún trabajo del Estado, de un condado o de un cuerpo municipal, a no ser como castigo de un crimen.

Sección 4.ª La presencia de extranjeros que no puedan llegar a ser ciudadanos de los Estados Unidos, se declara peligrosa para la prosperidad del Estado, y la Legislatura dificultará su inmigración por todos los medios posibles. El «coolieísmo» asiático es una forma de esclavitud, y está para siempre prohibida en este Estado, siendo nulo todo contrato para el trabajo de los «coolies». Toda compañía o corporación formada en este país o en el extranjero para la importación de semejantes trabajadores, incurre en las penas que la Legislatura prescriba. La Legislatura delegará en las ciudades y towns de este Estado las facultades necesarias para alejar a los chinos de los límites de esas ciudades y towns y para encerrarlos en partes determinadas de su territorio. Dictarán también las leyes necesarias para impedir la entrada de los chinos en este Estado después de la adopción de esta Constitución. La ejecución de esta sección será asegurada por leyes adecuadas.

EL GOBIERNO DE LOS ESTADOS EN LA REPÚBLICA NORTEAMERICANA
de JAMES BRYCE, se imprimió
en la República Argentina en junio de 2022

www.ingramcontent.com/pod-product-compliance
Ingram Content Group UK Ltd.
Pitfield, Milton Keynes, MK11 3LW, UK
UKHW051914031026
15588UKWH00008B/1467

9 789564 072166